酒店电子商务

Hotel Electronic Commerce

主　编　白　琳
副主编　高永丰　陈　薇　罗捷斯

暨南大学出版社
JINAN UNIVERSITY PRESS
中国·广州

图书在版编目（CIP）数据

酒店电子商务/白琳主编．—广州：暨南大学出版社，2010.3（2016.2 重印）
ISBN 978－7－81135－438－6

Ⅰ．①酒…　Ⅱ．①白…　Ⅲ．①饭店—企业管理—电子商务　Ⅳ．①F719.2

中国版本图书馆 CIP 数据核字（2009）第 241221 号

出版发行：暨南大学出版社

地　址：中国广州暨南大学
电　话：总编室（8620）85221601
营销部（8620）85225284　85228291　85228292（邮购）
传　真：（8620）85221583（办公室）　85223774（营销部）
邮　编：510630
网　址：http：//www.jnupress.com　http：//press.jnu.edu.cn

排　版：广州市天河星辰文化发展部照排中心
印　刷：广州市怡升印刷有限公司

开　本：787mm×1092mm　1/16
印　张：16.5
字　数：430 千
版　次：2010 年 3 月第 1 版
印　次：2016 年 2 月第 4 次
印　数：6001—7500 册

定　价：32.00 元

（暨大版图书如有印装质量问题，请与出版社总编室联系调换）

前言

近年来，旅游信息化和电子商务在旅游企业经营中的重要性与日俱增。旅游电子商务作为一门新课程，渐渐走入旅游院校的课堂，目前市面上已经有不少旅游电子商务的专门教材。纵观这些教材，我们可以把它们分为三大类：第一类是倾向于纯理论的，主要突出电子商务的战略、策略、意义及其对旅游企业的重要性等，尽管这类教材中附有不少的案例分析，但总体还是停留在宏观层面上，比较适合研究生、本科生学习和研究之用。第二类是倾向于专业技术的，突出网站的建设、空间数据结构等，计算机专业术语较多，尽管这类教材也谈到信息技术在旅游企业的应用，但仍旧是宏观性较强，并且对于没有计算机专业基础的学生来说比较难于理解。第三类是纯实践操作，是比较新的类型，主要突出管理软件在旅游企业中的使用，受到大中专院校的欢迎，但是这类教材缺乏理论基础，某种程度上只是某种软件的操作手册而已，不适合大中专院校学生的全面发展。

上述三类教材中，前两类教材是针对整个大旅游企业的电子商务和信息化建设，酒店的电子商务及其信息化只是其中很小的一部分内容，而第三类教材仅限于酒店管理信息系统软件在酒店的应用。实际上，电子商务是一个实践性很强同时又富于创新的领域，电子商务对酒店的作用不仅仅在于技术层面，还在于战略层面。所以，对酒店电子商务的理解和分析，不能仅仅停留在技术本身，还必须从行业背景、运作模式和酒店战略高度加以把握和理解。对于高职高专的学生来说，更需要职业导向较强的教材，既包含了易于理解技术和战略层面的内容，又能够锻炼自己的动手能力，还能够熟练操作酒店行业目前流行的管理软件。本教材编写者根据高职高专的特色与要求，结合学生们的实际需求，编写集前沿理论、技术和实操于一体的适合高职高专学生使用的教材。本教材分为基础与应用篇和实操篇两大部分，共有七章。

在本书的编写过程中，编者们查阅了大量的文献资料，访问了许多的网站，尽量理论联系实际，做到易懂、易学、易操作。本书由顺德职业技术学院、广东白云学院合作编写。白琳任主编，负责全书的框架构建、统稿和定稿工作，高永丰、陈薇、罗捷斯（按所编写章节的先后顺序排列）任副主编。具体分工如下：白琳编写第一、二章，高永丰编写第三、五章，陈薇编写第四章，第六、七章由广州黑马科技有限公司总经理罗捷斯提供详细资料，白琳负责整理。在本书编写的过程中还得到了家人、同事、领导和暨南大学出版社的大力支持和帮助，在此，对所有关心和支持本书编写和出版的各位亲人、朋友、同仁表示衷心的感谢！特别感谢陈凌燕女士，在教材编写过程中她给予了我们极大的帮助！

由于我们还在探索阶段，加上编者的水平和能力有限，本书还存在许多不成熟的地方，恳请有关专家和读者朋友们批评指正，并将意见及时反馈给我们，以便修改完善。

编　者

2009 年 11 月

目 录

第一章　酒店电子商务概述

能力目标

1. 认知电子商务的含义及分类
2. 明确旅游电子商务的定义及发展趋势
3. 认知互联网的发展及应用
4. 明确酒店电子商务流程及功能需求
5. 熟悉酒店在线预订流程
6. 能够在线安排旅游行程

理论引导

1. 电子商务的含义与分类
2. 电子商务的产生与发展
3. 互联网的发展与在线旅游需求
4. 旅游电子商务的发展及趋势
5. 酒店业务流程及流程再造
6. 酒店电子商务流程及功能需求
7. 酒店电子商务系统构成

引入案例

7天连锁酒店缔造酒店电子商务航母

根据Alexa网站发布的最新数据显示，7天连锁酒店（以下简称7天）网站的流量排名首度超越全球经济型酒店领头羊——宜必思，成为全球第一流量的酒店网站。网站流量排名前3位的全球经济型酒店依次为7天、宜必思、速8。电子商务已经成为7天区别于其他经济型酒店的核心竞争力之一，其在电子商务上的动作吸引着人们的眼球。

先是在全球金融风暴袭击最猛烈之时，逆市获得国际金融机构高达6 500万美元的融资，并宣布融资将重点投入7天"中国酒店业第一电子商业平台"。接着又高调宣布与腾讯正式达成战略合作关系。而此前，7天已与多个互联网平台展开合作，包括国内极具影响力的综合性虚拟社区天涯、51、财付通以及去哪儿、酷迅、口碑网等。7天电子商务平台的外部延展已深入到互联网的各个方面，接二连三的举动显示出7天历时3年打造的电子商务航母业已完成。

随着国内电子商务环境的日益成熟，电子商务的领先优势已成为众多企业奠定行业地位的关键因素。根据 CNNIC 第 24 次《中国互联网络发展状况统计报告》的数据显示，截至 2009 年 6 月底，中国网民数量已达到 3.38 亿，首次大幅度超过美国，位居世界第一位。与此同时，使用搜索引擎、即时通信、网络购物、网络社区的人群和频率也呈大幅度增长趋势。

通过 7 天酒店电子商务航母的成功缔造，消费者可通过他们触手可及的网络上主流的论坛、社区、搜索引擎、即时通信工具和电子商务网站等，实现即时获得 7 天连锁酒店免费会员注册入口及酒店预订入口提交订单等服务。由于信息是"推送式"的，网民无须进行专门、复杂和烦琐的信息寻找，也无须做太多改变，即可轻松地获得 7 天 200 多家分店的信息，选择和预订分店所在区域、房型和房价等。

另外，基于网络的消费模式，成本得以优化更是 7 天电子商务航母起航时所掀起的"收益巨浪"。传统酒店平台依赖其他分销平台，每卖出一间房，分销代理商就要抽走 20% 甚至更多的交易额。酒店因此支付了越来越高的利润比例，间接地降低了酒店服务质量，使得消费者成为中间环节高昂成本的买单人。而 7 天电子商务平台更加扁平化，所以成本更低、流程更简单。通过技术手段优化能有效地降低成本，一方面最大限度地优化订房模式，方便来自不同渠道的客商订房需求，使客人真正享受透明、便捷的服务；另一方面在减轻了前台、呼叫中心的压力的同时，也压缩了销售成本，保证以优惠的价格反馈给消费者。

7 天 CEO 郑南雁表示，"当网民在适应了方便快捷的网络服务后，他们首选的消费方式将是直接进入最常用的互联网平台，电子商务的长尾消费力量将充分体现出来。"

（资料来源：www.alexa188.cn）

第一节　电子商务概述

在互联网飞速发展的今天，电子商务已经悄然进入每个人的生活。当你用 E-mail 与客户沟通的时候，当你用鼠标在网上选择酒店进行预订的时候，你已经在使用电子商务了。这些日常的经验向我们展示的只是电子商务的冰山一角。以互联网、信息通信技术为核心的电子商务正在引起整个旅游行业的革命，正在深刻地改变着这个行业的经营、管理和运作模式，对旅游企业的发展和繁荣起着越来越重要的作用，电子商务正成为推动旅游企业发展的重要动力。

要想认识和了解酒店电子商务的本质，首先要对电子商务有一个全面的认知。什么是电子商务？电子商务有哪些种类？电子商务是什么时候兴起和发展起来的？

一、电子商务的含义

1. 电子商务的定义

尽管电子商务是网络时代使用最普遍的词汇之一，但对它的理解却是因人而异：建立一个网站，提供产品和服务的信息及订购的电子邮件地址；建立一个网站，客户能够直接用信用卡在网上购物；一个能使客户找到信息并进行预订的网站，一个跟踪和配送货物的订购履行中心，一个用于对产品和服务提出疑问、反馈情况及处理退货的客户服务机构。

那么，到底电子商务是什么呢？电子商务（Electronic Commerce），顾名思义，其内容包含两个方面：

（1）电子方式。简单的打电话、发传真与客户进行商贸活动，也叫电子商务；但是一般来说是指以EDI（Electronic Data Interchange，电子数据交换）和Internet来完成的。随着Internet技术的日益成熟，电子商务的真正发展将是建立在Internet技术上的，所以也叫IC（Internet Commerce）。

（2）商贸活动。从商贸活动的角度来看，电子商务指的是利用简单、快捷、低成本的电子通信方式，实现买卖双方不谋面地进行各种商贸活动。电子商务可以在多个环节实现，较低层次的电子商务如电子商情、电子贸易、电子合同等；最完整也是最高级的电子商务应该是利用Internet网络能够进行全部的贸易活动，即在网上将信息流、商流、资金流和部分物流进行完整的实现，也就是说，可以从寻找客户到洽谈、订货、在线收付账、开具电子发票，以至电子报关、电子纳税等都通过Internet一气呵成。总之，电子商务将计算机技术和企业的商务活动整合起来，形成与传统商务活动完全不同的组织架构、商业模式和业务流程。

电子商务需要涉及很多方面，除了买家、卖家外，还有银行或者金融、政府、认证、配送中心等机构的加入。它是传统观念交易方式的翻版，网上银行、在线电子支付等条件和数据加密、电子签名等技术在电子商务中发挥着重要的不可缺少的作用。

从宏观上讲，电子商务是计算机网络的又一次革命，旨在通过电子手段建立一种新的经济秩序，它不仅涉及电子技术本身，还涉及诸如贸易、金融、安全等其他层面。从微观上讲，电子商务是指各种具有商业活动能力的实体（如生产企业、商贸企业、金融机构、政府机构、个人消费等）利用网络和先进的数字化传媒技术进行的各项商贸活动。

我们给电子商务下的定义是，以信息技术、通信技术、网络技术为基础，高效率、低成本地从事以商品交换为中心的各种商务活动，电子商务过程就是利用各种电子工具和电子技术从事各种商务活动的过程。其中，电子工具是指计算机硬件和网络基础设施（如Internet、Intranet、各种局域网等）；电子技术是指处理、传递、交换和获得数据的多技术集合，即利用Internet和其他信息技术处理商业活动的一个系统。具体来说，电子商务是指利用计算机网络（互联网、内联网、外联网）来进行商业管理，包括网上买卖、电子货币转账、商务通信以及其他与网上商品和服务买卖有关的活动。根据这个定义，电子商务包括公司内外部的所有职能，如市场营销、财务、生产、销售和谈判等。

小知识：

电子商务定义

电子商务的定义多种多样。我们应从电子商务应用与发展的实际出发，不必过早地追求统一的定义，否则会限制人们的思维而不利于电子商务的健康发展。

●国际标准化组织（ISO）的定义是：电子商务是企业之间、企业与消费者之间信息内容与需求交换的一种通用术语。

●全球信息基础设施委员会的定义是：电子商务是以电子通信作为手段的经济活动，通过这种方式，人们可以对带有经济价值的产品和服务进行宣传、购置和结算。这种交易方式不受地理位置、资金多少或零售渠道的所有权影响，任何公有或私有企业、公司、政府组织、各种社会团体、一般公民、企业家等，都能自由地参加广泛的经济活动，其中包括农业、林业、渔业、工业、私营和政府的服务业。电子商务能使产品在世界范围内交易并向消费者提供多种多样的选择。

●联合国国际贸易法律委员会的定义是：电子商务是采用电子数据交换（EDI）和其他通信方式进行国际贸易的职能。

●联合国国际经济合作与发展组织的定义是：电子商务是发生在开放网络Internet上的包含企业与企业之间、企业与消费者之间的商业交易。

●欧洲委员会（1997）对电子商务的定义是：电子商务就是以电子方式进行商务交易。它以数据（包括文本、声音和图像）的电子处理和传输为基础，包含许多不同的活动（如商品服务的电子贸易、数字内容的在线传输、电子转账、商品拍卖、协作、在线资源利用、消费品营销和售后服务等）。它涉及产品（消费品和工业品）和服务（信息、财务与法律服务）、传统活动（保健、教育）与新活动（虚拟商场）。

●世界电子商务会议（1997）的定义是：在业务上，电子商务是指实现整个贸易活动的电子化，交易各方以电子交易方式进行各种形式的商业交易；在技术上，电子商务采用电子数据交换（EDI）、电子邮件、共享数据库、电子公告牌及条形码等多种技术。总之强调两点：一是活动要有商业背景；二是网络化和数字化。

●HP公司认为，电子商务是指从售前服务到售后支持的各个环节实现电子化、自动化。

●IBM公司认为，电子商务是指采用数字化电子方式进行商务数据交换和开展商务业务的活动，是在Internet的广阔联系与传统信息技术系统的丰富资源相互结合的背景下应运而生的一种相互关联的动态商务活动。电子商务＝Web＋企业业务。

●电子商务的概念，是指实现整个贸易过程中各个阶段的贸易活动的电子化。从涵盖范围方面可以定义为，电子商务是指交易各方以电子交易方式而不是通过当面交换或直接面谈方式进行的任何形式的商业交易；从技术方面可以定义为，电子商务是一种多技术的集合体，包括交换数据（如电子数据交换、电子邮件）、获得数据（如共享数据库、电子公告牌）以及自动获取数据（条形码）等。电子商务涵盖的业务包括信息交换、售前售后服务（提供产品和服务的细节、提供产品使用技术指南、回答顾客意见）、销售、电子支付（使用电子资金转账、信用卡、电子支票、电子现金）、运输（商品的发送管理和运输跟踪，以及可以电子化传送的产品的实际发送）、组建虚拟企业（组建一个不存在实体的企业，集中一批独立的中小公司的权限，提供比任何单独公司多得多的产品和服务）、公司和贸易伙伴可以共同拥有和运营共享的商业方法等。

2. 相关概念——信息通信技术

信息通信技术（Information Communication Technology，ICT）不仅包括硬件和软件，同时需要辅之以群组件和网络件以及智能要素（人件）的开发、程序设计和设备维护。它能帮助企业实现战略化的管理其信息、功能，处理企业与相关利益团体之间的互动沟通关系，是企业实现其经营宗旨和目标的一切电子工具，其中包括硬件、软件、电子通信、网络件、群组件和人件的集合。

由于严格区分技术的各个要素变得越来越困难，ICT可以被看作是包括所有电子、计算机和电子通信技术，以及硬件、软件和网络件在内的企业发展和经营的信息基础设施（见表1－1）。因此，信息通信技术是一个能为企业所利用的联网设备和相关数据处理和通信软件的综合系统。

3. 电子商务的构成

通过对电子商务定义的理解，我们知道电子商务包括以下三个主要组成部分：

（1）电子商务需要一种系统方式来运营商业。与传统的店铺型企业一样，电子商务必须处理各个方面的业务，包括市场调查和计划、经营和销售、市场营销、预算、客户服务和人力资源管理。主要区别在于电子商务的大多数活动是通过互联网和其他电子技术方式来完成的。

（2）电子商务虽然是一种特殊的交易，但它仍然是一种商务活动。正如有许多贸易方式一样，也存在许多种电子商务。它们可以在企业之间（B2B）或者企业与客户之间（B2C）完成，也可以按一个公司销售或者提供的产品或服务分类。一些电子商务交易出售有形产品，如计算机和衣服；提供无形的产品和服务，如提供信息和预订。与传统的商务一样，在整个交易过程中，都会涉及信息流、商流、资金流和物流四个方面。

（3）电子商务使用各种技术处理商务贸易。一个企业要想在电子商务中取得成功，就必须了解这些技术并充分利用商业中所能运用的东西。其不在于你运用何种技术，而在于你如何运用这种技术来实现商业目的。

表1－1　信息通信技术的构成

术语	酒店业的例子
硬件：机械、电磁、电路、电子或光纤设施等实物设备	电脑、扫描机、打印机和餐厅终端（POS，Point of Sells）
软件：预先写好的、控制计算机系统或其他电子设备运行的指令。一个信息系统中软件与硬件是配合工作的。软件包括操作系统（如windows、linux等）及其应用、应用软件（如spss、matlab等）、人工智能软件（如自动门、机器人等）和用户界面	酒店能控制其资产，为各部门记录收支情况和为客人记账的酒店管理系统
电子通信：利用广播、电视、电话及其他通信技术手段实现的远距离信号传送，包括数据、图像和声音	电话中心、传真系统
网络件：支持网络或计算机、终端和通信设备的联网系统的所有设备和软件（网线、交换机、hub、网卡等硬件以及IP地址等软件）	酒店各部门的硬件和软件网络
群组件：通信工具，如电子邮件、语音信箱（如QQ、hotmail等）、传真和电视会议等促成团队协调配合的电子通信手段	让员工能共享文件、顾客资料和价格等经营信息的应用
人件：对技术系统的开发、编程、维护和操作的智能要求，人机件结合了社会上的知识和经验	酒店里的信息技术/信息系统员工及其与各职能部门的联系

二、电子商务的分类

电子商务的分类方法有很多种，一般来说可以按以下两种方式分类：

（一）按照商业活动的运作方式划分

1. 完全电子商务

可以完全通过电子方式实现和完成整个交易过程的商务交易，数字化商品和网上服务等就属于完全电子商务。如在华军软件园（www.onlinedown.net）购买软件就可以一气呵成地在线完成所需要的信息流、商流、资金流和物流。

2. 不完全电子商务

无法完全依靠电子方式实现和完成整个交易过程的商务交易，它需要依靠一些外部要素，如运输系统等来完成交易。如在当当网（www.dangdang.com）上购买图书，可以在线完成信息流、商流和资金流，但物流环节通常需要由物流公司来完成。

（二）按电子商务应用服务的领域范围和参与的主体划分

1. 企业对企业（Business to Business）

简称BtoB或者B2B，也称为商家对商家或商业机构对商业机构的电子商务，商业机构对商业机构的电子商务是指商业机构（或企业、公司）使用Internet或各种商务网络向供应商（企业或公司）订货和付款，如马里奥特酒店集团与凯悦酒店集团通力合作共同建立一家旨在提高电子采购的网络公司。商业机构对商业机构的电子商务发展最快，已经有了多年的历史，特别是通过增值网络（Value Added Network，VAN）上运行的电子数据交换（EDI），使企业对企业的电子商务得到迅速扩大和推广。目前，大约有90%的电子商务是在企业之间进行的。著名的B2B有阿里巴巴、慧聪酒店用品网等，商家可以使用网络进行订货和接受订货、合同等单证和付款。

2. 企业对消费者（Business to Customer）

简称BtoC或者B2C，也称为商家对个人客户或商业机构对消费者的电子商务，商业机构对消费者的电子商务基本等同于电子零售商业。目前，Internet上已遍布各种类型的商业中心，提供的商品和服务主要包括鲜花、图书、计算机、汽车等商品和服务，著名的B2C有当当网、卓越亚马逊（www.amazon.com）等。随着互联网在酒店行业的使用，这类电子商务在该行业也逐渐普及，例如现在许多五星级酒店都在自己的网站上增加了在线预订的功能，消费者可以通过浏览网页找到合适的房间（或其他服务和产品），然后进行下单预订，甚至完成部分房费的支付。

3. 消费者对消费者（Customer to Customer）

简称CtoC或者C2C，这类电子商务涉及两个或更多个体之间的交易，如淘宝网就是通过为买家和卖家提供电子市场来赚钱的电子商务平台，参与买卖双方本身的就是消费者。市场上流行的在线拍卖网站就是这类电子商务的代表，著名的有易趣网（www.eBay.com）、淘宝网及雅虎拍卖网等。这类模式的电子商务在酒店行业中比较少见，因为对酒店来说这种平台赚不了钱，所以他们不感兴趣。

除了上述三种比较主流的电子商务模式之外，还有日渐兴起的政府机构对企业的电子商务（Government to Business），如各级工商局在网上提供政务服务、酒店业协会在线为酒店提供资讯服务等；消费者对政府机构的电子商务（Customer to Government），如各级政府网站，政府将会把电子商务扩展到福利发放和自我估税及个人税的征收方面等；消费者对企业的电子商务（Customer to Business）是指依赖消费者主动发起交流和交易的商务模式，如Priceline.com就是旅游行业中最有名的旅游电子商务之一，Travelocity.com也是较早为消费者提供竞标服务的旅游电子商务平台。

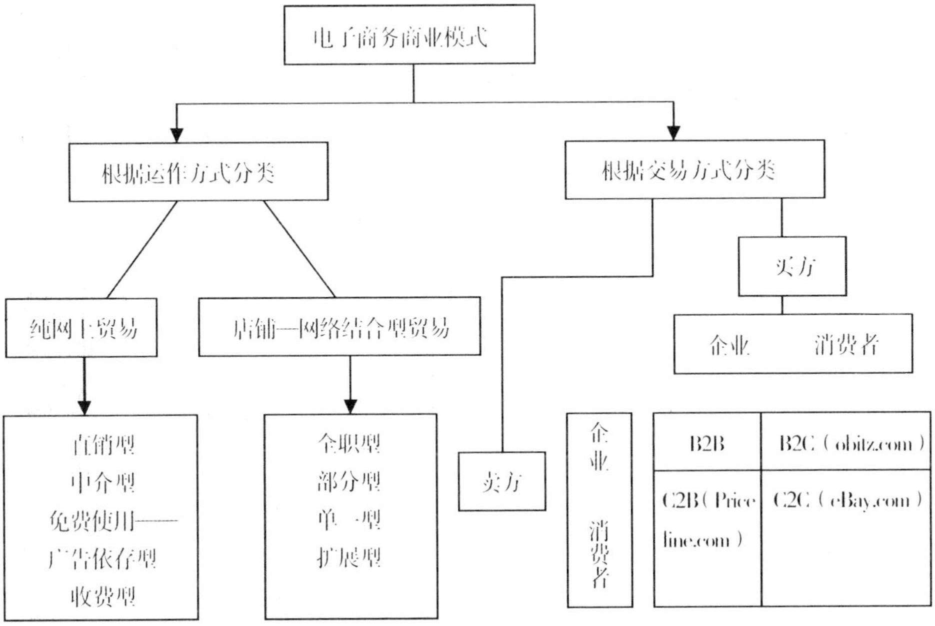

图1－1 电子商务商业模式

（资料来源：[美] 周宗庆. 旅游电子商务. 李山主译. 北京：高等教育出版社，2005）

三、电子商务的兴起与发展

（一）电子商务的产生和发展

电子商务是在与计算机技术、网络通信技术的互动发展中产生和不断完善的。它是以 Internet（国际互联网）为依托，并随着 Internet 的应用而迅速发展起来的。

1. 电子商务的产生

早在1839年，人们就经常使用电话和电报的方式收发贸易信息，应该说，这是运用电子手段进行商务活动的开端。具有一定意义的电子商务活动应该说产生于20世纪70年代。1970年，美国银行家协会开发了无纸金融信息传递的全国结算系统，并提出了行业标准。自70年代以来，银行一直使用电子资金转账（Electronic Funds Transfer，EFT）。1975年，第一个电子数据交换（EDI）标准出台。电子数据交换是指一个企业把标准格式的计算机可读的数据传送到另一个企业，电子数据交换（EDI）和电子资金传送（EFT）是企业间电子商务的最早应用。

2. 电子商务迅速发展的原因

（1）新技术和信息产业的发展为电子商务提供了重要的物质基础。

计算机大范围普及并以其越来越强大的处理功能、低廉的价格和广泛的应用为电子商务提供了可能。世界性通信网络的形成，不断成熟、快捷、安全、低成本的 Internet 成为全球通信与交易的媒体，为电子商务提供了环境。信用卡和电子货币的普及和电子安全交易协议的制定，为电子商务提供了前提。完善的全球性信用卡计算机网络支付与结算系统，使虚拟的互联网世界成为现实并催生了电子商务。总之，电子商务是各种技术发展的必然结果。

（2）生产力发展的要求。

经济规律要求全球资源在全世界范围内实现最优配置，经济全球化、市场国际化、社会分工国际化使得产业结构在全球范围进行调整。“二战”后，国际贸易的增长大大高于世界经济的增长，品种和数量多变的市场需求使跨国公司大量涌现，且组织形式由大型、纵向、集中式向横向、分布式、网络化发展。制造商、供货商和消费者之间，跨国公司与各分公司之间迫切要求提高商业文件、单证的传递和处理速度、空间跨度和准确度。而传统的单证和文件采用人工处理，劳动强度大且重复量大、效率低、出错率高、费用高。以纸为载体的贸易单证和文件成了阻碍国际贸易发展的一个关键因素。电子商务自然成为所有贸易伙伴的共同需求。

（3）国际市场的竞争也出现了新的特征。

价格因素在竞争中所占的比重逐渐减少，服务性因素所占的比重逐渐增大。激烈的市场竞争要求企业不断在改善自身服务上下大工夫，推陈出新。正是在这种背景下，电子商务得到长足的发展。因为企业利用先进的信息技术，不仅可以节约联络客户的时间，而且可以更好地了解用户的需求，以便提供更优质的服务，提高自身在国际市场上的竞争力。

3. 电子商务发展简史

按照具有代表性的不同技术，可将电子商务的发展历程划分成四个阶段。

第一阶段：EFT 时代。20 世纪 70 年代，银行间电子资金转账（EFT）开始在安全的专用网络上推出，改变了金融业的业务流程。电子资金转账是指通过企业间通信网络进行的账户交易信息的电子传输，以电子方式提供汇款信息，实现了电子结算。这是电子商务最原始和最普遍的形式。例如，在零售店的收款处使用借记卡，单位直接将工资转入各职工的银行账户等。

第二阶段：电子报文传送技术。20 世纪 70 年代末，电子商务以电子报文传送技术（如电子数据交换，EDI）的形式在企业内部得到推广。电子报文传送技术将企业交易中订单、发票和提货单的大部分内容（如商品代号、名称、价格和数量等）这些信息转换成标准化的格式，再通过电子数据方式来传输，企业就可以减少错误和重新录入的工作量、节省打印和邮寄的成本，简化了业务流程，提高了自动化水平。电子数据交换（EDI）使企业能够用标准化的电子格式与供货商之间交换商业单证（如订单）。这期间对于组织内部和组织之间的非结构化的沟通来说，电子邮件（1972 年诞生）也发挥了相当重要的作用。

第三阶段：联机服务。从 20 世纪 80 年代中期，联机服务开始风行，它提供了新的社交交互形式，还提供了知识共享的方法，如文件传输协议 FTP 和新闻组 Usenet（1979 年诞生）。这就为互联网用户创造了一种虚拟社区的感觉，全世界的人都可以相互沟通。

第四阶段：WWW。20 世纪 90 年代中期到现在，互联网上出现了 WWW 应用（1993 年诞生 Mosaic，1994 年诞生 Navigator），这是电子商务的转折点。WWW 为信息出版和传播方面的问题提供了简单易用的解决方案。WWW 带来的规模效应降低了业务成本，它所带来的范围效应则丰富了企业业务活动的多样性；WWW 也为小企业创造了机会，使它们能够与资源雄厚的跨国公司在平等的技术基础上竞争。新经济条件下的传统企业要保持其竞争优势就必须重新考虑成本结构。

（二）我国电子商务的发展

1. 我国电子商务的发展历程

我国计算机应用已有 50 多年历史，但电子商务仅存在 20 多年。1987 年 9 月 20 日，中国的第一封电子邮件越过长城，通向了世界，揭开了中国使用互联网的序幕。我国电子商务的发展过程可分为三个阶段：

第一个阶段（1990—1993 年）开展 EDI 的电子商务应用阶段。自 1990 年开始开展 EDI 的电子商务应用，国家计委、科委将EDI列入“八五”国家科技攻关项目，如外经贸部国家外贸许可证EDI系统、中国对外贸易运输总公司中国外运海运/空运管理EDI系统等。1991年9月由国务院电子信息系统推广应用办公室牵头会同外经贸部、电子部、人民银行、税务局、贸促会等八个部委局发起成立“中国促进EDI应用协调小组”；同年10月成立“中国EDIFACT委员会”并参加亚洲EDIFACT理事会。EDI在国内外贸易、交通、银行等部门得以应用。

第二个阶段（1993—1997年）政府领导组织开展“三金工程”阶段，为电子商务发展打下了基础。1993年成立以国务院副总理为主席的国民经济信息化联席会议及其办公室，相继组织了金关、金卡、金税等“三金工程”，并取得了重大进展。1994年10月，“亚太地区电子商务研讨会在京召开”，使电子商务概念开始在我国传播。1995年，中国互联网开始商业化，互联网公司（ISP. COM公司）开始兴起。1996年1月成立国务院国家信息化工作领导小组，领导我国信息化建设。1996年，金桥网与因特网正式开通。1997年，信息办组织有关部门起草编制我国的信息化规划，1997年4月在深圳召开全国信息化工作会议，各省市地区相继成立信息化领导小组及其办公室，各省开始制订本省包含电子商务在内的信息化建设规划。1997年，广告主开始使用网络广告。1997年4月以来，中国商品订货系统（CGOS）开始运行。

第三个阶段，1998年开始进入互联网电子商务发展阶段。1998年3月，我国第一笔互联网网上交易成功。中国银行与电信数据局合作在湖南进行中国银行电子商务试点，推出我国第一套基于SET的电子商务系统。1998年10月，国家经贸委与信息产业部联合宣布启动以电子贸易为主要内容的“金贸工程”。1998年，北京、上海等城市启动电子商务工程，开展电子商场、电子商厦及电子商城的试点，开展网上购物与网上交易。1999年3月，8848等B2C网站正式开通，网上购物进入实际应用阶段。1999年兴起政府上网、企业上网，电子政务、网上纳税、网上教育、远程诊断等广义电子商务开始启动，并已有试点，且进入实际试用阶段。2000年，我国电子商务进入了务实发展阶段，电子商务服务商（dotcom公司）正在从虚幻、风险资本市场转向现实市场需求的变化，与有商务传统的企业结合，同时开始出现一些较为成功、开始赢利的电子商务应用。我国的电子商务全面启动并已初见成效，基于网络的电子商务的优势将进一步发挥出来。

2. 我国电子商务的发展现状

我国计算机拥有量、互联网用户、网站数（见图1－2）近年来飞速增长，网络基础资源也逐渐丰富起来（见表1－2）。根据中国互联网络信息中心CNNIC第24次《中国互联网络发展状况统计报告》的数据显示，截至2009年6月底，中国网民规模达到3.38亿人，互联网普及率达到25.5%，高于全球平均水平（21.9%）。继2009年6月中国网民规模超过美国，成为全球第一之后，中国的互联网普及再次实现飞跃，赶上并超过了全球平均水平。在这样的背景之下，我国电子商务市场总体规模也在不断扩大（见图1－3）。

表1－2　2007—2008年中国互联网基础资源对比

	2007年	2008年	增长量	增长率
IPv4（个）	135 274 752	181 273 344	45 998 592	34.0%
域名（个）	11 931 277	16 826 198	4 894 921	41.0%
其中CN域名（个）	9 001 993	13 572 326	4 570 333	50.8%

（续上表）

	2007 年	2008 年	增长量	增长率
网站（个）	1 503 800	2 878 000	1 374 200	91.4%
其中 .CN 下网站（个）	1 006 000	2 216 400	1 210 400	120.3%
国际出口带宽（Mbps）	368 927	640 286.67	271 359.67	73.6%

（资料来源：《CNNIC 网络调研报告》，2009 年 1 月）

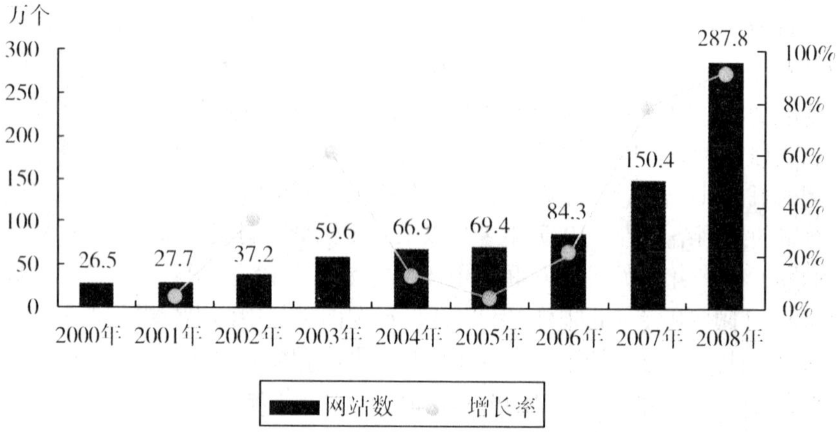

图 1-2　2000—2008 年中国网站规模变化

（资料来源：《CNNIC 网络调研报告》，2009 年 1 月）

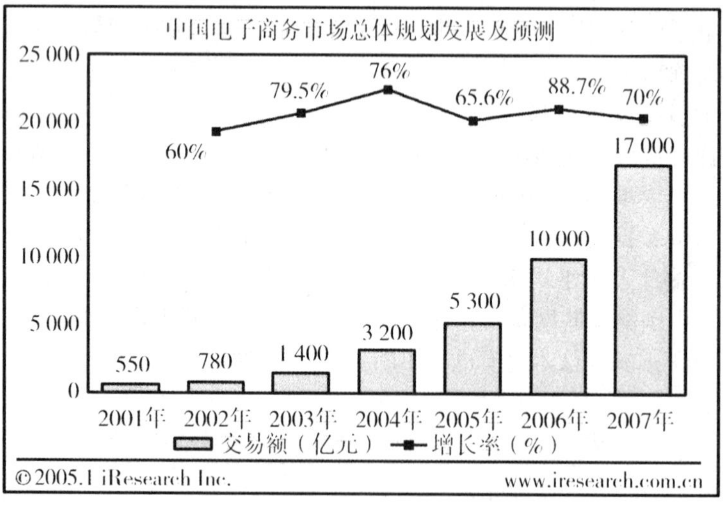

图 1-3　中国电子商务市场总体情况

（资料来源：艾瑞市场咨询，www.iresearch.com.cn）

3. 我国电子商务的应用现状

（1）我国电子商务应用尚处于初级水平，大部分是非支付型电子商务，即网上营销，网下支付；小部分是支付型电子商务，即网上营销，网上支付。个别正在搞协同电子商务。

（2）在我国的众多企业中，上网企业尚属少数，开展网络营销、网上采购的更少，大部分中小企业及小部分大中型企业尚未上网开展电子商务，企业信息化水平低，企业尚未成为电子商务的主力。

（3）我国大部分电子商务网站功能单一，大部分是搞电子市场商情，在网上发布广告、电子目录、电子查询、网上互通商品信息；少数搞电子交易，利用网上进行商务洽谈，签订购货合同，交换文本及单证，进行交易；能完成网上购物、网上支付的较少。

（4）由于我国行业、地区发展极其不平衡，东南沿海与中西部地区有很大区别，目前传统产业部分行业及东南沿海大城市已开展电子商务，如浙江就是电子商务强省，除了著名的阿里巴巴之外，大部分的中小企业都开展了电子商务，但中西部地区的广大城乡尚未开展。

（5）国民经济信息化基础薄弱，商业自动化水平低，传统商业与电子商务的现代商业将长期并存；传统商场与网上商城长期并存；我们必须采取多样化、多层次、多模式的有中国特色的发展电子商务的战略。

4. 我国电子商务发展中存在的问题

（1）国家发展电子商务还缺乏明确的发展战略和有力的技术经济政策。

（2）电子商务法律法规、电子商务标准和规范严重滞后，急需加强。现有的行政法规不适应电子商务发展之处未得到及时修订。研究制定电子商务的相关法律法规较滞缓，目前依然缺乏电子合同法、网上知识产权保护、隐私保护法、网上信息管制等多个法律法规，对网络犯罪的定罪和处罚尚没有实施细则。

（3）电子商务的发展所需要的市场经济环境、运行环境尚不完善，社会信用体系尚未完全建立，网络带宽、反应速度尚不满足要求，电子支付手段尚不完备，物流配送体系尚不配套。

（4）国产信息产品技术水平与市场占有率低，重大电子商务应用工程、应用系统所用的软硬件产品主要依靠国外公司，系统集成、信息服务水平有待提高。计算机应用有关标准、规范既缺乏又不统一，急需加强。与电子商务有关的标准比较滞后，投入明显不足。

（5）企业管理体制、机制、管理理念与组织机构尚不能适应市场经济的要求，部分领导对电子商务应用的重要性、紧迫性认识不足。企业采用电子商务等高新技术尚缺少内在的动力、人力、财力与物力。基础工作薄弱，信息技术人才特别是既懂信息技术又懂行业业务技术的复合型人才更为缺少，广大职工信息意识与信息技术应予以提高。

第二节　Internet 与旅游电子商务

小案例：

Internet 在 Sandals All-Inclusive Resorts 的应用

许多公司为了拓展市场越来越多地使用 Internet，这些公司革新了它们销售产品和服务的方式，为了顺应时代的要求对技术作了部分改进。Sandals Resorts 公司就是一个例子，它乐于使用万维网这一市场营销的新途径。

Internet 对 Sandals 公司市场营销的努力起着积极的作用，尤其是用 Internet 来实现其营销目的。营销及广告两大部门都聚焦于万维网。公司为代理商和消费者建立了一个庞大的网站以提供详细的信息。该网站建设得对其目标市场极有吸引力，如对度蜜月和度假的夫妇。在该网站中，浏览者能找到关于各种旅游胜地、餐饮、潜水、水上运动等方面的信息，此外也能找到包价旅游、专项服务、护照办理、气温、旅店退房时间、小费、晚礼服的尺码、是否有客房等信息。

由于 Sandals 的目标市场是国际市场，所以它的网站有多种语言的版本。Sandals 与多家旅游经销商及其网站有合作协议。旅行社既可以从 Sandals 的网站获知有关由 Sandals 的专家鉴定项目工作室的情况，也可以了解最新产品及促销信息。各旅行社也可以将各自的网站与 Sandals 网站建立链接。Sandals 只是把 Internet 视为广告的方式之一。

有了 Internet 技术后，Sandals 能大大降低市场营销的成本并增加销售量。但是目前，相比其他热衷 Internet 技术的公司而言，它们还是落伍了。

（资料来源：[美] 周宗庆. 旅游电子商务. 李山主译. 北京：高等教育出版社，2005）

思考题： 你会建议 Sandals 公司在经营战略中融入更多的信息技术还是维持目前的运作系统？为什么？

一、Internet 概述

1. Internet 的发展

Internet 的发展可以说是迅猛异常、一路凯歌。近年来，Internet 用户的飙升就是最好的证明，尤其是在万维网（World Wide Web）出现之后，就更为迅猛了。Internet 正在改变着消费者获取信息、制订购买计划以及购买产品和服务的方式。1994 年的相关数据显示，美国当时只有 2 500 万 Internet 用户，而 2004 年底增加到 1.36 亿，2007 年底为 2.16 亿，互联网普及率则高达 70% 以上，在 2009 年以前美国一直是世界上互联网用户最多的国家。而在中国，互联网用户也在飙升，截至 2009 年 6 月底中国互联网用户数达到 3.38 亿人，已经超过美国，成为世界上互联网用户数最多的国家。

通过 Internet，人们能够不受时间和地点的限制进行即时的交流、搜索、预订、购物等，这吸引了全世界数千万的网络用户。2002 年全世界网民总数大约为 6.19 亿，2004 年 9.34 亿，2008 年底全球互联网用户数已经超过 10 亿，世界互联网普及率越来越高（见图 1－4）。这不足为奇，因为世界上大大小小的国家已经认识到 Internet 不单纯是一种通信工具，而更是一个新的经济增长领域，并且在树立企业良好形象、增强企业的成本竞争优势、创造新的市场机会、缩短产品的生命周期、提高顾客满意程度等方面给企业带来更多利益。

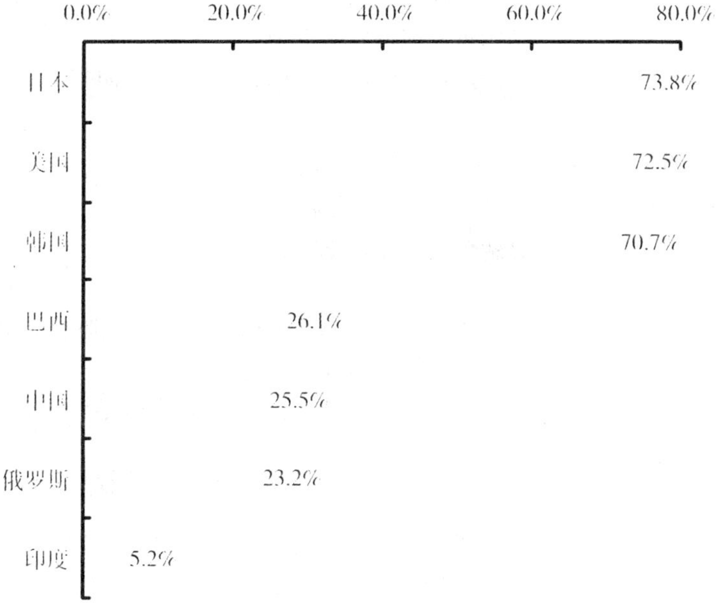

图1－4　部分国家的互联网普及率

（资料来源：《CNNIC网络调研报告》，2009年1月）

2. Internet的特征

（1）Internet是一个对等系统（peer-to-peer system，又称端对端系统）。这是指每个人都是平等地在网上进行交易和运作。只要有一个IP（网际协议）地址，任何人都可以用自己的计算机做服务器，并向网络上的任何人提供服务。因此，从理论上来说，每个公司都可以直接在网上向客户推销产品和服务，并且能使这些产品和服务的信息24小时不断更新。

（2）Internet是一个相互关联的网络系统，因此有交互的能力。它的点对点式的设计使得包括顾客、商家以及金融机构在内的所有用户之间都可以互动。由此产生了一个即时网上预订系统——一个通过网络直接与公众连接的电子分销系统，利用这个特点可以搜集顾客的反馈信息、设计个性化的新产品和服务，以及测试这种产品或服务的市场前景。

（3）Internet具有超链接（hyperlink）功能。与传统的印刷品不同，在网络中你只需轻轻一点击，就可以从这个页面的文本和信息链接到下一个页面的文本和信息。这是一个名副其实的信息网络。这个特征使得Internet成为一个强大的搜索工具和一个迅捷的信息探测器。

（4）Internet具体化了一个关键的基础性的技术概念——开放体系网络构建（open architecture network）。使用这个方法，任何公司或组织单独采用的网络技术都不会受控于中央系统。在开放式网络结构中，每一个局域网都可以根据自己特定的环境和用户要求来设计。然而，各种不同的软、硬件之间的交流可能会出现兼容问题，当一个公司要通过网络进行交流或交易时，需要对此慎重考虑。

（5）Internet是一个与平台无关（platform independent）的网络。这就意味着不管你用何种计算机、何种操作系统与网络连接，你都可以连接到其他的计算机操作系统。平台就是特殊的计算机硬件或者计算机与操作系统的结合（Unix，Windows，Macintosh都是不同的平台）。

（6）在Internet上露露脸已经不再需要高深的专业知识或庞大的财富支持。随着计算机价格降低和实用化网页制作程序的出现，任何与网络服务器相连的人，都可以在几小时内制作自己的个人主页，无须担心那些控制网页界面的复杂的 HTML（欧洲原子能机构的蒂姆·伯纳斯开发了这个超文本标记语言支持的用户友好的图像界面，可以对万维网所提供的通信、多媒体和信息程序进行转换）代码。

3. Internet 的应用

互联网的各种应用大致分为如下几类：网络媒体、互联网信息检索、网络通信、网络社区、网络娱乐、电子商务、网络金融等。

（1）网络媒体。

互动性是网络新闻最重要的特点之一，它将传统媒体与受众的传播关系转变为双向或多向互动的传播关系。另一方面，网络新闻在表现形式上实现了多媒体整合运作，表现力与感染力更为突出，如新浪网、网易、雅虎、腾讯等对新闻、财经、体育、娱乐、科技等方面的报道使网络媒体站到了主流媒体行列。

（2）信息检索。

搜索引擎是网民在互联网中获取所需信息的基础应用，目前我国搜索引擎的使用率为 68.0%，在各互联网应用中位列第四。学历越高，搜索引擎使用率越高；收入越高，搜索引擎使用率越高。搜索引擎应用人群的特点决定了它在互联网领域的高商业价值。

（3）网络通信。

主要包括电子邮件（56.8%）和即时通信（75.3%）。即时通信承载的功能日益丰富，一方面正在成为社会化网络的连接点；另一方面，其平台性也使其逐渐成为电子邮件、博客、网络游戏和搜索等多种网络应用的重要入口。

（4）电子商务。

电子商务是与网民生活密切相关的重要网络应用。2008 年，网络购物市场的增长趋势明显。目前，我国网络购物的用户人数已经达到7 400 万人，年增长率达到60%。比较国外的发展状况，韩国网民的网络购物比例为 60.6%，美国为 71%，均高于中国网络购物的使用率。除了网络购物外，网络售物和旅行预订也已经初具规模，与网络购物密切关联的网络支付发展十分迅速，这有力地推动了网络购物的发展（见表 1－3）。著名的电子商务网络平台有阿里巴巴、慧聪、旅游网站、订房中心等。

表 1－3　2007—2008 年电子商务类应用用户对比

	2007 年底		2008 年底		变化	
	使用率	网民规模（万人）	使用率	网民规模（万人）	增长量（万人）	增长率
网络购物	22.1%	4 600	24.8%	7 400	2 800	60.9%
网络售物	–	–	3.7%	1 100	–	–
网上支付	15.8%	3 300	17.6%	5 200	1 900	57.6%
旅行预订	–	–	5.6%	1 700	–	–

（资料来源：《CNNIC 网络调研报告》，2009 年 1 月）

此外，互联网的应用还体现在网络社区（如交友网站、博客等）、网络娱乐（如网络游戏、网络音乐、网络视频等）、网络金融（如网上银行、网络炒股等）、网上教育等方面。

二、互联网与旅游电子商务

小案例：

一张电子机票

晚上11点的钟声刚刚敲过，76岁的麦克·琼斯先生接到一个朋友的电话，让他第二天坐飞机去临近的城市参加一个第二次世界大战老兵们的聚会。他打开计算机，上了Internet（互联网），登录到自己最喜欢的航空公司的网站。轻轻松松的几次点击，他就用信用卡买好了电子机票，并在同一个网站登记，确定了座位。大功告成！他心满意足地上床睡觉去了。麦克·琼斯刚才订票的这个过程其实就是一项简单的电子商务。

请问您有在Internet购买产品或服务的经历吗？请您演示在网上购物的过程。

小案例中提到的在网上进行机票预订的例子，只是互联网在旅游行业广泛应用的冰山一角。以全球互联网、通信技术为核心的信息技术正在引起整个旅游业的革命，正在深刻地改变着旅游业的经营、管理和运作模式，对旅游业的发展和繁荣起着越来越重要的影响及作用，电子商务正成为推动旅游经济发展的重要举措。以互联网的应用为本质的旅游电子商务已经成为当今世界旅游商务活动的主要推动力，成为各类旅游组织或企业在结构、运营和管理方面发生根本性、革命性变革的催化剂。

旅游业是一种信息密集型产业，很少有其他行业像旅游业那样在日常经营中产生、收集、处理、应用和交换大量的信息。与耐用消费品不同的是，不可见的和多变的旅游服务不可能物化地在销售点得以展示，或者在购买前进行检验，因为旅游服务是在使用前购买的，而且是在远离消费地购买的。因此，旅游产品完全依赖于解说和描述的，即以印刷品、音像制品或其他形式体现出来的信息。这种解说和描述往往是通过亲友或旅行社行业传递的，而不是由充当旅游主体的旅游供应商或旅游目的地当局直接传递的。互联网作为新的旅游信息平台，为旅游业的发展提供了新的契机。

（一）旅游需求量的增长和在线旅游需求

互联网既提高了消费者选择的灵活性，也使得服务流程更加灵活。随着旅游者经验的日益丰富和生活水平的提高，他们变得越来越复杂和难以满足。旅游者要求得到更高质量的产品和服务、更物有所值的体验和更快捷的服务。在体验各种旅游产品和许多旅游目的地之后，有经验的、复杂的、要求更高的旅游者更依赖于电子媒体获得有关目的地和旅游体验的信息，同时也会越来越多地通过电子媒体直接与供应商沟通来说明自己的需求。

1. 旅游需求量的增长

世界旅游组织的《旅游业2020年远景》预测，到2020年国际旅游接待人数将达到16亿人次，其中12亿为地区内旅游者，其他为长线旅游者。东亚、南亚、中东和非洲地区预计将以每年5%的速度增长，高于世界平均水平的4.1%。旅游业比较成熟的欧洲和美洲的增长率会比较缓慢，低于世界平均水平。1995年至2020年间，长线旅游者的增长比例预计为每年

5.4%，地区内的增长比例为3.8%（见表1-4）。

表1-4 国际旅游接待人数预测（百万人）

	基数年1999	预测2010	预测2020	1995—2020年均增长（%）	1995年市场份额（%）	2020年市场份额（%）
总计	565.4	1 006.4	1 561.1	4.1	100	100
非洲	20.2	47.0	77.3	5.5	3.6	5.0
美洲	108.9	190.4	282.3	3.9	19.3	18.1
东亚	81.4	195.2	397.2	6.5	14.4	25.4
欧洲	338.4	527.3	717.0	3.0	59.8	45.9
中东	12.4	35.9	68.5	7.1	2.2	4.4
南亚	4.2	10.6	18.8	6.2	0.7	1.2
地区内	464.1	790.9	1 183.3	3.8	82.1	75.8
长线	101.3	215.5	377.9	5.4	17.9	24.2

这种增长说明了旅游者数量的显著增加，旅游者人数将占到世界人口的20%。人均每天花费也会快速增长，这说明会有更多的人在旅游上花更多的钱和时间。但是，每次旅游的平均逗留天数却在缩短，这说明人们的单次旅游时间越来越短，而旅游频度越来越高。工作压力的加大、生活方式的改变、偏远旅游目的地可进入性的增强，以及工作时间安排的灵活性增大和自由职业者人数的增加进一步推动了这种旅游方式转变的趋势。长线旅游增长较快说明人们希望到一些有异国风情的、边远的、未被现代文明污染的目的地去旅游。所有这些趋势都要求通信技术、互联网的进一步发展，以便更好地服务于不断增长的旅游需求。

2. 在线旅游需求

旅游的人数越来越多，使用互联网了解旅游信息的人数也在不断增长。互联网吸引消费者的地方在于它能提供一系列的产品和服务，因此互联网的使用率增长很快。越来越多的消费者熟悉互联网的使用，也希望能与旅游供应商在线互动，讨论一些具体的旅游要求并进行购买。互联网使用者能了解到准确、可靠的信息并在瞬间完成预订，比传统方式更省时、省钱，而且方便。大部分互联网用户都受过良好教育、有较高收入，而且这些人经常旅行，这是大部分旅游目的地和旅游企业希望针对的细分市场，因此旅游行业应通过利用新技术工具更好地迎合他们在通信技术和互联网支持下的新需求。

在美国旅游成为电子市场上最受欢迎的在线商品，航空公司、酒店和其他旅游产品的在线直接预订比例增长很快。2004年，美国在线旅游市场收入是540亿美元，占整个旅游市场收入的23%；2009年，在线旅游市场规模将达到960亿美元，将占整个旅游市场收入的33%，增长率高达70%。根据艾瑞咨询调查数据发现：选择酒店是美国个人游客上网的最主要目的，46.5%的用户通过互联网挑选酒店，43.2%的用户利用互联网预订酒店。另外，了解目的地信息和机票信息也是美国个人游客上网的主要目的（见图1-5）。

由于网上预订机票、酒店等通常都能享受折扣优惠，所以在线预订对商务人士和普通民众均有相当的吸引力。在我国，国内旅游人数占了全部旅游人数的97%左右，其中92%是散客，散客市场对在线旅游服务的需求最大；同时，庞大的互联网用户是在线旅游服务的潜在客户。

根据艾瑞咨询统计数据显示，2008 年我国网上旅行预订市场规模为 27.89 亿元，相比 2007 年的 22.73 亿元同比增长了 22.7%；网上旅行预订用户的规模达到 600 万，同比增长 33.3%（见图 1－6）。但我国，在线旅游交易额仅占整个旅游市场规模的很小的一部分。由此可见，中国在线旅游市场的发展潜力非常巨大。

图 1－5　美国个人旅游者上网的目的

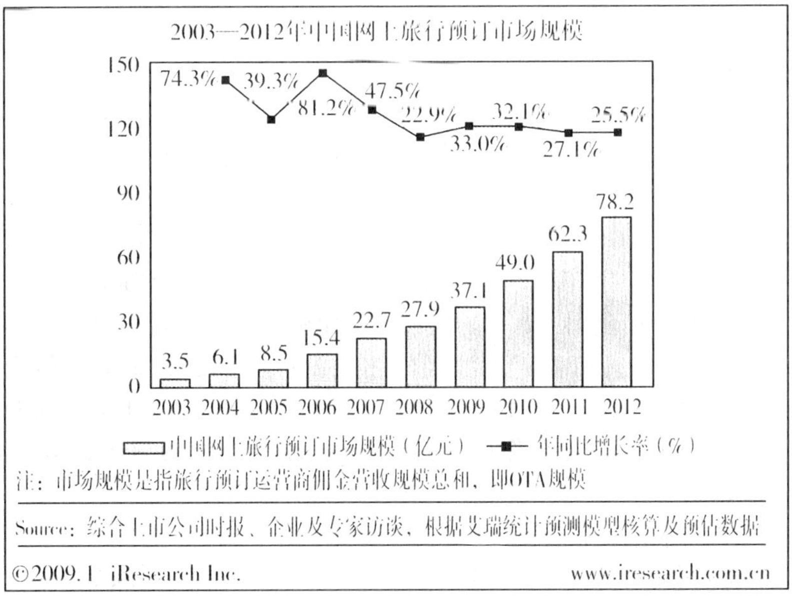

图 1－6　中国个人旅游者上网的目的

（资料来源：艾瑞市场咨询，www.iresearch.com.cn）

3. 在线旅游发展的阻力

表 1－5　抑制人们在线购买旅游产品的原因

用户/客户因素	互联网/企业因素
• 没有明确的计划 • 网上使用信用卡的安全问题 • 不能看到产品或摸到产品 • 不信任不熟悉的名称或品牌 • 倾向于一般旅行代理商 • 怕出错 • 不知道他们能在网上预订 • 宁可与一个真实的人交谈 • 担心信息的保密性 • 其他人代替预订 • 没有信用卡	• 了解信息的时间太慢 • 搜索信息很难 • 用公司的旅游代理人 • 无法得到确认 • 互联网的杂乱无章使得找到合适的信息很困难 • 没有足够的选择 • 互联网的价格不够优惠 • 不需要预订什么 • 互联网太慢，要找到合适的产品需要花费太长的时间 • 太复杂/模糊 • 互联网上的信息没有更新

（资料来源：［英］Dimitrios Buhalis．旅游电子商务．马晓秋，张凌云译．北京：旅游教育出版社，2004）

这些因素都是短期的，随着消费者越来越熟悉这种新工具，在线销售量会有更大的增长。另外，互联网网页的设计和互动性正在加强，而且速度、资金交易的安全性和可靠性情况都在不断地得到改善。旅游企业也认识到网上交易的好处，他们正在根据形势改变自己的经营策略、实行优惠的价格、对积压的产品给予较低的折扣、直接公布电话以方便消费者寻求各种帮助。

（二）旅游电子商务的含义

到今天互联网已经渗透到旅游的各个行业，包括旅游酒店、旅游交通、旅行社、旅游地等。目前的全球电子商务交易总额中，旅游电子商务已经占到1/5的份额，成为全球电子商务的第一行业。互联网作为新的旅游信息平台，为旅游业的发展提供了新的契机。

1. 电子旅游

电子旅游反映了旅游业、酒店业和餐饮业价值链中所有程序的数字化。在策略层，电子旅游包括旅游电子商务和如何利用互联网、通信技术使旅游企业的效率和效益最大化；在战略层，电子旅游给所有旅游企业流程、整个价值链和旅游企业与其利益团体之间的战略关系都带来了变革。电子旅游决定了旅游企业的竞争力，这种竞争力取决于企业如何利用内部网重组内部流程、利用外部网与可信任的合作伙伴进行交易、利用互联网与所有利益团体之间形成互动。

电子旅游概念包括旅游企业的所有功能（如电子商务和电子市场营销、电子理财和电子财务、电子人力资源管理、电子采购、电子研发和电子生产等）和电子战略、电子规划，以及对旅游行业各个部门（包括旅游、旅行、交通、休闲、酒店、主体供应商、中介和公共部门）的电子管理。如图1－7电子旅游把企业管理、信息系统和管理以及旅游业三个学科联系在一起了。

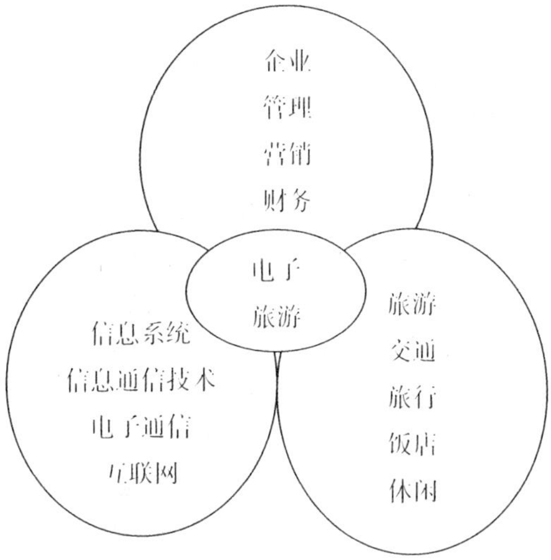

图 1－7 电子旅游概念和电子旅游领域

2. 旅游电子商务的定义

旅游电子商务是电子商务在旅游行业的应用，是电子旅游的一部分。旅游电子商务就是运用互联网来提升旅游目的地与商业活动相关方面的内部与外部关系，实现旅游商务活动各环节的电子化，包括通过网络发布消息、交流旅游基本信息和旅游商务信息、以电子手段进行旅游企业宣传促销、开展旅游售前售后服务；通过网络查询、预订旅游产品并支付；也包括旅游企业内部流程的电子化及管理系统的应用等。

本书采用杜文才的《旅游电子商务》一书中给旅游电子商务下的定义，即利用互联网和通信技术来实现旅游信息收集与整合，实现旅游业及其相关产业电子化运作和旅游目的地营销的活动，是一种先进的运营模式。旅游电子商务主要包括旅游信息网络化宣传，旅游产品在线预订、支付以及旅游企业业务流程的电子化、旅游目的地营销等。

3. 旅游电子商务的优势

旅游电子商务相对于其他行业的电子商务来说，有两个优势：

(1) 旅游行业是以提供无形服务（也有有形产品，如餐厅提供的菜肴等）为主的服务型行业，很少涉及实物运输，即省略了电子商务四大流中的物流，因此旅游电子商务不会面临目前最复杂、最费力的物流配送问题。当然，有时候也要涉及一些票据配送的问题，但是随着电子客票的发展和深化，无票旅行逐渐成为趋势。

(2) 随着金融业的参与，资金通过网上结算方式直接付款，免去了旅游者携款办理各种手续的麻烦。这种建立在优势互补基础上的新运行机制，由于各方面的经营投入与利益获取有着不同的侧重点，很快将形成金融机构、旅游中介商、旅游产品提供者、旅游消费者四方得利的共赢局面。

三、旅游电子商务的发展现状

（一）国际旅游电子商务的近况与趋势

1. 网络旅游已成为全球电子商务第一行业

世界旅游组织2001年的报告指出，全球旅游电子商务连续5年以350%以上的速度增长；今后五年间，世界主要旅游客源地约1/4的旅游产品订购将通过互联网进行。据美国著名的CRG研究公司的最新统计，2002年全球旅游业电子商务销售额突破630亿美元，占全球电子商务总额的20%以上。美国作为全球在线旅游消费的领头羊，2009年其在线旅游市场规模将达到960亿美元，占整个世界在线旅游市场收入的50%。

2. 互联网已成为发达国家旅游者最主要的信息来源渠道

世界旅游组织在旅游电子商务研究报告中指出，上网旅游者的一般特征是“相对富裕、受过良好的教育、喜爱个性化的旅游、旅行频繁、旅游决策周期短”。根据艾瑞咨询数据显示，旅游服务是美国居民使用最多的在线服务，有38%的被调研者使用过该项服务；在线信用卡管理位居第二，有36%的被调研者通过互联网进行信用卡账户管理；其次是银行服务，有35%的被调研者使用过。美国人在计划、选择旅游线路和旅游方式时，Internet是首选的信息获得手段，其他主要手段还有旅行社、导游书籍和小册子、报纸和杂志等。

3. 各类旅游产品在线预订比例显示出不平衡性

世界旅游理事会（WTTC）全球在线旅游预订市场1999—2005年的统计预测显示，在线预订主要集中在易标准化的旅游产品，如机票、酒店、租车上；而复杂的、信息含量高的旅游产品，如包价旅游、度假、游轮旅游的在线预订额较低。2002年美国在线旅游市场中各类旅游产品销售份额为：机票66%；酒店客房22%；租车9%；其他（包括火车票和游轮旅游）3%。根据艾瑞咨询调查数据显示，2008年美国个人旅游者在线预订酒店比例为43.27%，购买机票为37.0%，租车为22.4%。

4. 在线旅游市场中的中介销售与供应商直销竞争相持

就最简单的酒店、机票、租车预订业务而言，传统旅行社实际上是受到了在线旅行社（如Expedia.com和Travelocity.com等）和旅游供应商（如西南航空公司和希尔顿酒店集团等）两方面的挤压。部分传统的旅行社开始逐渐向在线旅游中介发展，在线旅行社的队伍不断壮大；而众多的旅游供应商也毫不示弱，凭借互联网的力量，绕开中介商而开始了网上直销（如Hyatt.com和Hilton.com），或者成立战略同盟共建网络直销平台。在美国的在线旅游市场份额中，差不多一半是来自酒店和航空公司等旅游供应商的直销。

5. 在线旅游经营商的“两极分化”

在线市场中，有竞争力的旅游销售商有两种。一是大型旅游电子商务网站（如Expedia.com和Travelocity.com，这两个网站分别占领旅游市场和商务市场）或全球化旅游企业集团（如Hyatt.com和Hilton.com），它们的优势是能提供非常丰富的旅游产品。在欧美，一些大型旅游网站提供的旅游产品竟达三四万种之多，充分满足了旅游者的多样化需求和比较选择愿望。二是提供特色旅游产品或服务的小型旅游企业（见补充案例——赛加斯酒店），它们的优势是小而精，专门服务于小的细分市场，并在他们从事的领域成为专家，如专业经营蜜月旅游服务的企业、专业提供邮轮服务的企业等。

补充案例：

赛加斯（Segas）饭店

在夏季开始的前几个月，赛加斯饭店与旅行社签订了一个长期协议，之后饭店发现自己的处境不妙。赛加斯饭店拥有24间客房，产品无差异，但服务很好，饭店没有强有力的方法去接近潜在客人，他们很难在短时间内吸引到新顾客。由于目的地缺乏市场营销资金和经验，饭店业主于是委托了一个亲戚帮助自己设计了一个网页促销饭店；由于饭店没有投入任何经费，网站不能注册域名，只是在一个免费服务器上进行了注册。

网页设计和文本与一般的网站不同，采用了一种比较个性化和非正式的形式，其中介绍了所有业主的家庭成员，同时对目的地进行了一些介绍。网页于2000年9月推出，到2001年3月已经在很多搜索引擎上进行注册，由于缺乏资金，这种注册只能通过一些免费的引擎实现，进展较缓慢。网站对每个电子邮件和预订要求都给予了个性化的答复，并对旅游者的旅行安排提出建议而不仅仅是帮助他们预订饭店。2001年1—7月，网站共有1 000个人登录浏览，其中包括来自日本、尼加拉瓜和加拿大的用户，预订来源也同样广泛，网页给饭店带来了新增加收入2 200英镑，约220个间夜的销售额，大部分这种销售是在淡季。网页投入运行的头六个月给饭店带来的收入相当于饭店年收入的16%。网页开发和维护的成本只是一个自愿投入时间的亲戚。这说明互联网能使一个有创新精神的小企业更加有效地发掘自己的潜力。

（资料来源：［英］Dimitrios Buhalis. 旅游电子商务. 马晓秋，张凌云译. 北京：旅游教育出版社，2004）

思考题：小型企业成功的关键是什么？

（二）我国旅游电子商务的发展现状

1. 我国旅游电子商务正在积极发展中

我国旅游电子商务的起步较晚，从1995年才开始出现专业的旅游网站。在此之前，只是在大部分ICP（网络服务商）的网站中有旅游景点的介绍等信息，但由于大多是非旅游专业人士进行的信息收集制作，栏目多属泛泛介绍，缺乏新意。虽然旅游电子商务在我国尚处于起步阶段，但其发展势头却颇为迅猛。目前，全国已拥有5 200余家具有一定资讯服务实力的旅游网站，可以较为全面、系统地介绍旅游目的地的六要素信息及其旅游企业的信息。目前，我国的旅游信息网站大体分为以下四类：

（1）以金旅雅途网、活力广东旅游网、山东旅游网、桂林旅游网等为代表的政府背景类应用服务供应商。

（2）以中国旅游资讯网、中国旅游网、中国旅游商务热线、携程旅行网、亿龙旅行网、华夏旅游网、去哪儿网、芒果网、图行天下网等为代表的专业旅游门户网站。

（3）以新浪、网易、搜狐、中文雅虎等为代表的综合性网站下设的旅游业务模块，提供旅游咨询信息服务的综合网站。

（4）各旅游景点、宾馆酒店设立的以直接宣传企业信息、提供在线预订，从而增加营业收入的企业网站。如7天连锁、格林豪泰、花园酒店、锦江集团等企业建立的网站。

2. 我国旅游电子商务发展中存在的问题

（1）综合门户网站专业性不强。

在综合性网络公司中，几乎所有的网站都不同程度地涉及了旅游的内容，如新浪网生活空间的旅游频道、搜狐和网易的旅游栏目、中华网的旅游网站都显示出旅游信息的巨大生命力和市场空间。但仅仅作为其网站的一部分，没有充分体现旅游信息的全面性、权威性和实用性，只是对现有网站内容的补充；同时，也由于专业性不强、缺乏行业优势，故而没有完全展现出网上旅游的魅力。

（2）旅游网站内容简单。

在专业旅游网站中，国内互联网上旅游专业站点十分有限，而且大部分是简单的企业介绍，像有些本土酒店只是把首页建立起来，点击各项功能都是空白，还有一些酒店首页上有滚动的酒店重要动向，打开一看竟是三四年前的新闻；一些信息网站更多的是停留在专业门户阶段，内容主要包括国内主要的旅游路线、景点介绍、常识和游记作品等。但缺乏专业资源的支持，限于规模、内容及知名度等因素，这些旅游门户网站的访问量差强人意。

（3）旅游网站的经营业务合法性还存在问题。

旅游网络公司从工商局的登记注册来说，还不算是一个旅行社，因而不能直接从事旅游业务，这既涉及法律上的问题，也涉及税务上的问题。在线旅行社的成立同样要经过旅游局的批准，得不到批准的机构就不能从事真正的旅游业务；而不能从事真正的旅游业务，就无法开出发票，其营业额也就无法体现。现在，很多的旅游网站都面临着与此相类似的问题，也就是网站经营业务的合法性问题。

（4）缺少完全意义上的电子商务。

目前，旅游行业所实现的电子商务仅限于各种票据的预订（如机票、车票、船票等）、旅游线路的预订、住宿酒店的预订和发送电子邮件等。简而言之，基本上是处于网上进行查询和预订、网下进行交易和结算的阶段。网络新技术与旅游业的良好结合是一种改革，但这还不是完整意义上的电子商务，完整的电子商务应该是利用 Internet 网络就能够进行全部的贸易活动，即在线实现信息流、商流、资金流和部分物流。

（5）缺乏强大的专业产业资源做后盾。

目前，旅游专业网站的步履维艰在很大程度上证明旅游专业网站发展电子商务需要强大的产业资源做后盾。中国最具有实力的旅行社有三家——国旅、中旅、青旅，在国家政策的保护下，三家国有旅行社长期把持传统旅游市场，但行政而非市场化的竞争机制仍然没有激励起这些企业对新技术和新的经营方式迅速地作出反应。有人认为，互联网是传统产业的掘墓人，但面对传统产业中强大而顽固的垄断势力，互联网在传统旅游业面前显得微不足道。于是，一方面许多新兴旅游企业纷纷涌向互联网寻求突破垄断的契机，使旅游在互联网上表现得欣欣向荣；另一方面，握有真正优势资源的旅游企业却对互联网反应迟缓，使得互联网与旅游的结合若即若离，缔造不出全新的、真正的旅游电子商务。

（三）旅游电子商务的发展趋势

1. 从“以交易为中心”到“以服务为中心”

世界旅游理事会（WTTC）在其报告“未来旅游业发展：营造客户中心体系”中指出，“未来的旅游应向增强与客户的双向交流、改善信息服务、通过个性化服务增加附加值的方向发展，旅游电子商务技术将在这个过程中发挥作用”。目前，我国网上旅游服务项目少，旅游网站多为面向散客提供订票、订房，“以交易为中心”色彩较浓，而根据旅游者个性化需求来提供定制化服务和产品等方面仍难以满足。

2. 增进旅游电子商务体系互联与整合

未来几年中，旅游业信息技术继续支持企业的战略决策和方向选择，这不仅体现在企业单项功能的改进，而且将会促使旅游信息技术对旅游资源的进一步整合。行业内将形成提供覆盖范围广、成本低廉的旅游业通信交流平台，旅游企业间的合作能力日益增强，为旅游者提供一体化的旅游服务。很多跨国公司已经通过横向和纵向联合把几个企业结合在一起，如英国空之旅、洲际酒店集团等通过信息技术实现联合和合作，空之旅通过开发战略商业单位网络在几个国家为其顾客提供各种服务；信息技术使得洲际集团能密切控制其所属酒店的业绩，同时各酒店能动态地互动，集团能在全球范围内拓展其营销、分销和销售网络。单体的酒店、旅行社也通过加盟行业联盟（如世界酒店 World Hotel）、中央预订系统 CRS、全球分销系统 GDS 等大型旅游电子商务平台来汇聚、共享、传播信息，单体旅游企业不再是“信息孤岛”。

3. 建立旅游电子商务标准与规范

旅游电子商务是一个新兴领域，我国在旅游电子商务标准与规范的制定和推行方面仍非常薄弱，这应是下一阶段的发展重点。

首先是规范化。建立健全的旅游电子商务规范体系，为旅游电子商务的实施和监管、企业和消费者的市场行为、信息内容和流程、技术产品和服务等提供指导与约束，预先把那些对旅游电子商务活动可能产生不利影响的潜在因素加以防范，是推动旅游电子商务持续、稳定、健康、高效发展的关键。

其次是标准化。旅游电子商务的本质在于互联，食、住、行、游、购、娱等各类旅游企业之间、旅游企业内部信息系统与旅游电子商务平台之间、旅游业与银行、海关、公安的信息系统之间应能实现互联互通，以自动处理频繁的信息数据交换。在国外，通常由专门的组织（如 OTA）制定出一套统一的数据格式和接口标准，旅游电子商务网站、管理信息系统在开发时都遵照这套标准，这样在一开始就保证了与其他单位的信息系统间做无缝链接的可能性。我国旅游电子商务的数据交换也应尽快实行标准化，并与国际接轨。

4. 新技术应用：移动电子商务将成为主流

电子商务就是利用手机、PDA 及掌上电脑等无线终端进行的电子商务。它将因特网、移动通信技术、短距离通信技术及其他技术完善的结合，使人们可以在任何时间、任何地点进行各种商贸活动，实现随时随地的线上线下购物与交易、在线电子支付以及各种交易活动、商务活动、金融活动和相关的综合服务活动等。根据艾瑞咨询研究显示（见图 1－8），2008 年中国移动电子商务市场营业收入规模为 2 400 万元。随着 3G 商用时代的到来，阿里巴巴等传统电子商务企业，中国移动、中国电信、中国联通三大运营商及用友移动等新进入者纷纷试水移动商务领域，艾瑞预计 2009 年营业收入规模将达 5 500 万元，同比增长约 130%。移动互联网与传统的快速发展为移动电子商务奠定了良好的发展基础。

以移动电子商务为新的切入点，结合智能网络技术，真正实现以人为中心的旅游电子商务应用。未来对旅游业最重要的移动电子商务技术包括移动支付、短信息服务、基于位置的服务等。这些技术的应用将使旅游电子商务服务功能更加完善、应用更加普及。

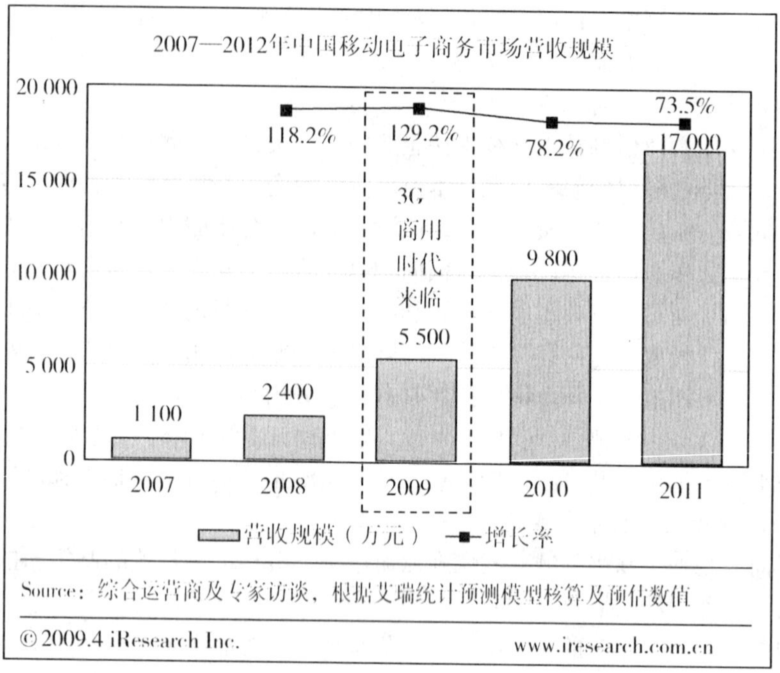

图1－8　中国移动电子商务市场营收规模

（资料来源：艾瑞市场咨询，www. iresearch. com. cn）

5. 复合型旅游电子商务人才

目前人才的短缺正成为中国旅游电子商务发展的瓶颈。由于旅游电子商务是旅游和电子商务的整合，作为一个旅游业从业人员，仅具备良好的专业知识和职业道德在信息化时代是远远不够的，还必须要学会借助计算机进行管理和网络营销。另外，虽然网络的普及增加了每一个企业的销售机会，但与此同时，也加剧了彼此间的竞争。这就必须提高员工素质、提高服务水平，特别是针对个性化旅游者，怎么样才能做到服务到位并让旅游者真正感到物有所值，这就要求从业人员必须是兼具专业知识和信息管理技术的复合型人才。这样才能将电子商务的技术手段、应用功能和模式密切联系到旅游行业的组织、管理、业务方式及其特点之中，优化其价值链。

第三节　酒店电子商务概述

小案例：

华侨城酒店电子商务网站全新启航

2009年2月15日，华侨城国际酒店管理有限公司电子商务网站（www. octhotels. com）正式启动。该网站在公司原有官方网站的基础之上进行了优化升级，从原来单一偏重品牌宣传向网络营销与品牌宣传双向并进做出了跨越。此次网站建设旨在将华侨城国际酒店管理有限公司关于战略品牌、营销、连锁发展、人才策略、客户关怀等最新面貌借助网络平台呈现给大众；

功能涉及公关宣传、市场推广、会员互动、加盟合作、人力资源、在线客服等多个领域；并在预订功能方面实现了从客户端到中央预订系统再到酒店前台的全过程管理模式，涵盖了旗下五星级茵特拉根华侨城酒店、四星级海景奥思廷酒店、精品商务连锁——城市客栈等酒店品牌的房型、价格、优惠等信息。此外，网站还专门设置了周到、细致的客户服务功能，酒店住客可即时在网站上提出疑问，酒店方将通过呼叫中心、电话等方式进行实时解答。先进的信息后台管理系统更是确保了从成员酒店到公司本部今后日益多元化连锁经营的高效运作管理。

（资料来源：http：//travel. sohu. com 搜狐旅游，2009 年 2 月 16 日）

酒店电子商务相比其他旅游企业电子商务（如旅游目的地电子商务、旅行社电子商务等）来说起步比较晚，但是现在已经赶上了，利用网站和全球分销系统进行预订的客户数在不断地增长。现在各大住宿连锁店都不同程度地对电子商务和信息技术进行投资。

一、酒店业务流程及流程再造概述

酒店是以接待型建筑设施为依托、为公众提供食宿及其他服务的商业性的服务企业。其功能可以分为接待、客房、餐饮、公共活动和后勤服务管理五个主要部分。现代酒店功能丰富多样，细分领域错综复杂，每个部分的功能相互之间紧密而复杂的联系构成酒店整体。其业务流程主要是依据各主要功能部门按照业务分工不同而形成的一个既分工明确又紧密相连的统一整体。

（一）酒店业务流程发展概述

业务流程是指为完成某一目标而进行的一系列逻辑相关活动的有序集合。最初酒店所有的业务都是手工操作完成的，后来发展到运用计算机管理系统。例如，酒店客房钥匙管理最初是用前台的钥匙架来人工收发机械钥匙，后来发展到用计算机系统来制作和管理磁卡钥匙、IC 卡钥匙、指纹钥匙等，酒店计算机管理系统（Hotel Management Information System，HMIS）是酒店现代化管理的重要手段。HMIS 是一个以人为主体的人机综合控制系统，整个酒店现代化的管理还是依靠人，计算机只是一个数据处理的工具。管理人员依据计算机处理信息的结果，迅速作出管理决策，以达到有效经营管理的目的。早在 1963 年，美国的希尔顿酒店就安装了一台 IBM 的小型计算机，用于酒店客房的自动化管理。20 世纪 80 年代初，我国旅游酒店开始用计算机处理酒店内部事务；发展到今天，信息技术在酒店中的运用范围和普及程度大大提高，大量用于前厅接待、收银、问询、客房预订、销售、餐饮、保安、报表、汇总、门锁等各个方面。

随着现代化酒店“管理一体化”的发展，计算机在酒店管理中发挥着越来越重要的作用，既有数据的管理，又有文本的管理，也有控制的作用。总之，把计算机在酒店中应用所需的各种单向软件都集成起来，成为综合应用的集成软件。例如，知名的有 Fidelio、Opera、杭州西湖软件、黑马软件等综合酒店管理软件，这些为管理一体化提供了技术手段。集成化软件使酒店的计算机应用构成了一个信息网，酒店中所有的数据处理、文件管理、安全保卫等都集中由计算机统一控制管理。

（二）酒店业务流程再造

随着计算机技术、信息通信技术、互联网的发展及其在酒店的广泛应用，推动着旅游酒店管理和营销向更广、更深层次发展。对于星级酒店来说，不仅要采用酒店信息管理系统进行内部管理，而且要为自己的酒店设计个性化的主页，把酒店的特色服务和特色产品主动推向社会，让更多人了解酒店，从而创造更好的销售机会和效益。这需要酒店对其业务流程进行再造。

1. 酒店业务流程再造

业务流程再造是指企业为满足顾客要求，充分利用信息通信技术和制造技术，对企业内部及企业之间的物流、信息流、资金流进行重新设计和组织，并优化人力资源和设备资源的过程。酒店的信息化管理强调应用最佳行业业务规范进行酒店业务流程再造，将传统的组织结构向顾客导向的组织结构转变，流程再造是为了转变和理顺酒店的组织结构，使信息技术架构与酒店的新业务流程及组织的管理目标相互适应和协调。

对于酒店来说，通过网络订房就是信息技术带来的最简单不过的变革，现在任何一个酒店都不得不适应这种变革，再造酒店业务流程。酒店将产品、服务的信息放在网页上进行宣传，客人在网上通过浏览、比较从而选择、预订自己需要的酒店客房或者其他服务项目。当客人入住之后，酒店管理系统就生成了客人账单，通过计算机及内部网络可以随时把客人的消费金额、消费过程的个性化需求，甚至投诉等信息记录下来；客人离店之后，所有信息转入客史档案，为酒店推进 CRM 管理奠定基础。业务流程再造之后，前台、客房、餐饮、财务、营销、工程等部门通过酒店管理信息平台进行联系、沟通和合作，提升了工作效率、降低了人工成本、增强了市场反映能力等。世界著名酒店集团如香格里拉、洲际、希尔顿、凯悦、马里奥特等均为集成化信息应用的先锋（见表 1－6），国内的锦江集团、东方集团、花园酒店、白天鹅等也积极顺应信息化的发展。

表 1－6　部分酒店集团网站情况一览表

公司及网址	网站服务项目	是否提供在线预订
四季酒店（The Four Seasons Hotel and Resorts）：www. fourseason. com	假期出游的图片链接，商务旅行及价格，可提供的服务，住宿条件，五种语言的四季酒店指南	是
里茨——卡尔顿（The Ritz Carlton Hotel and Resorts）：www. ritzcarlton. com	酒店预订和搜寻服务（每个酒店链接都包含酒店所有的服务项目信息）	是
希尔顿（Embassy Suites）：www. hilton. com	预订，查看价格，搜寻酒店，特价服务，按城市、州或国家的酒店分布	是
马里奥特（Marriott）：www. marriott. com	预订，酒店黄页，搜寻酒店，线路计划，常客，与所有马里奥特资产的链接	是
Adams Mark Hotel：www. adamsmark. com	Adams Mark 酒店的区位、预订，按城市、州或国家查询价格及可得性	是
凯悦酒店（Hyatt）：www. hyatt. com	价格及预订，特价服务，金户照计划，胜地，特别电子邮件订阅服务，按城市、州或国家查询分布在世界各地的宾馆酒店	是

思考： 网站怎么才能有吸引力？有研究结果表明，网站不能有效吸引预订的原因有：网站

设计不好、导航困难、连接慢、缺乏有吸引力的优惠。研究结果还表明，只有16%的网站访问者会逐字逐句地阅读网页上的文字。

2. 电子商务流程再造

进入互联网新经济时代，酒店业信息化有了新的追求境界，即电子商务流程再造。酒店为满足顾客的要求和市场竞争的需要，充分利用Internet/Intranet技术，对酒店内部及酒店之间的商务流程进行重新设计和建立，以达到资源及时、准确的共享的目的，从而降低成本、提高效率和质量。

酒店在集成化的基础上通过互联网搭建统一的信息平台将顾客、酒店、员工、供应商、互作伙伴等联为一个整体以实现不受时空限制的、在线的、端对端数据无缝交换的业务协同运作，重点在于各方联为一体直接面向顾客提供个性化服务。随着信息时代的到来，企业的竞争方式也发生了新的环境变化，他们既相互竞争资源，又必须保持生态平衡，相互竞争的企业之间出现了竞合关系。这种关系迫使酒店业内相关的企业都要重新审视自身在市场中的定位，调整竞争关系，相互协同运作，进而达到共赢。

国际上酒店业信息协同化应用主要糅合了企业资源管理计划（ERP）、客户关系管理（CRM）、供应链管理（SCM）和电子商务的观点。从企业资源管理计划（ERP）角度，优化酒店价值链，对企业业务流程、组织结构再造，提升酒店管理水平；从供应链管理（SCM）角度，实现社会资源配置最优化，控制采购成本，保障供应质量；从客户关系管理（CRM）和电子商务的角度，把企业关注的焦点逐渐转移到客户上来，帮助酒店最大限度地利用以客户为中心的资源，不断开发现有客户和潜在客户，通过改进客户价值、客户满意度以及客户的忠诚度，使酒店竞争优势得到强化。例如，全球最大的销售订房中心之一的SUMMIT、欧洲最大的在线预订网HRS（Hotel Reservation Service）、中国酒店网（china-hotel. com. cn）等都是酒店业信息协同化的代表，加盟的酒店和企业接入这些网络平台进行协同化运作。

二、酒店电子商务流程及功能需求

酒店与其他企业相比，在业务过程上有自己独特的特点，一般企业的生产和消费过程在时间和空间上是分离的，这需要有实物的配送。而酒店许多的产品（服务）则是生产与消费是同时的，一般不存在大宗货物的配送问题，而是顾客必须亲临现场（酒店）购买、消费；而且，酒店服务（产品）中含有大量的面对面的富有人情味的服务成分。所有这些特点使得酒店电子商务流程与制造企业电子商务流程有所不同。

（一）酒店电子商务流程

电子商务流程是指通过计算机联网和通信技术而进行一系列有关商务活动的有序集合。电子商务的应用是信息流、商流、资金流和物流的整合。其中，信息流最为重要，它对整个流程起着监控作用，而物流、资金流则是实现电子商务的保证，商务流程代表着货物所有权的转移、标志着交易的达成。

酒店电子商务流程是指消费者从其客户端（如家庭电脑、办公室电脑、掌上电脑等）上网寻找产品（服务）信息到购买产品消费以及获得售后服务与支持的全过程（见图1－9）。

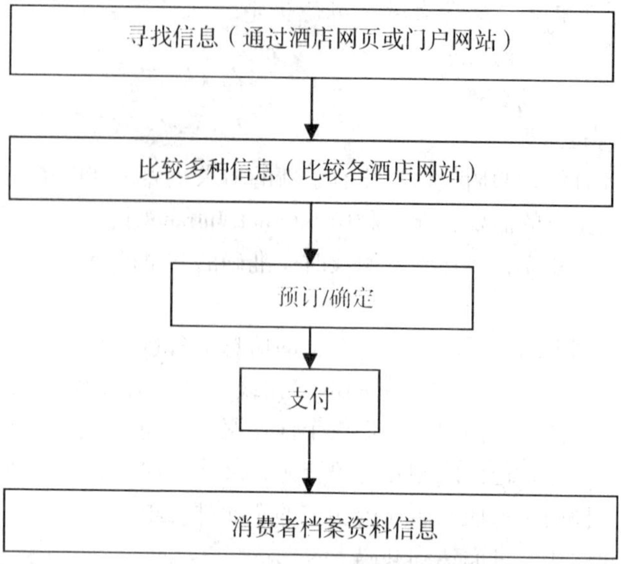

图 1-9　酒店电子商务流程

（资料来源：杜文才．旅游电子商务．北京：清华大学出版社，2006）

（二）酒店电子商务功能需求

1. 酒店互联网电子商务功能

（1）酒店企业对顾客（B2C）的网上商城。

这种模式的酒店电子商务功能包括网上销售、库存管理系统、财务管理、统计分析、系统管理、网上支付等功能模块。其中，网上销售功能模块是电子商务的窗口，也是酒店企业整体形象宣传的窗口，它提供了 Web 发布、客户注册管理、产品资料库管理、订单管理、意见箱、问卷调查生成器、统计信息 7 个功能子模块。网上支付功能模块起到在线支付的作用，它几乎支持目前所有的在线支付工具。其他功能模块，我们将会在客房信息化、前厅信息化及餐饮信息化章节中详细说明。

（2）酒店企业对商家（B2B）的网上交易平台。

B2B 网上交易平台为企业提供了一个集中信息交流的平台，帮助企业进行在线商贸洽谈。主要由以下系统构成：企业注册、管理、登录系统；企业发布、供求信息发布系统；信息认证系统；在线订购系统；企业黄页系统等。

2. 酒店局域网电子商务功能

局域网（Local Area Network），简称 LAN，是指在某一区域内由多台计算机互联形成的计算机组。“某一区域”指的是同一办公室、同一建筑物、同一公司和同一学校等。局域网可以实现文件管理、应用软件共享、打印机共享、工作组内的日程安排、电子邮件和传真通信服务等功能。局域网是封闭型的，可以由办公室内的两台计算机组成，也可以由一个公司内的上千台计算机组成。酒店局域网就是酒店内部各个部门之间的互联计算机组，通过酒店信息化管理系统（HMIS）共享酒店资源。酒店局域网电子商务功能包括预订及查询、餐饮管理、电话计费、收银、客户管理、维护、总经理查询、库存管理等功能模块，我们将会在客房信息化、前厅信息化及餐饮信息化章节中详细说明。

三、酒店电子商务系统的构成

电子商务系统是指在电子虚拟市场进行商务活动的物质基础和商务环境的总称。传统的电子商务系统最基本的组成包括电子商务站点、电子支付系统和实物配送系统三个部分，他们能实现交易中的信息流、货币流和物流的畅通。电子商务站点为顾客提供网上信息交换服务，电子支付系统实现网上交易的支付功能，而实物配送系统是在信息系统的支撑下完成网上交易的关键环节。

由于酒店服务（产品）的特性，酒店电子商务一般不涉及大宗实物的配送，而是顾客身临其境地进行现场消费，所以酒店电子商务系统与传统电子商务系统有所不同。基于 Internet 模式和安全加密技术的酒店电子商务系统，提供 Internet 网上实时在线的电子交易平台服务能更好地节约成本、提高效益。酒店电子商务系统由电子商务网站、酒店的计算机接口系统和酒店的计算机管理系统三个部分组成，在 Internet 上实时连接。

（一）电子商务网站

1. 酒店互联网站点

酒店互联网站点是指酒店在 Internet 上建设的具有营销功能的、能连接到 Internet 上的 WWW 站点，如凯悦酒店集团的站点 www. hyatt. cn、7 天连锁酒店的站点 www. 7daysinn. cn 等。网络用户可以通过 Internet 这个信息平台进入这些网站，互联网站点起着承上启下的作用，一方面他们是酒店在互联网上的形象窗口，将酒店有关信息及时地在网上公布，酒店的同业合作伙伴（如传统旅行社、携程等）和旅游者可以直接通过网站了解酒店，并通过网站与酒店进行沟通、开展预订等业务；另一方面，他们将旅游者的注册信息及预订信息等回传到酒店的内部系统。如客人在 7 天连锁酒店的站点 www. 7daysinn. cn 上选择某一具体酒店进行预订之后，这个酒店内部系统就会产生该客人的预订信息。

酒店建设的互联网站应具有预订功能。网页设计得直截了当、清楚和便于交易直接有助于在线预订，马里奥特集团在重新设计自己的网页之后，拥有自己的预订引擎，网站上展示了酒店设施的图片，还有许多刺激消费的促销也挂在了网上，使得在线预订获得了迅猛增加。法国的雅高集团也是做得比较好的例子，雅高集团每 17 秒就能接到一个预订，这说明在线预订呈现出快速增长的趋势。

酒店通过互联网可以与所有利益集团进行联系，除了通过在线预订与旅游者进行联系，还可以通过互联网进行电子采购与供应商进行联系，还可以与同业、合作伙伴进行联系（见补充案例——雅高在线）等。总之，除了电子商务、电子销售、电子采购，互联网还能帮助酒店发展其价值链并实现很多其他方面的企业功能，如电子理财、电子人力资源等。

补充案例：

雅高酒店在线

雅高在线除了直接面向旅游者提供在线预订之外，雅高针对其合作伙伴推出了一个附属计划。Accorhotel Affiliates 系统能使互联网合作伙伴在自己的网页上增加链接直接将用户引到 accorhotels. com，其合作伙伴包括那些与集团业务相关的网站（如旅游、家庭、老年人、高尔夫、运动、天气等方面的网站）。这样只要轻轻点击一下，网络冲浪者就能直接进入集团的实时在线预订系统，直接预订集团在世界任何一家的分店。这使雅高酒店在互联网上能吸引更多的眼球，使销售机会成倍增加。任何网站如果想成为集团的附属网站只需在 accorhotels. com 的“成为附属”页面下进行登记注册即可，注册确认后，网站就可以得到一个直接从 accorhotels. com 下载的密码，每个附属网站都可以随时在线实时汇报预订细节并核对酬金数额。

2. 酒店外部网

为了方便同业紧密的合作伙伴进行信息资源共享，保证交易安全，在 Internet 上通过防火墙来控制不相关的人员或非法人员进入企业网络系统，只有那些经过授权的人员（即面向合作伙伴）才可以进入网络，一般将这种网络称为外部网（Extranet）。酒店在组建电子商务系统时，应该考虑采用不同的策略通过外部网络与其合作伙伴进行联系。例如，中央预订办公室（Central Reservation Office，CRO）、GDS（目前正在积极向互联网方向发展）就是典型的外部网系统，其目的均是为了方便销售代理（合作伙伴）进行酒店预订。这些系统是通过外部网有效地进行管理的，促进了企业之间的沟通，使合作伙伴之间能够共享信息和程序。

3. 酒店内联网

内联网又称企业内连网，是用因特网技术建立的可支持企业内部业务处理和信息交流的综合网络信息系统，通常采用一定的安全措施与企业外部的因特网用户相隔离，对内部用户在信息使用的权限上也有严格的规定。Intranet 是 Internet 技术在企业机构内部的实现，它能够以极少的成本和时间将一个企业内部的大量信息资源高效、合理地传递给每个人。Intranet 为企业提供了一种能充分利用通信线路经济而有效地建立企业内联网的方案，应用 Intranet，企业可以有效地进行财务管理、供应链管理、进销存管理、客户关系管理等。酒店可以用特定的硬件和软件在酒店内联网的外围创建“防火墙”，阻止外部用户进入。例如，单体酒店的酒店管理系统（Property Management System，PMS）就是侧重内部管理的系统，主要用于酒店接待容量的管理。

补充案例：

活力饭店系统

活力饭店系统（Active Hotels）为欧洲数千家饭店提供分销、营销和支付方面的解决方案。活力饭店系统提供的解决方案非常简单，就是让饭店能对其接待容量进行中央控制并通过网站和旅行代理商进行分销，饭店的接待容量或空房情况及价格可以通过自己的 CRS/PMS 进行更新，或直接通过网络软件上传到网上。另外，公司还为每个饭店设计了详细的说明信息使饭店能够更有效地面对消费者进行营销，饭店管理信息和客流量情况都通过适当的界面和技术上传给网站和旅行代理商，这些界面和技术包括 XML 数据公园、ASP 搜索设施或到每个饭店的独立网站上进行的超链接。通过该系统饭店可以有针对性地选择分销合作伙伴进行特殊的促销。活力饭店建立了一个支付网络作为交易各方及时、有效地支付佣金的系统。

（二）酒店的计算机接口系统

1. 计算机硬件系统

在现代化酒店中，计算机是酒店管理系统和电子商务网站建设的基本条件。同时，计算机系统的配置情况也决定着电子商务系统的应用模式，甚至对酒店的管理模式也有一定的影响。因此，酒店根据自身的条件和电子商务发展目标配置符合实际应用要求的局域网计算机系统是电子商务规划的重要内容。酒店计算机系统的配置方式有：

（1）集中式系统：信息处理集中在一台主机上，终端机只有屏幕、键盘及通信设备，本身没有处理能力。

（2）分布式系统：利用通信网络，把分散的计算机连在一起，将统一的数据库分布在系统各节点中进行管理。

（3）客户机/服务器系统：将一台强大的计算机和若干相对功能较弱的计算机连接起来。

2. 酒店通信网络系统及设备

通信线路与网络设备是组建企业网络的基础设施。线路与网络设备的选用，不但影响着数据的传输速度，而且对计算机网络的整体性能，甚至对酒店管理系统整体功能的发挥都起着至关重要的作用。

（三）酒店的计算机管理系统

1. 数据库及管理系统

数据库是综合的计算机数据集合。将酒店的各种信息数据化通过酒店内联网，将各种流程产生的信息纳入到统一的数据库中，数据库的信息可以按照各种方式调用或进行统计分析。

2. 酒店计算机管理软件

数据库的建立将酒店相关的信息转换成了数字形式，大大方便了信息的存储和查询，但酒店内部的信息流是一个复杂的收集、加工、传递的过程，只是建立数据库及数据库管理系统是远远不够的，酒店还需要建立酒店信息管理系统。基于计算机管理的酒店信息系统是由一系列程序组成的，承担前台管理（包括预订、客房管理等）和后台管理（包括财务管理、库存管理和酒店内部管理等）功能。同时，多种独立的应用系统也可以与酒店管理系统连接在一起，常用的接口包括微机、POS、电话计费系统、电子门锁系统、能源管理系统、辅助客户服务和顾客自助服务系统等。通过这些系统连接和应用软件的支持可以实现酒店经营管理流程自动化，提高工作效率。

经典案例研究

材料一：

携程的新挑战

2008 年 11 月 18 日，携程旅行网公布截至 9 月 30 日的第三季度财务报告，显示其两大业务机票预订和酒店预订均出现环比负增长，这是近年来携程业绩的第一次下滑。而四天前，携程网和旅游垂直搜索网站“去哪儿”又陷入了行业竞争的官司当中。除了在动荡的大背景下，机票价格降低、酒店入住率降低导致在线旅行社佣金减少外，在线旅行社还面临另一重挑战，即航空公司、酒店不断提高直销比例，分食在线旅行社的市场。其间，链接各方相互牵制、相互博弈的关系颇为微妙。

业绩首度下滑

在金融危机的大背景下，身为行业“大佬”的携程网业绩首度下滑。其三季度的财务报告显示，总营业收入为人民币3.97亿元，同比增长15%，但较今年第二季度减少1%；其净利润为1.04亿元，较去年同期减少5%。究其原因，携程网方面表示，机票业务虽然预订数量增长37%，但由于机票价格的降低，导致每张机票平均佣金比去年同期降低12%；而宾馆预订业务收入减少的原因是酒店入住量的减少。

另一家在线旅行社e龙旅行网虽然还未公布第三季度财务报告，但其第一、第二季度的净利润都处于亏损状态。其首席执行官崔广福告诉记者："e龙还处在投入期；另外，雪灾、地震、奥运等也会对利润产生影响。"

事实上，业务首度下滑的携程网和仍未扭亏的e龙网，近期需要面对的不只是一个动荡的大背景而已。

机票预订："去中介"趋势

2008年11月14日，携程网将旅游垂直搜索网站"去哪儿"告上法庭，称"去哪儿"链接自己的用户点评信息侵犯著作权。该事件显现出在线商旅服务商对"去中介化"营销方式"蚕食"市场的担忧。

"去哪儿"能搜索到400家代理公司及航空公司的票务信息，和国航、上航、山航、川航等航空公司都有合作，一旦航空公司放票，他们就会得到信息，目的是让消费者对更多信息进行比较，能从航空公司直接购票。"去哪儿"单日机票的出票量已经超过携程网在线的机票量。

两家网站官司的身后还有航空公司"去中介"的意图。作为航空公司分销渠道之一，在线旅行社每售出一张机票都能获得一定比例的佣金。航空公司的政策是国内机票有3%左右的佣金，还有一种称为Z值的优惠约为2%，加在一起返还给代理人的佣金约为5%左右。这部分佣金对航空公司来说是很高的成本。金融危机下度日如年的航空公司，纷纷表示要提高直销比例。以国航为例，其直销的途径有网站、柜台、呼叫台，他们也已和"去哪儿"等搜索网站进行合作，借助电子营销提高和顾客接触的深度。目前，国航通过直销出售机票的比例仅5%左右，但到2011年希望提升到20%。国际上一些低成本的航空公司，如Ryan Airline的直销比例达到93%，而英国航空公司通过网站订票的比例也占其收入的30%。在一些国家，纯粹订机票的代理服务已经基本消失。

航空公司不断提高直销比例，对在线旅行社等分销渠道来说无疑是一种冲击，但在线旅行社已经做好准备。如果航空公司的直销价低于在线旅行社的票价，他们会和航空公司要价，如果不给最低价，会降低该航空公司的营销比例，分销商并不是什么招都没有。而现在航空公司一方面要做直销，另一方面确实仍需依赖在线旅行社等分销渠道。面向公务、商旅市场的人群，很多人不会自己买票，肯定要借助在线旅行社等。航空公司增加在线销售，到了一定程度会达到平衡，而代理人也要增加额外的附加值，这样的商业模式是存在的。国外的代理公司除了订机票外，都在做高附加值的服务，比如订机票加机场接送或订酒店甚至旅游服务等。

酒店预订：直销与分销的博弈

在线旅行社赖以生存的酒店正忙于提高直销比例。例如，格林豪泰连锁酒店约有90%以上的业务都是通过直销而来，如果多采用分销渠道，除了固定佣金，酒店还会增加一些新的成本，如专门的人力成本等。

但在线旅行社认为，酒店的客源不可能百分之百地从直销中来，直销获取客户的成本可能比给在线旅行社佣金还要高。在线旅行社的消费者数据库庞大，如e龙网加携程网可能有

2 000 万的消费者，酒店的网站不可能辐射到这些客户。对于消费者，在线旅行社提供酒店信息还能进行比较。

酒店和在线旅行社的议价权取决于酒店的品牌知名度。越是大型的酒店集团越愿意把客户从分销商那里抓到自己手中，酒店也会把最优惠的价格给通过直销渠道来的客人；相反，品牌不大的酒店，则会更依赖分销商，把最低价交给分销商，让分销商来推广。

无论是机票或酒店预订，在线旅行社和航空公司、酒店的博弈都将持续。这个市场很大，在线旅行社相信酒店、航空公司直销的量一定是在不断上升的，但也会有个临界点。而且，目前国内通过在线预订机票酒店的比例不到2%~3%，而美国的这一数据达到了70%，在线旅行社的市场空间很大。

（资料来源：21 世纪经济报道　屠明星2008 年 11 月 26 日）

材料二：

携程再诉“去哪儿”　旅游网站竞争加剧

由于用户评论的抓取，携程起诉旅游搜索网站“去哪儿”侵权一案近日在北京海淀区人民法院一审开庭，双方进行了庭上陈述，法官未当庭宣判。据艾瑞 10 月最新数据显示，“去哪儿”旅游搜索引擎（Qunar. com）在机票服务方面超越携程位居第一。在外界看来，旅游网站竞争加剧是此纷争的一大诱因。

据悉，由于“去哪儿”抓取了携程网上的用户点评信息，携程认为该行为造成侵权，曾要求对方删除相关信息，未果。携程于是在 2008 年 8 月正式提起起诉。

对此，“去哪儿”媒体负责人 Karen 向记者表示，“‘去哪儿’本来就是一个搜索引擎，一些跟酒店、机票等相关的信息都会自动搜索到。”“去哪儿”认为，第一，“去哪儿”提供的只是用户评论信息的搜索抓取，并非转载，同时抓取的不仅有携程信息，还包括其他商旅网站如e 龙网的信息；第二，携程网的服务条款中并没有明确表明用户点评的著作权属于携程，携程网也只是拥有用户点评信息的使用权；第三，用户点评信息本身并不构成作品，因此谈不上侵犯著作权。不过，携程公司在面对记者的采访时选择了沉默。

早在 2007 年初，携程就曾将“去哪儿”告到工商局，要求“去哪儿”删除“价格比较”的功能。今年 6 月，携程网向生活信息搜索引擎酷讯网寄发律师函，要求其停止抓取并删除部分来自携程网的信息。

“携程的做法是由于自身产品‘价格排名不具有优势’。”酷讯网一位负责人表示，根据产品数据分析，携程 90% 以上的机票价格由于不具有任何优势，在酷讯搜索结果中往往名次相当靠后。而携程不断陷入的侵权官司，也被媒体称作“旅游预订产业陷入红海竞争，携程网不断以法律手段‘四处御敌’”。

上海中汇律师事务所知识产权律师游云庭在接受记者采访时表示，“本案的症结在于，‘去哪儿’有自营的商旅业务，其垂直搜索引擎业务实际上已经与携程的业务构成了冲突，因此，携程才会对其起诉。携程本次起诉虽然目的是打击竞争对手，但同时也给了对方炒作的机会。”

（资料来源：搜狐每日经济新闻　肖晓芬 2008 年 11 月 11 日）

案例思考题

1. 阅读上述两则材料，分析“携程”与“去哪儿”之争的真正原因是什么？结果将会怎样？

2. 在线旅行社生存之挑战有哪些？

3. 酒店为什么要发展直销？

4. 航空去中介和酒店直销对在线旅行社有哪些影响？在线旅行社应该采取什么应对措施？

思考题

1. 为什么 Internet 发展如此迅速？

2. Internet 有哪些主要特点？

3. 电子商务的种类有哪些？

4. 简述旅游电子商务的发展趋势。

5. 电子商务迅速发展的原因是什么？

6. 酒店企业各环节业务有哪些电子商务功能需求？

7. 酒店电子商务体系是如何构成的？

实操训练

1. 请在互联网上为自己安排一次旅行，并统计在线安排行程时你会首选哪些网站？

2. 请登录 www. hyatt. com 体验一下凯悦酒店集团的在线预订。

3. 请登录 www. hc360. com 找到酒店资讯及信息化两个栏目。

第二章　酒店电子商务与酒店信息化

能力目标

1. 认知酒店管理信息系统的概念及作用
2. 了解国内外酒店管理软件及发展趋势
3. 认知酒店信息及酒店信息化
4. 明确我国酒店信息化的发展现状及趋势
5. 认知 ICT 技术在酒店业务中的应用
6. 认知酒店智能化给酒店带来的发展机会

理论引导

1. 酒店管理信息系统的定义、内容及功能
2. 酒店管理信息系统的构成与作用
3. 酒店信息的含义及作用
4. 酒店信息化的含义、内容及酒店信息化建设
5. ICT 技术在酒店业务中的应用
6. 酒店智能化系统
7. 酒店智能门锁与酒店“一卡通”
8. 酒店 VOD 视频服务系统

引入案例

贵州嘉华酒店信息化管理　实现全程电子商务化

作为旅游行业最前沿的酒店业，在中国成功加入 WTO 后，面临着知识经济的到来、科学技术的进步和信息化大潮在世界范围内的涌动，是应继续保持信息孤岛状态呢，还是应成为信息方舟呢？

贵州嘉华酒店每天都有海量的采购数据、顾客订退房信息、顾客就餐信息、顾客消费娱乐信息、商务会议接待信息，酒店采购员、开票员、出纳、会计和相关管理人员等每天都被繁杂的数据弄得身心疲惫，而无暇顾及提高酒店服务质量和效率之类的经营管理工作。自从成功启用了金算盘企业管理软件后，嘉华酒店便游刃有余地解决了信息爆炸的问题。仅仅只是金算盘企业管理软件的自动凭证处理功能和辅助决策功能，就给操作者带来了轻松、便捷、易用的一

体化享受，给管理者带来了思想、方法、行为上的革命。于是，具体操作者有了8小时外的诗意空间；管理者一针见血地挖掘到了关键的数据信息，作出了更及时、更准确的决策，有效地解决了信息分散、失真、滞后、重复的现象。在轻松的工作氛围中提高了酒店的竞争力，带来了切实的经济效益，使酒店运营上了一个新的台阶。

企业信息化是一项非同小可的工程，首先是制定信息化发展的战略规划。金算盘向嘉华酒店推荐了金算盘具有全程理念的企业管理加一体化的新型管理软件。同时提出其信息化的具体实现三步走的设想：第一步，实现财务管理信息化，为酒店的决策者和管理者提供及时、准确的酒店经营各个环节情况的信息技术；第二步，实现业务管理信息化，针对酒店的经营，为节省运营成本、提高运营质量和管理效率的信息化管理和控制技术；第三步，实现全程化，直接面对顾客所提供的信息化和个性化服务，在节流的同时达到开源的效果。经过双方良好的协作，迄今为止，业已成功地实现了前两步目标，第三步目标正在筹划中。

其次是建立企业信息技术人才队伍，中小企业能否抓住信息化建设的机遇、提升企业的市场竞争力，除了一套得心应手的企业管理软件外，关键还在于信息技术人才队伍的建设。金算盘对管理者进行了基本原理培训，对操作者进行了软件日常应用培训，对系统管理员进行了系统管理培训。最后培养出一支既懂信息技术又谙熟经营管理之道的复合型人才队伍，正是有了这支队伍的积极参与，嘉华的信息化系统才充分发挥了其不可估量的作用。

然后是健全可持续的实施服务体系。“软件是一种服务，软件更是一种态度”，金算盘沿用了独有的“绿色通道”七步实施法，以快速、专业、热情的态度对售前咨询、培训教育、实施服务、日常服务、个性化服务、配套服务、升级服务等环节进行了有效控制，免除了客户的后顾之忧，避免了重复购买的多余投资，为其今后的不断壮大和发展打下了坚实的基础。

最后是信息化产品本身所蕴涵的管理思想，软件是思想的承载体。嘉华酒店选择的金算盘中小企业管理软件正是在金算盘全程理念下应时而生的。

金算盘公司从2005年开始了全程平台的系统规划和研究开发工作。公司将与完全融合推出的全程平台，以软件服务化模式向广大中小企业提供信息技术服务，为更大范围的中小企业客户提供一种全新的运营解决方案。平台由全程系统、网站亿禧网、工具三根柱石构成。平台通过后台管理系统将企业内外部数据进行有效对接，将和企业管理完全融合，把企业内部业务管理与供应商管理、客户管理连为一体，构建一个以客户为中心的、完整的系统。

中小企业信息化不仅关系到其自身的生存和发展，也将影响我国富民强国的现代化进程。我国中小企业信息化整体水平的提高，除了像金算盘这类信息化管理软件公司的努力外，更离不开越来越多像嘉华酒店这类企业的踊跃参与。如今，承载了金算盘公司全程管理思想的嘉华酒店，其信息化建设为中小企业特别是我国酒店业树立了一面旗帜。

（资料来源：www. cioage. com　2007年9月）

第一节　酒店管理信息系统概述

在酒店管理活动中，运用电脑信息技术建立管理信息系统是酒店信息化的重要内容。酒店管理系统是一个服务于酒店内部管理的信息系统，以计算机作为信息处理工具，以内部局域网络作为信息传输纽带，负责对酒店工作流程所产生的各种原始数据进行收集、处理、输出，并具有预测、计划、控制和决策等辅助管理功能。

一、管理信息系统概述

1. 管理信息系统的定义及内容

管理信息系统（Management Information System，MIS）是一个以人为主导，利用计算机硬件、软件、网络通信设备以及其他办公设备，进行信息的收集、传输、加工、储存、更新和维护，以企业战略竞优、提高效益和效率为目的，支持企业的高层决策、中层控制、基层运作的集成化的人机系统。它是一门新兴的科学，其主要任务是最大限度地利用现代计算机及网络通信技术加强企业的信息管理，通过对企业拥有的人力、物力、财力、设备、技术等资源的调查和了解，建立正确的数据，加工处理并编制成各种信息资料及时提供给管理人员，以便其进行正确的决策，不断提高企业的管理水平和经济效益。目前，企业的计算机网络已成为企业进行技术改造及提高企业管理水平的重要手段。

一个完整的 MIS 应包括辅助决策系统（Decision Support System，DSS）、工业控制系统、办公自动化系统（Office Automation，OA）以及数据库、模型库、方法库、知识库和与上级机关及外界交换信息的接口。其中，特别是办公自动化系统、与上级机关及外界交换信息等都离不开 Intranet（企业内部网）的应用。可以这样说，现代企业 MIS 不能没有 Intranet，但 Intranet 的建立又必须依赖于 MIS 的体系结构和软硬件环境。

传统的 MIS 系统的核心是 CS（Client/Server——客户端/服务器）架构，而基于 Internet 的 MIS 系统的核心是 BS（Browser/Server——浏览器/服务器）架构。BS 架构比起 CS 架构有着很大的优越性，传统的 MIS 系统依赖于专门的操作环境，这意味着操作者的活动空间受到极大限制；而 BS 架构则不需要专门的操作环境，在任何地方，只要能上网，就能够操作 MIS 系统，这其中的优劣差别是不言而喻的。

2. 管理信息系统的发展简介

近 50 年来，信息系统经历了由单机到网络、由局域网到互联网、由低级到高级、由数据处理到智能处理的过程。大致经历了以下四个阶段：

（1）数据处理阶段。这个阶段技术的主要目的是通过自动化的信息处理来提高企业的经营效率。

（2）管理信息系统阶段。这个阶段技术的主要应用是通过满足企业对信息的需求来达到提高企业的管理效率和效益的作用。

（3）战略信息系统（Strategic Information System，SIS）阶段。该系统的主要目标是通过转变企业经营机制实现提高企业竞争力的目的，利用互联的信息技术网络实现企业的战略目标。

（4）网络阶段。本阶段的特征是企业内部和企业之间网络的大量涌现。局域网（LAN）和广域网（WAN）以及互联网、内部网和外部网为企业的沟通领域带来了一次革命，促成了多层次、多方面的互联互动和有效的协作。

管理信息系统是兴起于 20 世纪 70 年代的一门新兴的综合性的边缘学科，是随着现代科学技术的发展和现代化管理的客观需求而形成的。管理信息系统主要用于满足企业内部管理和协调的需要，通过当地的数据处理系统与信息源相连接支持企业决策程序。随着数据库技术、网络技术和科学管理方法的发展，计算机在管理上的广泛应用，管理信息系统逐渐成熟起来。

3. MIS 的功能

根据企业所具有的不同功能，可以将企业系统划分为营销、生产、财务、客服、采购、人力资源等信息系统。要使各部门的信息系统能够有效地运转，必须实现各职能部门信息化。根据企业内部不同的组织层次，企业管理信息系统可以分为作业层、知识层、管理层、战略层四种信息系统。管理信息系统对企业有着直接和间接的作用，通过对企业管理者观念、常规管理活动的直接作用，提高了企业的竞争力和利润水平；从间接方面来讲，它提高了企业的无形资产和形象。管理信息系统是一个社会系统，而不单单是一个技术系统。一个完整的管理信息系统应该具有以下功能：

（1）数据处理：完成数据的收集、输入、传输、存储、加工处理和输出，提高数据处理的效率，为决策者提供有效的信息。

（2）事务处理：将管理人员从繁重的事务处理中解脱出来，以从事创造性劳动，提高工作效率，减少工作失误。

（3）预测功能：运用数学、统计或模拟等方法，根据过去的数据建立相应的数据模型，这种模型能够预测未来的情况。例如，通过对历年市场销售数据的统计分析，应用数学方法，建立起销售预测模型，可以预知未来市场的情况，有利于生产计划和销售计划的制订。

（4）计划功能：安排各部门的计划，并按照不同的管理层提供相应的计划报告。通过管理信息系统部门之间的沟通更加容易，信息传递更加畅通，计划实施更有保障。

（5）控制功能：对计划的执行情况进行监测、检查，辅助管理人员及时加以控制，减少由于不透明性因素造成的决策失误。

（6）辅助决策功能：运用数学模型，及时推导问题的最优解，辅助管理人员决策，如决策支持系统（Decision Support System，DSS）的应用。

二、酒店管理信息系统概述

随着电子计算机科学的飞速发展，不仅给酒店计算机应用带来了蓬勃生机，还出现了酒店计算机管理信息系统、安全保卫系统、电子门锁系统、酒店信息服务系统、客房电脑保险系统以及计算机娱乐系统。计算机在酒店中的应用已深入到酒店的各个部门，特别是在信息处理领域，计算机已成为最重要的工具。在酒店现代管理理论中，酒店管理信息系统已成为近现代科学管理的重要内容，是酒店经营必不可少的现代科学工具。

（一）酒店计算机管理信息系统的发展史

早在 1963 年，MIS 发展之初，希尔顿酒店就率先将计算机用在酒店管理之中。由于 MIS 的引入、计算机的运用，酒店的管理更加规范，数据处理的速度大大加快，信息的传递更为迅速，而人员却得以精简，为酒店带来了更好的效益。酒店计算机管理很快就在西方酒店业中普及开来，由此产生了 MIS 的一个分支——酒店管理信息系统（Hotel Management Information Systems，HMIS）。到了 20 世纪 80 年代，国外的酒店管理系统，如 EECO、HIS、CLS、Lodgistix 等，整个模式已基本定型，技术较成熟，功能也较齐全。

我国的 HMIS 起步较晚，1976 年以前，整个酒店行业还不曾有过计算机，更不用说 HMIS 的应用了。我国酒店业最早使用计算机管理的是杭州酒店，20 世纪 70 年代末运用 CROMEMCO 微型机进行总台接待管理，可完成前台的接待、查询和结账等基础工作，开创了我国酒店计算机管理的先河。到了 20 世纪 80 年代中后期，随着国外酒店计算机系统的大规模引进，国外酒店的先进管理技术进入我国，进一步促进了我国酒店管理技术的发展。国内系统正是在充分吸收国外管理系统的精华的基础上，再结合国内的实际情况逐步发展成熟的，到20世纪90年代初期形成了几个较成熟的软件系统，同时产生了许多专职从事酒店计算机管理信息系统的公司。到了90年代中期，随着计算机在酒店中的普及应用以及计算机技术的不断发展，酒店计算机系统的发展到了一个新的时期，新的系统平台、新的软件功能、新的系统特点及发展方向不断涌现。

（二）酒店计算机管理信息系统的作用

在过去的几十年里，科技是酒店业能够增强专业性、提高生产力的主要原因。计算机改变了酒店、餐馆、俱乐部和赌场的计划、协调、评价和控制运营的方式。酒店业计算机管理技术的最新进展显著地改变了前台和后台的工作程序。酒店经营者不再依赖于闪亮的金属客房状态控制架、全套的机械设备或是传统的文书工作。从与潜在顾客接触开始预订到顾客结清账目为止，计算机系统可以监控、指引和记录所有发生在顾客和酒店之间的事务。与此相似，计算机系统技术也显著地改变了餐饮业务中的服务和管理工作。餐馆经营者不再依赖于机械收款机、销售流水账簿以及传统的文书流程，酒店业对计算机处理的依赖性正在持续加强。事实上，几乎酒店业务的所有方面都要用到全面的基于计算机的信息系统。

酒店管理信息系统（HMIS）的实现手段是计算机系统，计算机在酒店管理中的作用就体现为HMIS在酒店领域的功能。酒店管理信息系统就其表现形式来看就是对酒店大量的常规性信息的输入、存储、处理和输出过程，其作用主要表现在以下几个方面：

1. 提高运作效率

由于计算机对信息处理的快速、高效，可大大减少客人预订、登记、用餐、娱乐、购物、结账的等待时间，提高服务质量；并可快速地为客人查询各种信息，使客人得到满意的答复。此外，数据库的数据共享及计算机的联网管理使得信息的一次输入可多处使用，完全避免了重复操作。并且只要不进行错误操作，就可杜绝各服务环节的差错。如电脑的自动夜间稽核功能结束了手工报表的历史，电脑资料的正确保存避免了抄客人名单的低效工作，严格的数据检查避免了手工操作的疏忽而造成的错误，票据的传送、登记、整理、复核等一系列的繁重劳动也可大为减少。电话自动计费及开关控制，使话务员的工作只是接电话而已。

2. 提升服务质量

回头客自动识别、黑名单客人自动报警、VIP客人自动鉴别等均有利于改善酒店的形象。清晰准确的账单、票据、表格，使客人享受到高档次的享受。完善的预订系统，使客人的入住得到充分的保证。完善的客史档案管理更使客人的“个性化”服务得到很好的实施，管理信息系统里记录着客人的爱好、兴趣、习惯等，当客人下次来住店时，酒店已经为客人准备好了一切，如制作客房电视机独特的欢迎致辞等。利用计算机保存大量的客人历史资料，通过统计分析，可对常客或消费额达到一定数量的客人自动给予折扣；也可对客人的消费特点进行分析，总结出客人生活方面的要求和特点，研究如何为客人提供更合适的个性化服务，如安排房间、提供就餐等，甚至细致到给客人送什么报纸杂志、生日送什么礼品等。例如，深圳富苑酒店有这么一位有洁癖的客人，他总觉得别人碰过的东西不干净，从来不用现金，在整个酒店他只相信一位叫阿德的服务员；针对这一情况，每当这位客人预订时，酒店会特别注意安排员工排班表，保证阿德能够上班，为这位特殊的顾客提供服务。酒店的这种“个性化服务”，让这位客人十分满意，每次来深圳都选择富苑酒店。

小案例：

记住客人的姓名

某酒店中，一位常住的外国客人从酒店外面回来，当他走到服务台时，还没有等他开口，问讯员就主动微笑地把钥匙递上，并轻声称呼他的名字，这位客人大为吃惊，由于酒店对他留有印象，使他产生一种强烈的亲切感，旧地重游如回家一样。

还有一位客人在服务台高峰时进店，服务员问讯小姐突然准确地叫出："××先生，服务台有您一个电话。"这位客人又惊又喜，感到自己受到了重视，受到了特殊的待遇，不禁添了一份自豪感。

另外一位外国客人第一次前往住店，前台接待员从登记卡上看到客人的名字，迅速称呼他以表欢迎，客人先是一惊，而后作客他乡的陌生感顿时消失，显出非常高兴的样子。简单的话语迅速缩短了彼此间的距离。

此外，一位VIP（非常重要的客人——贵宾）客人随陪同人员来到前台登记，服务人员通过接机人员的暗示，得悉其身份，马上称呼客人的名字，并递上打印好的登记卡请他签字，使客人感到自己的地位不同，由于受到超凡的尊重而感到格外的开心。

这些均得益于酒店的管理信息系统，从预订系统到前台系统均可以得到客人的基本信息，记住客人的名字这一小小的举动让身在异乡的客人感动不已，大大提升了酒店的服务质量。

3. 完善酒店内部管理体制

科学、正规、系统的酒店软件系统在酒店管理体系中还发挥着强有力的稳定作用，可明显地减少员工及管理人员的流动对酒店管理运作的不良影响。系统提供的多种安全级别，保证各类数据不被无权过问的人查阅和操作。每天的审核制度，各种费用的优惠控制，应收账款的管理，员工工作量的考核，员工操作过程的跟踪，均可加强酒店管理。

4. 辅助管理层的经营决策

计算机管理系统可进行全面的信息采集和分析处理，能够及时地提供酒店经营过程中的历史资料和当前最新的实时数据，还可以提供酒店历年同期的对比分析资料，而且还可通过互联网查询其他酒店的软、硬件资料，从而进行酒店内、外情况的各种比较分析。

5. 提高酒店的管理效益及经济效益

应用酒店管理系统通过节省大量的人力、物力，拓宽客源市场，增加酒店的特色服务项目，提高酒店的服务档次，减少管理上的漏洞，从整体上提高酒店的经济效益。如完善的预订功能可防止有房不能租或满房重订的情况出现，可随时提供准确的房间使用和预订情况，从而提高客房出租率。客人费用的直接记账，可有效防止逃账行为的发生。完善的分析功能可用于市场销售，如确定宣传的重点地区和如何掌握价格的浮动等。正确控制房价、控制客人优惠，从而减少管理漏洞，提高客房收入。

（三）酒店管理信息系统的构成

酒店管理信息系统由计算机硬件、软件、电子通信、网络件、群组件及人件等组成（见第一章表1－1）。下面我们主要介绍一下酒店管理信息系统的计算机硬件、系统软件及应用软件组成。

1. 计算机硬件

硬件是指电脑设备，系统软件是指系统的运行平台（如 windows、linux、XP 等），它们一起构成酒店管理信息系统的体系结构，如靓客栈酒店管理信息系统运行环境（见表 2－1）。酒店信息管理系统使用的体系结构一般有三种类型：单机系统、集中式和分布式。这三种结构随计算机技术的发展而产生，目前，早期的单机系统及流行于 20 世纪七八十年代的集中式处理结构已经逐渐被淘汰，而分布处理式结构正被酒店业广泛采用。

分布式处理结构以高档微机或小型机作为网络服务器，通过网络连接各个工作站，而各工作站都是一台独立的微机，本身具有数据处理的能力，需要时可联机入网在服务器内进行数据处理，是目前理想的体系结构（见图 2－1）。以前流行的局部网络系统、目前流行的 C/S 结构都是分布式结构。在 C/S 结构中，客户机支持用户的前端处理，而且一般是 Windows 图形界面，服务器用于支持应用的系统环境，包括数据库的管理及查询。它结合了局部网络和集中式多用户系统的优点，由服务器和客户机协同处理，充分发挥了系统的各种优越性，是目前酒店中最佳的体系结构。

随着通信技术的发展和 Internet 的普及，分布式结构实现了远程数据处理。这种广域网分布结构更适合酒店集团的信息管理。集团总部可以通过 Internet 有效地管理各地的酒店，及时了解各酒店之间的经营情况，各酒店之间也可以通过 Internet 实现信息互传。从计算机应用的发展趋势来看，基于 B/S（浏览器/服务器）结构的广域网方式是今后发展的方向。

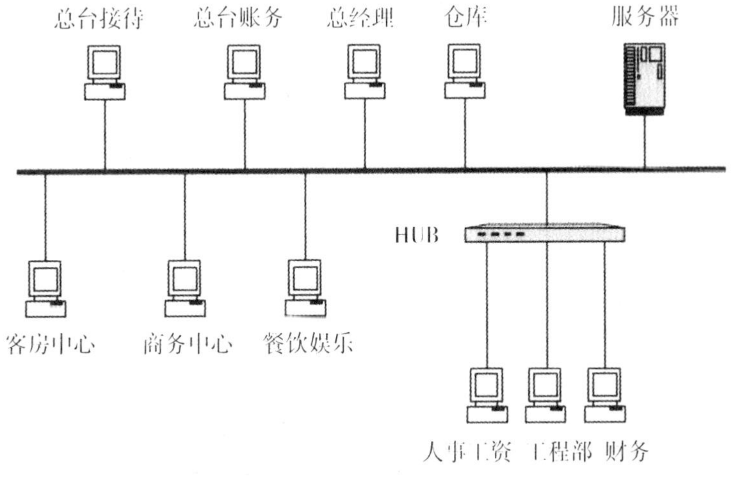

图 2－1　酒店分布式处理结构图

2. 软件结构

一个酒店管理信息系统从使用者的角度看，软件结构就是酒店管理系统的功能结构。各种功能之间又有各种信息联系，这样就构成了一个有机结合的整体，形成一个完整的软件功能结构。因此，系统一般可分为前台（对客服务）和后台（内部管理）两大部分，另外还可包括对前后台系统的功能补充的扩充系统（有的系统把扩充系统直接包含在前后台系统中），以及各种各样的系统接口。前台部分主要包括前台预订、前台接待、客房管理、房态控制、前台收银等功能模块，后台部分主要包括财务管理、采购管理、库存管理、人事管理、日常办公等功能模块。下面以黑马软件为例简单说明（在本出第六、七章关于酒店、餐饮管理信息系统有详细的说明），如图 2－2 所示。

表 2－1　靓客栈酒店管理软件运行环境

项目 \ 版本	网络版服务器	网络版客户机	单机版
硬件部分			
CPU	PⅣ1.5G	PⅢ1G	PⅢ1G
内存	256	256	256
CD－ROM	50x	—	50x
硬盘空间	40GB 以上	20GB	40GB
结账单打印机（押金单、接待单）	Epson LQ－300K；LQ－1600Ⅲ		
报表打印机	可打印 A4 幅面各类型打印机		
软件部分			
操作系统	Windows2000	Windows2000	Windows2000
数据库	Microsoft SQL Server 2000 Standard	—	Microsoft SQL Server 2000 Personal

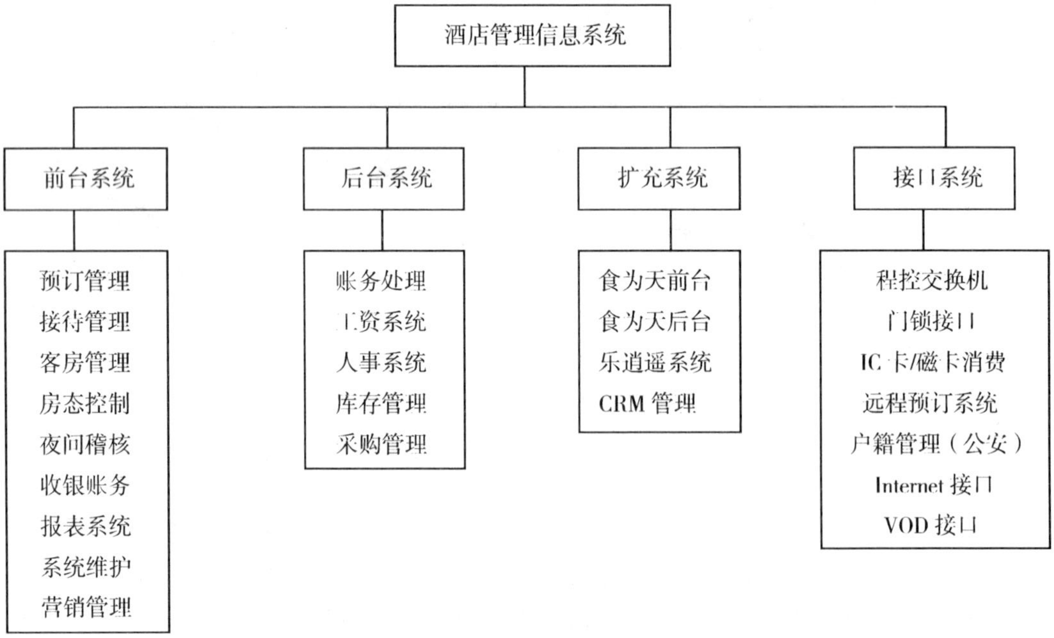

图 2－2　酒店软件的功能结构图

事实上，酒店管理软件可以是一个覆盖整个酒店管理所有方面的非常庞大的系统。对某些酒店而言，这样的功能模块还可增加和完善，如与酒店床头柜的联结接口、与酒店内部寻呼台的联结接口、办公自动化系统（Office Automation System，OAS）、预测决策支持系统等，而且各种软件系统之间的功能名称和分法均可不一样。

（四）国内外酒店管理软件比较

1. 国外酒店管理软件简介

酒店管理信息系统有着广阔的发展前景，很多计算机商，包括微软、戴尔等进入酒店管理信息系统领域。在国外，美国 ECI 公司最早使酒店前台业务实现了计算机管理，主要包括预订、排房、结账、客户、餐厅、查询、夜间稽核及市场分析等。目前，国际上著名的、在我国国内使用较多的软件系统有 ECI（EECO）酒店系统、HIS 酒店系统、Fidelio 酒店系统、Opera 酒店系统等。这些系统进入中国酒店市场一般是通过两种渠道：一是随着酒店集团进入中国市场，这一种是属于国际连锁酒店的网络系统，如假日酒店集团的假日系统、喜来登酒店集团的喜来登系统等，应用于境内的成员酒店；二是通过中外合资的渠道进入中国市场，一些大中型合资酒店，它们在建店时就把计算机酒店管理的软、硬件当作酒店的必需设备而与其他设备一起从国外全套引进。到目前为止，在我国酒店的管理系统中，从国外引进的系统约有十几种。因此，国外系统占据了国内四星级以上酒店的大部分市场。

2. 国内酒店管理软件简介

目前，国内三星级以上的酒店基本已经使用了计算机管理，在沿海经济发达地区也有许多一、二星级酒店在使用计算机。特别是国家旅游局出台的星级评定标准，规定三星级以上的酒店必须采用计算机管理，进一步推动了酒店计算机管理系统的发展。到了 20 世纪 90 年代末和 21 世纪初，我国自主开发的酒店软件开始进入了五星级市场，目前挂牌的五星级酒店采用国内软件的已达 30 余家。但国产软件的主要用户还是四星级以下酒店，大规模进入五星级酒店特别是外资或外方管理集团的酒店还是有一定的难度。我国的酒店管理系统，在技术上并不落后于国外产品，在产品功能、性能上也可与国外软件相媲美，在售后服务、本地特色化方面明显地优于国外系统，主要的差距还是在品牌上。目前，在全国具有较大影响力的酒店管理软件有杭州西软 FOXHIS 酒店管理系统、中软好泰 CSHIS 管理系统、华仪酒店管理系统、北京泰能公司酒店信息系统、天言五星酒店信息系统、广州黑马科技有限公司的酒店及餐饮信息系统等。

3. 国内外酒店管理软件比较

尽管国外系统占据了国内四星级以上酒店的大部分市场，但是国外系统在中国酒店市场的发展和推广还是面临着一定问题。这是因为：有些系统所采用的操作系统没有汉化（基本上是英文版）；有些不适合我国酒店使用，如财务系统；不易进行系统功能的扩充与修改（由国外技术人员开发）；可移植性差，二期投资较高，比较难适应中国的实际情况，在实际运用的过程中很难进行二次开发；价格高、维护费用高，培训不方便，有些软件的引进要花上千万美元，而且后期培训费用昂贵。

由此可见，国内酒店管理软件有着一定的优势，可以与国外系统相抗衡，甚至超越它们。但是，国内系统仍存在许多需要加强改进的地方，如在自动控制、决策支持、人工智能技术、Internet 应用等方面相对比较落后，今后需要努力的方向主要体现在以下几个方面：自动登记系统、服务和监控集成化、使用人工智能技术及 Internet 更深层次的应用等。随着国产软件的进一步发展和提高，国内软件替代进口软件，成为高星级酒店的主流管理软件也将成为必然。

（五）酒店管理信息系统的发展与展望

随着酒店业的日益发展，计算机在酒店中的应用日渐普及，对酒店信息管理系统的要求将越来越高，特别是系统集成化、决策支持（DSS）、客户关系管理（CRM）、办公自动化（OA）、网络中心实时订房等。从近几年的发展来看，特别是计算机技术和计算机网络技术的不断发展，酒店信息管理的软件将朝以下几个方向发展：

1. 软件集成化

以往的软件产品仅适用于某项或某几项管理的操作，相应的程序都是专门针对某一具体事务而编写的，而不是从整个酒店的角度出发，这种单项模块式软件显然已不适应于现代酒店信息化经营的需要。国内目前几大成熟的酒店管理软件基本上能符合酒店管理一体化的需求，通过提供一系列的、高度集成的酒店管理软件产品，如前台系统、餐饮系统、人事系统、采供系统、接口系统、物流系统、扩展系统等整合型的软件来为酒店经营服务。集成化软件使酒店计算机应用构成了一个信息网，酒店中所有的数据处理、文件管理、安全保卫管理等都集中由计算机统一控制，这是今后酒店管理科技化的一个重要标志。

2. 向决策型软件发展

数据处理型软件能参与酒店的管理、提高酒店的管理质量，是目前优秀软件实现的普通等级。数据和信息的处理虽然对酒店的运营十分重要，但对实现酒店的高效益经营来说还是远远不够的。决策型软件则具有完备的预测分析能力，能科学地指导酒店管理者作出合理的经营管理决策，如价格决策、采购计划决策、网络广告决策等都可以通过软件提供选择方案。目前，国内少数软件正向这一方向发展。

3. 开放化系统

一个良好的酒店管理系统不应是封闭式的，而需要与市场上主要的酒店软件产品相适应，所以目前的酒店管理系统都比较注重接口系统的开发，如门锁接口、远程查询系统、远程预订系统等。在前台系统中，部分采用了开放型的B/S结构形式，这样一方面开放部分产品资源供网络预订系统分销；另一方面实现网络商务（如订单）的无缝接入，实现酒店预订中心对订单的统一管理。开放式系统也有利于酒店企业之间的电子商务开展。随着Internet的发展普及，基于B/S结构的酒店管理软件必将出现。

4. 支持电子商务

随着Internet互联网的普及、网络技术进一步的完善，基于Internet技术的Intranet企业内部网逐步流行起来，特别是电子商务的开展，传统的HMIS已不能满足企业经营的要求，基于Web的酒店管理信息系统逐步替代传统型的酒店管理信息系统。为了适应互联网应用的普及，酒店管理信息系统必须支持来自网络的一些业务，即电子商务。如关系客户的消费查询、所有客户的网络订房、酒店开展的网络营销、客户消费需求的网络调查等。这些电子商务内容从酒店自己的网站、电子分销商、综合旅游网站或门户型网站汇集到酒店管理系统的相应部门，实现无缝的电子化处理。

5. 注重客户关系管理

以往的酒店管理以客房管理为中心，经营者主要关心的是短期的入住率、出租率，而没有将重点放在如何维持客户关系上。随着越来越多的酒店经营者意识到客户管理的重要性，酒店管理软件也随之发展出了客户管理功能，如广州黑马软件有限公司的酒店管理系统中的会员管理、协议单位管理，它可以帮助酒店维系能为酒店带来良好收益的客户。一些酒店管理软件尽管没有专门的客户管理系统，但也将客户管理作为一个组成部分加入到整个系统中来。如杭州西软科技的FOXHIS系统设计了一个“常客计划”功能，通过常客计划平台，成员酒店可以共同分享集团会员的资源，使客户获得实惠。

6. 与酒店自动化设备相结合

未来酒店管理信息化软件应与酒店自动化设备相结合，如与宾客入住自动登记/结账系统（Automatic Guest Check-in/Check-out System）相结合，酒店宾客抵达酒店只需插入他的信用卡，操作自动登记系统就可完成入住登记手续。目前，酒店客房中有多种接口，如电话、电视、音响、空调等，今后的发展方向是通过管理系统还可以控制电子门锁、空调、灯光、热水等设备以达到节能的目的；通过自动化管理客房小酒吧，实现自动记账和监控，便于服务员及时补充饮料和食品。

第二节　酒店电子商务与酒店信息化

随着全球经济一体化，在酒店业的客源更加丰富多样、市场更加广阔的同时，酒店业面临着日益激烈的竞争环境和不断攀升的客户期望，迫使酒店业不断寻求扩大酒店销售、改进服务质量、降低管理成本和提升客户满意度的新办法来增强酒店的核心竞争力。其中最有效的手段之一就是应用先进的信息化技术，加强管理信息系统建设，变革传统意义上的酒店业竞争方式和经营管理模式，进而赢得新的竞争优势。

一、酒店信息

1. 酒店信息的定义

“信息”是当今使用频率最高的词语之一，围绕信息的定义所出现的流行说法有一百多种。从信息管理的角度看，信息是具有使用价值的数据。信息是有价值的数据，没有普适的信息，只有在合适的时间出现在合适的人群中，信息才会产生价值。信息是资源，是财富，是社会进步、经济繁荣与科技发展的重要因素，是重要的生产力要素之一。在互联网环境下，信息呈爆炸性地增长，信息在社会生产、生活中的作用越来越强大。

对于酒店企业来说，信息同样具有十分重要的意义，因为现代酒店管理的方方面面都依赖于信息的获得和利用，特别是任何酒店决策都需要信息，利用好信息资源可更好地开发和利用其他资源。

小案例：

普鲁米斯的客户服务数据库

在世界各地拥有1 000多家酒店的普鲁米斯酒店集团曾经向客人作出如下承诺：保证客人百分之百满意；稍有不满意，提出意见后，如果酒店不能满足客人的要求，就免去客人的全部费用。这一承诺提出之初，酒店业界普遍嗤之以鼻，人们认为这个做法虽然可以提高酒店的服务水平，但也可能被一些不正派的人钻空子，在酒店白吃白喝占便宜，这个方法不可能长久地运作下去。

几年过去了，普鲁米斯酒店集团竟然坚持了下来。这是为什么呢？原来公司手中有“数字神经系统”这一管理法宝，即全球电脑联网，公司建立客户服务数据库并做到每24小时更新一次。若一名客人善意地提出意见，而酒店确实不能满足，就免去该客人的全部费用，该客户的信息会被存入客户服务数据库并在24小时内传递到全球的普鲁米斯酒店集团公司下属的所有酒店，这一不足之处马上会在所有的酒店中得到改进；若一名客人想以占便宜为目的提意见，他第一次找出酒店服务或硬件中的毛病，被免去全部费用，公司不会追究。但是，如果这个客人第二次甚至第三次想用同样的方式占公司的便宜，公司会立即通过全球联网的数据库发现此人的做法，接着便会给他发信制止他的这种行为，告诉他说：“你的要求过高，我们公司无法满足。以后请去其他酒店住宿。”他的名字从此被列入黑名单，再也别想在普鲁米斯酒店集团公司下属的酒店入住。

（资料来源：干雪芳等．计算机现代饭店管理．重庆：重庆大学出版社，2007）

酒店信息的界定是指对酒店信息所包括的内容范围加以界定，确定研究管理酒店信息的范围。我们可以从广义和狭义两个方面来界定酒店信息。从广义上讲，酒店信息既包括酒店企业自身日常业务活动中所产生和输出的信息，也包括酒店管理和决策所需的客源市场、原材料市场、各种资源市场、各个竞争对手状况以及与此相关的社会经济活动的有关信息。这是从满足酒店经营管理信息需求的角度，以酒店作为信息的接受者来界定酒店信息的含义（见图2－3）。从狭义上讲，酒店信息是指酒店经营管理业务活动过程中所产生的各种输入、输出信息，如酒店前厅接待过程中的客人姓名、性别、国籍、结算方式等。这些信息为中、高级管理人员提供管理依据和决策支持，这种狭义上的酒店信息概念实际上也是从信息的产生者和发出者的角度来界定的（见图2－4）。

酒店信息有广义和狭义之分，本教材所采用的定义是狭义的酒店信息。酒店经营管理的过程，从某种意义上说就是反馈信息与业务信息连续不断地搜集、加工、转换和交流的过程。从狭义上理解酒店经营管理信息，有利于更好地理解和把握酒店日常业务的范围和内容，理解酒店计算机管理系统的实际应用，具有可操作性和应用性。

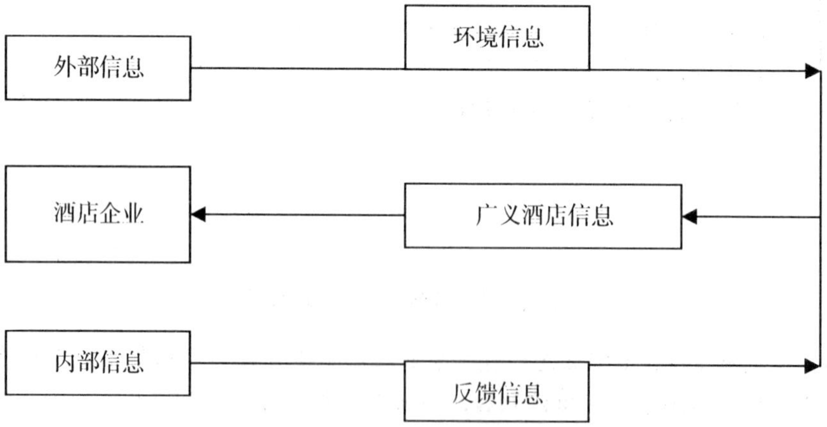

图2－3　广义的酒店信息

（资料来源：肖江南．旅游信息管理．福州：福建人民出版社，2006）

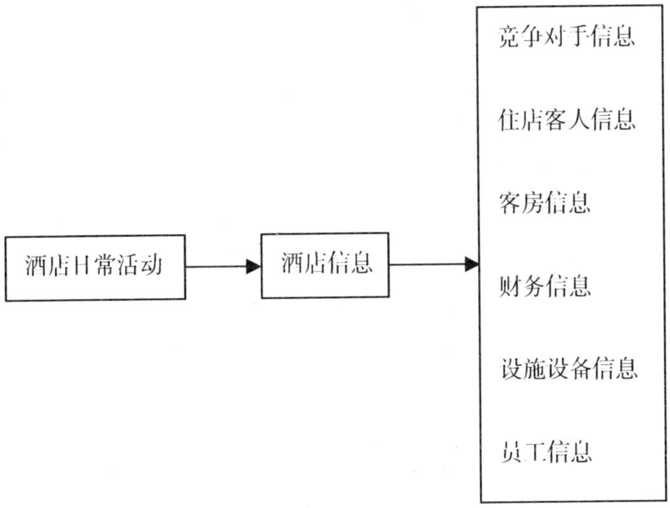

图 2－4 狭义的酒店信息

（资料来源：肖江南．旅游信息管理．福州：福建人民出版社，2006）

2．酒店信息的特征

信息具备客观性、滞后性、不完整性、共享性、扩散性及可塑性的特点。酒店信息作为信息的一种，既具有一般信息所固有的特征，又有其本身所特有的特征。总的来说，酒店信息具有整体性、相关性、目的性、动态性、密集性等特征。

3．酒店信息的作用

酒店信息在现代酒店经营管理中起到十分重要的作用，酒店信息支持战略决策、辅助管理功能的发挥、增强市场竞争能力、提高酒店服务质量、提升管理者的管理水平等。总之，酒店这个建立在管理、服务、技术和知识基础上的管理服务系统，因依赖于信息资源的收集、开发及利用而充满了活力，如果没有组成这个系统的信息这一基本要素发挥“神经”的作用来沟通，整个酒店系统的运作就会停滞，在酒店业市场上就没有生存能力。

4．酒店信息资源管理的特点

酒店信息资源管理是对酒店信息和处理信息的各种资源进行综合、全面的管理。酒店信息资源管理可以定义为酒店有能力收集、存储、处理、分析、检索、传递和利用信息，特别是能以有效的形式提供有用的信息供酒店决策之用。

酒店的客源市场十分广泛，客人来自天南地北、五湖四海，住店的目的也不尽相同，酒店为他们提供的服务种类繁多，酒店的服务部门和管理部门各司其职才能保证优质的服务质量。因此，酒店所涉及的信息资源十分广泛、复杂，有客户信息、市场信息、服务项目、竞争对手、行业动态等。这些特点使得现代酒店必须得借助计算机等先进的技术手段来进行信息资源管理。一般来说，酒店信息资源管理具有以下特点：

（1）技术先进。

酒店可以说是信息技术的集大成者，许多高科技产品都是率先在酒店中得到应用的，如生物技术的指纹识别门锁、液晶电视、酒店 VOD 点播系统等。在酒店信息化进程中许多高科技公司，如戴尔、思科、微软等纷纷进军酒店行业，他们看中的是酒店这个市场能带来的利润，但同时也会给酒店业带来的最先进的技术，这些技术有利于酒店信息资源的管理。

（2）信息处理量大。

不光有客户信息、市场信息、服务项目信息、竞争对手信息、行业动态信息，还有酒店内员工信息、设备信息、财务信息等。这些信息种类繁多、数量庞大、处理复杂，必须借助计算机系统，而且还得对信息数据进行备份。

（3）协调性强。

酒店内部门与部门之间、员工与员工之间、员工与部门之间的工作应协调一致，保证酒店向住店客人提供满意的服务。例如，酒店在接待一位 VIP 客人所涉及的部门有前厅、客房、花店、工程部、总经理办、市场部、餐饮部等。可见，要做好这项工作必须协调多个部门的关系。

（4）实时性要求强。

由于酒店客人发生的费用需立即记入系统，所以高效、准确地办理结算业务对酒店的服务而言非常重要。在酒店经常有这样的事情发生，在临近中午时分的退房高峰期，经常会出现客人消费没有记入在册，导致酒店收入减少，这是由于没有及时把客人消费输入系统，或系统反应慢造成的。另外，对于客人的特殊要求如果输入系统不及时也会造成不堪设想的后果。凯悦酒店集团下属的某酒店的前台员工接到一位客人要求第二天早上叫醒服务的电话，第二天这位员工还在睡梦中时被酒店叫回店，客人正在怒气冲天地投诉，因为没有叫醒服务，导致客人赶不上飞机。究其原因发现，这位员工由于当时工作忙，没有及时把客人的要求输入系统，结果后来就忘了。这一事件的后果极其严重，客人很不满意，酒店只得提供免费房间一晚、机场送行、国际长途机票一张，员工接到过失单，并在全集团通报。

（5）网络化要求高。

酒店的整体性以其内、外部完整和畅通的信息流通渠道作为保障。酒店的信息流通渠道是一个纵横交错的网络，既有外界与酒店、部门与部门、小组与小组之间协调工作的报表、报告、单据等的交流，如前台要接待大型会议团体要求客房部布置好房间、设置好包费项目；客房部需要更新布置时，应向采购部提交采购申请表；客房空调不能运转时，应向工程部提交报修单等。也有上下级之间决策及其反馈等信息的上传和下达，如每天早晨由财务部的夜间稽核人员向总经理和主要营业部门经理提交的前一日营业日报表、客房销售日报表等；每天早上客房文员要把今天预抵和预离客人数、VIP 客人等告诉主管、经理，然后再分配各楼层的服务员。信息流动的畅通程度决定了酒店整体的工作效率，现代化的酒店无不在想方设法地采用现代的信息处理手段来提高酒店的信息网络工作效率。

二、酒店信息化

随着信息技术的发展和普及，计算机及其他信息技术在酒店中的应用越来越广泛、深入。酒店业的发展必须与时代发展相同步，我们的时代发展已进入信息时代，因而酒店的发展依赖信息技术已成为业界的共识。酒店信息化与建设信息化酒店已经成为酒店发展的重要趋势。

随着 Internet、电子商务、网络预订、网络宣传的发展与实用化，信息技术将酒店推向了世界，进入了“让世界了解酒店”、“让酒店走向世界”的酒店管理新时代；同时，又使得酒店集团、单体酒店及各种规模的酒店在很多方面处于同一起跑线上。如何利用好信息技术整合新的酒店产品，怎样提高酒店信息化水平已成为影响酒店经营管理成败的关键因素之一。

1. 酒店信息化的含义

酒店信息化问题也就是信息技术在酒店业的应用问题。传统的酒店信息化仅指酒店前台业务或面向客人服务方面的管理软件。现在酒店信息化的概念为利用互联网、局域网络平台，围绕酒店的智能化、网络营销、面向客人服务系统、信息服务、内部业务管理等，形成一体化数据中心，通过数据挖掘，为酒店经营分析决策提供全面的信息；利用酒店硬件电子化开发新的经营项目。酒店信息化是酒店经营管理过程中全方位、全过程、全角度的信息化、技术化、网络化和现代化。

小案例：

信息化——酒店业发展的必由之路

广东新建酒店这两年也进入一个井喷期，酒店数量的快速增加，国际酒店管理公司的全面进入，客户期望的不断上升，客源市场的不断细分，广东酒店业的竞争之激烈不言而喻。酒店经营者已意识到开辟新的适应客户需求的服务环境和服务方式、发展信息化是提升酒店服务水平和竞争力的必由之路。

中国电信广东公司推广的“酒店完美联盟”，正符合酒店业界的发展需求，成为酒店业提升核心竞争力的加速器。据广东省旅游局领导透露的消息，目前，积极推动酒店行业信息化的中国电信广东公司今年上半年就吸引广东省近500多家酒店加入“酒店完美联盟”计划，预计年内将有超过600家酒店加入“酒店完美联盟”。

“酒店完美联盟”合作服务模式主要是中国电信将为酒店方提供包括语音、宽带、号码百事通、ITV、远程视频服务等业务在内的综合信息通信服务解决方案，让旅客畅享使用方便、实惠的中国国内电话任意打、数码e房（客房宽带上网）、视频娱乐点播、旅游文化信息查询等综合信息服务。“酒店完美联盟”不仅让酒店以最低的风险和投入跨进信息化的门槛、在改善酒店信息服务质量的同时提高其市场竞争力，而且更以一种全新的服务模式打造了政府、酒店、旅客多方共赢的产业链，达到提升城市旅游整体形象、促进旅游业发展的目的。

目前，广州市绝大多数星级酒店为客人提供网络接入等信息化服务。中国电信已帮助370多家星级酒店实现宽带接入，通过“酒店完美联盟”计划，与酒店方合作进一步细化面向客人的信息服务和提升酒店硬件设施，从而大大优化了广东旅游服务的接待环境。

（资料来源：http://travel.sohu.com/20071015/n252667169.shtml 搜狐旅游改编自《中外酒店》）

2. 酒店信息化的内容

酒店信息化不只是包括计算机硬件、软件、信息技术、信息产品的应用和普及，还包括酒店经营管理模式的提高、创新、再造和完善过程以及人力资源培训、信息意识和信息技术利用水平的提高等，它是建立现代酒店的重要组成部分。

从大的方面讲，酒店信息化的内容包括酒店运营管理系统（PMS）、企业资源规划系统（ERP）、客户关系管理系统（CRM）、供应链管理系统（SCM）、在线采购库存管理系统（OPS）、中央预订系统（CRS）、办公自动化系统（OAS）、知识管理系统（KMS）、远程教育/培训系统（E-learning/training）。

从具体项目讲，酒店信息化的内容包括前台管理系统（包括PMS、客人一卡通、自助登记/离店、自助查询等系统)、房务管理系统(包括客房服务、客房娱乐服务、客房智能设备、VOD视频点播、智能迷你吧、客房互联网、房态控制等系统)、餐饮管理系统(包括电子点菜、智能成本控制、智能厨房、品牌宣传、POS收银、后台采购、库存等系统)、消防安全管理系统(包括自动报警、自动感应、智能门禁、电子巡逻等系统)、人力资源系统(包括员工一卡通、人力资源智能库、多媒体培训、在线培训等系统)、网络系统(包括掌上电脑、无线设备、Web网站、呼叫中心、网络营销、CRS等系统)、通信系统(包括电话、内部寻呼、电话会议、视像会议等系统)、酒店财务系统(包括收益管理、成本控制等系统)、电子物流系统(包括电子采购、供应链管理、物资管理、库存管理等系统)、客户关系管理系统、能源管理系统、决策支持系统、办公自动化以及其他扩展系统等。

小案例:

曼谷东方酒店推出高速无线网络提升服务水平

曼谷东方酒店一向走在业界最前线,最近更在整个酒店内推出共802.11n的新一代无线技术,再度称冠全球。该酒店一直致力于为旅游及商务旅客提供最优质的服务与技术,最近与泰国Cisco Systems Ltd. 合作,推出崭新的高速无线网络,更是大大提升了酒店的互联网服务水平。为了确保客人能在酒店任何角落轻松享用高速的互联网接驳服务,酒店更特别在整座大楼内安装接入点(Cisco Aironet 1250系列接入点),让旅客能一边在店内游历,一边享用一流的网络服务。采用全球最顶尖的Wi－Fi系统,务求为客户带来舒适方便、安全可靠的网络服务。如今的商务旅客对网络技术要求甚高,他们不但需要接驳网络服务,更追求能随时随地在酒店内享用高效便利、防护严密的话音、影像及数据传送功能。曼谷东方酒店是全球首间采纳Cisco802.11n无线技术的酒店,在客房及酒店范围内提供互联网服务。

(资料来源:http://travel.sohu.com/20080225/n255348744.shtml 搜狐旅游网 2008年2月25日)

3. 信息化酒店建设

建设信息化酒店是酒店信息化的直接目标之一,信息化酒店是在酒店建设和经营管理过程中,以建立科学的信息化体系及采用先进的信息技术为基础,以数字化管理、科学决策、信息化服务为手段,为消费者创造更加完善的信息化服务的酒店。信息化酒店的建设有两个方面的内容:

(1)基础网络建设。

酒店的信息化建设并非一日之功,是一个长期、系统和循序渐进的过程。从酝酿到实施,前期需进行大量的市场调研和可行性研究,特别是需要根据企业自身的行业特征、经营特点和战略目标,设计出与企业发展相适应的信息化框架。酒店产品消费的异地性决定了向客户传递品牌信息和产品信息的平台对于酒店营销的重要性,互联网无疑是最大众化、最经济的信息传播手段。因此,酒店要加强基础网络建设。基础网络建设包括网络骨干建设、网络设备的采购(如交换机、无线接入点、路由器、防火墙、访问控制器等)和终端系统的采购如存储系统(如群集服务器、磁盘阵列、磁盘柜以及相关的软件)、终端系统(如服务器、电脑、打印/传真机、IP电话机等)。目前,国内许多酒店都创建了自己的Web首页,最初主要用于酒店形象宣传和促销信息发布。现在，除了丰富的客户浏览界面外，许多酒店还增加了互动式数据查询、在线预订和客户自助服务功能，应用重点落在网络营销和网上实时订房业务上。这样，客人无论身在何处，都可以了解、查询到酒店的相关信息，或者自行选择所需要的服务进行远程预订，正所谓“网络点击，商机无限”。

（2）应用系统的建设。

近年来，计算机的普及与运用已广泛渗透到社会的各个生产和生活领域。随着酒店业竞争的加剧，酒店需要使用更有效的信息化手段来提高管理和决策效率。高层次的酒店业信息化已不仅仅是依靠计算机辅助管理，而是更加注重建立在集成化基础上的协同化应用。在信息化建设过程中，许多酒店都安装有酒店管理信息系统，但随着计算机软、硬件技术的飞速发展以及Internet的发展普及，这些系统已经很难适应酒店流程再造的全新的集成化应用阶段，不论从软件技术上还是从硬件上都不能适应时代发展的要求，更换新的酒店信息管理系统已迫在眉睫。应用系统建设即酒店管理系统建设，包括网络用户管理系统（包括有线和无线的网络用户的验证、计费等）、无线网络控制器（提供同一的无线用户接入管理功能）、多媒体应用服务系统（包括IP电话、数字电视、视频VOD点播等）、保安服务系统（包括监控、门禁、智能服务台、电话一键服务等）及其他增值服务系统。

三、我国酒店信息化发展现状及趋势

（一）我国酒店信息化发展现状

1. 取得的成绩

（1）从国家政策来看，“金旅工程”是国家信息网络系统的重要组成部分，是旅游部门参与国家旅游业信息化建设的重要基石。金旅工程的“三网一库”建设一个公共的商务平台和信息服务平台，向旅游企业提供电子商务的整套解决方案。2008年，北京市信息办、2008工程建设指挥部等部门组织网通、移动等单位共同完成的《奥运城市信息化基础设施建设与服务指南》（试行版）发布试实施。根据《指南》，2008年奥运会前，面向公众的奥运指定酒店、机场、火车站，将实现手机信号和无线网络信号全覆盖。

（2）从基础建设来看，中国电信针对星级酒店信息化需求，开发的酒店信息化整体解决方案的酒店完美联盟包括酒店管理平台应用、客房视频服务、上网服务、固网支付、短信信息服务等，已发展加盟酒店近5 000家。客户可畅享使用方便、实惠的国内电话任意打、数码e房（客房宽带上网）、视频娱乐点播、旅游文化信息查询等综合信息服务。

（3）从企业来看，在酒店信息化建设进程中涌现了像7天连锁酒店集团、锦江集团、白天鹅酒店、花园酒店、格林豪泰、汉庭酒店连锁等一批敢为天下先的集团酒店和单体酒店。其中7天连锁酒店集团是一个典型例子。7天连锁酒店集团的网站访问量和访问人数一直保持本土集团的首位，超过卡尔森国际酒店集团、温得姆酒店集团、速8中国等跨国酒店集团的网站。7天连锁酒店已经实现网上即时预订、确认、支付，同时整合了网络、电话、短信三大预订系统。7天连锁酒店与中国生活搜索引擎口碑网签署战略合作协议，在业内首推手机短信预订服务，目前主要在7天连锁酒店200万名会员中使用，短信预订的信息费用仅为通信运营商的基本收费，不需加收信息费，发送、确认、回复整个预订确认流程只需大约30秒。

2. 存在的问题

（1）认识不足。

尽管酒店信息化本身具有很多优势，但是据有关机构调查，目前我国酒店业中超过90%的企业没有信息化应用，行业的信息化水平处于最初的培育阶段。之所以会出现这种摇摆、停滞不前的现象，主要有两个方面的原因：第一，酒店管理者和投资方缺乏对先进管理理念的理解，对信息化的认识不够。由于国内多数酒店行业是通过小本经营、勤俭持家而建立起来的，众多经营者的专业管理水平偏低，资本投入意识缺乏超前性。第二，劳动力的成本较低，而IT技术前期投入很大，两者之间的价格差距很大。大部分的酒店企业更愿意用廉价的人工方式完成信息数据的搜集、统计、分析和处理工作。

（2）缺乏统一的行业标准。

酒店业对信息化的理解千差万别，加之IT公司各自为政的解决方案，使得原本就技术水准有限的酒店业眼花缭乱，盲目投资上马的项目比比皆是。酒店业涉及的信息系统和产品众多，缺乏统一的行业标准使各个供应商相互协调，一方面造成资源浪费与互不兼容；另一方面也阻碍了整体水平的提高，无法完全符合酒店的需要。对于连锁酒店集团而言，信息系统没有实施标准化是非常严重的。酒店不但需要耗费大量财力去维护不同的平台，而且当未来同一连锁集团的酒店共享服务中心或实施电子商务时，平台整合的任务非常困难和昂贵。如果集团应用统一的、标准化的软件，不但员工可以随心顺手地使用，同时集团报表也会非常统一，便于集团化的管理。

（3）信息化程度低。

从目前国内酒店业的发展情况来看，大部分的小型单体酒店都还处于信息化发展的初级阶段，信息化程度较低，有些落后地区的家庭旅馆甚至完全是手工操作的；而大部分三星级以上的星级酒店企业及连锁酒店企业都已经成功进入电子销售和预订阶段，它们在酒店的电子商务化建设中投入了大量的资金，也收获了电子商务系统所带来的在降低经营成本、提高效率和增强竞争力等方面的巨大好处。然而，目前国内还很少有酒店进入全面信息化服务阶段，尤其是酒店内部和外部业务的链接电子化程度不足，具有电子化采购的酒店还仅仅是少数，尤其是单体酒店的信息技术应用能力，影响了信息化的进一步提升。陆均良在2008年对浙江省酒店业（共调查117家酒店，三星级及以上酒店）所做的一项调查结果，进一步说明了我国酒店业信息化程度普遍较低（见表2－2、2－3）。

表2－2　浙江省酒店信息化内容及比例

内容	酒店数量	百分比（%）
电子门锁	117	100
前台信息系统	117	100
宽带接入	94	80.3
VOD点播系统	45	38.5
语音信箱系统	31	26.5
客房内电子查账	83	70.9
办公自动化系统	47	40.2
自动叫醒系统	93	79.5
会议同声传译系统	5	4.3
客房节能控制系统	2	1

表 2－3　浙江省酒店信息化服务项目及比例

内容	酒店数量	百分比（%）
信息网站	117	100
网络预订服务	117	100
多媒体查询服务	104	88.9
客房宽带上网	91	77.8
机票预订服务	107	91.5
商务中心电子服务	117	100
顾客网上投诉	29	24.8
自己网站开通预订	71	60.7
电子点菜服务	20	17.1
无线上网服务	32	27

（注：表 2－3、2－4 资料来源于陆均良的《2009 中国酒店信息化发展报告——基于管理的中国酒店业信息化现状、发展与趋势》）

（4）政府监管、扶持力度不够。

由于缺乏统一的行业标准，在一些开发商被淘汰出局后，那些已经使用了该系统的酒店也不得不更换软件系统，从而造成投资上的浪费。造成这种局面的一个主要原因是整个行业没有一个自律机构，政府没有一定的评审机制及相应的等级制度，使一些根本无条件的公司也能进入市场参加竞争。

垄断型代理商的渠道垄断是当前的突出问题。垄断型代理商对酒店在佣金、定价方面等提出排他条件，甚至与具有公共服务性质的 114 查号台合作，强行拦截酒店预订客户。原来本应是酒店的直接客户转到垄断型代理商那里，只能向垄断型代理商支付高额的佣金。垄断型代理商预订每间夜客房的平均佣金近 70 元，一些低星级酒店要支付的佣金甚至超过了销售额的 30%。政府如果不加强监管力度，占大多数的单体酒店就难以生存下去。

前面我们讲到国外酒店管理系统软件基本占据了我国高星级酒店市场，长此以往不利于本土酒店的发展，而且国外软件也存在着投资额度大、不利于二次改造、维持费用高、难以本土化等不足之处。而我国酒店软件企业在技术、资金、标准等方面不如人家，要全面推动酒店行业信息化建设，政府必须加强扶持力度。

（二）我国酒店信息化发展趋势

目前，酒店业运用信息化管理系统的企业不到 30%，还有很大的发展空间。据统计，中国目前共有星级酒店超过 15 000 家。在未来几年内，数字信息技术产品在中国酒店业的应用将达到高峰，最大市场容量高达 2 300 亿元。酒店这个以服务为本的行业，依靠客人对各项服务的满意度来提升酒店的入住率和经营效益。酒店信息化在这个日新月异的时代里显得越发重要，一日千里的变化速度让它成为撼动未来酒店业市场格局的原动力。酒店信息化的不断完善，必将为中国的酒店行业带来新的发展力量。未来酒店业信息化发展趋势有：

1. 信息协同化

进入互联网新经济时代，酒店业信息化的新追求境界是在集成化基础上的协同化应用，酒店通过互联网搭建统一的信息应用平台将客户、酒店、员工、供应商、合作伙伴等各方联为一个整体以实现纵览全局的跨行业、跨组织、跨地区，实时在线的、端对端数据无缝交换的业务协同运作，其重点在于各方联为一体直接面向顾客提供个性化服务。随着信息时代的到来，企业的竞争方式也发生了新的环境变化。企业的竞争市场环境有如商业生态系统一样，是由一群共同生存和发展的企业组成的，它们既相互竞争资源，又必须保持生态平衡。互相竞争的各个企业之间，出现了新型的共生竞争关系——竞合。竞合关系迫使酒店业内相关的企业都要重新审视自身在市场中的定位，调整竞争战略，以相互协同运作进而达到共赢。

国际上酒店业信息协同化应用主要糅合了企业资源管理计划（ERP）、客户关系管理（CRM）、供应链管理（SCM）和电子商务的观点。从企业资源管理计划（ERP）角度，优化酒店价值链，对企业业务流程、组织结构再造，提升酒店管理水平；从供应链管理（SCM）角度，实现社会资源配置最优化，控制采购成本，保障供应质量；从客户关系管理（CRM）和电子商务的角度，把企业关注的焦点逐渐转移到客户上来，帮助酒店最大限度地利用以客户为中心的资源，不断开发现有客户和潜在客户，通过改进客户价值、客户满意度以及客户的忠诚度，加强酒店竞争优势。

2. 智能化

世界酒店业经历了百年的发展历程，但是它始终追求着完美的信息化新创意。从电算到互联网，酒店信息化服务系统跨越了数代升级，但探索的步伐从未停止过。酒店智能化是酒店信息化发展趋势之一，智能化的概念给酒店业带来了经营管理理念的巨大变革。这一变革要经过不断的建设和发展，逐渐形成一个涵盖数据采集、信息保存、信息处理、传输控制等的系统。这些信息库的建立将成为酒店信息化管理和办公自动化的重要基础。从前台客人入住登记、结账到后台的财务管理系统、人事管理系统、采购管理系统、仓库管理系统都将与智能管理系统连接融合构成一套完整的酒店信息化体系。例如，美国 Wyse 公司推出一种“数字酒店客房系统”。这一系统由客房中的智能网络电视和后台的软件平台及服务器群组成，可以通过酒店的运营管理系统与客房的空调、门锁、窗帘等自动控制装置集成起来，形成一个完整的智能化酒店网络系统。经营者可以通过互动网页、电视短片等丰富多样的形式与住店客人进行信息沟通，进而提供更加周到的服务，同时为酒店经营者创造更多的商机。

小案例：

三星引领酒店智能化

在奥运所引领的酒店电视智能化的大潮中，不论是商务旅行还是旅游度假，越来越多的顾客都希望在酒店也能像在办公室或家里一样工作和娱乐，享受个性化和信息化的服务。因此，中国酒店行业迫切需要能满足数字时代全新舒适要求的酒店客房视听解决方案，来创新管理、提高星级含金量、增强对顾客的吸引力，以便在激烈的市场竞争中把握先机。

在全力追求高档次标准及“酒店 E 化”的大趋势下，酒店需要从较为单一的吃住场所向集住宿、餐饮、娱乐、康体和会议等多种功能为一体的服务场所转变。因此，酒店需要的不是单一产品，还需要办公、商务、多媒体会议系统、安防、监控系统等全系列设备。三星将与酒店进行深度合作的着眼点就放在了此处。三星未来的目标，不仅仅是为酒店行业客户提供单纯的电视产品，而是计划与酒店管理集团深入进行技术开发等全方位的合作，将三星适合酒店用的产品，比如显示器、打印机、传真机等整合起来，为智能酒店提供网络服务。

在三星的规划中，数字酒店客房系统由客房中的智能网络电视和后台的软件平台及服务器群组成，可以通过酒店的运营管理系统与客房的空调、门锁、窗帘等自动控制装置集成起来，形成一个完整的智能化酒店网络系统，为客人提供舒适而富有未来感的环境体验。

（资料来源：摘自北京商报，2008 年 11 月 26 日）

3. 网络化

以互联网和数字化经济为主要特征的信息化冲击，使网络化建设业已成为酒店业整个信息化建设应用中的重要组成部分，于是以宽带高速数据网络为核心的“数字化酒店”（Cyber Hotel）也应运而生。“数字化酒店”的含义不仅仅是酒店有宽带接入线路，方便客人在酒店内域高速上网，还包含以下内容：在网上创建公司网站可供客户浏览，进行互动式的数据查询、在线预订和客户自助服务功能，有市场销售、宣传推广、订房管理的功能；运行突破业务电算化功能的酒店管理 HMIS 系统；以因特网为基础，方便员工的移动办公系统和面向社会的电子商务系统雏形。高速互联网的接入将是未来酒店基本的设施，明日的酒店将要以宽带网络化为特色。

4. 个性化服务

酒店需要科技带来新的服务提升，更需要科技给管理带来新的变革。科技给酒店带来的不仅是效率化、数字化的管理，更为客人带来了丰富多样的便捷服务，从酒店环保设计、计算机管理应用到网络预订、视频技术、宽带网络，无一不显示出科技的存在。可以说，没有一流的科技，就没有一流的酒店，科技助长了酒店业的发展，让我们更为迫切地感受到科技的力量。因此，在未来的酒店信息化建设中，对于科技的投入将越来越大，其中一个重要内容就是实现信息化酒店的“个性化服务”。例如，基于客户管理积累和建立的“常住客人信息库”记录了每位客人的个人喜好，客房智能控制系统将根据数据库中的信息实现：光线唤醒；虚拟现实的窗户，提供由客人自己选择的窗外风景；无匙门锁系统，以指纹或视网膜鉴定客人身份；自动感应系统，窗外光线、电视亮度、音响音量和室内温度以及浴室水温等可以根据每个客人的喜好自动调节。酒店信息化最终的目的是为客人提供更为优质的服务，只有挖掘客人的深层次的需求，才能为酒店带来更好的效益。

5. 行业标准化

确立酒店信息化行业标准势在必行。有的软件公司并不了解酒店行业特性，提供的产品具有不同型号，或者是不符合酒店业行规，并且不同厂商的产品之间的兼容性很差，这样造成很大浪费。酒店信息化行业标准的确立，也将为酒店信息化产品供应商提出新的要求。未来的酒店信息化需要的是一个开放的、共享的平台，这就要求作为酒店信息化产品的供应商，需要开放应用架构，提供软、硬件接口和标准规范，为用户的应用拓展构建一个开放的业务平台。通过标准化接口，可以集成酒店信息化系统上下游的多个供应商的产品，与各厂商形成紧密的合作伙伴关系，推出更多有针对性的解决方案。传统酒店市场也会随着酒店信息化的逐渐成熟而发生转变，从而更好地促进整个酒店行业朝着更为有序、高效的方向发展。

6. 复合型人才之争

对于酒店而言，信息化是一个工具、一种手段、一种服务，服务水平的好坏直接影响酒店的经济效益和竞争力。虽然目前阶段我国高级技术人才辈出，却大多投身于高新技术领域，而服务行业层面的服务型技术人才却非常缺乏。因而，这也成为酒店开展信息化服务中的一大障碍。因此，酒店需要大力培养既懂得旅游电子商务技术，又具备商贸、金融、管理等多方面知识的复合型人才，建立酒店 CIO 职位，保障酒店信息化的可持续发展。当然，这不仅需要酒店予以足够重视，同时也需要高等院校等其他社会力量的大力配合。

小案例：

香格里拉在线远程培训

启动员工在线远程培训项目。2005 年 4 月 1 日起，香格里拉与康奈尔网络学院合作，首次为公司管理层员工提供在线远程培训，这个培训计划将在未来的 5 年中为香格里拉集团提供 3 000 个在线职业发展机会。学员从 57 门课程中任选并完成规定的五个方面的课程（包括人力资源管理、管理学基础、酒店及食品服务管理、战略管理和财务管理），就可以获得康奈尔网络学院颁发的证书。在完成一系列其他相关课程之后，学员还将获得由康奈尔大学颁发的证书。在线培训计划为员工提供了一个可以高度灵活安排学习时间的拓展自身知识的平台。这对员工职业发展计划和公司在全球范围内的拓展计划来说至关重要。

（资料来源：搜狐旅游网，2008 年 7 月 3 日）

四、酒店电子商务与酒店信息化

1. 酒店信息化支持酒店电子商务

酒店管理信息系统软件的功能除了支持前台和后台的管理业务以外，为了适应互联网应用的普及，必须支持来自网络的一些业务，即电子商务。如关系客户的消费查询、所有客户的网络订房、酒店开展的网络营销、客户消费需求的网络调查，这些都是酒店电子商务的内容。这些电子商务内容从酒店自己的网站、电子分销商、综合旅游网站或门户型网站汇集到酒店管理系统的相应部门，实现无缝的电子化处理。

对于酒店而言，赢利是根本，若要加快酒店行业的信息化进程就应当首先从能够为酒店创造或提高经济效益的项目着手。建立一个基于互联网络的全球酒店客房预订网络系统已不再是难事。无论是集团酒店、连锁酒店还是独立的酒店都可以加入成为该系统成员，并且享用全球网络分房系统。全球网络分房系统，可以通过 Interface 接入，让旅行社团、会议团队、散客都可以利用电脑直接访问该系统，从中得到某酒店的详细资料，包括酒店的出租状况，并能立即接受预订和确认。

2. 酒店电子商务促进酒店信息化发展

电子商务在酒店的广泛应用促进了酒店信息化发展，体现在以下几个方面：

（1）开展网上宣传。

互联网及电子商务的发展为酒店开设了一条新的市场营销渠道，信息化酒店开展网上宣传是电子商务在酒店业应用的必然内容。信息化酒店网上宣传的开展是以信息化酒店网站建设为开端的。

（2）网上采购。

为了满足客人的需要，为顾客提供各方面的优质服务，在日常经营管理中，要消耗大量的原材料、食品、饮料、客房用品等，这些物品均来自不同的供应商。信息化酒店的服务质量和服务水平同购进物品的质量和物品库存时间有着十分密切的关系，而且物品质量与物品价格也有极大的关系。所以说，信息化酒店的采购工作非常重要。酒店电子商务的出现，为这一难题提供了可能，信息化酒店通过互联网实现网上采购，确保采购的质量与价格。

（3）网上销售。

对于酒店来说，实现网上销售在信息时代已经成为一种必然，这是信息化酒店的重要内容之一。其主要方法就是酒店创建自己的 Web 网站，设定预订页面，并同酒店管理信息系统中的网上预订系统链接起来，实现酒店内部网与 Internet 的互联。网上销售的实现才是电子商务在信息化酒店的最为重要的应用。

总之，酒店电子商务在信息化酒店中的作用是重大的，拓宽了销售渠道、降低了成本、提升了服务质量、提高了入住率等。

未来，包括 GDS、CRM、商务网站、管理信息系统等所有信息系统应用在内的酒店信息化系统将继续深化发展，发掘每个应用功能的最大价值，并且开拓新的应用功能与领域。而随着移动通信技术的发展以及人们对便捷性的追求，移动电子商务会不可避免地加入到酒店的经营管理中。移动电子商务是真正实现以人为中心的电子商务应用，它利用移动终端、移动通信网络和 Internet 网络相结合，进行电子商务交易，是传统 Internet 电子商务的拓展。如移动支付功能使顾客无论在何时何地都能通过移动电话终端完成对企业或对个人的资金支付。各种移动终端的大量出现，为移动电子商务的发展打下了良好的基础。目前，全球拥有移动通信工具的人数远远超过拥有台式电脑的人数，特别是我国的用户规模已位居世界首位，并且还在快速增长，相信移动电子商务在未来将使酒店电子商务的功能更加完善、应用更加普及。

第三节　高科技在酒店的应用

改革开放后，我国现代酒店业由于较早地与国际接轨，实际上已经成为使用现代信息数字化服务技术的先导行业。我国现代酒店业在服务中对信息高科技的率先应用，不仅提高了我国酒店业服务和管理的信息化水平，加快了酒店工作效率和个性化服务水平的提高，以及酒店企业的国际化程度，同时也对人们经济生活、社会交往中的数字科技化起到了强有力的推动作用。

一、ICT 在酒店业务中的应用

ICT 即信息通信技术（Information Communication Technology），是指能帮助企业实现战略地管理其信息、功能，处理企业与相关利益团体之间的互动沟通关系，是使企业实现其经营宗旨和目标的一切电子工具，其中包括硬件、软件、电子通信、网络件、群组件和人件的集合。信息技术和电子商务手段的应用，是当今酒店业变化得最快的方向之一。预订系统、顾客服务系统、酒店管理系统等领域的发展，向旅游酒店展示了优化管理、营销与服务的更多可能选择。从总体上说，信息技术在旅游酒店中的主要应用有辅助经营决策、网络营销、使用全球分销系统、建设信息化管理系统和信息化的酒店设施（见图 2－5）。

1. 辅助经营决策

酒店是提供综合服务的企业，要在竞争中求得生存和发展，就必须对内部和外部信息进行收集整理并及时作出正确的决策。通过调查、采访、媒介分析、咨询、交换、网络调查、顾客自留、酒店自动产生等方法尽可能多地收集真实可靠的信息。利用ICT技术可以实现信息收集和处理的自动化，对获得的信息进行深加工。例如，客房入住率、财务状况、能源管理、客账、销售情况及采购支出等内部信息，也包括外源性的市场竞争、行业动态、客源市场等，在此过程中大大提高管理效率。信息的收集、处理最终是为了支持、辅助经营决策，在酒店中建立完善的信息利用机制，如实行知识共享、建立经理人决策委员会，还可以向专家和学者进行决策咨询，以保证信息真正在旅游酒店经营管理中得到充分利用，并创造价值。

2. 网络营销

网络营销即借助联机网络、电脑通信和数字交互式媒体来实现营销目标的一种营销方式。它包括交互网络上的网上预订、信息发布、咨询服务、信息反馈等。网络营销能为旅游酒店带来全球性和全天候的时空优势、多媒体的展示优势、一对一服务的个性优势、自动化预定的效率优势和增收节支的效益优势，同时也是适应散客化市场趋势的重要战略措施（见第一章第二节的“补充案例：赛加斯（Segas）饭店”）。网络营销在旅游酒店中会得到日益广泛的重视和应用。网络营销使得许多单体酒店可以直接面对消费者，酒店也可以减少成本（不用支付佣金），消费者也可以获得更便宜的房价。对单体酒店而言，网络营销手段的使用使得他们可以吸引国际旅游（见第一章第二节的“小案例：Internet 在 Sandals All – Inclusive Resorts 的应用”）、为顾客设计个性化服务组合、维持长期客户关系、以信息技术为纽带与其他酒店结成营销联盟等。

3. 使用全球分销系统

全球分销系统（Global Distribution System，GDS）在销售航空旅游方面非常成功，同时越来越多的全球分销系统开始销售酒店产品，但是目前的销售量仍然十分有限。酒店产品与航空公司的产品相比，有某些重要的共同之处，这为GDS容纳酒店产品提供了基础。首先，酒店和航空类的产品和服务都是不可存储的，今天没有卖出去的产品就成了烂苹果，永远都实现不了其价值；其次，航空旅游和酒店客房都是商务旅游的关联性需求。GDS营销的一个主要特点就是它的间接销售方式。换句话说，GDS是通过吸纳成规模的酒店集团的产品，把这些产品储存在数据库中，并通过网络与安装有GDS终端的旅行社，实现面向酒店顾客的销售。而酒店组织、GDS公司以及旅行社都可以被视为酒店与其顾客之间的渠道。

4. 管理及业务流程信息化

在酒店的内部管理方面，普遍采用的酒店管理系统能有效地服务于酒店内部的信息采集、传递、分析处理、输出和管理控制。它用计算机系统代替了酒店日常管理工作依赖的大量书面报表，避免了手工操作的效率低下、错误率高、账目迟报等现象，同时有助于酒店管理人员对工作实施有效的控制，诸如存货控制、人工费用控制、收款和客人账目控制等，对提高酒店的服务效率和管理效率发挥着重要作用。

5. 提供信息化的顾客服务设施

面对激烈市场竞争的酒店希望通过提供特色服务、创造顾客价值来增加自己的竞争优势。针对信息时代住店客人的信息服务要求，酒店可提供的信息化顾客服务设施包括设置客房互联网接口、客房VOD视频点播、在大堂安装多媒体信息查询系统、提供可视化网络会议设施和提供基于信息识别技术的记账卡等。

小案例：

体验高科技：一分钟服务

凯悦酒店在海特高科技公司的协助下研制一种“一触即可”的自主登记系统，该系统由键盘、显示器、读卡仪、打印机和钥匙传送器构成，并安装在一个特制的黑色架子上。住客插入信用卡和身份证明，确认了姓名、房间类型选择后，机器便自动传送1～2把钥匙，同时还打印一份印有房号及客房线路图的登记单。

整个手续办理的过程简捷、省时，一般来说，凡是已经预订的客人只需60秒钟，而事先没有预订的客人只需不到90秒钟。比起原来的人工登记，确实便利了很多。

这套系统还可以查阅客人的消费记录、办理结账离店手续。

总之，在过去的十几年中，酒店在利用新兴的ICT工具方面也有了很大的进展，使用电脑系统加强容量管理、与客户更有效的沟通的酒店企业越来越多了。互联网使酒店能直接与消费者互动，减少了相关的经营成本。

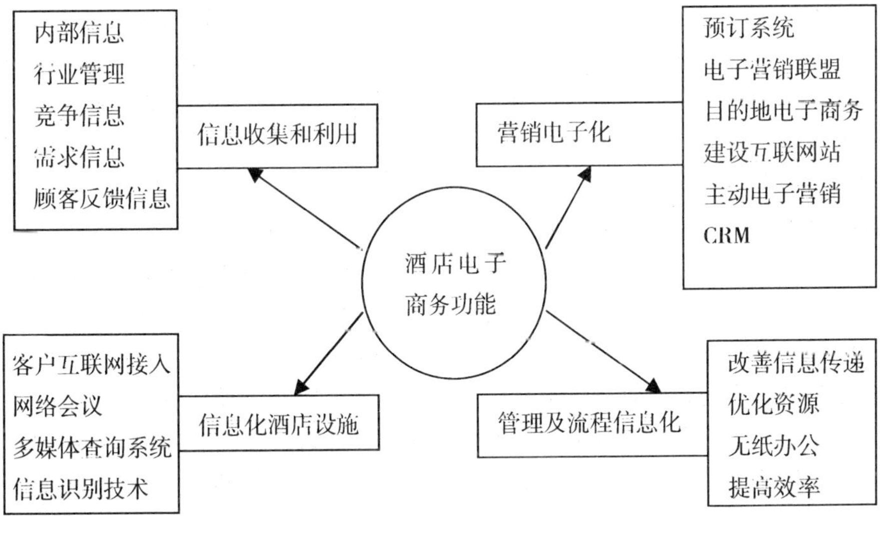

图2－5　信息技术在酒店业务中的主要应用

（资料来源：巫宁．旅游信息化与电子商务经典案例．北京：旅游教育出版社，2006）

二、酒店智能化系统

目前，酒店信息化、酒店信息技术的应用大多数限于酒店业务系统，而办公自动化、酒店设施的自动化管理等多数是空白，更谈不上智能化集成。计算机在酒店的应用已经从仅仅替代手工操作升级到能够提供综合经营、综合管理的手段。

（一）智能化系统

在学习智能化系统之前，我们先搞清楚几个概念：第一，智能化建筑即智能化物业，包括智能化酒店主楼、住宅小区及商务大楼等；第二，智能化大楼是指通过最佳安排其结构、系统、服务及管理，同时这些系统具有完善的内部配合以提供极其有效运行环境的大楼；第三，智能化系统是指一种自动化控制系统，是信息化社会与经济国际化的产物，是多学科、最新技术的巧妙集成，已经成为综合国力的体现。在星级酒店设施设备评定标准中，智能化管理系统占11分。

1. 智能化系统的含义

智能化系统是由现代通信与信息技术、计算机网络技术、行业技术、智能控制技术汇集而成的针对某一个方面的应用的智能集合。随着信息技术的不断发展，其技术含量及复杂程度也越来越高，智能化的观念开始逐渐渗透到各行各业以及我们生活中的方方面面，相继出现了智能住宅小区、智能化酒店等。我们通常所说的智能化系统是指3A系统，即楼宇自动化系统（Building Automation System，BAS）、办公自动化系统（Office Automation System，OAS）和通信自动化系统（Communication Automation System，CAS）的总称。有时候，我们会听到5A系统，这是3A系统的延伸，把包含在楼宇自动化（BAS）里面的消防自动化（Fire Automation System，FAS）和安全自动化（Safe Automation System，SAS）单独列出来。

2. 智能化系统的构成

（1）楼宇自动化（BAS）。

楼宇自动化实际上是一套中央监控系统。它通过对酒店建筑内的各种电力设备、空调设备、冷热源设备、防火和防盗设备等进行集中监控，达到在确保建筑内环境舒适、充分考虑能源节约和环境保护的条件下，使建筑内的各种设备状态及利用率均达到最佳状态的目的。楼宇自动化是应用计算机对酒店内的基本设备进行管理，从设备的结构可分为控制网络和高速数据网。包括酒店消防系统，酒店安全系统，酒店加热、通风及空调系统，酒店能源管理系统等。

（2）办公自动化（OAS）。

办公自动化利用技术的手段提高办公的效率，进而实现办公的自动化处理。采用Internet/Intranet技术，基于工作流的概念，使酒店内部人员方便、快捷地共享信息，高效地协同工作；改变过去复杂、低效的手工办公方式，实现迅速、全方位的信息采集和信息处理，为企业的管理和决策提供科学的依据。一个酒店实现办公自动化的程度也是衡量其实现现代化管理的标准。OAS软件解决酒店的日常管理规范化、增加企业的可控性、提高酒店运转的效率的基本问题，范围涉及日常行政管理、各种事项的审批、办公资源的管理、多人多部门的协同办公以及各种信息的沟通与传递。一般包括电话机、传真机、个人计算机、文字处理机和各种终端构成。

（3）通信自动化。

通信自动化是综合布线技术与计算机技术相结合的产物。综合布线系统相当于人的中枢神经系统，使大楼的通信、楼宇和办公三大系统能够实现自动化，是保证建筑物内语音、数据、图像传输的基础，同时与外部通信网（如电话公网、数据网、计算机网、卫星以及广电网等）相连，与世界各地互通信息。智能建筑中的通信系统目前主要由两大系统组成：程控数字用户交换机和有线电视网（CATV）。前者是由电信系统方面发展而来的，后者是广电系统方面发展至今的。包括以下内容：通信网络系统、电缆电视系统、保安监视系统。

3. 酒店智能化项目

酒店智能化项目通常包括综合布线系统（酒店智能弱电系统）、建筑设备监控系统（BAS）、安全防范系统、一卡通管理系统、酒店VOD及多媒体信息服务网络系统、卫星有线及闭路电视系统、背景音乐兼紧急广播系统、多媒体商务会议系统、数字摄录编辑系统、客房设施控制和节能管理系统、通信系统（专用网络类）、酒店经营及办公自动化系统、酒店商务计算机综合管理系统等。

（二）综合布线系统

1. 酒店综合布线系统的含义

综合布线的发展与建筑物自动化系统密切相关，传统布线如电话、计算机局域网都是各自独立的。各系统分别由不同的专业设计和安装，传统布线采用不同的线缆和不同的终端插座。而且，连接这些不同布线的插头、插座及配线架均无法互相兼容。办公布局及环境改变的情况是经常发生的，需要调整办公设备或随着新技术的发展，需要更换设备时，就必须更换布线。其改造不仅增加投资和影响日常工作，也影响建筑物的整体环境。随着全球社会信息化与经济国际化的深入发展，人们对信息共享的需求日趋迫切，就需要一个适合信息时代的布线方案。

酒店综合布线系统是所有建立在广域网、局域网上的“酒店智能弱电系统”的信息通道，是网络系统的高速公路，是弱电系统的神经线；各弱电系统在布线时应该遵守共用、公用、通用、互通、简洁、可靠、实用、经济的原则。

2. 综合布线系统的特点

（1）综合了所有的语言、数据、图像与监控设备，能将设备终端插入标准的信息插座内。

（2）能兼容不同厂家的语言、数据设备。

（3）采用了模块化设计，容易扩充重新配置。

3. 结构化综合布线系统的构成

结构化综合布线系统分为基本型、增强型和综合型三种，一般其构成包括建筑群子系统、设备间子系统、干线子系统、管理子系统、水平子系统及工作区子系统。

4. 综合布线系统的器件

综合布线系统的器件有传输介质、跳接设备、端子设备、适配器、信号传输设备、电器保护设备及支持工具。

三、智能门锁系统与酒店“一卡通”

现代化酒店对安全管理提出了更高的要求，于是产生了“酒店一卡通”的需求。所谓“酒店一卡通”是指在一个或几个建筑群或在酒店集团内实行一卡消费、身份认证及客房电子门锁的并用。所管理的项目众多，涉及安全的如停车场管理、门禁管理、电梯控制、客房门锁、贮物柜、保险箱等；涉及娱乐消费的如餐饮、商场 POS、商务中心、娱乐中心甚至客房内的长途电话、电脑上网等；涉及内部管理的如员工考勤、员工消费等。由于酒店的经营是以追求效益为原动力，因此，电子卡的选择是在提供最优质的服务、最大限度地利用资源、降低成本、有利于管理的前提下进行的。

如今酒店信息系统的集成度越来越高，“一卡通”的概念不是几个独立系统的单个功能的组合，而是一种集成。也就是说，在集成系统中，要有一个统一的发卡体系，在整个集成系统中所有客人的信息均是共享的，它们是在同一个协议下工作的。各个系统各司其职，共同完成酒店对客人的各种服务功能。所有这些功能都要通过一张卡全部完成，这就要求提供不同服务的软件开发商、系统集成商等协同合作，真正实现酒店的一卡通管理。

（一）智能门锁系统

酒店客房门锁是控制客房准入、保护客人人身及财产安全的重要硬件。传统的客房门锁是功能单一的机械门锁，这样的门锁有一定的弊端：一是管理复杂；二是安全性低。电子门锁管理系统是一种全新的酒店客房、通道等场所准入的自动化管理系统。与传统的机械门锁相比，它不但具有使用方便、安全、可靠、保密性强的优点，而且还可实现电子锁匙的“一卡多用”。

1. 酒店智能门锁系统简介

电子门锁系统起始于20世纪70年代初期。当时，美国和欧洲的制锁集团开发出了十多种电子门锁系统，并开始在酒店业使用，经过30多年的发展，电子门锁系统已相当成熟。目前，电子门锁必须通过国家公安与警用电子产品质量检测，并获得公安部技防办颁发的许可证，因此其性能优越、安全可靠。

高科技智能型电子门锁集计算机、电子、机械、电机技术为一体，以智能三环路应来控制门锁的开启。它既给系统管理者带来安全、迅捷、自动化的管理模式，又为使用者提供了极大的方便。具有多层次，可以一卡开多门、多卡开一门等，提高了安全性。

2. 酒店智能门锁的系统组成

酒店门锁管理系统由计算机主机、卡读写器、管理软件组成，负责发行各功能RF卡、酒店客房管理、入住客人信息管理及以上信息查询等功能。

管理系统通过发行各功能卡管理门锁，功能卡按能否开门可分为非开门卡和开门卡。非开门卡主要用于门锁信息的设置和维护，包括初始化卡、地址卡、时钟卡、清除卡、酒店密码卡、楼栋密码卡、楼层密码卡、退房卡；开门卡作为门锁的匙卡，包括宾客卡、楼层卡、楼栋卡、总控卡。

（1）制卡机。

IC/RF卡专用节电开关内置CPU（微电脑处理器）和读卡器装置，使用MP系列酒店门锁的IC/RF卡插卡取电有效，其他卡片、纸片等均不能取电，真正做到读IC/RF卡正确后节电开关工作，有效地节约用电。制卡机是与个人电脑相连的卡读/写器，是制作卡片与读取卡片内保存的开锁信息的硬件保证。

（2）管理软件。

门锁管理系统由计算机、智能卡读写器、管理软件组成，负责发行各功能IC/RF卡、酒店客房管理、入住客人信息管理及以信息查询统计等功能。如图2-6所示。

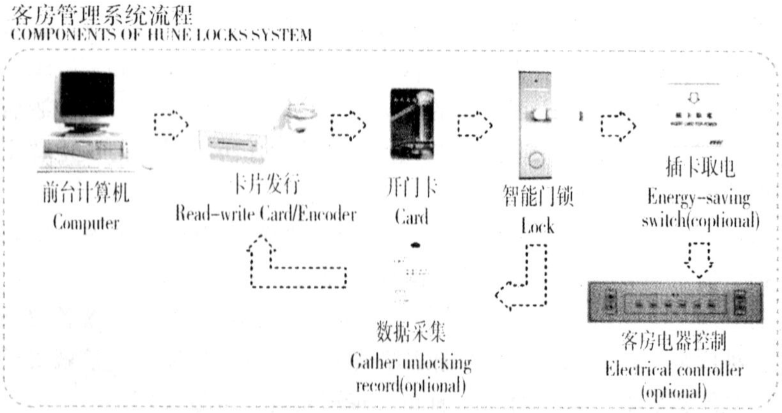

图2-6　酒店智能门锁系统管理软件结构

管理软件程序组内有五个程序项，分别是系统的五大功能：

①操作员管理：定义系统操作员的用户名及其对系统使用权限的设置工作。

②初始化卡片：对所有新卡初始化成本系统可使用的卡。

③房间设置：完成对酒店所有房间信息的录入及发行安装卡、维护卡、清除卡。

④系统维护：发行管理员钥匙卡（包括总控卡、区域卡、楼号卡、楼层卡、钟点卡等）；读取数据卡记录；查看操作日志。

⑤前台管理：该功能是系统的核心部分，由酒店的前台操作员使用。负责客人入住登记，发行住房卡，处理客人预订、退房、续房、补卡等工作。

3. 酒店智能门锁的种类

（1）磁卡门锁。

磁卡门锁是将储存密码的磁卡制作在钥匙内，从而达到加密的目的。使用方法与 IC 卡和 TM 卡相同。磁卡门锁所用的磁卡具有成本低、便于修改等特点，因而价格低廉，比较适合低星级酒店使用。

（2）IC 卡门锁。

IC（Integrated Circuit）卡门锁是通过将储存密码的 IC 卡（包含集成电路芯片）制作在钥匙卡上，从而实现加密的一种电子门锁。它具有存储量大、使用寿命长、安全可靠、对网络要求不高的特点。使用时，将钥匙卡插入到门锁内的读卡槽中，密码合法才可开启门锁。因 IC 卡内设密码保护电路，解密错误超过一定的次数，该卡内的集成电路芯片将立即自毁，故可有效地防止伪造。IC 卡门锁是性价比较高的酒店智能门锁。

（3）TM 卡门锁。

TM（Touch Memory）卡又称为信息纽扣（Information Button），是由美国 Dallas 公司研制的一种专用 ROM 芯片。加强型五锁舌结构锁体，具有保险舌及反锁功能。芯片中的密码是由光刻的 64 位序列号形成，每张卡上的序列号全球唯一，因此安全性极高。TM 卡门锁的使用方法与 IC 卡门锁相同，但成本比 IC 卡门锁高。

（4）射频卡门锁。

射频卡是美国 TI 公司研制的一种感应卡。射频卡门锁就是利用这种感应卡制作开门钥匙，射频卡属于非接触卡。射频卡电子门锁是结合了机械、射频技术、微功耗技术的高科技产品。射频卡读卡方便、快捷，锁和卡的使用寿命长，完成“一卡通”系统的配套厂商众多，射频卡门锁肯定是电子门锁的主流产品。在几年内必将彻底替代 IC 卡门锁在国内酒店的使用。

（5）指纹门锁。

指纹识别技术与传统制锁业相结合的产物就是指纹锁，而指纹锁是一款高新技术产品，它不同于任何其他锁类，它是集光、机、电、算为一体的产品。指纹识别门锁系统的结构主要包括指纹识别模块、微控制器、读写模块、电源管理和电控锁机构以及门锁功能所需的红外感应电路和液晶 LCD 显示等，其中核心部分是指纹识别模块和微控制器。由于人体特征具有不可复制性，生物识别技术的安全系数较传统意义上的身份验证机制有了很大提高，越来越得到社会的重视。指纹锁和指纹门禁是应用最广的生物识别技术。随着计算机技术的广泛应用和指纹识别技术的迅速成熟，物美价廉的指纹识别产品将广泛应用于酒店行业。

（二）酒店一卡通

1. IC卡电子门锁系统与酒店计算机管理系统的结合

以IC卡作为“钥匙”的电子门锁系统，以其安全可靠、使用方便等优势在酒店中得到了广泛的应用。以前大多数IC卡电子门锁系统与酒店计算机管理系统是两套各自独立的系统。这种结构使IC卡只能用作房门钥匙，未能使IC卡的优势和特点得到充分的发挥。目前，部分系统已经实现了IC卡电子门锁系统与酒店计算机管理系统合二为一的IC卡酒店管理系统，使一卡多用成为现实。该系统可实现在消费卡基础上可作为贵宾卡、会员卡、优惠卡、员工卡等的识别证，用同一张感应卡实现购物、娱乐、考勤、门禁、电话、门锁、停车、住宿、桑拿及就餐等多项一卡通管理功能。

要实现一卡通用，安全及可靠是对该系统最重要的技术要求。首先，酒店的门锁必须采用电脑门锁，各消费网点的收费必须采用具有加密手段的卡片，且卡片不能被非法读取、复制及改写，这样才会对一卡通系统提供最基本的技术保证。

酒店实现了“一卡通”管理后，可以进行科学的统一管理。取消独立的IC卡“钥匙”发行系统，不但节约了设备，同时也免去了操作人员重复录入的操作负担、减少了发卡过程中可能出现的人为错误。IC卡不只作为门钥匙，也可作为消费卡、优惠卡、会员卡等供宾客长期使用。IC卡的使用可减少酒店内部现金的流通，堵塞可能的漏洞，减少人为的挂账错误，提高工作效率，减轻劳动强度。IC卡的使用也方便了宾客消费，可使宾客得到合理的优惠，从而吸引更多的回头客。另外，由于IC卡的安全性及整个系统是建立在计算机实时网络之上的，从而可以最大限度地减少漏账和跑账，提高酒店的经济效益。

2. 酒店“一卡通”管理系统的实现

酒店“一卡通”管理系统一般由IC卡电子门锁系统、IC卡电子门锁发卡系统、IC卡消费系统、酒店计算机管理系统和客房相关设备等构成。

四、酒店VOD视频服务系统

1. 酒店VOD的兴起

随着竞争的不断加剧，客人要求的不断增多，酒店必须给客人提供更加丰富、完善的增值服务。因此，酒店就要不断朝着娱乐化、高档化、规范化、计算机网络化、国际化等方向发展，只有这样才能保证自己在激烈的市场竞争中始终立于不败之地。

由于视频点播、互联网接入以及酒店综合信息服务都可以为酒店增加特色服务、提高酒店的档次和完善酒店的形象，更是吸引客源、提高入住率的最有效措施；增值服务项目的开展还能够为酒店带来更多、更直接的经济效益，因此影视点播、互联网接入、综合信息服务，将渐渐成为酒店的客房里必不可少的功能。随着VOD视频点播在酒店行业的迅速发展，仅在香港地区，就有80%左右的酒店都配备了影视点播及收费系统。由于酒店的客人来自不同的国家和地区，教育、文化背景均不相同，因而对电视节目的要求也千差万别。视频点播业务以其丰富的节目内容给客人提供享受，能够满足不同客人的不同需求，无疑是深受酒店客人喜爱的一种服务形式。

国家旅游主管部门对于这种新兴技术给予了充分的肯定和认可，并及时地修改、更新了相关的业界标准。国家旅游局最新的2003版星级酒店评分标准中规定，“要求四、五星级酒店必须提供客房宽带上网功能”。在酒店设施评定表中，在原通信服务所占的8分的基础上，新增加了信息技术和通信48分，达到56分，占总分630分的9%，涉及的项目包括互联网接入、VOD点播、网络建设三个方面。

2. 酒店VOD的含义

视频点播系统（Video On Demand，VOD）与一般电视的最大区别是：传统的广播电视系统只能向客人提供固定节目单上的节目，即客人是被动的；而视频点播系统允许客人在广域网或局域网环境中自主地、随心所欲地选看影视节目、查看信息。因此，视频点播系统亦称为自选影视。它是现代科学技术高度发展的产物，是酒店视频娱乐的发展方向。

酒店视频点播系统（Hotel Video On Demand，HVOD），可根据客人的需求，在酒店的电视系统中增加更适合客人个性化需求的、精彩的娱乐节目，为客人提供更高档的服务。客房HVOD视频服务系统是目前酒店信息化的热点技术之一。它通过电视机屏幕界面和极其简单的操作向用户提供交互式的信息服务，包括影视节目、卡拉OK、音乐、广告和培训等。酒店使用HVOD视频服务系统后，客人可以通过遥控器和电视机享受系统提供的影视点播和多种个性化的服务。酒店可通过点播收费、客房基本收费及向发布信息的单位收取信息费而获取收益。

3. 酒店VOD的系统构成

酒店VOD的系统由视频服务模块、资源调度与管理系统模块（播控系统）、计费系统模块、网络构成。

4. 酒店VOD的优点

（1）以DVD的质量播出画面，其效果是旧式模拟视频点播系统不可比拟的。

（2）采用遥控器进行操作，简单、方便。

（3）无时间限制，可24小时随时点播影片或选择其他服务。

（4）在房间内即可全面了解酒店服务和当地风土人情，节省了电话咨询和来回奔波的时间。

（5）随时查阅自己的消费账目，对自己的消费状况了如指掌。

（6）宽带接入国际互联网，使客人在酒店也能享受到网上冲浪的乐趣。

5. 酒店VOD的功能

一般客房HVOD视频服务系统的主要功能有：

（1）开机欢迎界面。

个性化欢迎服务是客房VOD视频服务系统的一个非常人性化的功能。客人入住登记的资料通过客房VOD视频服务系统实时传送到客房电视机屏幕上，当客人进入房间、接通电源后，电视屏幕上将自动出现个性化的欢迎界面，并提示如何进一步查询使用客房VOD视频服务系统。

（2）多种语言功能。

在语种选择方面，客人可根据自己的需要选择服务信息的语言，排除语言障碍，方便客人获取所需的信息。

（3）一目了然的酒店介绍。

图文并茂、音像同步介绍酒店，多方面地介绍酒店设施及服务水平，为酒店客户提供一个全面的酒店介绍平台，大大方便了客人对酒店的了解及减少酒店人员的工作量。

(4) 影视歌曲交互视频点播。

客人通过片源索引，进行交互式付费点播，一般具备点播预订功能。客房 VOD 视频服务系统可以对固定的节目安排轮播，能全面取代酒店的内部闭路电视。

(5) 旅游信息服务。

住店客人一般都关心当地的旅游交通、风景名胜、商务机构、餐饮特色等信息，有些客人可能随时想订餐、购物、查询个人账务等。通过酒店 VOD 视频服务系统，这些要求完全可以得到满足，它会随时随地为客人提供翔实、准确的服务。并且酒店公布所在城市及其周边地区的主要旅游景点、旅游交通、餐饮、商场等，具有一定的广告功能，可作为酒店收入来源的一部分。

(6) 点餐点菜，优质服务到房间。

人性化的"餐饮服务"功能，酒店客人可随时选点最新的各类菜式，为酒店的餐饮服务提供全面的服务平台，让精美食品直接展现在客人的眼中，大大推动了客人的消费量。以低成本的推销方式，为酒店带来更多的利润收入。客人只需根据提示按下各个确认键，各种服务和所购物品将会很快地送到房间，并将消费账单自动地挂入客人房账。

(7) 账单查询及电子留言。

客人可以通过客房内的 VOD 视频服务系统查询当前消费账单并可以实现电子留言，部分系统可实现客人自助结账功能。

(8) Internet 访问功能。

酒店视频点播系统将电视机、机顶盒、计算机网络系统相集成，通过相应的计算机视频点播软件和机顶盒，在电视机上实现 Internet 访问。

五、高科技在酒店其他方面的应用

1. 电子菜单与电子点菜

菜单设计是一项复杂而又细致的工作，它体现了酒店的管理水平和菜肴特色及厨师水平，对餐饮产品的推销起着至关重要的作用。传统菜单在品种、类别、定价、方案设计、有形展示以及美术设计等方面都进行了大量的卓有成效的工作，基于多媒体技术的电子菜单使之更加丰富多彩。实现多层次的个性化服务组合，包括有形展示、明码标价、快速落单、及时上菜、网上点菜等。

2. 虚拟员工之家

由于 Internet 的应用，酒店可以实现员工网上园地计划，构建酒店虚拟员工之家。员工网上园地可以说是员工与酒店、酒店与员工、员工与员工之间信息交流最直接、最有效的途径之一。通常，虚拟员工之家包括发布各种信息、员工留言板、总经理投诉信箱、网上店报、网上培训、员工网吧虚拟社区与网上游乐等内容。

3. 多媒体系统在酒店的应用

多媒体计算机可以处理声音、图形与图像、文本、音频信息、视频信号等，给人们的工作、生活和娱乐带来极大的方便和乐趣。多媒体系统在酒店的应用包括会议系统、客房外的多媒体宣传与广告等内容。

4. 迷你吧计算机控制系统

迷你吧是指在酒店客房中设置的小冰箱或小酒柜内为客人提供的饮料、小吃和酒水。这种迷你吧服务是酒店统一服务向个性化服务转移的新型服务，它能真正让客人有宾至如归的感受。迷你吧是近几年来酒店客房配置中发展最快的一种设施。迷你吧计算机控制系统具有自动化、方便、易操作的特点；此外，该系统可与酒店语音信箱系统、视频点播系统等其他功能子系统集成，成为一个统一的管理系统。

5. 语音信箱系统的应用

语音信箱系统由酒店管理系统、语音信箱处理计算机、语音卡、电话交换机、电话机等软、硬件系统组成。因此，在原有通信设备和计算机网络系统的基础上，酒店几乎不需要添加任何设备，只需安装一套语音信箱处理软件，即可增加语音信箱系统功能。系统功能包括自动总机、意见征询、多语种提示、留言处理、信息服务及自动通知等。该系统的应用使客人和员工充分体验到高科技带来的令人愉悦的生活方式和高效率、个性化的工作氛围。

经典案例研究

酒店中的高科技

材料一：

阿联酋30亿美元造高科技酒店

2005年4月25日，《上海青年报》报道：这简直是一家“为国王而建”的酒店，穷极奢华。它就是耗资110亿迪拉姆（合30亿美元）位于阿联酋首都阿布扎比的“酋长国宫殿”酒店。这家酒店的独特之处并不限于表面的豪华，还深在不为人知的管道系统中。管道内蜿蜒近1 000多公里的蓝色、红色与绿色的光缆和电缆以及其他多种时髦玩意，都在向人们证实高科技才是这家酒店最耀眼的招牌。奢华是这家酒店第一块诱人的招牌，每晚房费最低2 000迪拉姆（合600美元），最高能达44 000迪拉姆。如此昂贵的价格，服务当然也非同一般。不过，酒店内无所不在的高科技才真正提供给人们实实在在的享受。

人们在酒店100公顷区域内的任何一处都可以享受到无线上网的乐趣，即使是在游泳池边和私人沙滩上。客房内的高科技更是令人咋舌。入住的顾客会领到一个价值9 200迪拉姆（合2 500美元）的掌上电脑。这个小巧的电脑带有一个8英寸大小的彩色显示屏，装有Linux系统，与电视、立体声音响以及其他装置相连。人们通过它可以设定叫醒电话、下载电影、录像或召唤服务员。酒店工作人员也通过类似的装置来遥控电视、灯光、声响和空调。

目前已经有一个全职的安全官员负责酒店的网络，包括16个防火墙与侵入探测系统。如有需要，酒店电脑和播放网络可以完全与外界断开，就像美国政府的内部安全网一样。

（资料来源：新浪科技，2005年4月25日）

材料二：

酒店一次性用品彰显高科技

在酒店客房的浴室内安装电视机早已不是什么新鲜事，然而在目前的高科技水平下电视机还可以安装到浴室的镜子里。

位于剑桥哈佛广场的查尔斯酒店的标间和套房内的浴室里都使用了这种技术，只要轻轻按动镜子上的控制键，即使是在刮脸或刷牙的时候，你也可以收看新闻或者喜欢的节目。当电视被打开的时候，图像就会出现在镜子上；而当你关掉电视时，图像也会自动消失。这个酒店全部337间客房内都安装了这种电视，房价起价299美金。这种技术也用在了美国拉斯维加斯的米高梅（MGM Grand）双层空中楼阁式的酒店里以及West Wing的700间新客房里。该空中楼阁式酒店是由豪华型套房组成，房间以高科技著名。

除了镜中电视外，该酒店还采用了很多高科技的手段。例如，你是否曾经有过丢失酒店房卡或是试图将房卡插入到门锁中的经历？如果可以使用指纹来开门，我们的生活是否会变得更加简单、轻松？如果你同意上述观点，那么，你可以在上述酒店以及位于时尚的巴黎地区的Murano城市度假村实现这一理想。但是，度假村的大堂经理Lorris Camarzana提到，该技术的唯一问题就是当客人在贪杯后，由于酒精的作用而不能将手指放到正确的地方而导致无法打开房门。当然，初次之外还有一些其他的大胆设想也会慢慢地实现，如将酒店的卫生间布置成SPA的理疗房，只需轻轻一按，酒店房间内的装饰就可以根据客人的需要任意改变，一张可以时刻检测客人血压的床，一个“细菌炸弹”，可以按照你的要求清理房间，你再也不用担心去触摸床单和被罩了。

（资料来源：酒店无忧网，2006年9月16日）

案例思考题

1. 阅读上述两组材料，谈谈高科技在酒店行业的发展趋势。
2. 为什么酒店愿意花高价引进高科技产品？
3. 高科技产品的广泛应用将会给酒店行业带来什么发展机会？

思考题

1. 什么是酒店管理信息系统？酒店管理信息系统由哪几个部分构成？
2. 酒店中有哪些服务设施可以通过信息化改造得到升级？
3. 酒店管理信息系统能满足哪些业务部门和管理层次的需求？
4. 你认为哪些功能是现代酒店管理信息系统的重点？
5. 什么是酒店信息化？酒店信息化建设包括哪些内容？
6. 高科技在酒店的应用主要体现在哪些方面？它们的广泛应用给酒店带来了哪些机会？

实训项目

1. 考察一家你熟悉的酒店，其中有哪些环节实现了信息化智能控制？

2. 调查一家你熟悉的酒店的管理信息系统方案，了解方案的管理新思想、新技术和新应用。

课后阅读材料

AMD嵌入式方案提升酒店信息化水平

AMD（编注：Advanced Micro Devices超半导体装置）致力于提供高性能、低功耗的嵌入式计算解决方案，以满足个人电脑以外的互联网设备市场的客户需求。

近日，惠普公司和鹏博士共同推出了推广酒店行业“数码e房”IT服务解决方案。“数码

e房”是专门对酒店行业量身打造的行业专用IT服务平台，利用这个平台，入住酒店的客户只需利用设置在房间内的终端——惠普基于AMD处理器的瘦客户机HPCompaqt5730，就能轻松地实现影视点播、娱乐游戏、上网冲浪、收发邮件、网络聊天、查看旅游和商务信息等多种信息服务及娱乐功能。

AMD公司副总裁、中国区OEM业务总经理潘晓明表示：AMD非常高兴能够与惠普携手合作，以AMD领先的高性能、低功耗的嵌入式解决方案，满足个人电脑以外的互联网设备市场的客户需求。此次为惠普瘦客户机提供的嵌入式处理器使终端设备更轻、更精巧、更美观，符合酒店应用的需求特点，从而为数码e房解决方案提供了更稳定的平台支持。今后AMD将继续联合惠普等领先厂商，推动嵌入式产品的发展和创新，为关注功耗和性能的嵌入式市场客户带来无与伦比的每瓦性能优势。

AMD嵌入式解决方案介绍

AMD致力于提供高性能、低功耗的嵌入式计算解决方案，以满足个人电脑以外的互联网设备市场的客户需求。从具有最佳视觉体验的超低功耗便携设备到具有领先的企业级性能的电信刀片服务器或存储系统等，都广泛地采用了AMD嵌入式产品。主要产品包括平板电脑、汽车导航及娱乐系统、家庭与小型办公室网络产品以及通信设备等。

AMD嵌入式解决方案包括Geode嵌入式处理器系列、AMD64嵌入式处理器系列、ATI嵌入式解决方案和AMD设计参考套件（RDKs）等。其中，Geode解决方案系列有GeodeLX和GeodeNX等基于x86的嵌入式处理器，还包括多种系统解决方案；AMD64嵌入式处理器系列涵盖高低端，具有从皓龙、双核速龙、炫龙到闪龙的全线高性能、低功耗的嵌入式产品；ATI系列产品则包括用于手持设备、数字电视等的嵌入式显示产品。

其中，AMD64嵌入式处理器基于领先的AMD64技术，具有独特的直连架构和超传输总线技术，能够提供更高的传输带宽和更低的延迟，已经在网络存储、电信、军事计算、国土安全及医学成像等领域得到了广泛的应用。

目前，AMD嵌入式解决方案处理器系列已经超过了12款。AMD计划今后继续推动嵌入式系列产品的发展和创新。计划推出的嵌入式产品包括基于最近发布的代号为“巴塞罗那”的真四核AMD皓龙处理器的低功耗版本，以及基于未来的“Bobcat”系列处理器的低功耗产品等，产品组合将进一步丰富，为用户提供更多选择。

AMD嵌入式产品以其低功耗、高性能的创新处理器特性，提供无与伦比的每瓦性能，是关注热性能和物理设计局限的嵌入式行业客户的理想选择。

（资料来源：慧聪酒店资讯网，2008年1月9日）

第三章 酒店管理中的计算机网络

能力目标

1. 认知酒店内部网的含义及构成
2. 明确酒店内部网的主要运用
3. 认知电子商务时代酒店与合作伙伴的合作
4. 明确酒店电子采购的优势和运用
5. 熟悉酒店网络预订系统及其特点
6. 能够进行在线酒店预订

理论引导

1. 酒店内部网的含义及构成
2. 酒店内部网的主要运用
3. 电子商务时代酒店与合作伙伴的合作
4. 酒店电子采购的优势和运用
5. 酒店网络预订系统及其特点
6. 酒店网络预订系统的应用模式
7. 酒店网络预订的操作流程

引入案例

酒店网站努力提升预订转化率

iPerceptions 的一项新研究包括了对在线预订业务的最大障碍的分析，它指出酒店的网站仍在努力提升在线预订的转化率。根据研究，只有 60% 的潜在预订者确实在他们访问酒店网站的过程中完成了预订。

iPerceptions 主要提供以网络为中心的消费者数据分析，他们在 2009 年 8 月 12 日发布了酒店业 2009 年第二季度的报告。报告分析了超过 123 000 名旅客对几百家酒店的实时反馈信息，以发现酒店业在努力提高在线预订业务、顾客满意度和忠实度之际需要面对的重大问题和趋势。报告为酒店经营者和运营商提供了可以用来优化在线体验的重要帮助信息：

具体观察：谁会访问酒店网站；为什么他们会去访问；哪些营销和广告渠道在提升网站流

量方面最有效?

客户群对比，包括商务旅行者、休闲旅行者和首次出游者；同时也对比访问网站的不同目的，如预订、调查、对比价格和查找酒店信息等。

引进 iPSI（iPerceptions 满意指数）和新的客户满意度基准数据，既从整体分析，也从 10 个关键属性分析，包括相关性、便利性和易使用性。

iPerceptions 的研究成果包括了对在线预订业务的最大障碍的分析，它指出酒店的网站仍在努力提升预订转化率。根据研究，只有 60% 的潜在预订者确实在他们访问酒店网站的过程中完成了预订。虽然在最近的酒店业务下滑中，费用敏感度的作用不容忽视，但是报告数据显示转换的障碍更多地与可用性和技术障碍有关。超过 40% 的潜在预订者称，他们放弃预订过程是因为预订引擎的可用性问题，或者是因为网站另一板块的技术或导航问题。

其他重要发现包括：研究信息和比较价格的旅客的满意度最低：整个行业对于 Bottom Line（测量成本敏感性的指标）分数达到最低，同时也是分数最低的指标，只有 6.72 分。由于油价上涨和失业率增加，酒店经营者必须使他们的定价和促销策略更具创造性。否则，他们将继续无法使研究信息和比较价格的旅客满意，而这些人在第二季度评分中的客户满意度是最低的。

顾客满意度与忠实度紧密相关：虽然首次访问者占了网站访客的一半，但是相比于经常出行者的评分 7.56 分，所有的首次访问者的评分只有 6.85 分。酒店网站正努力满足这种随机访问的网络流量；搜索引擎可以带来最多的用户（56%），因此将网站内容和最高频率搜索关键词联系起来是至关重要的。

“虽然酒店业是在线预订业的先锋，也是最大的在线行业之一，但是仍有很大的提升空间”，iPerceptions 的董事长 Claude Guay 说，“社会媒体和交友网络改变了消费者寻找在线酒店品牌并与之沟通的方式。酒店行业报告对酒店经营者进行了可执行的指导建议，以提高他们的网站及他们与客户交互的方式，并转换他们的访问者成为预订者。”

（资料来源：http://www.17u.com）

第一节　酒店内部管理网络

随着计算机技术与通信技术的不断发展与相互渗透，产生了当今最令人注目的计算机网络。计算机网络的出现大大改变了人们工作与生活的方方面面，酒店内部管理与运作的电脑化、网络化的必要性与迫切性已经被业内人士所共识，现代酒店内部由传统的管理模式向计算机网络化管理模式的发展势在必行。酒店内部管理网络是沟通酒店内部信息传输的媒介，指利用计算机网络技术将酒店前台、后台等多台计算机组建成酒店内部局域网，通过计算机互联运作以提高酒店的管理效率和节约成本。

一、酒店内部网

（一）内部网概念

Intranet 是在 Internet 基础上发展起来的企业内部网（内联网），它是在原有的局域网上附加一些特定的软件，将局域网与互联网连接起来，从而形成酒店内部的虚拟网络。通过内部网，酒店可以为内部工作人员和住店客人提供接入 Internet 的服务，如邮件服务、WWW 网络浏览服务等。这是因为在网站上配置路由器设备，通过电信专线介入 Internet。

局域网（Local Area Network，LAN），是指在某一区域内由多台计算机互联成的计算机组。“某一区域”指的是同一办公室、同一建筑物、同一酒店、同一公司和同一学校等，一般是方圆几千米以内。局域网可以实现文件管理、打印机共享、应用软件共享、工作组内的日程安排、电子邮件和传真通信服务等功能。局域网是封闭型的，可以由办公室内的两台计算机组成，也可以由一个公司内的上千台计算机组成。

（二）Intranet 与 Internet 的区别

随着国际互联网的飞速发展，众多企业的局域网纷纷连上了国际互联网。国际互联网是一个人人都可漫游的公共网，而建立企业内部的局域网不是一个公用的网络，但它又应用了 Internet 技术，为了区别于一般的局域网，便诞生了一个专用名词——Intranet，即 Intranet 是连入了 Internet 的局域网。Internet 技术在企业机构内部的实现，它能够以极少的成本和时间将一个企业内部的大量信息资源高效合理地传递给每个人。Intranet 为企业提供了一种能充分利用通信线路、经济而有效地建立企业内联网的方案；应用 Intranet，酒店可以有效地进行供应链管理、库存管理、财务管理、客户关系管理等。

内部网的内部用户可以离开系统进入到整个 Internet，但酒店外部的 Internet 用户被禁止访问酒店内部网信息系统。内部网与互联网之间最主要的区别在于内部网的信息受到酒店防火墙安全网点的保护，它只允许授权者介入内部 Web 网点，外部人员只有在许可条件下才可进入酒店内部网。

Intranet 对现代酒店业发展起着很重要的作用，随着现代酒店的发展越来越集团化，尤其是连锁酒店的分布也越来越广，遍布全国各地甚至跨越国界的越来越多，以后的酒店将是集团化的大规模、专业性强的企业。这些集团化的酒店需要及时了解各地的经营管理状况、制定符合各地不同的经营方向，酒店内部人员更需要及时了解企业的策略性变化、人事情况、业务发展情况以及一些简单但又关键的文档，如通信录、产品技术规格和价格、公司规章制度等信息。如何保证公司成员能够及时了解公司的策略和其他信息是否发生改变？利用过去的技术，这些问题都难以解决。市场竞争激烈、变化快，酒店必须经常进行调整和改变，而一些内部印发的资料甚至还未到员工手中就已经过时了。浪费的不只是人力和物力，还有非常宝贵的时间。

解决这些问题的方法就是联网，建立酒店内部管理网络。已有的方法可以解决一些问题，如利用电脑在公司内部进行视频会议，建立内部管理信息系统。Internet 技术正是解决这些问题的有效方法。利用 Internet 各个方面的技术解决酒店的不同问题，这样酒店内部管理网络 Intranet 便诞生了。

（三）构成酒店内部网的基本部分

构成内部网的基本部分有服务器、客户机、网络设备、通信介质及网络软件。

1. 服务器

服务器（Server）在局域网中起着举足轻重的核心作用，因此必须选用高档的微机作为服务器。根据服务器在网络中所承担的任务和作用，又可将服务器分为三类：文件服务器、通信服务器和打印服务器。

文件服务器用于集中管理网络文件系统，接收客户提出的文件存取请求，并提供本机中的磁盘空间为客户机共享。整个网络的运行主要由文件服务器控制，其可谓是局域网的神经中枢。一个网络必须至少有一个文件服务器。

通信服务器负责管理网络与网络之间的连接和通信功能，提供多种与调制器调器连接的接口。

打印服务器负责管理网络上的共享打印机，接收来自客户机的打印请求，并按要求完成打印任务。

2. 客户机

客户机（Client）又称工作站，是一台连接到网络上的普通微机。客户机通过网卡、通信介质、通信设备连接到网络服务器上，它是用户与网络的接口，网络用户通过客户机与网络交换信息，共享网络资源。客户机的配置数量视需要而定。

3. 网络设备

网络设备是联网所需的硬件，主要有网卡、收发器、中继器、网桥、路由器等。其中某些硬件，如网卡、网桥、路由器都有固定化的软件，可直接对其工作进行控制。

4. 通信介质

常用的通信介质有双绞线、同轴电缆、光纤及微波、红外线等。随着网络技术的发展，出现了无线局域网络，即利用射频的技术，取代旧式碍手碍脚的双绞线所构成的局域网络。

5. 网络软件

网络软件包括网络操作系统、网络协议和通信软件等。网络操作系统是网络的心脏和灵魂，是向网络计算机提供服务的特殊的操作系统。它在计算机操作系统下工作，使计算机操作系统增加了网络操作所需要的能力。网络协议是网络上所有设备（如网络服务器、计算机及交换机、路由器、防火墙等）之间通信规则的集合，它规定了通信时信息必须采用的格式和这些格式的意义。

补充案例：

NEC 为上海半岛酒店提供无线局域网综合系统

日本电气股份有限公司（NEC）于2009年5月宣布为拥有世界级豪华设施和崭新通信设备的上海半岛酒店提供以无线区域网络传送话音及数据的网络综合系统。该网络系统是除日本之外在亚洲首次应用通信服务器SV8500酒店解决方案及无线局域网络系统的项目。此系统为上海半岛酒店及相邻的高级公寓提供了崭新的IT环境，无线局域网络覆盖酒店内99.9%的设施、IP电话、物业管理系统以及酒店特低电压系统（ELV）。此外，系统运用SV8500通信方案为核心，连接了酒店及高级公寓的两个大规模网络，让酒店客人及公寓住客享受到酒店为他们提供的最优质的服务。另外，NEC提供了顶尖的无线IP电话机Terminal MH250，让酒店员工之间有紧密的沟通和应变，增强员工在半岛酒店内服务的流动性，更有效地迎合酒店及公寓客人所需。同时，还配备了固定电话及IP对应多功能电话机——IP Phone DT700系列设置于后勤办公室让员工使用。NEC提供的这套完备的通信系统，可以改善客人的所处环境，使半岛酒店将重点放在其核心业务上，经营世界一流的酒店。

二、酒店内部网的主要运用

Intranet能让酒店分布在各地的分支机构及酒店内部各部门共享酒店内部网站，使酒店各级管理人员获取自己所需要的信息。如今内部网在酒店集团中被广泛使用，有效地降低了通信成本，并推进了酒店内部的无纸化办公。

1. 用于酒店前台、后台的运营管理

酒店组建局域网的主要目的就是实现酒店信息管理的现代化。目前使用的内部网进行酒店的运用管理有两种状况：一种是酒店的部分重要的运作已用计算机联网管理，如前台、餐饮等，而其他部分仍采用传统的收官管理模式。这种层次的应用一般是计算机管理刚刚起步或实力相对较差的酒店，其管理水平也相对较低。另一种是整个酒店的运作都已用计算机联网管理，即不但前台的预订、接待、餐饮、娱乐、客房、商务等运营已实现计算机联网管理，而且后台的财务、采购、仓库、人力资源等管理也已完全实现计算机网络化。一般加入国际管理集团或高星级的酒店已经达到了这一应用层次。第二种情况是今后酒店业发展的主要方向之一。

2. 用于为客人提供便捷的个性化服务

酒店内部域网可以显示客人临时需要的服务请求，如需要增加某种物品或送餐服务，甚至紧急救援信号；或是使前台接收房间酒水使用情况以及客人自客房发出的退房信号，收款台便自动打出账单，以节省客人办理手续的时间等。通过酒店局域网可以为客人提供更多的个性化需求的选择，提供给客人自我控制的数字服务将使酒店客人的体验更加便利、惬意和完美。

3. 用于酒店信息发布及员工的培训

酒店可以在内部网上展示酒店的历史、取得的成绩、机构的设置、管理层的基本情况及创下的业绩等，让新员工一进酒店就能了解酒店的基本情况，并为酒店的成就感到自豪。内部网还可将酒店的员工守则和各部门的规章制度及岗位责任制放在网上，让员工随时可以在网上浏览、学习。此外，可以在网上放置国内外先进的管理资料、最新的旅游信息，刊登酒店业管理专家的论文；同时可设读后交流的留言板，供管理人员随时学习与交流。这样既可培养和提高中层以上管理人员的素质与管理水平，又可减少管理人员为专门培训付出的时间与精力，并在一定程度上节省培训费用。

4. 用于酒店内部的沟通与反馈

酒店的重要事务、决议及工程招标等都可在网上公开发布，员工可不记名地发表意见并监督管理层。还可在网上设立总经理、党委书记、工会主席等信箱，听取每一个员工真实的心声，加强管理层与员工之间的沟通。此外，可在网上设立管理论坛，对于酒店经营管理中存在的问题或难以解决的问题，员工都可以畅所欲言，提出自己的看法和主张；管理层可对员工提出的合理化意见予以采纳，并给予一定的奖励，这样不但可使员工真正树立起主人翁的责任感、发扬团队精神、主动为酒店的经营献计献策，而且还可缩短管理层与员工之间的距离、提高相互之间的信任度，从而增强整个酒店的集体凝聚力。

5. 用于实现无纸办公

内部网使得无纸办公不再是一句空话。例如，对于酒店中的各类文件、公告、通知及各部门的管理信息与营业状况等的下达与公示，传统的做法是将原件复印给每个部门，由各部门轮流传阅或集体传达，酒店的工作性质使得人员的集中比较困难，因此个别的还要用电话进行传达，这样既浪费纸张、话费，又浪费时间。而局域网使得这些工作完全可以在网上轻松地完成；在网上设置公告栏，将上述信息直接挂上网，使每个员工都可随时看到有关信息。当然，对有些文件要进行查阅权限的设定，只有有权查询的人员才能打开文件并在其上进行阅后签字。而且酒店运作的计算机管理，使得客人的预订和登记都实现无纸化；此外，管理软件的各类经营报表的自动生成与浏览查看功能，可最大限度地缩短酒店种类繁多的报表的打印量。

三、PMS 与 CRS

PMS 全称为 Property Management System，通常是指酒店前台使用的电脑管理系统，就是能够协助酒店进行业务管理及控制的计算机管理系统。从酒店行业来讲，目前流行的高端 PMS 产品有国外的 FIDELIO、OPERA 等；国内的黑马软件、杭州西湖的 FOXHIS 等。CRS 全称为 Central Reservation System，即中央预订系统（前身是计算机预订系统）。中央预订系统帮助酒店向全球各主要酒店分销渠道展示酒店的产品、系统管理各分销渠道，实现资源的优化管理。

（一）接待容量管理

酒店 CRS 和 PMS 系统这两个重要组成部分对酒店的经营起了重要作用，单体酒店和连锁酒店 PMS 的关键是通过 CRS 管理酒店的接待容量。这两个系统的主要功能是产出管理和客人历史记录。

1. CRS 和 PMS 的作用

CRS 和 PMS 的主要作用有：提高接待能力和经营效率；实现中央客房接待容量控制；辅助产出管理；坚持广泛的市场调查、销售和经营报告体系；帮助实现市场营销调查和规划；跟踪常旅客和酒店的常住客；针对常住客的直接市场和个性化服务；增强团队预订和散客预订管理能力。

2. 产出管理

产出管理是指酒店实际收入与潜在收入之比。要对需求进行预测和调整，就要做到在提高客房出租率的同时使平均房价最大化，从而提高酒店的总收入。

产出管理系统能根据以往的经验数据和相关事件及其他各方面的输入信息预测需求，然后针对某个时期提出适当的价格建议，从而使客房的供需水平最优化，并根据供需要求，针对不同的目标市场调整营销策略。

3. 客人历史记录

酒店 CRS 通常与客人历史记录系统相连，这种系统是早期的客户关系管理软件，系统中保存着以往客人的历史记录。广泛用于酒店的前台和销售部门，用于识别顾客的偏好和可能承受的价格区域，同时找出有利可图的常住客。

（二）PMS

PMS 结合了酒店的前台功能和后台功能，同时通过辅助财务、市场调研和规划、产出管理、人事管理和采购管理等功能提高单体酒店的总体管理水平。

连锁酒店通过 PMS 引入了统一的管理规范和标准，并能更好地控制各单体加盟酒店。同时协调各酒店的运行，提高整个运行效率。酒店都使用 PMS 软件组合进行酒店的经营管理，同时这种功能会逐渐向内部网平台方向发展。例如，国内的黑马软件靓客栈 2008 系统是一款为各酒店定制的专业管理系统，黑马软件食为天科技公司采用先进的设计工具（包括 VS. NET2003、Microsoft SQL SERVER2000、水晶报表、DEPHI 等），将十多年来在酒店管理软件方面的优良成果相结合，并在此基础上引入人性化的设计和管理流程，把原产品升级为更加简易、方便、稳定和功能强大的管理体系。

（三）CRS

CRS 包括计算机预订系统（Computerized Reservation System）和中央预订系统（Center

Reservation System）。

1．计算机预订系统

计算机预订系统是一个专供旅游业内部使用的电脑预订网络，它一端联系航空公司、酒店等旅游服务供应单位，另一端联系分布在各地的旅行社等销售单位，为旅客提供预订机票、客房等服务，并辅之以由上述各个单位参加的银行清算计划（Banking Settlement Plan）进行费用结算。CRS 是旅游业的第一代网上销售系统，它大大提高了旅游销售的效率，迄今为止仍是各国航空公司出售机票的主要工具。

2．中央预订系统

中央预订系统主要是指酒店集团所采用的、由集团成员共享的预订网络。它是酒店集团利用中央数据库管理旗下酒店的房源、房价、促销等信息，并通过和其他各旅游分销系统连接使成员酒店能在全球范围内实现及时预订。

酒店管理集团采用了中央预订系统后，就可以将集团下属的酒店客房资源整合在一起，形成一个完整的系列，客户在全国（或全世界）各个地方都可以通过这一网络系统轻松地获得该集团下属的各个酒店的房间资源、房价，并可网上或电话预订。国外几乎所有的酒店集团都建立了自己的全球预订系统，在线向客户提供网上预订服务。目前，我国酒店业 CRS 的使用大多集中在四、五星级酒店，其中五星级酒店的 CRS 使用率高达 99% 以上，客户使用情况上也大多数集中在国际客人。

3．CRS 设计框架

CRS 设计框架见图 3－1 CRS 软件架构。图中的是 CRS 主体，PMS 中异构数据同步 Client（客户端）端也是 CRS 的一部分，用于与 PMS 数据库通信与同步。系统为 B/S 三层体系架构，它具有重用组件功能、支持数据交换功能、统一的安全模式和灵活的事务控制。在本系统中，底层为中央数据库层，维持 CRS 运行所需的一切数据；逻辑层根据需求功能分析后分为客户管理模块、客史管理模块、房间及房价管理模块、预订管理模块和报表管理模块；表示层为 JSP/Servlet 生成的页面。

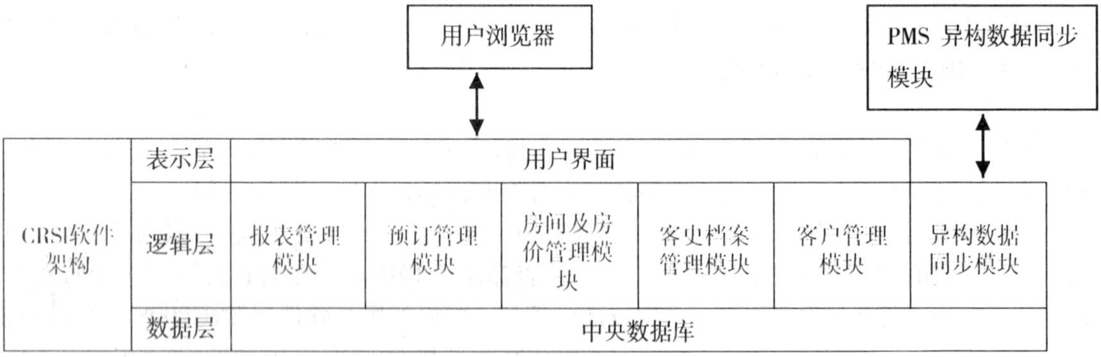

图 3－1　CRS 软件架构

4. CRS 设计关键技术

CRS 设计关键技术涉及的主要有中央数据库、客户管理模块、客史档案管理模块、房间及房价管理模块、预订管理模块、报表模块等。具体介绍如下：

（1）中央数据库。

中央数据库维护着集团所有的客房和客户资源，各集团下属酒店的数据库都必须和中央数据库保持一致，所以中央数据库的设计十分关键，其主要实体关系图如图 3－2 所示。

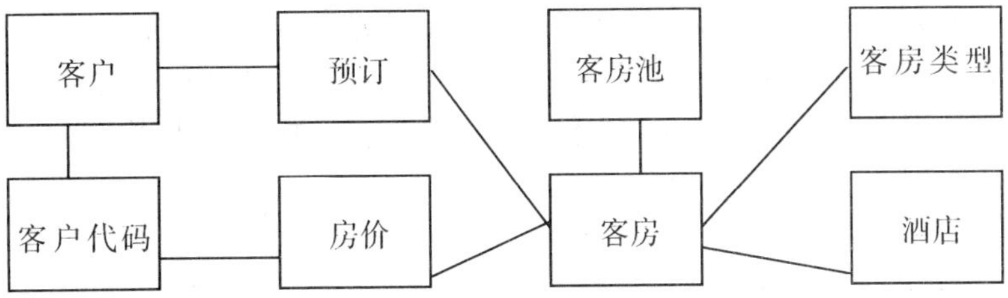

图 3－2　CRS 中央数据库实体关系图

（2）客户管理模块。

客户管理设计的好坏是决定其是否能很好地为客户服务提高服务水平的关键，客户管理要做到辅助更好地了解每位客人的需求。客户管理模块的基本功能包括客户注册、客户资料修改、客户消费金额自动累计及会员等级升级、客户类型的维护及权限管理。除了基本功能之外，还可以有客户最想得到的服务，其更高级别的是 CRM 系统（目前已经有单独的 CRM 管理系统）。

（3）客史档案管理模块。

系统自动维护所有订房记录，包括预订成功并履行的和由于某种原因尚未履行的订单，根据未完成订单分析原因。当订单履行结束，通过客户管理模块的接口，修改该订单客户的累计消费金额属性。

（4）房间及房价管理模块。

各个下属酒店都可以通过 CRS 或各自的酒店管理系统增减出租客数量，修改客房参数如配置、照片等。同时，还可以根据自身情况制定销售策略，反映到系统当中就是更改各个时期对应的房价表，数据要保持一致性即一个房间在同一日期针对同一客户不能出现两种不同的价格。

（5）预订管理模块。

接受来自酒店预订部、电话订房（Call Center）和网络订房的预订要求，并进行处理。通过房间及房价管理模块接口和客户管理模块接口，得到客房以及价格销售并且得到预订客人的信息，这些信息包括客人的 ID、联系方式等。预订管理模块根据当时酒店客房的出租情况，决定是否接受新递交的客户订单以及是否接受对当前订单的修改，对履行成功的订单不允许该订单用户修改其属性。

（6）报表模块。

根据酒店集团高层需求定制其所需要的报表，反映客房销售情况的统计报表，该模块可以根据用户需求扩展成决策支持系统，为酒店管理层的酒店客房定价策略决定提供支持。

第二节　电子商务时代酒店与合作伙伴

近年来，电子商务的高速发展，酒店业国际化、连锁化发展步伐加快，酒店的竞争越来越厉害，不少酒店纷纷谋求新型的合作方式。航空公司、在线旅游公司、通信、IT等相关行业纷纷进入酒店行业，酒店通过电子商务与它们进行多方面的合作，主要体现在利用外部网和互联网与合作伙伴的合作关系。

一、与航空公司的合作

1. 旅客资源共享及补充

酒店与航空公司合作可以共享消费者的数据库，并互相赋予大范围新的销售和市场机遇，以飞行常旅客为媒介，他们对独立酒店而言是非常具有吸引力的目标群体。例如，全球酒店集团的航空合作伙伴网络是全球最大的独立酒店网络，与西班牙航空的新合作使得全球酒店集团的旗下酒店可以为西班牙航空的常旅客计划 Iberia Plus 的 300 万飞行常客记录积分，这些酒店总共可以获得全世界 2.4 亿名常旅客的库存，分别从以下航空公司的常旅客计划中收集里程，如联合航空的 Mileage Plus 计划、全日航空、澳洲航空、中国国航、泰国航空公司等的计划。西班牙航空的 Iberia Plus 计划的会员，在全世界的全球酒店集团加盟酒店中每入住符合要求房价的客房一次就可以赢取 70 分积分。

法国雅高酒店集团结盟中国南航公司明珠俱乐部，该合作使得超过 320 万的南航明珠俱乐部会员可在下榻的雅高集团酒店内获取航空里程或奖励积分。明珠会员在每次下榻索菲特酒店时均可获得 800 公里的奖励里程；入住雅高酒店集团的美爵、诺富特或美居酒店时可获得 400 公里的奖励里程。这是这家全球规模最大的酒店及观光事业集团首次与中国内地的航空公司展开合作。雅高酒店集团的主要酒店品牌包括“索菲特”（豪华型）、“诺富特”（高级型）、“美居酒店”（多层中级市场品牌）、“宜必思酒店”（经济型）、“Formule1”（大众化旅馆）。雅高酒店集团目前在全世界范围内与 17 家航空公司有着常务飞行计划合作关系，其中包括香港国泰航空和澳门航空。

2. 航空旅行的服务延伸

经常出差的旅客往往最需要解决的就是“住”和“行”问题，各地酒店标准化的服务与硬件设施使客人无论在哪里都能享受到优质的服务。如果坐飞机的同时又能方便入住，并得到酒店的优待，自然而然地他们就会成为这两个行业的座上常客了。

补充案例：

开元酒店与国航、东航合作推行航空里程奖励计划

日前，开元国际酒店管理公司与中国国际航空股份有限公司、中国东方航空股份有限公司签订合作协议，推行航空里程奖励计划，凡国航知音卡及东方万里行会员，入住开元高星级酒店，均可获得里程积分奖励和特别服务。

从 2007 年 1 月 1 日开始，国航知音卡及东方万里行会员无论是商务旅行还是度假，只需选择入住开元旅业集团旗下的四星及五星级酒店，即可获取“国航知音”及“东方万里行”奖励里程：以公司协议价格或高于公司协议价格每次下榻任何一家开元旅业集团旗下的五星级酒店，可获得“国航知音”及“东方万里行”800公里的奖励里程；下榻任何一家开元旅业集团旗下的四星级酒店，可获得“国航知音”及“东方万里行”400公里的奖励里程。

“酒店与航空公司的合作由来已久，这种合作能够为双方的会员提供更多的奖励和服务。”开元国际酒店管理公司副总经理、市场销售总监郁国刚表示，“我们非常高兴能够和中国国际航空股份有限公司及中国东方航空股份有限公司合作推行飞行里程奖励计划，提供开元酒店的优质服务。今后我们将持续和国内外主要的航空公司建立合作关系，让更多的旅客能够在开元酒店拥有难忘的下榻经历。”

（更多信息见 http://www.ch-ra.com）

二、与在线旅行公司的合作

在线旅行公司能够为酒店提供一流的技术、在线旅行专门技术、目标营销机遇以及广泛的影响力。例如，世界领先的在线旅行公司 Expedia. Inc 最近宣布，已与中国最大的酒店所有者兼运营商——锦江国际酒店管理有限公司达成了合作伙伴关系。根据协议，拥有并运营着250多家酒店（从豪华五星级到经济型酒店）的锦江将向 Expedia 客户提供其旗下的所有酒店客房的信息。这一新的合作伙伴关系拓展了 Expedia 在快速发展的亚太市场上的业界领先地位，也有助于确保客户在他们所选择的酒店享受最低的在线价格。

锦江国际酒店管理有限公司已经推出了一个新的在线发布战略，其中包括推出由系统服务提供商 HUBS1 支持的中央预订系统（Central Reservation System）。这一新的合作伙伴关系使酒店能够让客户向在线旅行方面的全球领导者预订服务时提供便利和自信，还能扩大受众范围，提高品牌知名度。

补充案例：

最快捷的“酒店议价”服务

2008年7月17日，Sabre 旅游网络（Sabre Travel Network）已经为企业、差旅管理公司以及酒店运营商推出了一项新的房价议价和审计服务。

在宣布推出新服务的同时，Sabre 还宣布收购 BidStork，后者为其提供一个基于网络的应用软件，该软件有创建、交付及管理酒店的需求提案（RFP）的功能。

据 Sabre 介绍，其正通过新的全面房价议价服务，解决差旅管理公司与酒店运营商之间每年必须应付的典型、费时、需人工操作而且经常是“沉闷”的议价流程。迄今为止，这个流程涉及收集、出价及议价，然后每年在完成议价流程之后，再将数以千计的房价——如果有大量的企业客户使用 BidStork，就必须将数十万项的房价载入系统。

Sabre 是推出酒店 RFP 工具的首个全球分销系统；另外，计划在今年晚些时候为企业客户和酒店运营商增添的协议房价审计工具，将是对现时市场上的解决方案的巨大改良。

“将以上这些功能整合起来后，Sabre 的企业代理机构及企业客户将通过一个简单、易用的在线工具，享受全面综合化的 RFP 管理流程。这个在线工具是差旅采购计划中的一个关键组成部分。在此之前，这是不可能的，因为市场上还不存在如此具有可行性的技术方案”，Sabre

首席市场官Greg Webb说。

Webb补充道："BidStork承担起许多人认为不可能实现的复杂流程，将他们的神奇技术应用于一个简化版的解决方案中。尤其当我们告诉大型企业和酒店运营商这种功能是如何成为一种全新的处理和简化酒店房价议价流程的核心时，他们都纷纷要求成为启用这种功能的下一批用户。"

（更多信息见http://industry.yidaba.com）

三、与酒店联盟的合作

国内酒店除了酒店内部的经营管理应用局域网以外，还应不失时机地借助互联网，通过兴建影响大、知名度高的酒店网站，或参与到在线酒店网站的联盟来发展业务。因为多数酒店网站其成员覆盖了全国乃至全球，经营业务涵盖了酒店预订、机票预订、旅游线路预订、异地包车船等，可以资源互补，形成强大的一条龙综合全程服务体系，从而使得加盟的每一家成员酒店和每一位客人都能从中获益。

比如2006年，中国酒店互动联盟携手清华同方、罗盘公司搭建自己的中央预订网络。联盟成员酒店可以优惠的价格通过该系统，从而掌握营销主动权。中国酒店互动联盟通过资源共享、优势互补的虚拟集团模式，为会员酒店构筑客源市场和竞争优势，一年间会员单位发展到了200余家，完成了全国30个省市的布点工作，成为目前国内最大的酒店组织之一。据了解，联盟将充分整合自身优势，打造特色产品，主要推出会员卡（互动卡）计划，建立VIP通道，针对会员提供免费实施预订、优先预订入住等服务产品，同时将拓展更多的合作共赢渠道，提供专业性、市场化的服务，保证联盟的品牌价值与生命力。实现实时预订，从而掌握营销主动权。

由此可见，中国酒店业的网络化发展趋势应该从酒店内部的局域网向国内外的广域网扩展，从数量与速度导向逐步向质量与规模导向过渡。当前，通过电子商务与各行业合作已经成为国际商界行之有效的方法，其目的就是为了减少成本、保证质量、增加业务、共创品牌。

补充案例：

喜达屋酒店与在线旅游及折扣酒店预订网站Agoda合作

2007年9月14日，在线旅游及折扣酒店预订网站Agoda已宣布与喜达屋酒店集团（Starwood Hotels & Resorts）建立合作关系，以便通过Agoda网站销售喜达屋酒店在亚太地区的库存。合作将于本月在东南亚启动，预计在年内覆盖整个亚太地区。

据Agoda业务发展副总裁Wilfred Fan介绍，喜达屋酒店将利用Agoda网站基于外部网络的库存管理系统，让Agoda客户可以享受到随着季节和市场走势经常变化的最优惠价格，获取最后一刻的库存。

这两家公司计划为喜达屋旗下酒店大规模地开展迎合在线旅游市场的特殊促销活动；由低成本航空公司促成的客户最后一刻购买行为日益推动着在线市场的发展。

Agoda公司自1998年起开始运营，并通过网站Agoda.com以及九种语言（包括中文、日语、韩文、泰国语及其他欧洲语言）的本地化Agoda品牌网站在亚洲推销酒店。

（更多信息见http：//industry.yidaba.com）

四、与电信供应商的合作

现今的经济环境令消费者的旅游方式发生了重大变化。Market Metrix Hospitality Index (TM) 的调查显示，虽然整体旅游支出下降，但是消费者现在更注重基本且重要的旅游乐趣：享受、放松以及传统的优质酒店服务。越来越多的酒店为所有住客营造一个独特、舒适和宾至如归的体验而与电信供应商合作，采用先进技术，进一步改善住客在酒店内部及周围区域与外界的通信体验。

比如，英国的汉普郡酒店与法国的阿尔卡特朗讯合作，该酒店的新通信网络采用了众多阿尔卡特朗通信技术，其中包括采用 IP 语音通信、WiFi、LAN 交换、联络中心及网络安全架构等通信技术为住客提供前所未有的功能。例如，通过床头内部视频电话系统就可以看到门外的访客是谁。此外，客人还可以使用客房内的交互式液晶显示屏查看客房服务和酒店服务的菜单，并通过电话或数据交互方式下订单。由于安装了互联网协议（IP）电视，住客的娱乐选择将得到前所未有的丰富。观看者可以将感兴趣的内容下载到房内的平板电视或自己的笔记本电脑上。此外，带有 Skype 功能的键盘启用式房内电话都配备了蓝牙听筒。另外，新网络优化了酒店的经营方式，并提高了经营效率和服务水平，同时还能降低成本，实现“绿色环保”。例如，利用无线网络和自动通知系统为酒店经营提供了地理定位功能，确保以最佳的方式选择最合适的员工来处理现场客人的要求。集中式系统管理以及全面的电信控制将通过远程功能管理系统的一个无缝接口来提供统一的预订、销售、营销、财务以及技术服务，另有应用程序接口（API）将集成用于提供自动照明和温度控制的能源管理系统。

补充案例：

阿里巴巴携手如家酒店连锁惠及网商

2008 年 10 月 6 日，中国最大 B2B 电子商务企业阿里巴巴（中国）网络技术有限公司宣布将与中国最大经济型连锁酒店企业——如家快捷首次展开合作。据悉，如家快捷拥有国内最大的连锁酒店网络体系，目前全国的会员数已经超过 100 万，其预订顾客中的 40% 都是中小企业客户，而阿里巴巴拥有超过 3 000 万中小企业会员，两家企业的客户群拥有较高的重合度，两家企业展开的渠道合作是电子商务与酒店连锁产业渠道融合的一次创举。

而业内人士认为，产业融合已是未来经济发展的重要趋势之一，阿里巴巴集团目前的战略之一就是打造电子商务产业生态链，其庞大的中小企业客户群所涉及的产业非常广泛，相信会有更多不同产业的企业加入到电子商务产业的扩展步伐中。

阿里巴巴方面表示，在双方此次合作计划中，将把阿里巴巴旨在降低中小企业步入电子商务门槛的最新战略级产品——“winport 旺铺”面向如家快捷在全国近 90 座主要城市的 400 多家连锁酒店的会员推广。

据悉，在双方合作期间，阿里巴巴将向如家的所有中小企业新会员限量赠送价值 980 元的企业网站“winport 旺铺”一年的使用权，同时开通旺铺注册便捷通道，中小企业客户只要入住如家，申请如家的“家宾卡”即可获得“旺铺领取码”快速地开通旺铺。

据统计的数据显示，我国 4 200 万中小企业中建站率不足 3%，也即目前绝大部分中小企业的建站需求仍未得到满足。造成此种情况的原因有很多，如建站费用偏高、网站操作复杂、维护成本高、网站功能无法贴合企业实际需求等均成为制约中小企业建站的重要因素，这也进一步影响了中小企业步入电子商务的步伐。

阿里巴巴多年来一直服务于广大中小企业，能够深入地了解并体察企业在电子商务中的切实需求。该公司为中小企业及微小企业量身打造的“winport 旺铺”，除简单易用、可操作性强等特点外，在功能上亦十分强大，如海量的产品展示功能及网站浏览分析功能，因此得到了众多用户的一致称赞。此外，“winport 旺铺”根植于阿里巴巴这个庞大的网络贸易平台之上，在网站浏览量和客源方面得到了有力的保证。

阿里巴巴公司与如家酒店连锁均以中小企业客户为重点服务对象，实用、便捷、费用低是“winport 旺铺”的特色，亦是如家酒店连锁的特色，两家的合作因此水到渠成。据悉，这次“新会员免费赠旺铺使用权”活动，仅仅是阿里巴巴与如家两公司战略合作的第一步，随着电子商务与酒店连锁业的日益紧密结合，双方的合作将向更深一步迈进。正如阿里巴巴此前所言，推动中国电子商务的全面发展绝非靠阿里巴巴一己之力就可以完成，他们将联合各方力量，共同帮助更多的中小企业和微小企业迈出网上生意第一步。

（更多信息见 http://www.ch-ra.com）

第三节　酒店电子采购

酒店对于定期的、高质量和经济核算的物资供应的依赖性很强，这个功能对于提高酒店的经营效率起到了关键的作用。酒店电子采购结束了低效率的采购体系的运作，更好地控制成本，是整个流程自动化，并使酒店集团有能力要求所有旗下的酒店根据集团的统一采购政策进行采购。电子采购需要进行一定程度的前期调查，了解流程和合作伙伴，可以与竞争对手合作共同开发采购平台。

一、电子采购概述

1. 电子采购的概念

电子采购（E-Procurement）是由采购方发起的一种采购行为，是一种不见面的网上交易，如网上招标、网上竞标、网上谈判等。人们把企业之间在网络上进行的这种招标、竞价、谈判等活动定义为 B2B 电子商务。事实上，这也只是电子采购的一个组成部分。电子采购比一般的电子商务和一般性的采购在本质上有了更多的概念延伸，它不仅仅完成采购行为，而且能够利用信息和网络技术对采购全程的各个环节进行管理，有效地整合了企业的资源，帮助供求双方降低了成本，提高了企业的核心竞争力。可以说，企业采购电子化是企业运营信息化不可或缺的重要组成部分。电子采购使企业不再采用人工办法购买和销售他们的产品，在这一全新的商业模式下，随着买主和卖主通过电子网络而联结，商业交易开始变得具有无缝性，其自身的优势是十分显著的。

电子采购是一种在 Internet 上创建专业供应商网络的基于 Web 的方式。它能够使企业通过网络，寻找管理合格的供货商和物品，随时了解市场行情和库存情况，编制销售计划，在线采购所需的物品，并对采购订单和采购的物品进行在途管理、台账管理和库存管理，实现采购的自动统计分析。

2. 电子采购的发展

电子采购最先兴起于美国，它的最初形式是一对一的电子数据交换系统（EDI），该电子商务系统大幅度地提高了采购效率，但早期的解决方式价格昂贵、耗费庞大，且由于其封闭性仅能为一家买家服务，尤其令中小供应商和买家却步。为此，联合国制定了商业 EDI 标准，但在具体实施过程中，关于标准问题在行业内及行业间的协调工作举步维艰。因此，真正商业伙伴之间的 EDI 并未广泛开展其。20 世纪 90 年代中期，电子采购目录开始兴起，这是供应商通过将其产品上网来提高其信息透明度、市场涵盖面。近年来，全方位综合电子采购平台出现且通过广泛连接买卖双方来进行电子采购服务。随着信息产业和网络通信技术的飞速发展以及市场竞争的加剧，将物流、资金流和信息流三流合并进行高效运作的供应链理念，在发达国家已被提升到前所未有的高度，网络采购平台逐步成为一种高效国际采购的一个“利器”，现代化、集约化的电子采购正成为跨国公司经营运作的重要流程。

长期以来，采购管理一直是我国企业管理中的薄弱环节，在采购模式上一直沿用传统的采购方式。而基于互联网技术的 E 采购则是在电子商务环境下的采购模式，通过建立电子商务交易平台发布采购信息，或主动在网上寻找供应商、产品，然后通过网上洽谈、比价、竞价实现网上订货、支付货款，最后通过网下的物流过程进行货物的配送，最终完成整个交易过程。

3. 电子采购的方式

实现电子采购的方式有两种：使用 EDI（电子数据交换）的电子采购和使用 Internet 的电子采购。电子采购门户站点（即使用 Internet 进行采购）对购买简单商品最为有效，它可以让供应商创建和维护其产品的在线目录，其他公司可以从这些目录中搜索商品、下订单以及当场确定付款和装运选择。在试图购买定制的产品时，常常需要人力判断以及人与人之间的协商。首先，要整理叫做 RFP（建议请求）的信息包，其中包括某一商品的技术规格和供应要求；其次，必须找到能够满足该请求的供应商。为了节省时间和资金，只需要与有资格的供应商联络，这样花费的精力最少。使这一过程自动化的一种方式就是使用 EDT 网络，它能够让供应商和买主交换采购信息。只要交纳一点事务处理费，就能通过 EDI 网络提交信息包，并在同一网络收到答复。

4. 电子采购在酒店业的兴起与发展

电子采购在酒店业的发展比较晚，具有标志性事件的是在 2007 年 4 月上旬国内首家酒店集团中央电子采购网开始在金陵酒店集团正式运行。与国内其他大型酒店集团不同，金陵走的是自主创新研发之路，中央电子采购网以及一年前已经启动的金陵全球市场营销系统都是与国内外有实力的软件公司合作的成果。点击金陵中央电子采购网 www. jinlingsource. com，金陵连锁酒店采购物品的类别就会出现，买卖双方可以在网上实现自由交易。金陵集团下属的经济型酒店品牌“金一村”五家分店已率先在网上进行申购业务。

2007 年 5 月，明基逐鹿继金陵集团后成为金茂集团供应链管理的咨询师及信息化的规划者，以推进在全国酒店行业的拓展和建立集团采购管理平台。这是继金陵酒店管理集团、金茂集团之后，又一酒店管理集团公司采用明基逐鹿酒店集团供应链管理协同解决方案。有近 3 000 家供应商在使用明基逐鹿软件的供应链管理解决方案，行业涉及制造、房地产、酒店连锁等多个行业领域，每月平均在线交易额达 10 亿美金。

2008 年 1 月 10 日，经济型酒店的巨头之一——格林豪泰酒店管理集团宣布 2008 年酒店用品采购招标启动。

开元旅业集团的电子采购发展比较早，目前集团正在采取一系列措施来进一步完善集团的采购系统。集团通过供应商绩效考核体系来不断优化优秀的供应商，提供更好的产品；通过电子商务平台可以更广泛地接触到优秀的供应商；通过历史数据的分析帮助提升改善措施的有效性，提升品质管理能力；通过集中采购发挥规模优势，降低采购成本；通过资源共享提高采购效率，降低流程成本；通过集中数据管理帮助分析成本，从而寻找分析成本的可改善空间；通过信息共享可以降低库存成本。系统功能包括对合同执行的监控、自动预警管理、供应商绩效考核等。

二、电子采购的优势

在电子采购这一全新的商业模式下，随着买主和卖主通过电子网络而联结，商业交易开始变得具有无缝性，其自身的优势是十分显著的。

1. 提高采购效率，缩短采购周期

采购方企业通过电子采购交易平台进行竞价采购，可以根据采购方企业的要求自由设定交易时间和交易方式，大大地缩短了采购周期。自采购方企业竞价采购项目正式开始至竞价结束，一般只需要1～2周，较传统招标采购节省30%～60%的采购时间。

2. 节约大量的采购成本

据美国全国采购管理协会称，使用电子采购系统可以为采购企业节省大量的成本。采用传统方式生成一份订单所需要的平均费用为150美元，使用基于Web的电子采购解决方案则可以将这一费用减少到30美元。酒店企业通过竞价采购商品的价格平均降幅为10%左右，最高时可达到40%多。

3. 优化采购流程

采购流程的电子化不是用计算机和网络技术简单地替换原有的方式与方法，而是要依据更科学的方法来重新设计采购流程。在这个过程中，摒弃了传统采购模式中不适应社会生产发展的落后因素。

4. 减少过量的安全库存

世界著名的家电行业跨国企业海尔集团在实施电子采购后，采购成本大幅降低，仓储面积减少一半，降低库存资金约7亿元，库存资金周转日期从30天减少到12天以下。

5. 信息共享

不同企业，包括各个供应商都可以共享信息，不但可以了解当时采购、竞标的详细信息，还可以查询以往交易活动的记录。这些记录包括中标、交货、履约等情况，帮助买方全面了解供应商，帮助卖方更清楚地把握市场需求及企业本身在交易活动中的成败得失，积累经验。这使供求双方之间的信息更加透明。

6. 实现供求双赢

电子采购不仅使采购企业大大获益，而且可以让供应商获益。对于供应商而言，电子采购可以更及时地掌握市场需求，降低销售成本，增进与采购商之间的关系，获得更多的贸易机会。

国内外无数企业实施电子采购的成功经验证明，电子采购在降低成本、提高商业效率方面，比在线零售、企业资源计划（ERP）更具潜力。电子采购的投资收益远远高于过去10年内已经在企业中占主导地位的任何商业革命，包括企业流程再造、策略性采购等。

补充案例：

南京金陵酒店运用电子采购系统预防商业贿赂

南京金陵酒店物资、食品等采购每年都有几千万元。针对传统采购管理工作中的成本难控制、采购周期长、采购程序复杂、信息共享程度弱、过程监控困难、易发商业贿赂行为等弊端时时困扰着酒店管理者，金陵酒店专门设计了一套完整的“金陵中央采购网”电子系统，使集团在管的23家酒店全部实现网上申购。“金陵中央采购网”的采购系统坚持“标准公开、价格透明、采购高效”的原则，有效地解决了以往酒店采购中的种种弊端。主要有以下几个特点：一是拓宽了供货渠道。传统采购流程在选择供货商方面，多采用“货比三家”法，同样商品通过比质、比价确定商家。二是降低了采购成本。所有成员酒店采购物品，都可以在网上操作。三是动态化地选择商家。为使采购商品的质量和售后服务能得到保障，使用部门对商品质量的优劣、数量、送货的速度以及售后服务等均可在网上进行评估。四是提高了工作效率。五是促进了廉政建设。通过注册供应商审计、供应商论证审计、报价审计、价格清单内部公开审计、供应商考核审计、投诉审计、采购过程审计七个审计环节，有效地杜绝了不正之风和腐败行为的发生，促进了企业的廉洁经营。

（更多信息见 http://finance. sina. com）

三、电子采购在酒店业中的运用

高新技术逐渐在酒店行业中渗透和影响，当然包括了采购的管理工作。近几年，多数酒店的采购工作，根据供应商的情况，已经从电话、传真的联系方式向无纸化过渡，采购部和供应商之间用 E-mail 沟通已经成了较为普遍的手法。供应商的产品质量，在近几年有了很大的提高；国内的供应环境，更是有利于酒店的经营。仍然采用传统的采购方法和过程，已经明显地不适合现代企业竞争的需求，实际上互联网对酒店业的重要作用除了体现在网上预订，还有就是电子采购了。

在现代酒店管理中，供应商和酒店是一个战略合作的伙伴关系，因为供应商将和酒店一样，面对共同的顾客，供应的服务水平将直接影响酒店对于顾客的服务水准，供应商的工作质量将直接影响酒店的赢利水平。

希尔顿等著名酒店管理集团，已经开始使用不同的采购管理软件，采购管理软件和前台的管理软件、各消费点的收银软件是互联的。前台每销售出一间客房，与客房相关的物品数量就会根据设定的消耗量而自动在采购管理系统中显示；同时，同样的数据还会通过自动传真和因特网的传输，在不同供应商的数据库中显示。供应商则根据和酒店事先商定和设定的供货量水平，及时向酒店补足已经耗用的物品。当酒店收到供应商的补充物品时，酒店的采购管理软件会在收货栏上有所显示；并在到了原先和供应商商定的供货量时，自动通知财务系统支付货款。整个采购流程被极大地简化了，整个过程的整合对于电脑软件的要求是非常高的，同时对于采购管理人员的素质要求也不一样了。与传统的采购流程相比，单项交易已经不复存在，采购工作管理的重点是内部管理标准的设定、是事先供应链的组建、是管理软件的互联。

根据埃森哲的统计，如果一个酒店通过在线采购节省了10%的费用，那么其中5%来自价格的控制，3%来自订量的标准化和高质量的供应商品，另有2%来自支付方面的节省。一般来说，采用电子采购以后，对于酒店的好处有以下几个方面：中间过程时间大大缩短了；解决了库存安全问题；使库存保持最低量；对顾客要求反应迅速；减少了纸张传递过程；提高了库存记录质量；推动了供应商质量管理；减少了管理环节；提高了服务效率；资金的有效率提高了；经营的盈亏信息在采购中得到了直接反映。

小知识：

酒店电子采购平台

走进各个大酒店或者连锁酒店的采购中心，都能看到几乎一样的情景：采购中心五六个采购人员，每个桌上都堆满了各式报价单、订单、送货单，电话一个接一个，手机、座机响个不停，通知下单、改单，通知送货、催货，还有对账等；传真机也一直在工作，不是在发传真给各个供应商，就是接收供应商回发的传真，都是发订单、改订单等工作；酒店同时供货的供应商超过百家，采购中心也就重复着这样的工作，桌边或者墙边放着各种各样的样品，还有供应商不断上门推销样品或者办理其他业务，永远都是忙碌而无序的。

用 GOE 网在线酒店电子采购平台软件就可以改变这样的工作方式。

酒店租用 GOE 网电子采购平台，申请开通服务、购买用户数、按月交纳使用费用，前期无须任何投入购买软件、硬件，就可以建立自己的电子采购平台。添加好酒店采购人员和供应商用户后，酒店就可以实现总部下单、分店收货、供应商与酒店总部财务网上对账等工作，从而实现酒店集中采购、降低采购成本、优化供应链、提供工作效率。

用了 GOE 网酒店电子采购平台，工作将变得轻松：

1. 采购人员把当天要采购的所有订单整理成 EXCEL 文件；
2. 上传到 GOE 网该酒店的电子采购平台，并发布；
3. 各个供应商在 GOE 网上确认收到的订单，并同意按时、按量送货；
4. 各个供应商按订单计划打印出送货单，并送货；
5. 酒店采购部门同时也可以看到送货情况，收货后，在网上确认收货数量；
6. 月底，供应商按当月送货情况做出对账单，财务可以按对账单确定付款等工作；
7. GOE 网上的工作日历可以查看各个订单的状态；
8. 每年或者每季度，按公司的表现 GOE 网给出评估报告，科学评估供应商的各个表现，如响应、送货及时性和货品退货率等。

用了 GOE 网酒店电子采购平台，把烦琐、重复的工作交给互联网批量完成，采购部门可以把工作重点放在寻找更好的供应商、更优惠的商品上。那种过于忙绿的工作状态将会变得更加有序和高效。

（资料来源：http://www. goeeee. com）

第四节　酒店网络预订

随着现代科技和信息产业的发展，互联网的兴起给旅游业带来了新的契机，网络的实时性、丰富性和便捷性等优势促使传统旅游业迅速融入网络旅游的浪潮。通过网络查询信息，进行酒店、机票预订和购买支付旅游产品等已成为一种时尚。在现阶段网络与旅游的结合中，酒店网络预订处于最广泛的应用地位。网络预订不仅可以适用于传统的酒店管理环境以提高工作效率、减少运营成本，尤为突出的是它可以在互联网时代有机地整合酒店信息、预订、销售等各环节为一体，通过客户关系管理系统增加酒店的销售来源，从而为酒店创造更高的商业利润。对于酒店业而言，谁拥有强大的酒店网络预订系统，谁就可以在未来的市场竞争中占据有利地位。本节介绍酒店网络预订系统的相关知识，包括概述、模式、运行方式等。

一、酒店网络预订系统概述

（一）酒店预订的含义与流程

1. 酒店预订的含义

在现代社会中，随着工作与生活节奏的加快，越来越多的旅行者，尤其是商务、公务旅行者，为了有效地计划和安排自己的旅程、保证旅行的质量与效率，会预先向旅行目的地的酒店提出使用该酒店产品的要求，以便到达目的地后能按时入住，保证其旅行活动顺利地开展。从酒店的角度来讲，提供这类服务形成了更为完整的对客服务，有利于酒店预测未来的客源情况，提高酒店的管理水平和服务质量。

客人在未到达前向酒店提出用房的具体要求，称为预订。客人预先要求酒店为其在某一段时间内保留客房所履行的手续叫客房预订，也叫订房。酒店预订是指有意在将来某一时间使用酒店产品的客人对酒店提出需求的整个过程，其对象除客房外，还包括餐饮、会议、娱乐等在内的所有的酒店产品。

2. 酒店预订的流程

酒店预订的渠道可以分为直接渠道与间接渠道。传统酒店预订的流程大致如下：

（1）通信联系。

（2）明确订房要求。

（3）接受或婉拒预订。

（4）确认预订。

（5）记录、储存订房资料。

（6）预订的变更、取消及客人抵店前的准备工作。

（二）现代酒店开展网络预订的必要性

通过网络客户可以在任何时间和地点查询任何目的地的酒店经营信息和客房价格，造成现代酒店企业面临着全球性的经营竞争。因此，在信息时代酒店必须面对客户开展诚信经营，并利用现代网络订房建立起忠诚客户群，这已成为酒店预订业务的发展趋势。开展网络订房的必要性主要表现在以下几个方面：

1. 有利于酒店实现产品异地有形化，扩大客源市场份额

酒店产品具有异地性和不可移动性的特点，传统的销售模式对于客人一方而言，酒店的产品是不可提前试用的，是无形的。但是，网络空间的无限扩展性使酒店在网络上进行营销不会受到空间篇幅的限制，可以超越时空进行信息交换。酒店利用互联网可以 24 小时提供全球性的营销服务，人们可以通过网络实实在在地看到酒店客房的样式和种类、房间内的设施、客房的价格等，从而使酒店产品在异地有形化。除此之外，酒店网页上还会向顾客介绍酒店附近的情况。例如，商业区、中心区、餐馆以及其他能引起顾客兴趣的信息，以吸引顾客的注意力，有利于酒店扩大客源市场。

2. 有利于酒店实现个性化服务

客户资源管理是现代酒店经营管理的重要内容，特别是新经济条件下的企业经营是以客户为主，而不是以产品为主。通过互联网，酒店可以与每一位上网的顾客建立直接的关系。通过双方互动，顾客可以了解酒店，酒店也可以通过在线服务了解顾客的需求特点，及时捕捉顾客的需求变化信息，形成酒店与顾客之间的“双向信息交流”，从而克服传统营销中酒店与顾客之间无法及时沟通的“单向信息交流”的弱点。另外，通过网络订房的手段还有利于对网络客户资源实现计算机管理，根据顾客以往的需求信息提供经过精心挑选的个性化的产品和服务信息，使酒店抓住更多的潜在客户资源、赢得发展先机。

3. 酒店建立品牌意识的需要

现代企业的竞争在某种范围内来讲是品牌的竞争，而树立一个家喻户晓的品牌需要花费大量的时间和金钱。旅游酒店一般规模较小、经济实力有限，很难在传统广告媒体上大作宣传，而通过互联网，无论酒店规模大小，都可以通过制作精美的网页向顾客传递大量的相关信息，包括酒店产品的特点、服务的特色以及相应的价格等，用比较低的成本进行广告宣传、扩大知名度、提高美誉度。

4. 有利于酒店降低成本

酒店的客源主要来自两个方面：一是直接与酒店联系，并购买酒店产品或服务的顾客；二是通过旅行社、预订机构等中间商购买酒店产品或服务的顾客。传统酒店推销客房必须依靠大量的销售人员和其他各地的中间商，在市场上投入大量的人力、广告以及其他费用，酒店争取每一位顾客入住的成本非常高。但是，网络营销只需要一台连接在网上的服务器，从网上直接获取顾客的建议和需求，并按照顾客的要求进行经营管理，减少了营销费用，节约了大量的通信、交通费用和宣传品印刷成本及媒体广告成本等。

5. 酒店加强竞争意识的需要

作为一个现代酒店企业，信息是酒店经营的重要战略资源。在现代这样一个信息社会中，对经济增长起决定性作用的，从某一方面来说已不再是资本，而是信息；谁拥有信息，谁就拥有未来。酒店开展网络订房，可以说就是对未来客源市场的战略思考，因为在未来的经营竞争中拥有更多的客户信息就意味着拥有更多的市场。

补充案例：

经济型酒店自主网络预订比例近50%成酒店业主流

中国经济型酒店“热捧”自主预订，使得商旅预订网站的中介服务受到越来越明显的冲击。记者日前从7天连锁酒店了解到，近期有近50%的房间是通过7天连锁酒店网站预订出去的，网上预订比例再创新高。另外，手机WAP预订也急速兴起。

另据AC尼尔森最新的“中国出境游调查报告”数据，中国旅行者海外旅游通过网络自主预订房间的比例达到29%。

7天连锁酒店集团首席执行官郑南雁预计，按照目前的发展速度，7天连锁酒店网上自主预订的比例有望在年底超过50%，而手机WAP预订和短信预订的比例也将大幅提升。

网络的飞速发展及消费者网络化生活的新潮流，使得越来越多的旅行者都可以通过网络自主预订房间。

一位资深酒店业人士对记者表示，电子商务已成为中国经济型连锁酒店发展的新动力及新一轮竞争的核心点。目前，大批盲目进入经济型酒店的小规模投资者正遭遇电子商务模式所带来的新门槛，适应网络时代消费特征的新型“鼠标＋水泥”经营模式正成为中国酒店业市场的主流。在自主预订的热潮下，经济型酒店如果不革新经营模式，在新一轮中国酒店业洗牌中，将会面临被淘汰出局的命运。

（更多信息见 http：//www. 21food. cn）

（三）酒店网络预订系统及其特点

酒店网络预订系统就是指通过 Internet 接受用户对酒店所提供服务的预订网络系统。该系统向客户提供酒店的各种信息与服务，用户则通过该系统输入自己的有关信息和预订要求；同时，该系统还向客户提供相互沟通的方式，而全球和地区网络系统还提供了酒店信息的搜索引擎。与传统的电话预订、传真预订相比，酒店网络预订系统具有以下特点：

1. 便捷

电子商务的一大优点就是其方便性，酒店的网上预订系统通过其自身的信息传递机制，将所有预订操作集成于网上，展示在客人面前，其实它提供了 B2C 的直接预订渠道。用户足不出户就能查到许多酒店信息、办妥相关手续，消除了因地域和语言造成的障碍，不需要到酒店填写表格、交纳订金。

2. 快速

高效网络时代信息的传播是以电子信息的形式进行的，Internet 缩短了人与人之间的距离，人们在网上点击鼠标后数秒之内，预订信息便可到达目的地。如果订不到，预订系统会再次提供大量候选信息，网络的高效率由此体现出来。

3. 可靠

网上酒店预订系统是与酒店的计算机管理系统紧密地结合在一起的，二者之间有着安全、稳定和实时的信息交流，加上 Internet 本身对信息的良好保护，用户无须担心自己会得到过时的资料、无须担心私人资料被泄露。

4. 扩大消费群体

Internet 不断地将酒店产品信息传递到世界各地，并将对酒店产品有需求的客人与酒店连接，使酒店产品信息在空间上得到了前所未有的拓展，进而扩大预订消费群体。

5. 使酒店产品有形化

网络预订可以增强群体对酒店产品的信任度。酒店产品具有无形性的特点，客人在线预订购买酒店产品，可以通过酒店提供的视频、图片、声音展示看到酒店的服务品质。

补充案例：

网络订房过半，酒店电子商务“苹果”熟了？

一场盛大、空前成功的奥运，为整个北京的酒店业带来了无限利益。不过，让 7 天连锁酒店集团首席执行官郑南雁兴奋的却是另外一个原因：根据 7 天的最新预计，奥运期间，7 天连锁酒店网络订房的比例首次超过传统订房，达到 5 成以上。这不仅创下了 7 天连锁酒店之最，在业内也是破天荒的一次。

网络订房超越传统订房！这一简单数据却宣告了一个里程碑事件：电子商务正挺进酒店业的主流，并成为驱动其成长、改写其市场格局的一场新革命。同时，也昭示着越来越多的消费者乐于接受并依赖酒店电子商务。

每当奥运会举行的时候，所在城市的酒店不仅价格飞涨，而且订房紧张，至少是心理上的。为了提前订房，以求奥运时无忧观赛、旅游，许多国外、国内消费者纷纷采用了最为便捷的方式——网络订房。而电子商务系统最为完备的酒店自然率先受益。

“根据我们内部的统计，奥运期间，7 天连锁酒店来自网络订房的比例已经超过整体的一半。而个人、家庭等非团体用户的比例更高。这无论对于我们，还是对于整个酒店行业，绝对是一个突破”，郑南雁表示。

而 7 天连锁酒店为何能率先完成这一突破？郑南雁分析原因有三：首先自然是奥运驱动。其次是整个中国电子商务环境的成熟。我国互联网发展日趋成熟，网络媒体、网络商务等互联网深层次应用比例大幅提升。其中，网上购物（含酒店网上预订）的应用比例由 2007 年 12 月的 22.1% 飙升至 25%，半年内用户量增加了 1 688 万人。虽然大的宏观利好和具体的商机已经具备，但要真正获得电子商务的新突破，还需要酒店有备而来。因为机会永远垂青有准备者。而 7 天连锁酒店显然属于此列。此为第三个原因，也是最重要的原因。此前，由于电子商务系统的完备，7 天连锁酒店来自网络的订房比例就达到 40%，为业内之最。

（更多信息见 http://finance.qq.com）

（四）酒店网络预订系统的结构

1. 软件部分

软件部分主要包括操作系统和数据库系统，提供信息处理的能力。酒店网上预订系统一般都与 HMIS 结合在一起，其优点在于能够实时、动态地更新酒店相关信息，呈现在酒店管理人员和用户面前的都是最新资料，便于酒店管理与运营。

2. 硬件部分

酒店网络预订系统的硬件构成包括服务器端和客户端。服务器端又包括 Web 服务器、数据库服务器、打印服务器等，这些服务器提供网站发布的维护、收集与处理酒店的信息，接受用户的输入信息，执行用户输入的命令并将执行的结果反馈给用户等。服务器通常要求较高的稳定性和配置以及高速的网络传输速度。目前，Web 服务器一般采用宽带上网、光纤或同轴电缆接入等，并使用高速的网络传输设备、交换机或集线器等。客户端则只需一台能上网的计算机即可。

3. 相关人员

与酒店网络预订系统相关的人员包括 HMIS 的维护与操作人员、网站建设与维护人员、数据库管理与维护人员以及与网上预订客户之间的交流与服务的人员等。

（五）酒店网络预订的功能

网络预订系统对一个国际性的酒店管理集团来说，扮演着市场扩展和保持市场份额的重要角色；谁拥有了全球预订网络，谁就会在激烈的竞争中占据优势。以全球订房系统为例，计算机预订系统的功能优势主要有以下几点：

1. 方便客人订房

如果一位旅客要到外地或国外旅游，他通常会选择旅行社或者找亲戚朋友帮助预订酒店。

国外商务客房一般是通过本公司在当地的办事处代为预订的。如果该酒店已进入全球预订网络系统，那么只需拨打一个电话，或者通过计算机连接订房网络系统就可以完成客房预订。这种方式有多种选择，不仅方便而且可以保持私密性。当然，对于开展网络预订的酒店来说，在网上接收团队、散客等客户的订单，开展实时、动态地网络销售，扩大销售范围，增加客源渠道，对其工作来说也是非常方便的。

2. 赢得客人信赖

旅客在预订客房时，不仅要作价格、设施、服务、口碑等方面的比较，更关注该酒店的预订销售系统。因为销售网络的规模反映了连锁酒店的经营规模和整体实力。网络是效率最高的信息传递系统，可以极大地弥补酒店产品的难以展示性。通过网络可以逐步提高顾客对酒店的知名度、信任度、忠诚度、认可度。凡拥有全球网络预订系统的酒店，其市场营销更容易获得客人的信任，同时也增强了市场营销的核心竞争力。

3. 及时获取信息

一般的媒介系统，如电视、电台、报纸等传递和反馈信息都有滞后性和局限性，并存在及时性的技术障碍，有的难以更新和周期较长；而网络是一种人机交换系统，可以及时变更信息，并获得瞬时反馈。一般来讲，酒店网络预订系统都应该与 HMIS 相连，可实时、动态地查询酒店的类型、位置、设施、服务等各类信息。利用全球网络预订的统计功能，还可以随时对客人的入住进行积分奖励，进一步增强酒店运用全球网络预订参与市场竞争的优势和魅力。

总之，利用 Internet 的网络预订系统，必然会扩大酒店客人的来源渠道，减少了各种中介佣金，降低了成本，增加了利润。对客人来讲，不必通过旅行社介绍就可以直接选择酒店，减少了中间环节，并可享受网上预订的折扣，获得经济上的实惠；而对于专业的酒店网络中介公司来讲，网络预订系统的使用开辟了新的赢利渠道。

（六）建立酒店网络预订系统需要考虑的问题

建设酒店网络预订系统时，必须要考虑好以下一些主要问题：

1. 有效性

有效性的实现取决于操作系统和硬件的稳定性，要求整个预订活动都在网上进行，所以系统必须保障所有预订活动能在高效、无错的情况下进行。

2. 性能

酒店网络预订系统性能的好坏取决于系统所有组件的性能，如服务器软件和硬件、系统网络、软件运行环境等。所以，在构建预订系统之前，要对系统使用的组件的性能进行评估。

3. 安全性

如果预订中使用了电子货币，安全问题就显得格外突出，因此在构建预订系统时必须对安全问题着重考虑。在安全性方面，要保证各项硬件能够独立正常工作，禁止无关人员接触；防火墙和代理服务器应该配置为杜绝一切未授权的访问，关闭所有不必打开的端口；网络设置和密码设置应该能进行有效的监测和管理；系统的日志应妥善保管等。安全问题不是一朝一夕的事情，它需要不断的关注，时时加以防范。

4. 完整性

网上预订系统简化了预订过程、减少了人为干预，同时也带来了信息完整、统一的问题。在建立酒店数据库时，要考虑数据的完整性和一致性，各类数据库的关系要清晰。在预订过程中会出现数据输入错误，数据传输过程中信息丢失、重复，或是信息传递的次序出现错乱等问题。这会造成预订系统与客人的实际信息不符，从而影响正常的预订。所以，在构建预订系统时，要考虑系统运行时会出现的这些问题，采取相应的策略进行解决。

二、酒店网络预订系统的应用模式

近几年来，国内外旅游逐渐由团体向散客倾斜，这类散客大多是知识层次和消费水平较高的阶层，越来越多的散客趋向于直接通过计算机网络来确定旅游路线、预订机票和酒店等。对于酒店来说，在网上开展酒店预订活动具有很好的发展前景，但酒店的规模、实力、技术力量的差异决定了酒店开展网络订房应采取不同的模式，应选择适合自身发展的正确道路。按照酒店网络预订系统适用范围的大小，可以将当前的酒店网络预订系统分为三种不同的模式：全球酒店网络预订系统、地区酒店网络预订系统和单体酒店网络预订系统。

（一）全球酒店网络预订系统

1. 计算机预订系统

全球网络预订系统起源于20世纪60年代美国航空公司为航班预订建立的计算机预订系统（Computer Reserve System，CRS）。为了强化CRS的功能，航空公司致力于这一系统的横向发展，使得该系统包括了酒店、汽车出租、豪华游轮、剧场甚至观光旅游团队等的预订。正是基于这种发展及整个系统在世界各地的应用扩展，诞生了现在的全球网络预订系统，其中主要用来进行酒店客房的全球预订系统也逐渐分化，数量也越来越多。

全球酒店网络预订系统面向的目标群体是全球客户，它具有客人层次高、客源丰富、网络分布广、订房渠道畅通等特点。加入这样网络的成员酒店一般层次较高，并且数量众多，目前加入该系统的大多是国际酒店管理集团的成员，这些豪华的酒店除了共享全球网络资源外，还往往得益于集团内部的网络连锁订房。

2. 中央预订系统

大型酒店集团的中央预订系统（Center Reservation System，CRS）已有40多年历史。最早的中央预订系统是由假日酒店集团于1965年7月建立的假日电讯网（Holidex-Ⅰ）。美国喜来登集团的Reservation中央预订系统于1970年开通，1976年完成它的1 000万次预订，1983年在中东设立它的第一家电脑预订中心办事处。目前，喜来登的CRS办事处已遍布全球。此外，美国希尔顿集团的HILTON电脑预订系统每月要办理15万名客人的预订服务，英国福特酒店集团的Forte-Ⅱ中央预订系统可以方便地办理福特集团在全球60多个国家937家酒店不同档次客房的预订服务，法国雅高的PROLOGIN、华美达的ROOMFINER、顺领的Steoling Hotel& Resorts、环球的World Hotel& Resorts等都是控制酒店集团客源市场的有力工具。我国香港地区的香格里拉酒店集团已引入Merlin作为自己的中央预订系统，而中国内地的酒店集团还缺乏自己的中央预订系统。由于建立中央预订系统需要耗费大量资金并采用专业人员管理，因此中国内地的酒店集团尚没有建立自己专用的中央预订系统。

3. 全球分销系统

全球分销系统（Global Distribution System，GDS）是20世纪90年代以来获得迅速发展的新型旅游营销网络。GDS是由国际性航空公司分别联合组建，连接酒店、度假村、汽车租赁公司、铁路公司、旅游公司等其他旅游相关行业，提供航班订位及订房等预订和市场营销综合服务的销售系统。通过国际航空电信协会（SITA）的通信专网，将加入GDS的“卖方”（即航空公司、酒店、汽车租赁公司等产品、服务提供者）和“代理方”（即遍布全球的旅行代理人）连成一个旅游专业网络系统，并通过“代理方”实现对“最终用户”（各国旅行者）的销售。目前较为知名的 GDS 有 Galileo/Apollo、Amadus/SystemOne、Sabre、Worldspan、Axess、Sahara 等。加入全球分销系统组织的各个酒店集团或独立酒店都可以使用 GDS 开展预订服务。

（二）地区酒店网络预订系统

地区酒店网络预订系统是本国或本地区用于酒店产品分销的计算机预订系统。近几年来，我国国内的网络预订系统发展的速度很快，当前比较出名的有携程旅行网、e 龙网、去哪儿网等。

携程旅行网创立于 1999 年，总部设在中国上海，目前已在北京、广州、深圳、成都、杭州、厦门、青岛、南京、武汉、沈阳等 10 个城市设立分公司，员工超过 5 000 人。携程旅行网于 2003 年 12 月 9 日在美国纳斯达克成功上市。目前，携程旅行网拥有国内外 5 000 余家会员酒店可供预订，是中国领先的酒店预订服务中心，每月酒店预订量达到五十余万间夜。在机票预订方面，携程旅行网是中国领先的机票预订服务平台，覆盖国内外所有航线，并在 45 个大中城市提供免费送机票服务，每月出票量 40 余万张。作为中国领先的在线旅行服务公司，携程旅行网成功地整合了高科技产业与传统旅行业，向超过 1 400 万会员提供包括酒店预订、机票预订、度假预订、商旅管理、特惠商户及旅游资讯在内的全方位旅行服务，被誉为“互联网和传统旅游无缝结合的典范”。

e 龙旅行网于 1999 年成立，总部设在北京，目前公司员工 2 000 多名。2004 年 10 月，e 龙在美国纳斯达克上市，目前全球最大的在线旅行服务公司 Expedia 拥有 e 龙 52% 的股权。它是中国在线旅行服务行业的领导者之一，依靠 www. elong. com 和 www. elong. net 两个网站和呼叫中心为会员提供旅游资讯及预订等一站式服务。目前，e 龙可以提供国内 230 个主要城市的近 2 800 家酒店和海外 40 000 多家酒店优惠的预订服务，国内 50 多个主要商务、旅游城市的出、送机票服务，以及度假、集团差旅、租车等旅游服务。

“去哪儿”（Qunar. com）成立于 2005 年 5 月，是中国领先的在线旅游媒体，由梅菲尔德（Mayfield）和金沙江创投共同投资支持的。到 2008 年 11 月底，“去哪儿”的独立用户访问量已突破 2 600 万。对于在线旅游尚处于起步阶段的中国市场，“去哪儿”的诞生恰逢其时，随着航空公司相继推出在线旅游服务，以实现其自有服务在网络空间的延伸，“去哪儿”认识到在线旅游市场中的用户需求已经逐渐变化：中立、智能、全面的比较平台对用户进行旅游产品选择和决策的作用日渐突出。正是这种需求的增长，促使了公正、中立的旅游新媒体“去哪儿”的出现，并凭借其便捷、人性且先进的搜索技术，对互联网上的机票、酒店、度假和签证等信息进行整合，为用户提供及时的旅游产品价格查询和比较服务。“去哪儿”必将肩负起整合中国在线旅游产品及提供高价值信息的全新历史使命。作为中国领先的旅游搜索引擎，被广泛地认可为旅游媒体行业中的佼佼者。其目标是协助消费者搜索到最有价值的机票、酒店、签证、度假线路和其他旅游服务的旅行网站。

（三）单体酒店网络预订系统

单体酒店网络预订系统是在 Internet 上将酒店本身的预订系统直接附加在酒店的 Web 站点上，成为一个直接面向客人的预订销售渠道。它与全球、地区预订系统的主要区别在于可越过任何中介商实现客人直接在网上向酒店订房。酒店自主开展网络预订必须依靠自己的技术力量形成网络订房系统，网站的设计、信息的展示、订单的确认、系统的维护、网络客户的管理都是由酒店自己的技术人员操作。所以这种订房适合于技术力量较强的大型酒店企业。

使用单体网络预订系统可以对自己酒店在网络上的宣传自由度更大些，并且可以将系统的界面做得更具个性化。目前，我国很多酒店都在自己的网站上设计了专门的预订网页，并使其与 HMIS 的客房管理后台数据进行实时连接和动态更新，并可根据确认的网络订单直接进行排房操作与管理，还有一些单体酒店加入一些酒店联盟，这些联盟负责为单体酒店提供了一个订房平台。

三、酒店网络预订的操作流程

（一）单体酒店的网络预订

目前，单体酒店的网上预订的操作流程基本上都是一致的，为了确保预订信息的准确，一般都采用会员制，其操作流程具体如下：

（1）客户在网上预订之前需要在网站上注册，输入一些个人的基本信息，包括本人的真实身份、姓名、性别、年龄、国别、有效证件（护照或身份证）和证件号码、联系电话、地址等信息，有的还要提供信用卡号码。注册成功后，即成为本网站的用户，系统会自动分配一个 ID 号。

（2）客户注册成功后，就可以通过访问网站浏览酒店信息，寻找自己满意的目的地酒店。找到目的地酒店，在进行预订时，系统要求用户输入本人的用户名和 ID 号，经确认后才能实施预订操作，这样做的目的是对预订用户进行鉴别，防止恶意用户预订，维护企业的权益。系统确认了客户的用户名和 ID 号后，就可以接受用户的预订要求。

（3）当预订单按要求提交后，酒店订房中心就接受到客户的预订信息，并自动给客户发送一条收到订单的确认信息，客户收到订房中心的确认后需要回复确认。这时酒店就认为是一条有效的订房信息，可以根据酒店客房的情况通过订房客户端给予正式确认，并把订房单转入酒店管理信息系统的预订接待子系统为网络预订客人排房。如果用户直接在酒店的网站上预订，预订信息可通过客户端程序直接进入酒店的数据库系统，或经预订部人员审核处理后加入数据库。当通过预订中心预订客房，预订中心的工作人员发现有预订记录出现时，可以通过电话或传真通知酒店的预订部进行预订确认。

（二）地区性和全球性网络预订

对于地区性和全球性网络预订系统来说，一般预订过程包括以下四个主要步骤：

（1）填写酒店查询条件。

（2）选择酒店。

（3）填写酒店预订单。

（4）确认预订。

（三）利用携程旅行网进行酒店网络预订的操作实例

假设国庆期间，有对新婚夫妇想到广州进行短期旅游。下面具体介绍他们应该如何利用携程旅行网进行酒店的网上预订。

1. 登陆携程旅行网

在 IE 浏览器地址栏中输入携程旅行网的网址：http：//www. ctrip. com，然后按回车键，进入携程旅行网主页。

在网站主页的右上角“开始我的旅程”栏目上，单击“酒店”标签，即进入酒店预订页面。

2. 填写酒店查询条件

进入酒店预订页面后，需要填写酒店查询条件，一般包括的内容有：

（1）选择城市。

（2）填写入住日期和离店日期。

（3）选择价格范围。

（4）填写酒店名（可以不填）。

以上所有内容填写或选择完毕后，单击“搜索”按钮，可进入“酒店查询结果”界面。该屏幕的左侧列出的就是前面输入的查询条件显示，右边列出了查询到的酒店及其基本情况介绍，其中右面的上部还列出了查询结果共11页，并确定排列顺序为默认的“携程推荐”；根据需要，客户也可以按照“价格”或“酒店等级”排列。

3. 选择酒店

假设选择“广东东方国际大酒店”，在屏幕上就可以看到其推荐的房型和价格标准。确定选好某房型后，单击“预订”按钮就能进入后续介绍的预订单界面。

需要说明的是，此处“酒店查询结果”显示的酒店房型并不是所有房型，如果想了解所有房型，可以单击“全部房型”进行查询。

单击相关按钮，还可以查看所选酒店的详细介绍以及用户的评论。

选择好需要的房型后，单击“预订”按钮就可进入界面。此时，用户可以选择两种方式：如果是会员用户，可以用户名身份登录进行预订；如果不是会员用户，可以直接输入联系手机号码进行预订。

4. 直接预订

填入手机号码后，单击“直接预订”按钮，就出现“酒店预订单”界面。还可以在预订单中输入更详细的预订信息，填写“入住信息”和“联系人信息”。

5. 核对预订单信息

点击“下一步”，就出现“核对预订单信息”界面。

6. 订单确认

预订单填写完成后，单击“提交订单”按钮，会出现“订单确认”界面。

7. 订单打印

在“订单确认界面”，单击“打印订单”按钮，此时单击下面的“打印”图标，即可将订单打印出来。

四、我国酒店网络预订的现状和发展趋势

（一）我国酒店网络预订的发展现状

网络的飞速发展及消费者网络化生活的新潮流，使得越来越多的旅行者通过网络自主预订酒店房间。Ac尼尔森最新的“中国出境游调查报告”数据表明，旅行者通过网络预订房间的比例达到29%。而据国内相关数据表明，互联网已经成为酒店经营的重要营销渠道，80%的顾客采用提前预订的方式入住，其中三成顾客选择网络预订，并呈逐步扩大趋势。7天连锁酒店CEO郑南雁表示，目前约有40%的客房订单是通过网站直接获得的。计世资讯（CCWResearch）数据显示，2006年第二季度，我国网上旅行预订代理商的收入达到2.37亿元人民币。其中，网上订房市场贡献了1.41亿元人民币，成为在线旅游市场的重头。

根据艾瑞咨询调查及统计，2004 年中国网上旅行预订用户规模达到 100 万人，网上旅行预订市场规模达到 6.1 亿元人民币，其中旅行网络订房市场规模达 5.1 亿，占总规模的 83.6%。2007 年中国网上旅行预订用户规模达 450 万人，相比 2006 年的 275 万人，同比增长 63.6%。而 2007 年中国网上旅行预订用户规模已占互联网用户规模的 2.1%，相比去年同期提升 0.1 个百分点。而在奥运期间，2008 年旅行预订规模有显著提升，旅行预订用户在网民中所占比例在 2007 年基础上提升 0.4 个百分点，用户规模达 680 万人。到 2010 年，中国网上旅行预订用户规模将突破 1 200 万人；而到 2011 年，用户规模将突破 1 500 万人。

在现阶段中国酒店业的市场中，预订模式也呈现出一个界限模糊的发展历程，大致可划分为三个阶段，但因为中国的互联网和 GDS 系统滞后于欧美发达国家，起步较晚，所以在国内我们可以看到不同时期各种网络模式并存的现状（见图 3－3）。

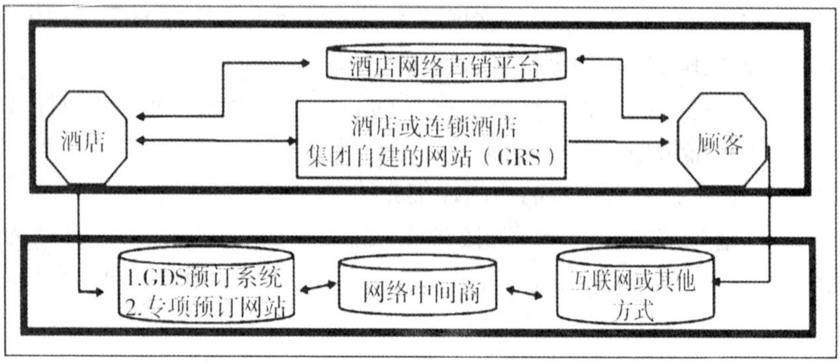

图 3－3 网络模式

（资料来源：艾瑞市场咨询，www.iresearch.com.cn）

1. 自建网站宣传预订为主（1996 年至 1999 年）

这一时期网络预订模式的主要特点是自建网站起到了一定的促销宣传作用，但是单体酒店易形成“信息孤岛效应”，宣传效果不佳，顾客对网站了解有限；其次，顾客能够选择的酒店数量不多，不能满足顾客的需求；再者，酒店对网络技术利用不够专业，投入成本比较大，而且在网站的维护上要花掉大笔的资金，所以预订效果呈现为吸引的预订低于预期，这也为第三方专业预订网站提供了发展空间。这一时期的典型范例为我国许多单体型的酒店网站，如长沙的通程国际大酒店、神农大酒店的网站等。

2. 专业预订网站为主（1999 年 5 月年至 2006 年）

这一时期是我国网络预订模式发展的鼎盛时期，目前已成为酒店网络预订的主流模式。特点是利用网络成为酒店预订的专业中间商，提供与酒店相关的旅行预订；加入网站的酒店会员较多，形成“信息聚合效应”，方便了顾客选择；成交后，酒店为网站支付佣金，但佣金较高。这种专业预订网站如果还提供订车等其他相关服务的话，在某种意义上其实是中国 GDS 的雏形。从 2008 年市场占有率来看，以携程网和 e 龙网为龙头的专业预订网站垄断了网上订房市场的 70%。以预订间夜数计，两大预订网站的销售量已占据我国星级酒店预订市场约 10%，这也说明网络预订作为酒店主要预订方式之一已趋主流化。

3. 借用平台，网络直销开始出现（2006 年 12 月至今）

因为专业预订网站从酒店抽取的佣金过高，例如我国著名的中介预订网站携程网在顾客通过携程网预订入住成功后通常要向酒店收取每间房 60 ~ 80 元不等的佣金，相当于总房费的 10% ~16%，因此对酒店造成了很大的压力和威胁，所以很多的酒店都在寻找新型的网络预订模式。而以 So-hotel 网站为代表的网络直销预订模式的出现，符合酒店对新型网络预订模式的要求，逐渐得到酒店和顾客的青睐和认可，并对传统的网络预订构成威胁。网络直销是专业网站为酒店和顾客提供直销平台、自己不参与具体预订的一种网络预订模式，他们只向酒店收取低廉的年费，吸引酒店加盟，帮助酒店和顾客直接在网络上进行交流，建立合作关系，从而帮助酒店建立营销系统和品牌。直销预订模式的优势首先表现在消除了中间环节，节省额外成本，顾客可以直接参与，获得满意预订；其次，酒店也降低了人力成本，可及时地更新产品信息；再者，酒店宣传覆盖范围广，可以及时地掌握顾客资料，便于关系营销，从而满足不同顾客的需求，因此被越来越多的酒店所接受。

（二）我国酒店网络预订系统中存在的主要问题

目前，我国大部分酒店基本上是散兵作战、规模较小、覆盖面窄、信息不全，而且目标市场大多为四、五星级酒店和商务客人，不适合大众游客，造成系统利用率低、实用性较差，投入的回报率并不理想。尤其是大多数中小型酒店，由于技术上的原因，对开展网络营销和实施网络订房无能为力。因此，酒店开展网络订房目前还存在以下问题：

1. 单个酒店网址很难形成大的访问量

一个酒店自己制作的主页其网址难以被广大客户知悉，产生的访问量不大，难以形成商机。如果使客户以一种简易、快捷的方式即可获得酒店网址成为网络营销上的一个重点和难点，必须加大投入、多出网络链接、采用广告等手段扩大网址在其中的影响。单个酒店的影响力和广告投入都是有限的，因此客户在网上订房时，一般都需要在网上搜索才能获得适当的网址。这个过程不但很难找到合适的酒店，而且容易使客户对网上订房失去兴趣。良好的订房业务量必须是建立在庞大访问量的基础上，单独的酒店网站很难形成一个访问量很大的电子商务型网站。

2. 酒店没有足够的技术支持力量

一个网站正常运行需要技术人员不断的维护和更新，需要网络技术的支持、酒店计算机信息管理技术的支持、创新意识的支持以及计算机技术的支持。而网络技术力量薄弱正是大多数酒店的共同点，特别是前期的技术投入，使中小型酒店难以承受，往往出现信息更新不及时、对订房申请反应缓慢、客户咨询和留言不及时回复、系统故障不及时排除等问题，导致网站有效订房的减少和实际运行情况的不佳。有些酒店开始建立了网站，由于某些酒店经理在网站的培育过程中忽视了 IT 人员的作用，致使 IT 人员流失，使网站订房系统进入不良循环。

3. 酒店的网络意识不强，价格设定不合理

酒店建立了网站以后，对网络营销的意识不强，没有引起足够的重视，特别是网络订房的价格，大部分酒店设置不合理。大家都知道，网络营销能降低销售成本、减少中间环节，可以让利客户，所以网上的订房价格必须低于传统销售价格。设计一个合理的网上价格，以引导和培育散客的消费群体，逐步使网络订房纳入电子商务的正常轨道，这是网络营销的一个基本理念。

4. 网络订单难以管理

酒店反映最大的问题是网络订单不好管理、无效预订太多，究竟哪些是真实订房根本无以知晓。因此，从某些方面无效订单扰乱了酒店的经营管理，挫伤了酒店上网的积极性。从目前

网络订房的发展情况来看，网络订单的有效确认将是网络订房健康发展的瓶颈。

（三）国内酒店预订系统的发展趋势

根据分析，今后我国的酒店网络预订系统将呈现以下的发展趋势：

1. 网络预订的比重将会越来越高

传统的电话预订方式比重降低，但在较长一段时间内仍然会占据比较重要的位置。随着网络技术的进一步发展和人们消费理念的进一步转换，与传统的预订相比，网络预订的比重会逐年攀升，传统的预订方式比重减少但不会消失。据国内相关调查，目前我国星级酒店有80%左右已经使用或者计划使用网络预订，而影响那些没有使用网络预订方式的主要因素是技术和管理者的观念。

2. 依然采用传统的预订模式

一段时期之内酒店将仍然采用自建网站或中央预订系统（CRS）加酒店专业预订网站相结合的二元预订模式。酒店专业预订网站作为现阶段无投入、见效快的预订方式，酒店应与自建网站或CRS相结合，作为网络预订的有效补充。一方面，客户能通过专业预订网站很快找到酒店，等于在前期不用花费广告费就实现了搜索引擎的功能；另一方面，又能登录酒店独立网站进一步了解更详细的信息，实现网络预订，这无疑是最经济、最高效的模式。所以酒店可在建设酒店网站的同时与多家知名预订网站建立合作关系，尽快吸引和培养大批高素质的商务客户。在网络订房初见成效、有一定规模和效益之后，再对酒店网站进行后期维护及推广计划，逐步降低对专业预订网站的依赖性，最终实现酒店网站的直接营销，为酒店提供长期竞争优势。

3. 中介网络预订机构联合并购活跃

2002年4月，携程购并机票代理公司北京海岸；2002年8月，与首旅组建新的子公司，建设经济型酒店销售连锁。2003年，巴里－迪勒（Barry Diller）旗下的InterActive公司收购了e龙52%的股份。而最近Triton与国旅也强强联合，这些都预示着中介网络预订机构在一段时间内将通过各种方式重新调整，酒店、旅行社、中介机构等相关利益者都会从洗牌后的市场结构中获得更多利益。

4. 自建网站预订模式和网上直销预订模式的比重会逐渐上升

在对酒店管理者的调查中发现，许多酒店管理者都在抱怨中介专业网络预订机构佣金的逐年上升。随着网络技术的发展，直接提供网络直销的网站的出现，使酒店肯定会考虑与年费低廉的网络直销机构合作；并在积累了一定的客户资源后，自建网站进行网络直销；拥有了自己的网络预订渠道之后，酒店就可以把相关成本降低，快速灵活地了解自己的客户，并作出及时有效的回应。

经典案例研究

两大主因阻碍用户网上预订酒店

艾瑞咨询通过对网上旅行预订运营商的长期关注发现，运营商总营收中来自机票的营收增长势头迅猛，而来自酒店的营收增长相对缓慢。鉴于此，艾瑞咨询在《2008—2009年中国网上旅行预订行业发展报告》中对2009年“五一”小长假有过出游的用户预订酒店的方式进行了调研，以期通过用户端的行为分析，引发运营商对酒店预订业务的思考。

艾瑞咨询发现：用户对酒店预订服务的认可度有待提高。

艾瑞默认通过专业旅游网站获取旅游信息的用户都知道酒店预订服务，因此艾瑞咨询在《2008—2009 年中国网上旅行预订行业发展报告》中对用户群进行了细分，重点考察通过专业旅游网站获取信息的用户预订酒店的方式，从而尽可能地排除因不知道酒店预订服务而不提前预订酒店的原因。

调研数据显示，在 2009 年“五一”有过出游，且知道酒店预订服务的用户中，39. 4% 是在出发前即对各酒店进行比较并完成了预订；26. 5% 是到达目的地后再选择住宿酒店；17. 8% 是通过当地的朋友帮忙预订；13. 9% 是直接预订了一家熟悉或常住的酒店。

艾瑞咨询认为，无论是到达目的地后再选择酒店还是通过当地的朋友预订酒店，都说明用户没有在出发前自行对目的地酒店进行比较并实现预订，即这两部分用户还未形成对当前旅游服务商提供的酒店预订服务较高的认可度，这两部分用户的比例之和为 44. 3%。

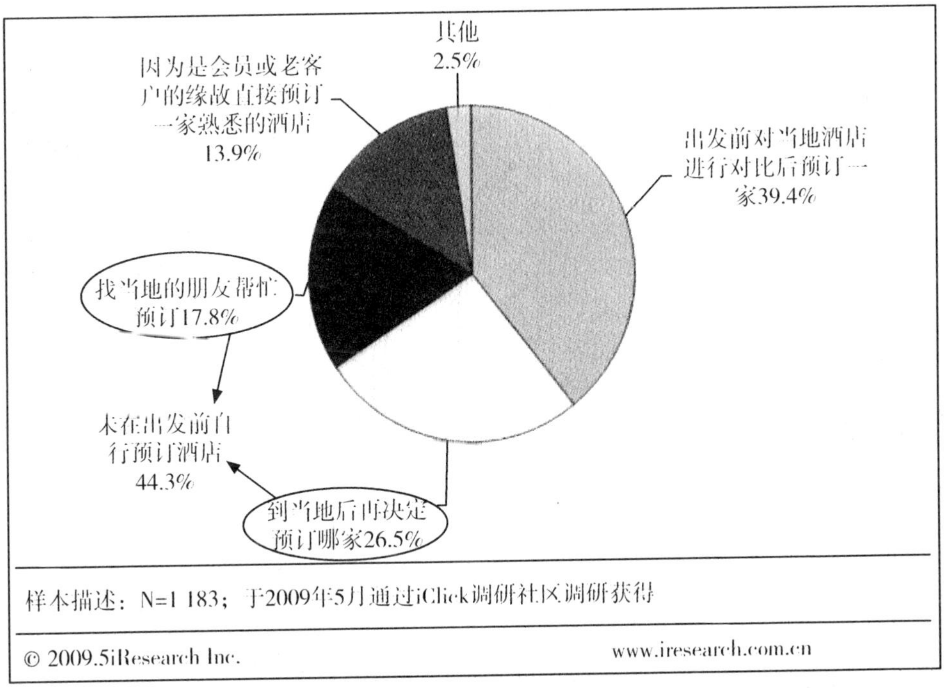

图 3－4 2009 年通过专业旅游网站获联旅游信息的用户预订酒店的主要方式

艾瑞咨询认为，面对旅游服务商的网络营销，用户或许会主动浏览信息，却不一定会发生实际的预订行为，主要原因有两个方面：

原因一：用户对网络信息与实际产品之间的差距存在疑虑。

艾瑞咨询认为，用户对网络信息与实际产品之间的差距还存在一定疑虑是阻碍用户在出发前自行预订酒店的原因之一，尤其是针对酒店这种相对复杂的产品，用户需要考量的维度较多，包括价格、位置、交通便利程度等。因此，用户更希望通过实地考察，综合了解酒店各方面的实际情况后再作出选择。

原因二：网络信息或产品不全面。

艾瑞咨询认为，网络信息或产品不全面也是阻碍用户进行网上预订的重要原因。比如，目前旅游网站上的酒店多集中在星级酒店或品牌酒店，而深受年轻用户喜爱的、价格较便宜的青年旅社目前在旅行预订网站上的可选择范围较窄，使得这类住宿地的受众只能在到达目的地后再进行预订。

就以上两个方面原因的解决方案，艾瑞咨询给出如下建议：

（1）注重用户互动。

艾瑞咨询认为，除了价格之外，用户在预订酒店时，交通、地理区位、配套设施、相关服务等因素也是其所关注的重要指标。因此，真实而全面的旅游信息是用户作出选择与评判的基础。就此艾瑞咨询建议，运营商在尽可能翔实直观地展现酒店信息的同时，注重用户评论板块的建设非常重要；另外，还可采用一些鼓励用户交互的举措，使用户在与其他用户更直接的交流中获得需要的信息。

（2）扩充酒店数量。

另外，艾瑞咨询建议旅行预订网站应扩充网站可供选择的旅游产品与服务类别，以解决某些口碑较好的旅游产品可选择范围较窄的难题。比如，目前旅行预订网站上的酒店多集中在一二级城市，而位于中小城市的知名旅游景区附近的酒店、旅社也应成为网上旅游厂商的开发对象；另外，鉴于用户对价格的敏感性，艾瑞咨询建议运营商需开发更多实惠、性价比高的出行住宿地。

（3）优化搜索功能。

同时，运营商应该不断优化旅游网站的导航与搜索功能，使用户能够在这些丰富的信息和产品中轻松地获取所需。

（资料来源：www. iresearch. com. cn）。

案例思考题

1. 我国酒店如何进一步提高网上预订的用户数量？
2. 通过电子商务酒店如何与客户互动？
3. 酒店网站如何进一步优化搜索功能？

思考题

1. 酒店内部局域网的主要运用在哪些方面？
2. 酒店在电子商务时代如何与其他行业合作？
3. 酒店电子采购有哪些优势？
4. 简述酒店网络预订系统及其特点。
5. 酒店网络预订系统的应用模式有哪些？
6. 简述酒店网络预订的操作流程？

实操训练

1. 请在 e 龙旅行网查看广州酒店的在线预订信息，你会首选哪些酒店？
2. 请登录 http：//www. ctrip. com/体验一下携程旅行网的在线预订。
3. 请登录 http：//www, whiteswanhotel. com/找到广州白天鹅宾馆预订中心查看房价。

第四章　酒店网络营销

能力目标

1. 了解营销的含义
2. 认知网络营销的含义及分类
3. 明确酒店网络营销的发展阶段和发展趋势
4. 认知用户体验对于网络营销的重要性
5. 了解酒店网络营销的系统准备
6. 知道酒店主要部门的网络营销条件
7. 辨析单体酒店和集团酒店网络营销的异同
8. 分析酒店网络营销策略
9. 认知整合网络营销与传统营销的要点
10. 分析网络营销的主要手段和创意手段

理论引导

1. 网络营销的含义与分类
2. 酒店网络营销的现状和问题
3. 酒店在线市场调研的优势和应用
4. 酒店网络营销的产品策略、价格策略、促销策略和品牌策略
5. 单体酒店网络营销对策
6. 酒店网络营销创新

引入案例

希尔顿酒店电子商务化的骄人成果

2001年6月，美国Internet Week网站公布了2000年度全美电子商务100强企业的评选结果，希尔顿酒店集团荣膺百强之首。此次评选意在表彰这些公司利用互联网达成商业成功的努力，评选的主要依据是各家公司所取得的切实的业绩，诸如增加客户、提高收益、降低成本等。相关的调查研究了这些公司如何利用互联网增进企业与消费者及供应商之间的联系，如何开拓电子市场，以及如何利用互联网推进企业基础建设等。

希尔顿酒店集团通过全方位电子商务的应用，树立多品牌饭店集团的整体形象。子品牌酒

店网站拥有一致的视觉形象、一致的感觉形象和一致的应用技术，但依然允许子品牌饭店注重他们个性化的服务功能。例如，预订界面和饭店搜索引擎界面在各个子品牌饭店之间都应保持一致，希尔顿饭店集团的“常客积分消费计划”也在各子品牌饭店之间通行。在任何一个成员品牌饭店网站上预订的旅游者都能得到积分，拥有积分的旅客在任何一成员品牌饭店网站上预订都能享受优惠。希尔顿酒店集团还拥有电话预订中心，电话预订中心与网络预订中心是互补的。而其共同之处在于，它们的后台支持是统一数据库和网络信息系统。坚定不移地推进电子商务使希尔顿酒店集团取得了骄人成果：

网上预订：互联网带来了16%的新增客源，95%的成员饭店通过互联网实现了销售，10%的访问者在网上预订饭店客房。

网上采购：33%的饭店用品供应商在互联网上与饭店洽谈商务，16%的采购订单通过互联网完成，8%的饭店采购资金通过。

电子商务收入：7%的饭店销售收入来自互联网，16%的订单通过网站电子商务获得。

成本节约：通过互联网进行物资采购可节约成本8%，通过互联网进行客户关系管理可节约成本7%，通过互联网进行信息传递与交流可节约成本59%。

（资料来源：http：//www. jiaoyanshi. com/viewnews－1327. html 希尔顿饭店集团电子商务应用案例分析）

第一节　网络营销概述

市场营销学权威菲利普·科特勒在其久负盛名第9版的《营销管理》中指出：营销是个人和集体通过创造提供出售，并同别人交换产品和价值，以获得其所需所欲之物的一种社会和管理过程。传统的营销方法为4P，即通过产品（Product）、价格（Price）、渠道（Panel）和促销（Promotion）这四个方面来达成营销。但由于旅游服务业所提供的是非实体产品这一特殊性，还可以考虑加上3个P：人（People）、实体证明（Physical evidence）和过程（Process）。以顾客价值为中心的4V营销理论也得到认可：差异化（Variation），强调服务与产品的与众不同；功能化（Versatility），突出产品或服务功能的显示度；价值化（Value），体现给客户带来的功效、服务和成本；共鸣化（Vibration）则是能与客户产生心灵共鸣，并影响其今后的消费行为。

一、网络营销的含义

（一）网络营销的定义

网络营销是通过在线活动建立和维持客户关系，以协调满足公司与客户之间交换概念、产品和服务的目标。具体来讲，网络营销是企业营销实践和现代通信技术、计算机网络技术相结合的产物，是企业以电子信息技术为基础、以计算机网络为媒介和手段而进行的各种营销活动的总称。

营销的本质是在企业和客户之间进行广泛的信息传播，网络营销具备其独特的优势：

1. 跨时空性

由于互联网具有超越时间约束和空间限制进行信息交换的功能，企业能有更多的时间和更大的空间进行营销，可以 24 小时提供跨越全球的营销服务。

2. 互动性

网络营销使一对一式的营销成为可能，随着客户自我意识的不断增强，网络营销成为市场研究、满意度调查和收集客户意见与建议的最佳手段。

3. 成长性

互联网的使用者数量快速增长并遍布全球，涵盖中产阶级、高教育水准人群和年轻人，这部分群体购买力强并且具有很强的市场影响力。

4. 高效性

传统的营销手段如广告花费不菲，且传递的信息非常有限，缺乏针对性；网络营销可传达的信息数量与精确度远远超过其他媒体。

小案例：

戴尔公司的成功网上营销

作为个人电脑销售排名第一的戴尔公司，除了门店直接销售个人电脑外，年营业额的 40% ~50% 来源于戴尔公司的网站直销。戴尔公司实行根据网络订单加工生产的模式。透过首创的革命性“直线订购模式”，与大型跨国企业、政府部门、教育机构、中小型企业以及个人消费者建立直接关系，始终将用户的需求放到市场营销的中心。以网络沟通渠道为例，戴尔开发了一整套的网上营业工具，用于客户方便地在网上购买戴尔产品。同时，戴尔售后服务和技术服务搬到了网上，缩短了对客户需求的反应时间，吸引了更多的客户，还极大地降低了成本。从每天与众多客户的直接洽谈中，戴尔公司掌握了针对客户需要的第一手资料。戴尔公司提供广泛的增值服务，包括安装支持和系统管理，并在技术转换方面为客户提供指导服务。通过 DellWare 项目，戴尔公司设计并订制产品以及服务、销售包括外围硬件和计算机软件等在内的广泛产品系列。

（资料来源：杜文才．旅游电子商务．北京：清华大学出版社，2006）

（二）相关概念——客户体验

一般来说，客户体验指的是目标客户对于与公司交互过程中遇到的所有激励因素的感知和诠释。客户体验有 7 个关键要素，这些要素与客户对其体验的感知方式相关，共同组成了完整的客户体验：

1. 客观要素

对一个站点来说，基本的功能水平必须具备，如接入性好、信息明确、更新速度快、安全性有保障等。如果是酒店的网站往往还需要有网上查询预订功能、促销活动介绍和清晰的价目表等。

2. 知觉要素

每个客户的体验都是独特的，知觉要素与客户每次在线遭遇的诠释相关。在不同场合下，同一客户可能对具有同一功能的同一站点感知不同，取决于站点在特定时间满足客户需求的好坏。

3. 遭遇要素

遭遇要素包含客户对网上购物体验的过程和结果的测量。在线商家从访问网页的数量、来访者转化为实际购物者的比率以及购买的频率来推断客户的体验。

4. 刺激反应要素

刺激反应要素包括客户对网上店面、招牌、商店布局、推销广告、格调、促销活动和背景音乐的反应，以及在线服务的遭遇。

5. 感官要素

大多数网络营销只通过一种感官（视觉）进行激励，如文字、图片和影像等。充实感官体验将是未来发展的方向，比如加入音频文件或者促使客户与服务代表直接接触。

6. 认知和情感要素

客户反应可以同时是认知的和情感的，认知反应更多地经过推敲和评价，情感反应倾向于抓住客户的情绪、态度和感觉。

7. 相对要素

大部分客户有不止在一个在线购物网站上的购物体验，从前的体验形成了很多期望，这种相对要素影响其对网络营销各种激励的反应。

小案例：

雅乐轩酒店的 Aloha girl

北京海淀雅乐轩酒店位于西部中关村地区，2008 年 11 月 1 日开业，由喜达屋酒店管理集团管理，是亚太地区首家雅乐轩酒店。开业伊始，为了造势和促销，进行了 Aloha girl 的网络票选活动。雅乐轩勾勒出当今中国女性最具代表性的几种个性特征：

1. aloha 女孩之一：Coco（珂珂）：现代独立女性，热情且具亲和力

2. aloha 女孩之二：Ella（艾拉）：社交能力强，性感迷人

3. aloha 女孩之三：Julie（茱莉）：艺术家的独特气质，有品位，不做作

3. aloha 女孩之四：Winnie（维妮）：肤色健康，喜爱运动和户外活动

公众被邀请登陆 http：//www. aloftasia. com/alohagirl/alohaGirl/index 了解雅乐轩品牌，认识雅乐轩 Aloha girl，并投票选出他们认为最能代表中国新女性个性的一位。

2009 年 4 月 16 日，雅乐轩酒店宣布“雅乐轩 aloha girl”网络票选活动圆满结束。本次雅乐轩 aloha girl 活动使雅乐轩品牌获得了公众的极大关注，总访问率达 10 万人次，并使其更好地了解了当代新女性旅行者需求。“四个雅乐轩 aloha girl 生动表现了中国市场中不同类型的旅行者。雅乐轩品牌所拥有的 loft 式入住体验，便捷的科技以及城市社交空间的打造很好地满足了这些不同类型旅行者的需求。在这四种不同类型个性的女性旅行者形象中，Coco（珂珂）获得了 28% 的最高得票率，她自主独立又亲和友善，同时拥有独特的个性并追求高效和积极主动的生活态度，这些使得她受到了诸多投票者的青睐。”喜达屋酒店与度假村集团亚太区品牌管理副总裁杨丽虹说。在这些参与投票的旅行者中，雅乐轩抽选出了一位投票给 Coco（珂珂）的幸运投票者，他获得了北京四日旅行和一台 iPod Nano 的最终大奖。

（资料来源：新浪尚品）

（三）网络营销的发展阶段和发展趋势

我国网络营销的发展可以分为初级、中级和高级三个阶段：

1. 初级阶段

在这个阶段，企业开始在传统营销过程中的一部分引入计算机网络信息处理与交换，从而替代企业内部或对外部分传统的信息储存和传递的方式。例如，建立本企业的主页，宣传企业的产品和形象。在这个阶段，企业刚触及网络营销的皮毛，投资少、易操作。我国目前大部分企业还处于这个阶段，消费者无法在网上实现真正意义上的网上购物，只是从网上获取企业和产品的信息，甚至企业的信息更新滞后，主页形同虚设，点击率很低。但是，消费者购物时多了一个获取信息的渠道，能更直观地了解企业和产品，特别是一些非常见产品。

2. 中级阶段

企业在这个阶段利用网络的信息传递部分地代替了某些合同成立的有效条件，或者履行商务合同的部分义务。例如，企业实施网上在线式交易系统，网上有偿信息的提供，贸易伙伴之间约定文件或单据的传输，但在这个阶段，网络营销仍然只是传统营销的一个补充，在线营销活动必须与离线营销活动进行整合。

3. 高级阶段

这一阶段是网络营销发展的理想阶段。对 B2C 而言，消费者可以方便、安全地进行网上支付，企业甚至不需要实体店就可以在强大的技术处理与全面的顾客基础数据库的基础上高度细分市场，甚至是为每一个消费者提供量身定做的一对一的服务；对 B2B 而言，企业之间原材料的供应、单据合同的传输、货款的清算、产品和服务的提供等都实现了一体化的网络信息传输和信息处理，企业也实现了内部办公自动化和外部交易的电子化链接。网络营销独当一面。

引申案例：

携程的网上特卖会

目前，携程旅行网拥有国内外近 5 万家会员酒店可供预订，是中国领先的酒店预订服务中心，每月酒店预订量达到约 150 万间夜。在机票预订方面，携程旅行网是中国领先的机票预订服务平台，覆盖国内外所有航线，并在 43 个大中城市提供免费送机票服务，每月出票量约 150 万张。携程旅行网的度假超市提供数千条度假线路，覆盖海内外众多目的地，并且提供从北京、上海、广州、深圳、杭州、成都六地出发，是中国领先的度假旅行服务网络，每月为数万余人次提供度假服务。携程旅行网的 VIP 会员还可在全国主要商旅城市的近 3 000 家特惠商户享受低至七折的消费优惠。

2009 年，携程旅行网为庆祝成立 10 周年，从 2009 年 2 月 11 日起，每周三下午 3 至 5 点，携程都通过网上“每周特卖会”推出约 100 个名额、数十条特价抢订度假线路。价格最低为当期同类线路价格的三折，最高不超过七折。只要是携程网的注册会员，都可以上携程旅行网“抢购”。

会员周三登录携程旅行网可以看到“每周特卖会”推出的当期特价线路，包括近两年国内大热的香港、三亚等热门旅游目的地产品；此外，还有部分东南亚海岛、周边短途目的地度假产品。以近期南京出发的“香港 + 澳门 5 日团队游”为例，携程网上普通售卖的度假线路大约在2 500元左右，但游客如果通过“每周特卖会”成功抢订，到手的价格仅在六折左右，折合下来每人可节省1 000多元。据携程旅行网度假业务总监唐一波介绍，携程网将在每周三下午5点“特卖会”结束后，随即在网上公布下期特卖预告，游客可以通过预告信息了解下次特卖产品目的地、出发地、价格折扣等相关信息。最好在出游日期的前两周抢订。

由于活动中产品价格打折，是将正常线路打折让利给客人，所推出的线路全部精选自携程高品质度假产品，客人所获得的服务与日常所得到的服务完全一致，因此受到会员的欢迎和追捧。周三下午3至5点是携程“每周特卖会”限时抢购时间，热门线路基本上在40分钟内就被抢购一空。

（资料来源：新浪新闻中心）

中国2008年网络营销和网络广告市场规模为25亿美元。同年，美国网络营销、网络广告市场规模是258亿美元，差不多是中国的10倍。美国的GDP是中国的3倍，但是美国的网络营销和网络广告市场规模是中国的10倍，说明中国在网络营销方面还大有潜力可挖。

旅游网站是将旅游目的地的景物风光以图像文件、视频文件、音频文件等形式展现给浏览者，致使网页较大、展开耗时长。因此，要求网络有相应速度和高带宽，须由硬件提供对高速网络的支持。但我国旅游业信息化基础建设落后，信息处理的自动化程度低，信息化总体水平至少落后于国际旅游业信息化水平10～15年。除航空售票广泛采用计算机处理信息外，其他领域的计算机化程度较低。酒店业虽然普遍采用预订系统管理酒店客房，但网络营销的实践还很不够。因此，我国旅游业仍然在很大程度上依赖于导游指南、旅游手册、电话、信函、传真、旅游问讯等传统的信息传播与处理方式，而视传系统、光盘只读存储器、与旅游电子市场联网的个人计算机等新型的电子信息传播与处理方式发展不够，导致了诸多弊病，如信息不畅，资源无法共享；各自为战，规模效应不能体现；成本高，办公效率低下；无法整合客户信息，造成客户流失等。

二、网络营销的分类

1. 搜索引擎营销

搜索引擎使用自动索引技术帮助消费者在互联网上方便、快捷地发现和收集所需的信息。从1994年诞生yahoo、Lycos等分类目录型搜索引擎以来，引擎搜索的发展非常迅速。目前，搜索引擎营销策略主要包括两类，分别是免费搜索引擎推广和收费搜索引擎广告。前者使用的方法包括分类目录登录、基于自然搜索结果的搜索引擎优化排名、网站链接等；后者包括关键词广告及其优化和效果管理、搜索结果页面排名等。研究表明，在主要的搜索引擎上创建酒店网站的链接存在“50%因素”，即在浏览了搜索引擎列表第一页的人中，大约50%的人会去看第二页，而其中又有50%的人会去看第三页，以此类推。因此，排在搜索引擎列表越前面的酒店能够确保越高的预订率，第十五位之后的预订率则大幅下降。而如将酒店名字排列在搜索结果前几页，相应的费用也将成倍增加。

2. 数据库营销

所谓数据库营销就是企业通过收集和积累消费者的大量信息，经过处理后预测消费者有多大可能去购买某种产品，以及利用这些信息给产品以精确定位，有针对性地制作营销信息，以达到说服消费者去购买产品的目的。数据库营销在欧美已经得到了广泛的应用。在中国也已经开始呈现出“星星之火，快速燎原”之势头。包括 DM（Direct Mail，定向直邮）、EDM（Email DM，电子邮件营销）、E-Fax（网络传真营销）和 SMS（Short Message Server，短消息服务）等在内的多种形式的数据库营销手段，得到了越来越多的中国企业的青睐。

3. 网络广告

网络广告是利用网站上的广告横幅、文本链接、多媒体等形式，在互联网刊登或发布广告，通过网络传递到互联网用户的一种高科技广告运作方式。中国的第一个商业性的网络广告出现在 1997 年 3 月，传播网站是 Chinabyte，广告表现形式为 468 ×60 像素的动画旗帜广告。Intel 和 IBM 是国内最早在互联网上投放广告的广告主。与传统的四大传播媒体（报纸、杂志、电视、广播）广告及户外广告相比，网络广告是实施现代营销媒体战略的重要一部分。

4. 病毒式营销

病毒式营销是指发起人发出产品的最初信息到用户，再依靠用户自发的口碑宣传。由于它的原理跟病毒的传播类似，经济学上称之为病毒式营销，是网络营销中的一种常见而又非常有效的方法。其通过论坛、社区、博客、播客等手段把话题推介给目标网民，再依靠目标群体自发的激荡式口碑传播，从而促进目标品牌的销售。

三、酒店网络营销的兴起与发展

当今时代，网络已经成为人们生活中不可分割的一部分，2006 年中国搜索引擎运营商收入突破 20 亿元，比上年增长 80% 以上。而使用搜索引擎的网民数量也达到 1.2 亿。塑造这个新时代的主要力量包括数字化与连通性、互联网的膨胀、新网络中间商的出现和定制化的风靡。新时代的商业活动实践需要新的营销战略与实践，这种变动不亚于一次工业革命，酒店网络营销的发展是与旅游者对网络依赖程度的加深和酒店市场竞争的加剧密切相关的：酒店经营的主要收入来源是客房销售，而预订是客房销售的主要方式。客房不能移动，也不能储存，因此网络营销是酒店最好的一种经营手段，它通过网络预订的方式可以在全球范围内进行客房营销，实现异地销售。网络订房大大拓展了酒店的客源渠道，树立了酒店形象，因此成为酒店网络营销的主要内容和重要基础。酒店必须使自己适应通过网络进行管理的方式，酒店的网络营销也将从根本上改变客人对于方便、快捷、价格、产品信息和服务的看法。

在现阶段，中国酒店网络营销主要有三大渠道：

1. 网上中介的间接销售

网上中介的间接销售是指代理销售——旅行社（包括传统的旅行社和新兴的电子在线旅行社）。目前，大多数的酒店都采用代理的形式进行客房销售，一般与旅行社签订代理合同，由其进行代理营销，而且所占的营销比例也非常大。在国内，酒店自建网站且能自营网上预订的比例很低，只有 10% 左右。而造成这种现象最主要的原因是：我国有些酒店是单体酒店，如果自建网站，受“孤岛效应”的限制，真正能引来的预订和支付也非常少。事实上，多数酒店的网站目前只是一个简单的形象展示窗口。由于缺乏技术维护人员，就连定期更新也难以实现，更别提进一步的电子商务开发与应用了，而这也正是我们与国际酒店的最大差距之一。同时也为第三方预订网的发展带来了巨大的空间。而在我国以携程网、e 龙网为代表的网上旅行社显示了快速发展的势头，其主营业务——旅游服务的订房量和利润总和在短短的三四年中就超过了传统旅游业大户：国、中、青三家企业。他们凭借密集的资本优势，建立起由庞大客户资源构成的“议价砝码”，迅速抢占了酒店分销市场并占据主导地位，是“资本换资源”的最典型做法。

小案例：

网上中介解决在线支付问题

2008年9月中旬，支付宝曾率先与携程竞争对手之一的e龙旅行网建立合作，支持e龙客户通过在线支付方式在e龙旅行网上购买旅游产品。

10月6日，携程网将与支付宝建立合作关系，这意味着与后者签约的四十多家银行用户将可在携程支付机票、酒店等费用。据悉，与支付宝等电子支付厂商合作将使得携程、e龙等平台的用户范围一下子从大城市扩展到二三线地区，支持资金来源从1亿多张信用卡一下子扩展到15亿以上的借记卡。这对这些老牌平台扩大覆盖范围、维持增长、摆脱金融危机的影响都将带来很大的促进作用。

一位消息人士称，“现在这些在线商旅网站面临航空公司直销的压力，如果再不通过在线支付压缩成本，日子将很难过”。携程网在8月14日发布了2008年第二季度财务报告，报告显示，由于酒店和机票预订业务表现优异，携程网第二季度净利润同比增长35%，超过了分析师的预期。携程预计2008年第三季度净营收同比增长约15%~20%。

（资料来源：酒店网络营销研究）

2. 酒店网上直销

酒店业跳开网上中介必须尽早起步，开展网上直销将是一个很大趋势。作为业务外包的一种办法，把网上销售交给中介商并非不可，但是酒店将形成对中介的依赖性，付出增加开支、减少收入、降低品牌影响力等沉重代价。所谓网上直销就是酒店通过自己的网站进行网络营销活动。据统计，万豪、希尔顿通过自有网站的直接销售收入与通过网上中介的间接销售收入之比已经高达75：25。而对消费者来说，他们也不愿意在中间商那里多花钱，调查公司发现69%的美国休闲游客喜欢直接订房，而只有27%的游客愿意从中间商那里订房。因为他们认为高质量的服务只能来自酒店本身。酒店往往邀请IT企业来帮助酒店建立基于网络营销的酒店自主营销/管理平台，比如投入正式运营的CHINA-Online，这种“技术统资源”方式对酒店和渠道双方都有利——双方都可以从平台中获取交易的便利和成本的降低。酒店网上直销客观上要求酒店在人力、物力、财力上有着较高的投入，但同时它也仅仅服务于本酒店，营销针对性较强，国际连锁酒店集团大多选择这种渠道。

小案例：

乐途旅游首创旅游产业信息化聚合管理

2005年，乐途旅游网推出第一款旅游行业应用软件——乐途诚信会员系统，着重解决旅游企业产品管理与网络营销的需求。凭借其人性化的操作界面、智能化的模块结构、完善的系统功能，乐途软件一经推出，就受到业界的广泛关注，三年来，在上万家旅游企业中进行应用，并获得多个行业活动的指定软件称号。2008年11月1日，中国首款旅游产业聚合管理软件“乐途MEC v2.0”的发布及剪彩仪式在中国国际旅游交易会新闻发布厅举行。乐途MEC v2.0 所倡导的是旅游信息化管理聚合，核心概念是“聚合”。“MEC”为三个英语单词的缩写，分别为“M-MIS，信息管理系统（Management Information System）；E-ERP，企业资源计划（Enterprise Resource Planning）；C-CRM，客户关系管理（Customer Relationship Management）”。这三个系统是目前世界上流行的管理系统，涵盖企业管理的多个关键点，被现代企业广泛应用。

（资料来源：酒店网络营销研究）

3. 其他网络营销平台

而未来酒店网络营销的创新模式将很可能出现在其他网络营销平台上：一些拥有大量会员的组织，如信用卡中心、移动通信/移动商务公司，如果能够拓展其业务、成为酒店的分销渠道，将为酒店网络营销市场注入新的力量和机会；传统的机票分销系统有望加上酒店销售这一板块，比如中航信就利用其机票分销系统拓展酒店分销；门户网站旅游频道利用流量优势，在酒店网络分销市场上占据一定的市场空间；对很多依赖搜索引擎的用户，旅游行业搜索引擎和比价搜索的吸引力促使不少酒店和渠道加盟。上述模式为各种优势资源的深度利用探索了新的发展路径。针对携程网、e 龙网等高分销成本模式给酒店经营带来的沉重负担，很多网络营销平台打出了直销或低成本分销的旗号，如 SO-HOTEL 提出了无佣金模式，建立起中国酒店直销网；阳光商旅网通过 BSP 系统建立“代收代付”的中国酒店旅馆分销平台；网连天下通过 IATA 机票代理人模式和 BSP 模式建立的 Tinsia 同业营销平台。

网络营销平台为酒店网络营销带来了新的气息，加剧了资源整合的步伐和产业链的变革，构成了对原有网络中介商的强有力的挑战，但在现有模式十分成熟的情况下，在携程网等酒店预订网站还很强势的情况下，网络订房在各大酒店客房销售里面已经占有相当的份额，在酒店直销模式还不成熟的情况下，酒店对其的选择不得不慎重。

“不能上网的企业将面临倒闭的危险”，这是英国前首相布莱尔所发出的警告，也许这话有些危言耸听。但在以信息技术为基础的 21 世纪将成为一个不争的事实。很多已开展网络营销的酒店包括高星级酒店和经济型酒店目前在网上的营销更多地还只是提供在线客房信息和有限的网络预订，虽然他们已经认识到酒店开展网络营销的必要性，但只是把网络营销变成了一种形式而并没有引起真正高度的重视和研究。因此网络营销缺乏思路、人才和技术，缺乏网络营销能力。随着国际知名连锁品牌酒店纷纷进入中国，中国的酒店业将面临更大的机遇和挑战。中国的酒店业进行网络营销迫在眉睫。

第二节　酒店网络营销准备

一、酒店营销信息系统准备

1. 酒店内部管理系统

最初酒店的所有业务都是靠手工操作来完成的，后来发展到运用计算机管理系统，酒店管理软件多在 Windows 平台上运行。酒店计算机管理系统帮助酒店员工和管理人员依据计算机数据处理信息的高效率，迅速提供服务和作出决策，实现日常事务处理标准化，达到有效经营管理的目的。酒店内部管理系统把各种单向软件都集成起来，酒店中所有的数据处理、文件管理、安全保卫管理、统一调度指挥都集中由计算机统一控制管理。例如，客房服务员运用自动化智能技术，通过客房内安装的红外线安全消防监控系统，确定客人是否在房内，避免打扰；客房小酒吧的自动化管理，可实现自动记账和监控，提示员工及时补充；财务收支按级别有限开放，自动记录并可按设置周期直接打印成报表，一目了然；人力资源管理则将员工以往奖惩情况一一记录在案，包括客人的感谢信和评价，从而做到有据可依、升降得当。

2. 酒店预订支付系统

酒店在网上宣传酒店位置、设施、服务项目、优惠活动等内容，客人在网上可以方便地选择和预订酒店客房和服务项目，当客人完成预订后，酒店预订支付系统就生成了一项预订记录。当客人到酒店 Check in 时，系统自动提示预订项目并在客人确认后执行，大大节省了客人在大堂的等待时间；在住店过程中，客人可以凭房卡在酒店的其他部门签单消费，各种消费项目将通过酒店内部管理系统汇总到客人账上。

引申案例：

金融危机下酒店网络预订

据国家旅游局统计，2008 年入境旅游者 1.3 亿人次，比 2007 年下降了 2%，外国游客消费也下降了 5%。由于金融危机的影响，北京、上海和广州等一线城市的高星级酒店入住率几乎都大幅下滑。而经济型酒店的代表之一——7 天连锁酒店却异军突起，凭借其实惠的价格、洁净的环境和有限的服务，在全国各地的分店达到了 94% 到 95% 的入住率。而 7 天连锁酒店降低运营成本的利器之一就是实现网上订房。

（资料来源：中国产业经济信息网）

3. 酒店营销调研系统

酒店营销调研的内容应该包括对客和对竞争对手两方面的内容。客人 Check out 后，酒店营销部可以通过酒店营销调研系统生成的记录了解客人的背景信息和行为信息，如人口统计学方面的年龄、学历、客源地，还有客人的消费项目明细、消费偏好和特殊要求等消费行为信息，这些数据通过系统处理后存储分类，特别是 VIP 客人的相关信息更加完整。酒店营销部在这些不断更新的信息基础上制定营销战略当然事半功倍。该系统利用导航台锁定具体区域，设定与自己产品相同或相似的关键词来寻找竞争对手。仔细查看竞争对手的网址，借鉴其特色，竞争对手是否做过类似的市场调研等，还能把收集的竞争对手信息进行对比分析和趋势预测。

二、酒店在线市场调研准备

在线市场调研的主要目的是为了了解酒店的目标市场并收集客人反馈意见和建议，是网络营销的一项重要内容，日益成为酒店获取有价值市场信息的重要手段，在线市场调研需要经过五个步骤：明确调研的问题、确定调研计划（如调研方法、设计样本等）、收集数据、分析数据、提供调研结果并形成数据库。

1. 调研途径

酒店网站可以分为四类：

（1）代理类网站：这些中间商网站都有比较成熟的订房中心、票务中心作为一种链接。当酒店店知名度不高，资金、技术力量不够，不能进行有效的网络营销，甚至无法建立自己的网站时，这些酒店乐意加入这种代理类网站，不仅可以节省一大笔技术支持费用和营销费用，而且网上订房采用成交后支付佣金形式，酒店较易控制收益与费用情况。

（2）咨询类网站：只提供酒店的相关情况，如地址、前台电话、客房价格等，而没有预订、付款功能。

（3）门户类网站：提供信息平台，供酒店、旅行社等相关企业开展网上业务，如携程网、春秋旅游网等。

（4）酒店官方网站：网站信息可靠、总量大，有较大影响力的官方网站一般都是具有较强实力的国际连锁型酒店集团。

在进行调研的时候，最常用的途径有两种。一是利用酒店本身的网站，若酒店网站已经拥有固定的访问者，就可以利用自己的网站开展网上调研。不过，目前酒店很少采取网上问卷调查的形式，一般是借助酒店优惠活动和会员积分进行营销，比如万豪国际酒店集团的主页上有各种精选住宿优惠，还有针对会员积分的万豪礼赏。

二是借用中间商的网站，比如通过携程网用奖励积分鼓励预订酒店并入住的客人对酒店产品、服务等各方面作出评价，统计后给酒店推荐星级并列出具体客人评价内容，为以后在线预订的客人提供参考。

2. 调研技术手段

（1）设立网站调查网页。

由于互联网不受时空限制，调查网站可以全天候不间断地接受调查填表，成本极低、易于操作，被调查者也不受地点限制，可以主动浏览作答。中国互联网信息中心（CNNIC）就采取过这种调查方法。调查网站可以对访问者设置“过滤网”，在问卷填写前设置问题来确认其是否符合调查对象的要求，对不符合的程序将自动判断拒绝其填写问卷，防止无效问卷的生成；另外，配合赠送礼物和抽取幸运被调查者的活动，将提高参与率。

（2）E-mail 问卷调查。

用 E-mail 发送问卷调查比传统的邮寄问卷方式在操作上简便不少，这些问卷可以同时向多个接收者发送，无须耗费大量人力进行问卷的发送和回收，不仅能节省以往传统调查中调查员的交通、住宿花费，而且调查对象的范围扩大、样本增多，从而使得调查结果更符合实际市场情况。

（3）网络会议或网络实时交谈。

这种方法特别适用于专家和行业领袖的意见调查，网络会议可以让被调查者在各自独立的环境中进行，相互之间一问一答引出有价值的深度探讨，对敏感性问题也不会回避。调查者可以随时调阅结果，大大缩短了调查周期，调查者反馈的信息质量也很高，减少无效或虚假的信息介入。

（4）计算机辅助调查（CAI）。

该调查技术“基于互联网用户的全景测量”，根据 ICP/IP 进行，调查结果不仅记录了被调查者访问的网站，而且记录了其上传和下载邮件、收发电子邮件、聊天室以及计算机游戏等全部网络行为，可以为调查者提供广泛和全面的资料。形成被调查者——调查者——数据用户之间的有效循环，大大缩短了从数据收集到数据编辑的过程，时效性大增。

（5）QQS 在线调查平台。

QQS（Quality & Quick Survey）系统是一套将在线调查和在线平台管理结合在一起的在线调查软件。这个系统可以省略传统调查中很多必不可少的环节，如问卷的印刷、调查员的培训、问卷的回收、数据录入等，因而可以大大缩短调研周期。而且传统调查不管是入户调查、街头拦截访问还是电话调查，合适的被调查者的拒答率很高，高端人群用这些传统方式也很难接触到；而拥有大量高质量数据源的在线调查可以很快速和轻易地访问到目标人群，如城市白领、专业技术人员、高收入者等。

三、酒店主要部门的网络营销配合准备

1. 前厅部

酒店前厅管理系统不仅包含预订、接待、客房、夜审等传统模块，还包括财务应收账系统及众多的附加模块和决策支持系统模块，是酒店最主要的系统。酒店前厅管理系统的主要功能模块应包括：

（1）客房预订功能。

结合客户档案管理、收银，以及订金管理等多种功能为一体。此模块为建立、查询、更新客人预订、团队订房，以及商务团体预订等操作提供了完善的功能，并提供了用房量控制、取消预订、确认订房、等候名单、房间分配、押金收取以及房间共享等功能。

（2）客户资料管理功能。

提供客户资料记录功能，全面记录统计包括客户、商务合作伙伴、联系人、集团、旅行社等资料。客户资料包括地址、电话、会员信息、会员申请、住店历史信息、客户喜好以及其他相关数据。

（3）前台服务功能。

用于为到达的和已入住的客户提供服务。此模块不仅可以处理个人客户、集团客户以及未预约客户的入住服务，还设有房间分配、客户留言管理、叫醒服务、电话簿信息以及部门间内部沟通跟进服务等功能。

（4）收银功能。

包括客人账单录入、账单金额调整、预付订押金管理、费用结算、退房以及账单打印。收银功能可以支持多种支付方式，包括现金、支票、信用卡以及应收挂账。在多酒店模式环境下，可以支持各营业场所跨酒店相互入账。

（5）客房管理功能。

监督房态，包括可用房、正在清洁房、维修房以及房间设施的管理。可以在系统中对客房打扫人员的区域分配、用工统计以及客房用品进行管理；并且在房间排队的功能中，可有效协调前台和客房清洁工作，针对已分配给客人的特殊房间，通过系统通知，安排优先打扫次序。

（6）房价销售管理。

为房价设置、控制提供了便捷的工具，可以对房价以及不同房间类型的销售进行管理、实时的监控和策略调整，并在系统中提供收入的预测以及统计分析等功能。

2. 财务部

账务处理是财务管理的核心，它和其他子系统集成构成一个有效的管理网络，覆盖酒店的所有经营活动，全面、准确地反映酒店的经济活动状况；同时，账务处理系统又是一个大型信

息库，存储了大量的财务信息，为建立高层次的财务分析系统打下了基础。该子系统包括科目设置、凭证处理、账务处理、报表处理等功能。通过系统集成，充分利用各种信息生成有关营业收入、应收应付、成本费用和税金等科目的记账凭证，完成凭证打印、汇总、记账工作、输出总账、明细账、应收应付账、银行账、现金账等各种账簿，编制损益表、资产负债表等固定报表和自定义的各类分析报表。最大限度地提高了工作效率，使财务人员从烦琐的劳动中解脱出来，是财务管理模式从核算型向管理型发展的重要环节。财务模块包括核心财务管理——提供分析设置和管理、审计控制、自动合并和预算管理、交易日记账设置与清单、全面的税收管理和报告等，并按照当前/未来/以前的时段/季度/年度提供报表，还有固定资产管理、酒店项目管理和交易结算折扣管理模块等。

3. 人力资源部

人力资源部的信息化有利于协调酒店网络营销人员活动，其信息化功能改进包括：

（1）人事信息管理功能。

包括酒店员工个人资料、生日、合同等人事信息，薪酬福利、假期、社会保险、培训、奖惩等记录，进行员工的待聘、入职、年假、加班、补休及离职的处理。

（2）工资管理功能。

将考勤、请假自动与工资计算相连接，工资计算可按照劳动法规灵活地计算酒店员工加班费、补贴、年假、产假、事假等多种事项，自动关联到工资计算，每月自动计算员工的工资成本。人员变动与工资变动、人事变动自动同步。

（3）一卡通功能。

员工 ID 卡、考勤卡、就餐卡集成一张卡。排班、考勤、就餐次数与工资计算相关联，排班与考勤机资料迅速核对，提交考勤差异报告，返回部门审核确认，自动提交财务进行工资计算，实名记录。

（4）无纸化办公功能。

各部门经理可以查询本部门员工信息。各部门可以用系统进行网上排版，加班、请假申请，以及查询、修改等；部门经理及人力资源部可在网上审批请假及加班申请；网上公布员工升职、加薪、部门调动等，员工事件通知通过网上发布。

酒店还可以利用外部网与人才中介、社会保险、保险公司和养老金组织等机构沟通。例如，六洲集团就把企业的招聘工作外包给人才招聘（Hcareers）公司，并使用网页专区处理招聘事务。

目前，绝大多数中国酒店的网络营销管理还是停留在网站主页和 Word 文档上，即使在使用类似 PMS 等管理系统，也仅仅是数据记录的工具，而很少用于数据分析和收益管理。花费数十万甚至上百万的 PMS 在相当多的酒店仅仅等同于电脑中的 Excel 表。数百家的中国酒店集团中有 CRS（集团中央预订系统）的不到 30 家，运营得当的不到 10 家，而这 10 家中绝大多数不是星级酒店集团，反倒是经济型连锁酒店。更好地使用电子化科学管理工具将是中国酒店业渡过经济危机的最优方式。集团 CRS 建立、单体酒店 PMS 的优化、Switch 技术为核心的 B2B 电子交易模式的采纳、网络直销引擎的建立，这些都将帮助酒店最大化地降低成本、提高效率，从而增加边际利润。

第三节 酒店网络营销策略

一、单体酒店与集团酒店网络营销策略的异同

单体酒店与集团酒店相比，在网络营销策略上有以下不同之处：

1. 单体酒店网络营销的先天劣势

迅速涌入中国的全球饭店集团携着其强大的全球电子商务营销网络更是给中国旅游饭店业带来了激烈的网络营销竞争，这是现代酒店业谋求生存并进一步寻求发展的重要的手段之一，并将是未来不可逆转且非常重要的发展趋势。根据2008年《中国饭店业务统计》的统计分析，近些年来电子商务营销给中国国内的酒店作出了逐年明显提升的贡献：2008年中国国内星级酒店31.1%左右的订房来自网络，这与2002年的数据13%、2005年的数据25%相比，已经有了非常迅速的增长。但中国有30%的单体酒店连网站和网页也没有，而没有加入预订网络的单体酒店占全国酒店总数的97%。从国际情况来看，据权威市场调查机构Foresters Research的调查结果，全球酒店业的网上销售比例约占酒店收入的一半以上，这远远高于国内的比例，尤其是对占中国国内酒店80%的资金、实力、技术、品牌都较为单薄的单体酒店的营销更是带来了极为严峻的生存挑战。因为基于IT技术和Internet技术构建完全独立而效用强大的电子商务营销平台，需要的是强大的资金后盾、技术后盾、品牌后盾、管理后盾、规模后盾，不管是建设、维护、运营，还是技术更新、市场推广等各个方面都需要持续的人力、物力、财力等方面的投入，而这对于国内几乎所有的单体酒店而言都是严峻的挑战。

引申案例：

国际酒店业巨头希尔顿的网络营销

希尔顿集团旗下的连锁酒店在全世界超过2 700家，这些酒店分属不同的子品牌系列——国际港丽酒店系列（Gonrad Hotels）、希尔顿大饭店系列（Hilton Hotels）、双树饭店系列（DoubleTree Hotels）、大使套房酒店系列（Embassy Suites Hotels）、花园酒店（Garden Inn）、汉普敦套房旅馆系列（Hampton Inn and Suites）及希尔顿度假俱乐部（Hilton Grand Vacations）。希尔顿酒店集团积极开展电子商务，2000年集团总收入28.3亿美元，净收入2.72亿美元，电子商务收入占净收入的9%。在过去的几年间，利用互联网，希尔顿已成功地推进了客房预订业务，大幅削减了成本。2000年，它的所有网站客房预订收入超过3亿美元，是1999年的两倍。而后，希尔顿饭店集团又进行了它的第二次电子商务改革，利用电子商务增强营销能力、拓宽分销渠道、提高预订能力、购买能力和集体内部管理水平。与单体酒店相比，在电子采购方面优势明显：

为了节省成本，希尔顿饭店集团在物资采购上采取汇聚需求、统一批量采购的模式。这一过程也是通过电子商务来实现的。在集团内部，希尔顿采用一套物品请购系统。属下饭店只需使用简单的操作界面，便可直接向希尔顿设备公司线上请购所需的物品。面向供应商，希尔顿饭店集团设计了用于物资采购的互联网商务平台，酒店集团设备公司或各子饭店通过这个平台

和饭店用品供应商进行交易。2000 年，有超过 500 家子饭店和 3 500 家供应商应用着这个物资采购平台。其中，部分饭店已将其采购资金的 60% 投进了电子采购市场。

这一采购平台的优越性：一是能回击零散的采购需求，在与供应商的议价中获得优惠的价格，实现成本节约；二是提供采购管理和资产管理的功能；三是交易比较公正、透明，能防止个人非法购买行为的发生。通过这一系统，希尔顿饭店集团完成了大量的全国性和全球性的采购。在统一的购买行为确定后，供应商可通过区域性配送，将货物送到各地的希尔顿子饭店。

（资料来源：张宝明等. 电子商务技术基础. 北京：清华大学出版社，2008）

2. 单体酒店网络营销的后天努力

（1）与搜索引擎、旅游专业类综合网站合作，巩固 B2B 的商业模式。

对中国的单体酒店而言，与旅游中间商合作是一个必然的选择，尤其是酒店自身的 B2C 模式的网络直销还难以实现的情况下，这个渠道的建设和使用至关重要。目前，中国以上海携程网和北京 e 龙网为主的两大专业的酒店产品网络中间商占据了不小的市场份额，甚至在一些单体酒店里占据了一半的销售量。他们是单体酒店一定要选的合作对象，但切忌不可过于依赖，需要分散份额，与多家网络中间商合作，条件允许时选择与全世界不同区域的中间商直接合作。例如，加入一些在全球较为知名中央订房系统（GRS）与酒店全球分销系统（GDS），从而避免独家合作，酒店对中间商高度依赖，甚至出现网络中间商“挟市场份额以令酒店”的被动局面。当然，单体酒店需要支付中间商佣金等费用，但是当众多的单体酒店无法充分地开发自己的网络直销渠道的情况下，只能优先采取这种风险分散的合作模式，即使集团酒店也不能漠视这个相当可观的市场份额和收入来源。不过，一些集团酒店尤其是高端品牌的集团酒店担心与旅游中间商合作会造成廉价的品牌形象，也更信任自己集团的网络营销，所以目前与网络中间商的合作仍然很谨慎，单体酒店大可抓住时机巩固 B2B 的商业合作模式。

（2）组成单体酒店联盟，构建集体的 B2C 的商业模式。

“单体酒店联盟”是单体酒店将各自资源进行整合，尽可能地实现网络化和品牌化，以增强单体酒店的市场竞争力。一般是在客源接近或互补的城市成立的一种品牌营销联盟，在各个单体酒店经营独立的前提下，联盟中的会员卡可以互动使用、商务客户相互订房、网站相互连接、公用高端平台、共同进行电子采购等。以“联盟”的形式解决单体酒店“异地推广难”和“规模上不去”的难题，从而通过整合单体酒店来完成整个国内酒店在线订购行业的升级换代。2007 年 8 月，携程国际投资成立“星程酒店联盟”，整合国内数量众多的一星、二星级的低端单体酒店，以对抗锦江之星、7 天等连锁经济型酒店；快乐 e 行商务旅行网已经与国内北京、上海、广州、深圳、杭州等城市的千余家三星级至五星级的高档商务酒店签约，联合打造“快乐 e 行商务酒店联盟”，瞄准了更为高端、价值更大的商务客人。单体酒店联盟可以选择一些会展集体亮相，扩展客源。通过联盟的方式，在借助集团公司的影响力提升知名度的同时；也可以通过资金与规模的积累共同建立网络营销平台，实现电子商务的营销功能；通过资源聚集、客户共享的集体网络营销，最终势必会提高联盟各单体酒店的市场竞争能力和赢利能力。

（3）业务外包，以 ASP 的模式构建网络营销平台。

以特色和奢华为卖点的单体酒店需要拥有自己的网络营销平台，作为品牌构建的重要部分，能大大提高其营销能力，业务外包只是将酒店建设和维护自己的具备在线销售互动功能网站的这一业务外包给专业的IT公司，由合作方的ASP（Application Service Provider，即应用服务供应商）来为酒店建立网络营销平台，并负责日常的业务流程维护与升级等业务，通过营销业绩分红的方式进行战略合作的商业运作模式。事实上，这样的业务外包、战略合作的方式既能解决单体酒店自身在资金、技术等方面的不足，同时也为ASP提供长期的利润来源。在实践上，一些集团酒店也曾将洗衣、清洁业务外包给专业的洗涤公司，大大节约了运营成本。在ASP模式下，强调的是应用系统的使用权而不是所有权，酒店不拥有应用程序，也不需要负责程序内外部的维护，但双方共同负责必要的推广，通过资源与技术的有效合作来追求“共赢”的合作结果。不过，这种模式的推广还需要一定时间。

3. 单体酒店个性化网络营销策略

尺有所长，必有所短。集团酒店具有品牌优势，但单体酒店有更多的灵活性，对当地的市场、文化了解得非常深入；而且船小好掉头，当市场层面发生比较重大变化的时候，往往单体独立酒店转型非常快。比如，集团酒店往往在大型的宴会做得比较好，但是对于当地的餐饮单体酒店做得比较好。单体酒店不仅可以很大众和私家，也可以很奢华和高端，如北京利用自家四合院的客房、山西平遥古城的客栈属于大众消费，又具有浓厚的地方特色和私家风情；北京的颐和安缦是全球19家安缦酒店之一，属于顶级的精品酒店，香港兰桂坊酒店入选“亚洲最佳精品酒店”。

引申案例：

体味故都之美

北京安缦颐和（The Aman at Summer Palace）的大门设在颐和园东门，一贯没有招牌，大门大方敞开并由两头石狮子守护着，路过的人总会好奇地往里面瞧，却猜不出这是一家顶级度假村酒店，主楼也让大门庭院的照壁给遮掩了，这样反高潮的设计，其实更具有戏剧性。目前，全球共有19家安缦，催生了无数的安缦痴，这批忠诚的支持者旅行的原因就在于——哪里有安缦，他们就去哪里。安缦颐和定位为城市度假村（City Resort），这是目前国内欠缺的度假村类型。现代人渴望放假却不想离开城市，City Resort也因此满足了他们的需求。安缦颐和布局如私家园林，宛若清朝大臣的大宅门，也吻合安缦一贯推崇的住家风格。大部分家具都是明式风格，因采用上好的木料和木工，包括一些珍贵的楠木等，所以家具硬朗朴实、线条流畅，地上铺着呈石青色的传统金砖，这种名贵砖石经过反复烧制并打磨而成，表面色泽光滑，敲打金砖还能发出金属的声音，地下还装有地暖。空间的采光和通风都很好，窗门配上木质的卷帘，窗外的风景变得隐隐约约，如水墨画中的渲染，正如古代中国文人推崇的含蓄美。周一、三、五的下午，可以在大条案前跟着老师写大字；若起得早，可以通过一条神秘的通道去颐和园打太极。当然，安缦颐和的客房价格也大大高于一般五星级酒店，最便宜的房间挂牌价也要3 700元/晚。可惜的是，安缦现在还没有中文网址。

（资料来源：http：//blog. sina. com. cn/s/blog_ 4bf8bbc30100c5m5. html 一座艺术馆的成长日记）

二、酒店网络营销策略

1. 产品策略

酒店产品不属于实体性产品，对于第一次预订某酒店的客人来说，只能通过酒店或中间商的网页来了解酒店的客房，从而作出预订决策。网页设计和“虚拟客房”建设成为酒店产品策略的重点：

（1）网页设计。

酒店的网页设计有吸引力的表现有二：一是有酒店个人风格；二是方便客人预订。具体应做到：首先，酒店的主页符合酒店宣传的一贯风格和品牌形象，若有子品牌应该加以明确区分定位，应能够给客人比较一致和突出的印象；接下来，网页重点突出、设计合理、逻辑清楚，即使是第一次拜访的客人都可以轻松地找到自己感兴趣的内容，避免页面的烦琐；然后，网页的内容要全面，尽量涵盖客人普遍所需的信息；最后，保证网页传输速度和图片下载的速度，没有无效链接、调不出图形等情况存在。网页设计的原则是尽量缩短客人成功预订酒店的时间。另外，附上酒店详细的交通情况 3D 图，通过对酒店周边环境、交通线路和交通方式的考察，在网站上呈现出客人所需的交通指导，甚至把酒店建筑、路段、交通状况及附近餐馆、便利店、购物中心等用 3D 图直观地展现在客人眼前。

（2）虚拟客房。

从消费者行为学的角度来讲，客人往往在看到产品后才会放心购买，尤其是中国客人习惯接触产品后再买，但不管是旅游目的地还是酒店客房都在异地，属于无形产品；客人只有在使用后才能确定或鉴定其质量，无法事先检验，按信息经济学的对产品的划分，酒店客房产品被称为经验性产品。不过，技术的进步和互联网的普及使得客人的这种需求以“虚拟客房”的形式满足。虚拟客房给客人主动权，以客人的视角从客房的各个角度将客房一览无余，为订房提供更加真实的参考。客人在酒店主页的醒目位置用鼠标点击按钮，屏幕会立刻从平面进入一个立体空间。客人选择进入房间的类型，进入后点选各种观赏角度，此角度的客房图像随之呈现出来。画外音来自一位虚拟的酒店服务员，为客人做客房介绍，包括设计风格、家具设备、房顶装饰、地板花纹等。客人还可以移动鼠标查看新的服务项目，了解客房按钮的使用方法，甚至还可远眺窗外景色。酒店可以把“虚拟客房”放在自己网站和中间商的网站，让顾客不仅能够对他将预订的客房有一个全方位的了解，还能通过邀请客人设计自己喜爱的客房，从而了解本酒店客人对客房的设计偏好，持续改进客房设计和服务。

如果条件许可，酒店甚至可以推出“自由设计客房”，如果客人觉得有些地方还不大满意，如窗帘的颜色、风屏的摆放、楼层的高低等，客人只要把自己的要求输入计算机，将有机会受邀再次进入“虚拟客房”——不过，这一次客人所看到的将是自己设计的客房，客房内的一切都是按照顾客的意愿设计的。到店时，客人拥有了一间充满自己设计元素的客房，成就感和满足感将使客人持续关注这家酒店，成为回头客，口碑效应十足。

2. 价格策略

价格是酒店经营特别是营销过程中最为敏感的问题，也是酒店客人最为关注的问题，而网络营销使酒店客房的价格展现在客人面前的同时也暴露在竞争对手酒店面前。因此，应增加客房定价的“透明度”，建立合理的价格解释体系，不要在不同销售渠道如酒店主页和中间商网站上定价不一致。

（1）免费。

免费邀请客人试用酒店产品，是引发客人好感、促使客人主动认识酒店产品和服务的常用手段。网络营销中最早使用这招的是软件制造商，他们主要通过免费吸引消费者下载和试用，但试用有时间期限，或者使用进一步功能就要收费。而2009年经济危机后，我国各地旅游消费券的发放也起到了刺激旅游经济的良好作用。酒店餐饮部也常推出有限制条件的试吃券来吸引客人来餐厅，带动其他餐饮消费。

（2）折扣和优惠。

由于在互联网上客房价格随时都可能受到同行业酒店的冲击，所以应在网上建立客房价格自动调节系统，按照旅游的淡旺季、市场供需、其他酒店的价格变动等情况，自动进行实际的价格调整，并且定期提供优惠、折扣等形式以吸引客人。

（3）价格歧视。

从经济学上来说，价格歧视是指一家厂商在同一时间对同一产品或服务索取两种或两种以上的价格。对于酒店客房来说，存在挂牌价、网站价、会员价、公司价、团队价、超级优惠价等不同价格，挂牌价针对酒店散客；网站价是让利给中间商网站以扩大客源；会员价是对老客人的回馈；公司价是为了留住经常到来的商务客人；团队价是酒店争取旅游团大批客人的价格；超级优惠价是酒店极淡季时候的最低价；对于广州的酒店来说，还有一个偏高的广交会价。酒店通过价格歧视能平衡淡旺季的客源，使旺季利润最大化，淡季保本经营。但酒店应避免客人知道与他住同一档次甚至是同一时间客房的其他客人所支付的价格不一样，尤其忌讳给不同的网络中间商不同价格，有时某些网络中间商为了吸引客人，宁愿损失一部分佣金来降低酒店客房的直观价格，导致客人在搜索引擎上得出五花八门的价格，从而感到无所适从，对酒店客房价格产生不信任感，酒店要对此类情况进行监控。

（4）多渠道定价。

当一家酒店拥有如GDS（全球分销系统）、酒店订房中心、携程、e-long、公司直接订房、上门无协议散客等多个营销渠道时，渠道管理的重要性就体现了出来。而这其中最关键的就是酒店的价格控制。不让客人对价格等信息感到混乱失去对酒店的信心。如酒店上门无协议散客的房价应与订房中心的正常预订价一致，而不是给某个订房渠道特殊价格造成人为的某个订房渠道订房量上升。良好的定价策略通常是根据不同的细分市场和不同预订方式制订相应的价格。应根据酒店自身的定位、产品优劣以及市场的接受程度和顾客对价格的不同敏感度作相应的定价。而在多种渠道并行、多种价格变动复杂的同时，要确保酒店价格转化良好，避免出现价格的互串，这需要酒店的相关管理系统具有极强的联动性和可操作性。

3. 促销策略

（1）电子邮件。

电子邮件是互联网传送的个人信件，酒店可以把本酒店的广告通过E-mail直接发送给顾客，它具有成本低、信息发布反馈速度快等优点。虽然酒店虽然可以通过多种渠道获得大量的个人E-mail地址，但酒店所投寄的信息顾客不一定需要，这样就容易导致顾客对本酒店产生不良的印象。这就要求酒店互联网营销人员认真分析和严格审查，根据其资料进行取舍，同时提高所投电子邮件的质量。包括措辞、文字设计、背景图案等各方面的内容。当然，给酒店会员发送电子邮件这种形式还是较为常用的一种方法。

（2）搜索引擎、门户网站和旅游专业类综合网站。

著名的搜索引擎 Yahoo、Baidu、Google 和门户网站 Sohu、Sina 等专门为公众提供网站查询检索服务，但客人往往不会在这些网站上预订酒店产品，期望在输入关键字后便可找到自己所需的酒店信息。由于同一搜索主题一般涉及的酒店数量非常多，酒店的网址有被淹没的危险，要求酒店的网址具有相对易查询性。而外出旅游的客人或者出差的商务客人习惯于在旅游专业综合网站上进行酒店查询预订，一般访问此类专业综合网站的客人都带有较为明确的目的——预订客房，客人只要输入旅游地名称，所需酒店的等级、价格，网站便会列出一系列酒店名单，客人通过价格比对和品牌选择，便可以迅速完成预订。不过，对于酒店来说，这种促销方式最大的问题就是酒店的信息很容易被淹没在一系列酒店信息中，酒店应争取此类网站的特殊推荐机会和加入网站的主要优惠套餐。

（3）重大事件。

事件营销（Event Marketing）是酒店通过策划、组织和利用具有名人效应、新闻价值以及社会影响的人物或事件，引起媒体、社会团体和消费者的兴趣与关注，以求提高酒店产品和服务的知名度、美誉度，树立良好的口碑，并最终促成产品或服务销售目的的手段和方式。传统的事件营销需要借助多种媒体和邀请名人，造势过程较长、花费很高，但网络炒作重大事件成本低得多，酒店可以参考下列案例（见小案例：世界上最好的工作）中的做法。

4. 品牌策略

美国市场营销学会将品牌定义为：品牌是一种名称、术语、标记、符号或设计，或是它们的组合运用，其目的是借以辨认某个销售者或者某群销售者的产品和服务，并使之与竞争对手的产品和服务区别开来（如图4－1 洲际集团品牌）。在网络中，域名是由个人、企业或组织申请的独占使用的互联网标志，并对提供的服务或产品的品质进行承诺和提供信息交换或交易的虚拟地址。域名的知名度和访问率就是酒店形象在互联网商业环境中的具体体现，酒店品牌的知名度直接决定了酒店能否在网络营销中胜出。

小案例：

世界上最好的工作

——大堡礁全球范围招募看护员

昆士兰旅游局招募一位大堡礁看护员，工作时间从 2009 年 7 月 1 日开始，为期半年，薪水 15 万澳元（66 万人民币）。说是“世界上最好的工作”，看护员的职责包括探访大堡礁附近的诸多岛屿、亲身体验各种探险活动、把自己的经历以文字和视频的方式记录下来并上传到博客。昆士兰旅游局要求应聘者用符合要求的 VCR 来简单介绍自己的经历和优势，然后发起网络投票，得票最高的应聘者将得到这份工作。应聘网站在开通后的第三天就因登录者过多而瘫痪了。

1981 年，大堡礁进入“世界自然遗产名录”，被列为“一生必去的 50 个地方”。营销一直按部就班，这次招聘如平地一声惊雷，世界各地媒体纷纷转载并跟进招聘过程，大堡礁利用这次网络招聘事件得到免费的全球宣传，可谓匠心独具。

（资料来源：http：//www. queensland. com. cn/ 澳大利亚昆士兰旅游局）

图4－1　洲际酒店集团旗下品牌一览

引申案例：

经济型酒店品牌细分策略

在中国经济型酒店当中，汉庭率先采取细分品牌战略：汉庭酒店（豪华经济型）、汉庭快捷（舒适型）和汉庭客栈（廉价型）。

以位于中国第一街———北京长安街上的汉庭酒店东单店为例，它在整个汉庭产品中属于最高端的“汉庭酒店”。与此“顶级地段”相配的是，有别致的大堂、精巧的会议室和齐全的商务设施，诸如打印、复印等商务措施对会员都是免费开放的。客房内有挂壁式的液晶电视、小型的电冰箱、独立衣橱、台灯和组合式设计的写字台和床头柜，以及干湿分开的卫浴系统。包括大堂内高档皮质沙发组成的休息区、单独的上网室和会议室，其标准与一般四星级酒店并无二致，只是更小巧、精致。但是，这个档次酒店的会员价为300元，仅相当于周边五星级酒店的六分之一。如果客人对地段要求不高，他们还可以选择汉庭的另外两个品牌“汉庭快捷”和“汉庭客栈”，汉庭快捷是汉庭数量最多、分布最广的酒店，平均房价在200元左右；而9月底刚刚推出的汉庭客栈，则是定位在对预算有特别要求的年轻白领和学生，价格在100元左右。汉庭不同系列的有限服务的产品，都具备了高性价比的特征，满足了不同消费者的出行需求。

（资料来源：http：//blog. sina. com. cn/s/blog_40133b690100e3ml. html ljx2233 ）

5. 客户关系管理策略

客户关系是酒店最重要的资产，基于酒店产品和服务的提供通常是面对面发生的。酒店与客人的关系除了包含财务利益外，也会涉及情感的、社会的或心理的利益。有远见的酒店一定会开发、保护、维系自己的客户关系，这是酒店市场营销的核心任务。在互联网时代，如何在酒店网络营销中植入信任感、亲切感等情感体验，显得日益重要和迫切。从这个意义上来看，酒店网络营销的现状不能令人满意：全球品牌连锁酒店的强势网络营销、本土经济型酒店和旅游中间商网络订房中心的崛起，不断地向酒店核心的资产——客户关系发起进攻。而众多酒店认为这是跟上信息化潮流的表现。酒店躲在订房系统后面冷酷地计算着入住率，这种自我封闭的做法非常不利于客户关系的拓展和交流。其遵循的原则如图4-2所示。

图4-2　客户关系管理图

三、网络营销与传统营销整合策略

酒店的电子商务发展可以划分为如下阶段：第一阶段是由酒店自发地与酒店所在地区的旅行社、企业等合作，建立区域性、人工操作的分销网络，这一阶段在中国维持了相当长的时间，直至20世纪90年代末网络订房中心的诞生才使得酒店分销进入“鼠标+水泥”的第二阶段；第二阶段诞生了以携程网、e龙网为首的上市企业，后期产生了中青旅、芒果、12580等强势企业；第三阶段是从2006年开始，许多有远见的企业开始尝试从酒店端推动以酒店为核心的电子分销技术，酒店管理系统（PMS）市场将升级成酒店电子分销工具，期望通过网络进行无限量、无地域的客户管理，而且完全摒弃传统作业模式下电话、传真、人工等带来的低效率、低准确率、模糊收益的弱点，走入一个电子化、全球化、高收益的分销阶段。

酒店网络营销简单来说就是指酒店利用国际互联网这个快捷、灵活的信息沟通渠道来推销酒店产品的一种市场营销活动。酒店的高度电子商务化并不意味着网络营销能完全脱离传统营销，传统营销与网络营销实质上是企业营销战略的两个有机组成部分。其中，传统营销为网络营销创造前提条件，而网络营销则依靠其廉价、即时、互动的特征逐渐成为企业实现营销目标的主要手段，二者缺一不可，必须整合才能发挥最大功效。

1. 传统营销塑造品牌

由于网络营销需要客人主动搜索信息，因此企业必须在消费者选购或搜寻信息之前就建立品牌形象，这样才有机会将信息传递给消费者。借助传统媒介建立品牌形象，是企业利用传统营销手法引导客人登陆酒店网站的一个较好方式。当品牌形象树立之后，消费者愿意登录企业网站了解其产品特色时，网络营销便可利用其低廉的价格提供即时、详尽的资料，充分发挥营销功能。

2. 网络营销满足客户体验

酒店网站的交互性是吸引客人和维持客人忠诚度的关键因素。从营销传播的观点来看，酒店网络上的互动式广告有两个特点：应个人需求提供信息；允许广告受众选择广告内容。互动式广告不再是让所有消费者观看单一形式的信息，而是允许客人选择不同的广告信息来满足个人需要。客人能在参与酒店网络营销活动的过程中感到愉悦。

3. 酒店组织的扁平化

网络营销也会对传统营销的组织方式造成冲击，比如营销部门人员的减少，销售组织层级的减少和扁平化，经销代理与门市店数量的减少，渠道的缩短，虚拟经销商、虚拟门市及虚拟部门等内外组织的盛行，都导致酒店对于组织进行再造工程的迫切需要。网络营销还彻底重组了企业的营销理念，创新了传统营销的组合策略和手段：传统营销组合4P中的产品、渠道和促销由于摆脱了对传统物质载体的依赖，已经完全电子化和非物质化了。因此，就非实体产品而言，网络营销中的产品、渠道和促销本身已经电子化，它们之间的分界线已相当模糊。而且价格以客人意识到的产品价值来计算。

引申案例：

《指环王》的整合营销计划

2001年12月，新线影业公司（New Line Cinema）发行了根据托尔金（J. R. R. Tolkien）的《指环王》（*The Lord of the Rings*）三部曲导演的三部电影之一，名为《指环王：魔戒再现》（*The Lord of the Rings*：*The Fellowship of the Ring*）。该部电影以及其后的两部《指环王：双塔奇兵》、《指环王：王者归来》都取得了巨大的成功。早在1999年5月，其网络营销就已经开始，标志是其官方的Web站点（www. lordoftherings. net）的推出。新线影业公司至少利用了25种在线营销手段，主要手段如下：

· 病毒营销：《指环王》的影迷希望散布有关电影三部曲的新闻，新线影业基于社区通过影迷进行病毒营销，超过50%接收到信息的影迷将其转发给亲朋好友，成为产生认知的强大工具。

· 共享内容：新线影业为广泛的Web站点提供内容，多数内容是“社论式广告”——部分广告加部分评论。这种分享增大了新线影业为该影片制作的宣传内容的影响范围和频率。

· 2I：《指环王》营销计划中使用的大量基于网络的营销手段（例如可下载的病毒内容）充分利用了该媒体的个人化和交互性。在将网络客户从认知阶段推进到承诺阶段方面相当成功，在官方网站上下载之多和客户得到的病毒道具说明了这一点。

· AOL：新线影业利用了母公司AOL时代华纳和其王牌AOL Internet服务的关系，获准影响其超过3 000万客户。通过屏保、桌面墙纸、即时短消息（ICQ）、网景（Netscape）、Spinner、Winamp、数字城市、影迷Web站点、在线售票、竞赛、社区内交互语音流等方式扩大了网络营销的范围和频率，起到了良好的效果。

· 在线事件：2000年4月，新线影业在《指环王》官方网站上独家推出了该部电影的连续镜头的首次预映。其官方网站的管理员和编辑开展在线宣传：发送包括倒计时图片在内的E-mail提醒，协调社区力量使该预映在24小时内有超过170万次下载，为更广泛的营销计划产生了动量，也被大量有影响力的离线媒体报道。

跟踪调查表明，在第一部《指环王》发行的那个周内，电影观众中有94%的认知程度，超过59%的电影观众声称对该影片有“明确的兴趣”（对25岁以上的男性电影观众，该数字跳到70%）。

离线配合手段包括电影预告片、电视广告片、无线广播、户外广告、印刷广告、零售购买点展示、伙伴和全国性促销、巴诺书店、美国图书馆协会和少年阅读周、杂志、报纸和电视节目等。

在电影开幕日进行的影院退场观众的调查显示，超过50%的观众表示网络是其获取有关这部电影信息的主要来源之一。考虑到网络开支在营销预算中占2%以下，在线营销获得非常高的投资收益率，并以比离线营销更低的成本赢得客户。

在《指环王》的营销活动中，整合离线和在线手段的努力取得了巨大的成功，这在很大程度上归因于所有营销手段上一致地使用类似的主题和风格，向客户提供一致的体验，许多离线手段将客户引导到在线信息源，体验可在此深化。而离线手段则创造了电影票之外的可观收益。

（资料来源：拉菲·穆罕默德等. 网络营销（第2版）. 北京：中国财政经济出版社，2004）

第四节　酒店网络营销手段

一、酒店网络营销的主要手段

当前，网络营销还局限在只是推广酒店形象，网络营销只是酒店整体营销战略的一部分，但随着酒店电子商务建设的不断加快，网络营销将会是酒店的一个主要销售模式。其主要手段包括：

1. 网络广告

（1）交换旗帜广告。

相比之下，交换旗帜广告这种形式更适合于酒店。旗帜广告交换网络的运行机制简单地说就是酒店制作一个宣传自己的旗帜广告并将自己归到酒店这一行业类型中，然后根据酒店网页中交换服务网络图标被看到的次数，按照酒店所选择的类别等量地送到别的站点中展示。这种广告形式具有免费、接触面广和即时统计等诸多优点。但同时酒店也应加大自己的网站促销力度以提高访问率。

（2）网幅广告。

网幅广告是以GIF、JPG、Flash等格式建立的图像文件，定位在网页中大多用来表现广告内容，同时还可使用Java等语言使其产生交互性、用Shockwave等插件工具增强表现力。

（3）文本链接广告。

文本链接广告是以一排文字作一个广告，点击可以进入相应的广告页面。这是一种对浏览者干扰最少但却较为有效的网络广告形式。有时候，最简单的广告形式效果却最好。

（4）弹出式广告。

浏览者在请求登录网页时强制插入一个广告页面或弹出广告窗口。它们有点类似电视广告，都是打断正常节目的播放，强迫观众观看。插播式广告有各种尺寸，有全屏的也有小窗口的，而且互动的程度也不同，从静态的到全部动态的都有。浏览者可以通过关闭窗口不看广告。

（5）交互式广告。

一般是指使用浏览器插件或其他脚本语言、Java 语言等编写的具有复杂视觉效果和交互功能的网络广告。这些效果的使用是否有效，一方面取决于站点的服务器端设置；另一方面取决于访问者浏览器是否能查看。一般来说，Rich Media 能表现更多、更精彩的广告内容。酒店主页上往往都有这种广告。

（6）邮件列表广告。

又称直邮广告，利用网站电子刊物服务中的电子邮件列表，将广告加在每天读者所订阅的刊物中直接发给相应的邮箱所属人。

（7）墙纸式广告。

把酒店的图片或者近期活动的推广内容体现在墙纸上，并供感兴趣的人下载。

2. 非 pc 界面

当我们说到界面时，更多地会想到酒店客人在计算机屏幕面前查询预订的画面。然而，数字化界面并不是只有计算机界面，它有多种内容：3G 手机、PDM、PSP、Mp4 等，以全新的方式为客人呈现网络，未来人们消费数字化数据的平台将更加多样化。就中国目前的情况来看，由于信用卡担保体系不完善，大部分网上预订的国内客人也没有开通网上银行，不少酒店抱怨有些客人预订客房后不出现，导致酒店疲于应付“空订”现象；网络营销在最后实现效益的那一步卡了壳，手机的“电子钱包”功能因为有短信确认而受到欢迎；酒店甚至可以直接向会员手机发送电子刊物和优惠券条码，客人不用再登录网站浏览和打印，大大方便了商务客人。2006 年微软发布的操作系统 Windows Vista，其中引人注目的一点是：Windows Vista 的表现子系统“Windows Presentation Foundation”中配备一项名为“Windows Presentation Foundation Everywhere”的辅助工具包，该工具包可为配备 Windows 的非 PC 终端统一用户界面。此外，Windows Presentation Foundation 还配备有显示 3D 对象的功能。Windows Presentation Foundation 与用户界面一起负责多媒体内容和文件的显示及处理等。这些尝试为将来非 PC 界面在酒店网络营销中大显身手提供了技术条件。

3. 拍卖

酒店的产品和服务具有“不可储存性”的特点，酒店永远卖不出昨天的客房，当天未卖出的客房在成本已支出的情况下不但无法为酒店带来收益，而且造成了酒店的成本沉没。所以，可以说酒店营销的核心任务就是尽可能地提高酒店入住率（对某些高端酒店例外）。西方有一种名为“last-minute”的机票销售方式：飞机票在起飞前还没有销售出去，便会通过降价方式出售，以减少空位。越接近起飞时间，机票价格越便宜。酒店产品和服务的性质与飞机票类似，衍生出一种夜间订房模式：夜间订房把预订时段推迟到晚上 6 时后开始，因为从该时段起，很多酒店当天入住的客人已基本到达。如还有剩余房间，就可以通过夜间预订平台销售出去，价格也会优惠一些。但夜间订房优惠业务如推广开来，很多自费客人会挑优惠时段才订房入住，不少酒店因此采取观望态度。西方成熟的营销方法还是主要放在网上进行客房拍卖，多名有意该客房的客人进行竞拍，价高者得，不过还是比提前预订价格优惠。这样便有效地分流了担心无合适客房入住而提前预订的客人，以及临时计划出行愿意竞拍的图实惠的客人。两者各得其所，皆大欢喜。

小案例：

世界各地酒店客房的最后拍卖

美国大型旅行服务网站 Travelocity（www. travelocity. com）的“Last Minute Deal”（最后一分钟的买卖）最为出名。在它的网页上，只要选择了目的地和出发地，就能显示出当天机票、旅馆等整套费用的非常优惠的价格；在日本，并非只有大型旅行社才提供这类“Last Minute Deal”商品，一些酒店将空缺信息直接显示在自己的 Web 网页上，直到接到预约为止。类似的例子有横滨旅馆网站。在网页上提供“Today's Value Room”（今日最有价值的客房），可以根据每天的空房状来决定客房类型、费用、限定房间数等专用的当天预约计划。

澳大利亚的网络公司 Rates To Go（ratestogo. com）也提供了全世界短时间入住的网上增值酒店订房服务，协助酒店在“Last Minute Deal”住宿市场中，找到更多的住客。这样的做法确实帮许多酒店业者增加订房数目，增进了订房率及住房收入；在中国，罗盘酒店搜索引擎（www. luopan. com）推出的“最后一分钟促销”系统，是目前国内唯一的“Last Minute Deal”系统，目前只针对国内酒店。

（资料来源：http：//dzb. sg. com. cn/toptravel/xy/420330_2. shtml 用好行前最后一分钟）

4. 会员网络俱乐部

会员网络是酒店建立虚拟组织的基础上形成的网络团体。酒店可以把曾经住过本酒店的客人和酒店的常客组成一个会员网络俱乐部，促进他们之间的联系和交流，培养顾客对酒店的忠诚度，并且把客人融入整个营销过程中，让每一个会员都能知晓、参与和反馈。例如，在客人离店后，酒店会询问他对酒店产品和服务的意见，以示对客人的尊重的和关心；酒店在征求客人的同意后，可以为那些都处于社会同一阶层、来自于同一个城市、背景相似的客人提供彼此的联系方法，促进他们之间的交流；在节假日，酒店可向会员发送精致的贺卡；在酒店推出新的服务项目前，也可通过各种方式通知会员，并征求他们的意见，客人一直受到关怀和尊重，酒店的良好印象因此不断得到强化。

引申案例：

洲际酒店集团的“优悦会”

洲际酒店集团的优悦会是全球首个推出、规模最大、发展最快的酒店业忠诚客户奖励计划，在全球拥有 3 700 多万名会员。该计划曾在第十八届年度弗莱迪奖（Freddie Awards）中获得“年度最佳酒店忠诚客户项目奖”；在《全球旅行者》（*Global Traveler*）杂志的评选中当选“最佳酒店回馈项目”。优悦会奖励计划广受欢迎，使用便捷。该计划的灵活性不仅在于奖励的住宿无截止日期以及积分永不过期，相比其他任何酒店忠诚客户项目，优悦会提供更多的积分兑换方式，包括通过行业领先的“任何酒店，任何地点”的奖励计划在全球 50 万家酒店进行积分兑换——甚至是在竞争对手的酒店。会员不仅能以积分兑换酒店住宿，还可以兑换 40 多家航空公司合作伙伴的飞行里程、汽车租金、礼券，以及《积分兑换回馈目录》中成千上百种商品。优悦会奖励计划为会员提供独一无二的“个人购物”项目，使会员可以兑换《积分兑换回馈目录》之外的商品。2008 年 4 月 18 日——世界领先的酒店忠诚客人奖励计划——

优悦会本月在大中华区的会员数突破100万大关。洲际酒店集团创立的优悦会是世界最大的酒店忠诚客户计划，在全球拥有超过3 700万会员，并且被2007年中国酒店星光奖评为“最佳酒店忠诚客户计划”。在大中华区，平均每月有20 000新会员加入优悦会。

（资料来源：http：//travel. sohu. com/20080428/n256560699. shtml 搜狐旅游）

二、酒店网络营销的创意手段

20世纪初，经济学家Joseph Schumpeter把“创新”的提法引入经济领域。所谓创新，就是生产要素的重新组合，从而获取潜在的利润。创新可以分为以下三类：一是自主创新，如中国第一家中外合作的广州白天鹅宾馆就是在毫无前例的情况下摸索出一套高星级酒店的管理方法，其《白天鹅宾馆管理实务》成为后来很多酒店经理的案头书；二是模仿创新，无法发前人未发之语时，就跟随市场领先者；三是合作创新，酒店联合旅行社、景区等同业甚至是不同行业的企业共同营销。值得尝试的酒店网络营销的创意手段包括：

1. 在线社区

在线社区是建立在共同兴趣基础之上的一组相互交织的关系，它能够满足个体在别处无法得到满足的需求。成功的在线社区要满足以下准则：

（1）人员准则：成员资格是有意识的选择、成员规模达到了临界规模和可持续性、成员有很强的信任感。

（2）过程准则：成员实现了规模收益、有效的协调和站点结构保持社区活动有章可循。

（3）文化准则：参与和反馈的精神得到明显的培养、会员意识强。

（4）技术准则：交互的有效性最大化、社区易于导航。

目前的一些旅游中间商采取了实时形式的社区运行方式，比如客人在登录其网站后，在线提出问题，网站的工作人员给出回答、沟通交流。如果能给酒店现实客人和潜在客人提供一个交流的平台——在线社区，就可以为酒店带来许多好处如降低的客人服务成本、降低的客人获取成本、降低的营销成本、提高市场细分度和定制的能力、提高知名度、加深客户关系等。

小案例：

洲际酒店利用在线社区削减研究成本

洲际酒店集团的网站设有一个“自由讨论”区，客户可以通过五种不同途径发表意见、建议和提问，包括通过调查、聊天室和具体主题的讨论区。集中探讨客户需求和体验的调查，可以配合多选答案或开放式答案。某天，网站贴出了这样的问题：你如何使用你的忠诚俱乐部卡？超过半数人回答携带太多卡片十分麻烦，因此他们通常把卡留在家里，结果错失了租车奖励或酒店积分的机会。几天之后，洲际酒店的团队就提出了解决客户失望问题的方案：一张背后留有空处填写其他酒店、航空公司和租车忠诚度计划号码的奖励卡。设计师创作了新卡的原型并将其公布在私人在线社区中，以听取客人的意见。客人最喜欢的一种设计最终得以生产并邮寄给他们。在一天以内，多亏了来自社区会员的反馈，新卡的市场宣传语就由“可定制的卡片”改为“个性化设计您的卡”。从最初咨询到新卡发放整个过程仅用了一周时间。

（资料来源：http：//info. hotel. hc360. com/2008/01/22090095023. shtml 洲际酒店利用在线社区削减研究成本）

小案例：

7天经济型连锁酒店拓展在线社区服务

2009年，7天连锁酒店宣布在其官网上推出试用版“快乐七天”SNS（社交网络）社区。该社区的推出有效地增强600万会员的品牌黏性，并依靠已有会员的口碑能量和虚拟游戏吸引更多的会员。随着“快乐七天”SNS社区的日益成熟，7天将酒店运营推向其电子商务的第四个层次，即从虚拟走向现实，运用低成本方式构造社区和生活环境，并影响现实生活。

（资料来源：http：//www.kxfdj.com/newsshow.asp？id=3359 起航视觉设计工作室）

2. 在线游戏

在线游戏，又称“网络游戏”，简称“网游”，是指以互联网为传输媒介、以游戏运营商服务器和用户计算机为处理终端、以游戏客户端软件为信息交互窗口的，旨在实现娱乐、休闲、交流和取得虚拟成就的具有相当可持续性的个体性多人在线游戏。2007年，中国网络游戏市场规模为128亿元，同比增长66.7%。2007年，中国网络游戏用户达到4 800万，环比增长17.1%。目前与酒店行业有关的游戏包括豪华酒店找东西游戏、好莱坞酒店假日游戏、情定大饭店游戏、经营酒店游戏等，大多数属于简单的小游戏，鉴于“90后”和“00后”对在线游戏的热情，在线游戏可以很好地为酒店培育未来忠诚客人。

引申案例：

在线紫禁城游戏

2008年10月10日，由故宫博物院和IBM合作的“超越时空的紫禁城”虚拟世界正式启动。据了解，该项目耗时3年，耗资300万美元。据悉，“超越时空的紫禁城”是中国第一个在互联网上展现重要历史文化景点的虚拟世界。该虚拟世界可以在Linux、Windows和Mac操作环境下运行。这个被称为“超越时空的紫禁城”的虚拟世界，借助现代技术，立体地、精细地再现了故宫博物院这座满载文化宝藏的宝库，是技术与文化的完美结合，是亚洲第一个在互联网上展现如此庞大的历史文化遗产的虚拟世界。游客在进入虚拟世界时可选择一个自己喜欢的身份，如官员、宫女、嫔妃、武士、太监等。参观时既可跟随一个导游，也可自己随意闲逛，或是自己做导游带领其他在线的游客一起参观。虚拟世界还设计了一些场景，比如皇帝批阅奏章、用膳，太监们逗蛐蛐，武士们练射箭等，游客可以“冷眼旁观”；也可参与其中，与人物比试一番。玩几遍这个游戏，不仅对故宫建筑、文化了如指掌，还可以结交同好，得到身临其境的逼真体验。

（资料来源：http：//www.beyondspaceandtime.org/FCBSTWeb/web/index.html#link）

3. 绿色营销

绿色营销是在人们追求健康（health）、安全（safe）、环保（envioroment）的意识形态下所发展起来的新的营销方式和方法。经济发达国家已经基本上形成了绿色需求——绿色研发——绿色生产——绿色产品——绿色消费为主线的消费链条。调查显示，德国82%的消费者和荷兰67%的消费者在超级市场购物时，会考虑环保问题。在亚洲，日本消费者对普通的饮用水和空气都以“绿色”为选择标准，罐装水和纯净的氧气成为市场的抢手货。流行语乐活族又称乐活生活，是一个由西方传来的新兴生活形态族群，由音译而来，LOHAS 是英语 Lifestyles of Health and Sustainability 的缩写，意为以健康及自给自足的形态过生活，强调“健康、可持续的生活方式”。

小案例：

乐活酒店评选

由《时尚旅游》携手 SIMMONS 共同发起的“中国最乐活酒店”评选活动，依据“乐活、绿色、环保、健康”的标准，由读者共同推选出52家最具乐活特质的酒店，读者根据网上问卷调查，从入围的52家酒店中进行投票评选，最终选出8家“中国最乐活酒店”以及2家令人期待的“健康睡眠大奖”。绿色营销为酒店网络营销找到了一个新的切入点。

（资料来源：http：//www. lotour. com/zhuanti/lohas/jiexiao. html 乐活酒店评选活动）

三、酒店网络营销评价手段

酒店既然采用网络营销方式，必然会面临如何评价网络营销效果的问题。网络营销效果综合评价是对一个时期网络营销活动的总结，也是制定下一个阶段网络营销策略的依据。通过分析，还可以得到有助于增强网络营销效果的信息。目前，针对网络营销还没有一个系统、一致的评价方式。但通过对某些与业绩紧密相关的一些环节的评价可以反映网络营销的绩效：

1. 酒店网站访问统计

（1）页面访问率。酒店网站一般有多个页面，每个网页的访问情况可以帮助酒店了解客人的喜好，也可以为将来网站升级提供方向。需要统计的指标包括：浏览者数量；页面浏览数，即在一定时期内所有浏览者浏览的页面数量；每个浏览者的页面浏览数，即在一定时期内全部页面浏览数与所有浏览者相除的结果。

（2）浏览者来源和分布。酒店采用网络广告、搜索引擎、论坛、博客等多种方式推广自己的网站，对浏览者来源和分布的统计让酒店找到最佳的推广方式；另一方面，根据浏览者 IP 地址的地域分布可以为酒店寻找到自己的主要目标市场。

（3）停留时间。这个指标可以帮助酒店鉴别浏览者是否有可能成为酒店的现实客人。

（4）浏览者回头率。对于多次浏览酒店的 IP 地址应予以鉴别和记录，酒店可以为他们发送电子邮件，其成功率会更高。

2. 酒店网站建设和推广评价

酒店网站建设看如下指标：是否与酒店一贯风格相符，是否能快速打开，是否有无效链接，是否有内容、书写方面的错误，是否能排在搜索引擎结果的第一页的前部。

而酒店推广反映了酒店网络营销人员的工作量，其评价指标有：登记搜索引擎的数量和排名，在其他网站链接的数量，会员网络中注册会员的数量，论坛、社区中提问的回答率和准确率。

3. 浏览者转化成客人的比率

酒店往往非常重视网站的访问流量，把不断增加的浏览者数量看成是网络营销的成功；但实际上，如果浏览者不能转化成现实的客人，或者转化率偏低，网络营销就不能说达到了很好的效果。要提高转化率就需要做到：

（1）强化预订工具的操作性，与传统营销方式相结合。

简洁而有重点的页面将有助于客人找到酒店预订入口，明确的引导程序则让预订过程流畅，快速的页面转化可让预订不需要等待，而安全的支付保障让客人安心。以上是评价预订工具的可操作性的准则。另外，当客人发现网上预订存在问题后，酒店应备有专人通话的免费电话可以拨打，或者有专人回复客人的E-mail。

（2）及时跟进客人情况调查表。

在客人实际入住酒店之际，前台或客房可以设法询问客人的预订途径和感受，了解他们对于网站信息和服务的看法，比较线上、线下预订的优势和劣势，并给予相应鼓励。这样得到客人转化率的第一手资料。

4. 网络营销投资回报率

网络营销的成本包括酒店网络营销部门的设立费用和人员费用，网站设计、运营、升级费用，网上相关活动的开展费用等。酒店可以通过网络直接反馈、线下订房中心电话记录、与客人的沟通等方面监测网站推广的效果，或者从网上订单的增加情况来看投资回报率。当然，这些评价应该有如下前提：网络营销是酒店未来营销的重头戏，长远来看必将起到缩短营销周期、降低营销成本、推广酒店品牌的积极作用，不要因前期较多的投入而扼杀了未来营销的希望之星。当然，酒店也要量力而行，当寻找在线旅游中间商帮助就能满足近期酒店营销所需，且酒店不足以负荷自身网站建设费用时，及时放弃也是明智之举。

经典案例研究

网络预订裂变效应，酒店直销模式初探

对于消费者，酒店直销网不收取任何服务佣金，可以提供个性化报价，支持团购；同时还可以替消费者与酒店讨价还价。对于酒店，酒店直销网只收取低廉的年费；对于中国大多数单体酒店，酒店直销网帮助他们形成虚拟集团，使其拥有全球网络和品牌。

11月9日，携程网发布截至9月30日的2006年第三季度未经审计财务报告，报告显示，其第三季度净营收为2.08亿元人民币，同比增长47%。有证券分析人士认为，其获取巨额收入的主要渠道来自于从会员酒店那里获取的不菲佣金。

而这恰恰是国内酒店心中的隐忧。来自第三方调查机构的数据显示，目前携程覆盖的酒店规模已接近5 000家，每月通过携程进行预订的酒店房间数达到40余万间。可是，当通过网络定房的比例达到酒店总体出租率的20%时，携程网这样的网络预订大佬就会希望更多地去左右市场。

有消息透露，网络预订的主要运作模式是酒店每通过网络预订获得一个客户，就需要将此客户消费价格的10%以上作为佣金支付给该网站；而在一些四星级以上的酒店，支付佣金的费用甚至高达酒店价格的16%以上。

集体性“营销短视症”

我们分析可以发现，现存的网络预订模式仅仅将销售作为核心，而并没有关注整个营销模式，进而完全忽略了最终客户的感受。“作为中间渠道，预订网站同时面对着两个客户，一个是酒店，一个是最终旅客。可是，从目前情况来看，这种模式显然仅仅将追求商业利益作为至上的目标，并没有对如何保证自己客户的利益做太多的关注。”某业内专家如是说。

据了解，由于携程网等网络预订网站的日渐强势，对酒店利益的威胁使众多的酒店开始对其进行消极抵制。“对于来自网络预订的客户，我们往往为了降低与网络预订签订的最低价格协议的损失，都尽量将他们安排在相对入住率较低的房间。”一位三星级酒店的大堂经理私下里透露。而这种安排无疑会造成客户满意度的降低，利益分配的不均衡会使网络预订产业陷入恶性循环。

不仅如此，凸显出自身缺陷的网络预订模式在携程网上市3年后，在最终客户端也开始遭遇发展瓶颈。相关统计数据显示，截止到去年年底，我国旅游产业的市场规模已经高达7 700亿元；而相比之下，通过网络进行旅行检索和预订酒店的总体规模却只有8.5亿元，只能占到整个旅游产业规模的0.1%。与此同时，在中国互联网信息中心（CNNIC）7月份发布的《中国互联网络发展状况统计报告》中也显示，“网上预订”服务在“网民经常使用的网络服务”排名统计中只占5.4%，在总体25项调查中仅排名23位。

该专家认为：“为了获得高额的佣金回报，网络预订往往只是将注意力集中在那些价格较高的三星级以上的酒店群体，忽视了众多的经济型酒店，这使网络预订网站的会员酒店与中国普通客户的需求产生了割裂，造成了用户并不能通过网络预订找到自己满意的旅途居住地，从而导致了用户积极性的下降。”

直销的“便宜”战术

而酒店行业也发生了巨大的变化，经济型酒店如如家、锦江之星、莫泰168、速8等迅速兴起，也催生了一些以网络直销为主的酒店直销网，他们宣称将用一种剔除了中间高昂佣金环节的直销模式来替代已经让诸多酒店苦不堪言的网络预订。

据了解，该模式将不再定位于酒店与旅客之间的中介角色，而只是搭建一个网络直销的平台。旅客可以直接通过该平台实现与目标酒店的询价议价、订房以及评论等实时互动，并最终完成酒店与旅客直接的营销过程。“酒店在使用网络直销平台并满意之后，只需向我们支付很少的年费”，酒店直销网负责人表示。

通过缩短中间环节，这种新兴的直销模式一方面免除了酒店需要支付的高额佣金；另一方面还可以将这些节约的成本直接返还给旅客，从而减少旅客的花费。以酒店直销网为例，作为新兴营销模式的代表，其在推广方面可谓不遗余力。在免除高额佣金的前提下，酒店直销网迅速吸纳了大量不同等级和特点的酒店，不仅迎合了旅客的个性化居住需求，同时还实现了对各类酒店的全面覆盖。

该负责人称：“旅客不仅可以在酒店直销网上找到各种星级的酒店，甚至还可以很容易地查询到以往难以出现在传统网络预订网站的度假村、招待所。”显然，他希望通过更加多样化的选择以及订房过程中完全的透明流程来获得客户端的全面认可。而面对这种崭新的模式，有业内人士如是评价：“在降低流失在渠道中的成本的同时，让利于最终的居住客户是直销模式的最大优势。通俗而言，直销无论是对于酒店还是对于客户都更加便宜。”

与此同时，为了尽快实现酒店向网络直销模式的转型，该直销平台承诺即便酒店没有完善的网络系统，它也可以为其提供面向全球的销售支持和培训。除此之外，酒店直销网还试图通过帮助中国大多数单体酒店形成虚拟集团，打造一个全球网络和连锁性品牌模式，最终使这类在市场竞争中处于弱势的酒店摆脱市场营销中的信任度迷局。

不过，毕竟变化才刚刚开始，对于已经拥有了网络预订市场半壁江山的携程网而言，虽然类似的酒店直销网还未造成直接冲击，但是否应该放弃巨大的利益诱惑并全面转型直销，恐怕还是一个需要痛苦抉择的过程。（中国经营报，作者：李健，2006 年 11 月 27 日）

据另一则报道称，事实上，酒店直销试图“分羹”酒店预订，完全是看到了网上旅游的商机。据中国市场情报中心发布的《中国网络旅游市场及投资前景研究报告》预测，中国网络旅游市场 2006 年将达到 100 亿；到 2008 年，还将膨胀至 350 亿。《中国旅游饭店业二十年》一书显示，2006 年平均房价在 301 ~500 元人民币之间的酒店，其订房渠道构成中仅有 12.8% 来源于订房网站；而 77% 的顾客仍通过酒店直接预订、旅行社、酒店代表机构等传统渠道来实现入住。这说明，网络酒店预订的市场空间仍非常广阔。（北京娱乐信报，2006 年 12 月 18 日）

据搜狐网报道，2006 年年底关于携程网将与 EBAY 一起开拓酒店直销市场的传闻甚嚣尘上。有消息称，双方将于近日推出合作产物——一家名为 EbayCtrip. com 的网站，业务矛头将直接指向目前存在巨大市场空间和商机的酒店直销领域。尽管诸多业内人士对携程是否将真会转型直销尚有疑虑，但有业内专家认为，此次携程直销战略的出台其实顺理成章，因为仅仅面向高档酒店的传统网络预订模式目前已经遭遇天花板。他认为：“相比于分销模式，直销无论是在缩短流通环节方面，还是在让利于客户方面都具有明显优势。”（搜狐，2006 年 11 月 7 日）

（资料来源：苏日娜，白琳. 旅游市场营销. 北京：机械工业出版社，2008）

案例思考题

1. 酒店业开展直销的主要动因是什么？
2. 直销会给酒店和顾客分别带来什么利益？
3. 为何携程网要转型酒店直销？其能否成功？谈谈你的看法。
4. 酒店开展直销，旅游网络代理商应该如何应对？

课后思考题

1. 为什么酒店要开展网络营销？
2. 简述酒店网络营销的发展现状和发展趋势。
3. 列举酒店在线市场调研的优点。
4. 简述酒店网络营销策略。
5. 谈谈如何整合网络营销手段和线下的传统营销手段。
6. 比较单体酒店与集团酒店网络营销策略的异同。
7. 你还能想出更多酒店网络营销的创意手段吗？

实操训练

1. 请登录 http：//www. manorone. com/ ，欣赏云南丽江的翰院壹号·四合院酒店的网站视频和精美设计，从美观和实用等角度来评价该酒店网站的优点和不足。

2. 请在携程网 http：//www. ctrip. com 上为自己安排一次度假，并详细记下查询、预订的步骤和感受。

3. 请登录 http：//www. 7daysinn. cn/club. php，参与 7 天连锁酒店社区的讨论，发起一个新的话题，并向客服秘书询问问题；试玩 7 天会社区游戏，写出服务体验报告。

第五章　酒店CRM管理与应用

能力目标

1. 了解CRM的产生和发展
2. 认知CRM的概念和作用
3. 掌握CRM的系统功能
4. 认知E-CRM的起源和效益
5. 掌握实施E-CRM的关键因素
6. 能够进行酒店CRM软件操作

理论引导

1. CRM的产生和发展
2. CRM的概念和作用
3. CRM的系统功能
4. CRM的管理目标与系统组成
5. E-CRM的起源和效益
6. 实施E-CRM的关键因素

引入案例

CRM的魔力

随着市场竞争的不断加剧及企业间绝对差距的缩小，企业的竞争已经从简单的价格高低、质量优劣转化为服务、文化、品牌、环境、资源、管理等众多细节的较量。不过，所有这些的核心只有一个，就是最大限度地满足客户的各种需求、提高客户的满意度。这是成功战胜竞争对手的关键所在。

泰国有一家饭店几乎天天客满，不提前预订是很难有入住机会的，而且其客人大都来自西方发达国家，堪称亚洲饭店之最。虽然泰国的经济在亚洲算不上特别发达，但为什么会有如此著名的饭店呢？大家往往会以为泰国是一个旅游国家，而且又有世界上独有的人妖表演，是不是他们在这方面下了工夫？错了，他们靠的是真功夫，是非同寻常的客户服务，也就是现在经常提到的客户关系管理。

他们的客户服务到底好到什么程度呢？我们不妨通过一个实例来看一下。

一位台湾知名企业家A先生因公务经常出差泰国，并下榻在该饭店，第一次入住时饭店良好的环境和服务就给他留下了深刻的印象，当他第二次入住时的几个细节更使他对饭店的好感迅速升级。

那天早上，在他走出房门准备去餐厅的时候，楼层服务生恭敬地问道："A先生是要用早餐吗?"A先生很奇怪，反问："你怎么知道我姓A?"服务生说："我们饭店规定，晚上要背熟所有客人的姓名。"这令A先生大吃一惊，因为他频繁地往返于世界各地，入住过无数高级酒店，但这种情况还是第一次碰到。

A先生高兴地乘电梯下到餐厅所在的楼层，刚刚走出电梯门，餐厅的服务生就说："A先生，里面请。"A先生更加疑惑，因为服务生并没有看到他的房卡，就问："你知道我姓A?"服务生答："上面的电话刚刚下来，说您已经下楼了。"如此高的效率让A先生再次大吃一惊。

A先生刚走进餐厅，服务小姐微笑着问："A先生还要老位子吗?"A先生的惊讶再次升级，心想："尽管我不是第一次在这里吃饭，但最近的一次也有一年多了，难道这里的服务小姐记忆力那么好?"看到A先生惊讶的目光，服务小姐主动解释说："我刚刚查过记录，您在去年的6月8日在靠近第二个窗口的位子上用过早餐。"A先生听后兴奋地说："老位子！老位子！"小姐接着问："老菜单？一个三明治、一杯咖啡、一个鸡蛋?"现在A先生已经不再惊讶了，"老菜单，就要老菜单！"A先生已经兴奋到了极点。

上餐时，餐厅赠送了A先生一碟小菜，由于这种小菜A先生是第一次看到，就问："这是什么?"服务生后退两步说："这是我们特有的某某小菜。"服务生为什么要先后退两步呢？原来他是怕自己说话时口水不小心落在客人的食品上，这种细致的服务不要说在一般的饭店，就是美国最好的饭店里A先生都没有见过。这一次早餐给A先生留下了终生难忘的印象。

后来，由于业务调整的原因，A先生有三年的时间没有再到泰国去，在A先生生日的时候突然收到了一封A饭店发来的生日贺卡，里面还附了一封短信，内容是："亲爱的A先生，您已经有三年没有来过我们这里了，我们全体人员都非常想念您，希望能再次见到您。今天是您的生日，祝您生日愉快。"A先生当时激动得热泪盈眶，发誓如果再去泰国，绝对不会到任何其他的饭店，一定要住在那里，而且要说服所有的朋友也像他一样选择这家饭店。A先生看了一下信封，上面贴着一枚六元的邮票。六块钱就这样买到了一颗心，这就是客户关系管理的魔力。

营销学告诉我们，争取一个新顾客的成本是留住一个老顾客的5倍，在利润贡献方面，老顾客更高达新顾客的16倍，而企业的利润最简单的描述就是收入减去成本，那么，留住老顾客就会使你的利润提高，从而提高企业在市场中的竞争能力。而客户关系管理的主旨就是要提高顾客的忠诚度，也就是提高"回头客"的数量和光顾的次数。

这家饭店可以称得上深谙此道，他们非常重视培养忠实的客户，并且建立了一套完善的客户关系管理体系，使客户入住后可以得到无微不至的人性化服务。迄今为止，世界各国的大约20万人曾经入住过那里，用他们的话说，只要每年有1/10的老顾客光顾饭店就会永远客满，这就是该饭店成功的秘诀。

在市场竞争多元化的过程中，"服务制胜"成为企业管理者的共识，而服务制胜的核心"以客户为中心"，也就是建立良好的客户关系管理体系，为客户提供最完善的服务，最大限度上提升客户的满意度。

客户关系管理在现代企业经营中的作用正变得越来越重要，在很多著名跨国企业中，客户关系管理已经成为其经营管理中的一个重要组成部分，并且发挥了巨大的作用。一家国际著名的汽车公司，在其网站中也加入了客户关系管理系统，当客户登录网站时，系统会根据客户的资料和以往的浏览记录分析出客户的个人喜好，自动把符合该客户需求的产品显示出来，从而大大提高了销售额和客户满意度。

国际零售巨头沃尔玛公司的成功要素之一也是其杰出的客户至上的理念和其优秀的客户关系管理体系。沃尔玛在解释客户忠诚度的重要性时曾经作过一个假设：每名顾客平均每周消费100美元，每年50周，在该地区可能居住10年，总消费金额5万美元。而且，失去忠诚度的顾客再次光顾的可能性将会变得非常小，因此，每减少一位顾客都将会给企业带来一个重大的损失。大家耳熟能详的"啤酒和尿布的故事"就是发生在沃尔玛的一个基于商业智能技术的客户关系管理经典案例。

现在客户关系管理的观念已经被普遍接受，而且相当一部分企业都已经建立起了自己的客户关系管理系统。然而，对中国的大多数企业来说，客户关系管理还处在一个起步阶段，虽然大家已经意识到了它的重要性，但真正付诸实施的还是少数，而且有的尽管已经实施，但仅仅是上马一套软件系统，并没有在内心深处去思考如何贯彻执行，所以大都浮于表面，难见实效，没有真正发挥出作用，真正能做到像泰国那家饭店的还并不多见。因此，需要从战略管理的高度对其进行全面的规划和设计，首先就是建立起客户至上的经营理念，找出对营销产生明显影响的关键要素；同时需要有强大的IT技术作为支持，针对这些要素建立起详细的消费档案和强大的数据分析系统，通过数据采集、挖掘等商业智能技术进行分析；同时要不断地对档案进行更新和追踪，了解客户群的动态和消费趋势的变化，准确掌握客户的消费习惯、利润贡献率（相对价值）等重要的信息，不断调整经营策略，及时采取适当的措施，在优化客户群体的结构的同时，保障全程服务的最优化，从而获得客户的青睐，达到客户贡献度的最大化及忠诚度的最高化。

（资料来源：http：//www. amteam. org）

第一节　客户关系管理概述

在电子商务时代，现代酒店业面临着激烈的市场竞争，如何开拓新的客源市场，保持现有市场份额，如何让酒店与客人之间保持信息畅通，都需要与顾客进行广泛交流，并获得有利的支持，这都是客户关系管理（Customer Relationship Management，简称 CRM）所涉及的内容。CRM 是一种新型的管理理念、管理机制、管理软件和技术体系的结合体，其适应了新经济发展的要求，从不断涌现的电子商务新概念、解决方案中脱颖而出，并迅速受到越来越多企业的重视和关注。当前，CRM 作为企业信息化的一个重要分支，其所关注的是吸引、满足和保留高价值客户的运作与管理，使客户关系能够处于最佳状态。

一、CRM 的产生与发展

（一）CRM 的产生

最早发展客户关系管理的国家是美国，这个概念最初由 Gartner Group 提出来。Gartner

Group 是一家研究分析现代商业发展趋势和技术的专业咨询顾问公司，是国际 IT 领域最为重要的思想库。Gartner Group 认为，CRM 首先是一个建立在市场经济相对发达基础上的管理理念，IT 技术知识是 CRM 理念的表现方式；CRM 既是一种管理思想，又是一套解决方案，同时也是一套应用软件。在 1980 年初便有所谓的“接触管理”（Contact Management），即专门收集客户与公司联系的所有信息，到 1990 年则演变成包括电话服务中心支持资料分析的客户关怀（Customer Care），最近开始在企业电子商务中流行。

1999 年，Gartner Group Inc. 公司提出了 CRM 概念。Gartner Group Inc. 在早些年提出的 ERP（企业资源计划）概念中，强调对供应链进行整体管理。而客户作为供应链中的一环，为什么要针对它单独提出一个 CRM 概念呢？原因在于，在 ERP 的实际应用中，人们发现由于 ERP 系统本身功能方面的局限性，也由于 IT 技术发展阶段的局限性，ERP 系统并没有很好地实现对供应链下游（客户端）的管理；针对 3C 因素中的客户多样性，ERP 系统并没有给出良好的解决办法。另一方面，到 20 世纪 90 年代末期，互联网的应用越来越普及，CTI、客户信息处理技术（如数据仓库、商业智能、知识发现等技术）得到了长足的发展。结合新经济的需求和新技术的发展，Gartner Group Inc. 提出了 CRM 概念。

CRM 是伴随着因特网和电子商务的大潮进入中国的。甲骨文公司、惠普公司及普华永道等公司从 2000 年开始在中国进行 CRM 的市场教育及工作。

（二）CRM 未来的发展趋势

CRM 代表了企业经营和管理理论体系与实践发展的一个阶段，它不仅促进了企业建设自身核心竞争力的速度和深度，而且还将保证企业核心竞争力的持续提高。但是，高失败率又让很多企业面对 CRM 既爱又恨。那么，企业应如何掌握 CRM 未来的发展趋势，成功拥有适合自己的 CRM 呢？有以下五点需要注意：

1. 客户化

CRM 未来的趋势是利用无线技术和基于 Web 的技术，确保客户、客户服务人员、销售人员和现场服务人员等多种用户能够拥有统一的用户界面以及不同的使用权限。这就要求 CRM 应用软件可以实现客户化（定制）。客户化的焦点在于什么能够获得客户化，以及执行客户化时所使用的机制。为了有助于企业客户定制产品，未来 CRM 产品将主要基于元数据进行开发。

2. 集成性

一个独立的 CRM 系统已经越来越难以满足企业的需要，同时系统的多点登录以及数据的重复录入，导致了业务人员的工作量以及数据错误的加大，所以 CRM 与其他系统的集成要求已经越来越高。集成是一项关键而复杂的任务，是企业在实施 CRM 的过程中所遇到的最困难的任务之一。CRM 系统不仅反映企业的业务流程和信息结构，它也需要与内部和外部的业务系统进行集成；也就是说，CRM 系统应当提供一种集成的客户视图，收集不同种类来源的客户信息，并能够提供对所有应用系统的统一访问。未来的 CRM 产品应当从自身角度来提高与其他系统“集成”的能力，“集成能力”在未来必将成为软件厂商竞争的焦点之一。集成的趋势使得传统的 ERP 厂商在此占了一定的优势，很多 ERP 厂商很早就通过自主开发、收购等方式拥有了自己的 CRM 解决方案，使得他们可以为企业提供集成化的解决方案。

3. 人文化

从 2003 年开始，国外关于客户关系管理的人文问题的讨论越来越多。一些研究机构和学者指出，客户对企业的满意程度既取决于企业的产品质量、管理技术水平，也取决于企业对客户的人文关怀。客户关系管理是流程、人和技术的融合，其成功的关键不在于技术，而在于组织，技术应用于客户关系管理的最终目的是满足客户的需求。所以，未来的客户关系管理将从CRM向管理客户关系（Customer-Managed Relationship，CMR）方向发展。

4. 广泛深入化

CRM未来在各行各业中的应用将会越来越广泛而深入。未来CRM应用会呈现出以下特点：

（1）客户密集性的企业将首先广泛应用CRM，如金融、房地产等，且应用范围会不断拓宽。

（2）实施“差异化战略”的企业将会更容易应用好CRM。

（3）中端企业将会成为CRM应用的“主流”。

（4）企业将广泛应用“分析型CRM”来支撑“运营型CRM”。

5. CRM系统功能的进一步融合

CRM系统功能的进一步融合主要体现在以下三个方面：

（1）CRM与ERP、SCM的融合。

CRM与ERP（企业资源计划）、SCM（供应链管理系统）的集成。CRM注重改进企业和客户关系，ERP注重企业的内部作业流程，SCM注重协调企业和上下游的供应链关系，三者的结合将会更有利于提高企业的核心竞争力。CRM与ERP通过不同途径去实现客户的价值，所以只有能把企业前台管理与后台管理完全融合在一起的公司才将最终取得成功。CRM与SCM的集成范围一般包括销售管理、采购管理、客户管理等多方面，能使企业更有效地管理供应链，从而实现成本的节约和服务的改善，进而使大规模定制成为可能，实现需求和供应链上资源的最优化配置，获得长久的竞争优势。有西方学者提出，继ERP、CRM、SCM之后，EPM（企业绩效管理）将成为未来企业管理的主要发展方向。

（2）CRM与E-Commerce电子商务的融合。

电子商务不仅仅是指网页的设计或网上商城的模式，所有可以促进“批量生产”转变为“批量复制”的手段都可以归纳到“电子商务”的范围中，CRM就是其中之一。此外，基于Internet技术的电子商务，正在改变着各个行业的经营模式。在传统的行销服务模式中，客户如果想得到进一步的咨询和服务，通常要经过曲折复杂的自行联络过程，使客户无法在第一时间促成交易，显得十分被动，这就是为什么CRM是一个非常好的战略。传统企业的CRM普遍推行的是建立电话中心，然而建设一个电话中心的成本相当昂贵，因此有些企业不一定得遵循旧的模式演化程序，而可以脱离传统CRM的执行渠道，直接使用Internet达到E-CRM的境界。随着基于Internet技术的电子商务的进一步完善，CRM已被纳入电子商务作为它的一个重要子集，并日益受到人们的重视。

（3）CRM与数据仓库、数据挖掘的融合。

实施CRM的基础是客户数据，没有较多的信息资源，CRM就成了无源之水、无本之木。在CRM中，数据仓库（Data Warehouse，DW）的目标就是决策支持。随着数据仓库技术的应用，越来越多的企业拥有了大量的客户数据。当这些数据的规模成为海量数据时，怎样从数据的矿山中挖掘出潜在的、有价值的信息，这就需要在CRM中使用数据挖掘（Data Mining，DM）技术，从而使企业能更好地进行客户关系管理。

总而言之，无论是从发展方向、技术角度，还是从文化层面而言，CRM都将呈现出新的特点，CRM也将会具有更广阔的发展前景。可以预见，CRM在不久的将来将会得到更多行业、更多企业、更高层次的接受与应用，在塑造、提升企业核心竞争力方面发挥其独特作用。

（三）我国CRM发展状况与趋势

1. 我国CRM发展状况

由于国内CRM市场是从2000年才开始启动，无论是从产品结构、区域结构、行业结构，还是从销售渠道来看，整个市场体态都还不健全。市场区域主要集中在北京、上海等经济发达地区。拥有CRM产品的国内厂商主要聚集在上海，在其他地区还在了解CRM概念的同时，上海的很多厂商已经开始开发其产品。CRM的应用行业以电信、金融等经济实力较强、信息化程度较高的行业为主，这些用户一般都是国家重点行业，拥有强大的资金后盾，而且信息化建设已初具规模。

对客户关系管理系统的认识，在国内已有较长一段时间，它所遵从的“一对一个性化服务”的企业管理理念，逐渐被国内众多的用户所熟悉和接受。在竞争激烈的信息化时代，客户关系管理系统提出的“帮助提高本产品用户营业额、扩大市场占有率以及提高客户忠诚度”等功能，使得很多企事业用户对此产品情有独钟，市场需求加大。

2. 我国CRM发展趋势

CRM尽管在我国市场已经获得了一些阶段性的发展，但是其发展到成熟阶段仍然还需要一定的过程。CRM还要经过一个市场培育期。严酷的市场环境和技术力量的不足，也使得本土厂商的发展不会顺利。但也应该看到，CRM本身还处于一个动态的发展过程中，这为肯下力气搞创新的厂商提供了大量的机会，同时，北美厂商近期内不会投入太大力量关注中国市场，也为中国本土厂商提供了巨大的市场空间。

决定未来CRM市场发展的关键因素很多，从软件厂商来看：

（1）CRM软件厂商进一步提升产品的功能水平和应用能力，尤其是产品的分析能力，以及与其他主流应用系统的集成能力。

（2）CRM厂商深入开发服务行业的CRM应用，并且进一步关注中低端企业的CRM应用。

从用户角度来看，用户应该进一步提升对CRM的理解；应该加大分析型的CRM投资；应该详细确定需求，制定投资目标；应该加强对数据的管理。

从项目实施来看，CRM项目实施的方法论和流程需要进一步规范；CRM项目推进需要更多专业化的CRM实施咨询公司的出现。

未来中国CRM市场将呈现出以下四大主要发展趋势：

（1）中国市场还会保持几年市场培育阶段。在近期内，中国大量的中小企业需要集ERP和CRM功能于一体的电子商务解决方案。

（2）北美厂商近两年内仍然不会投入太大力量关注中国市场。

（3）在中小企业市场，将以价格竞争为主。不幸的是，这会使得CRM市场出现像其他中国产品市场一样产生重价格、不重服务的现象，这会使CRM理念无法在CRM产品进行本身实践。

（4）各提供商将对已有功能进一步强化，功能扩展行动将得以继续，但本土型厂商开发灵活丰富的客户化工具及业务流程设计工具将有很大的难度。

二、CRM的概念和作用

1. CRM的基本概念

CRM是一个获取、保持和增加可获利客户的过程。CRM首先是一套先进的管理思想及技术手段，它通过将人力资源、业务流程与专业技术进行有效的整合，最终为企业涉及客户或消费者的各个领域提供了完美的集成，使得企业可以更低成本、更高效率地满足客户的需求，并与客户建立起基于学习型关系基础上的一对一营销模式，从而让企业最大限度地提高客户满意度及忠诚度，挽回失去的客户，保留现有的客户，不断发展新的客户，发掘并牢牢地把握住能给企业带来最大价值的客户群。

CRM的核心内容主要是通过不断的改善与管理企业销售、营销、客户服务和支持等跟客户关系有关的业务流程并提高各个环节的自动化程度，从而缩短销售周期、降低销售成本、扩大销售量、增加收入与赢利、抢占更多市场份额、寻求新的市场机会和销售渠道，最终从根本上提升企业的核心竞争力，使得企业在当前激烈的竞争环境中立于不败之地。CRM将先进的思想与最佳的实践具体化，通过使用当前多种先进的技术手段最终帮助企业实现以上目标。

综上所述，客户关系管理（CRM）是以客户为中心的新型商业模式，是一种旨在改善企业与客户之间关系的新型管理机制。企业通过销售、市场和服务等渠道全面收集客户资料，综合分析客户信息，目的在于建立新型的企业与用户的关系，使企业得以快速地提供客户所需要的产品和服务，从而提高客户满意度，吸引和保持更多的客户，增加企业的效益。

2. CRM的作用

CRM与ERP、SCM并称为“提高企业竞争力的三大法宝”。而CRM又是ERP、SCM、电子商务等系统与外部客户打交道的平台，它在企业系统与客户之间树立起一道智能的过滤网，同时又提供一个统一高效的平台，因此可以说，CRM又是众多企业系统中提高核心竞争力的法宝。

（1）加强与客户的有效沟通。

CRM通过对电话、Web、电子邮件、传真等手段的整合，客户可以选择自己喜欢的方式与企业进行交流，企业员工和客户的沟通更加便捷，获取信息更加方便。因此，企业能够及时有效地解决来自外部客户抱怨的问题，为客户提供超出其期望值的产品和服务，从而提升客户满意度和利润贡献度。CRM向客户提供主动的客户关怀，根据销售历史和服务提供个性化的服务，在知识库的支持下向客户提供更专业化的服务，并进行严密的客户纠纷跟踪，这些都成为企业改善服务的有力保证。客户满意度的提高，有助于留住忠诚的客户（如图5－1所示），同时使得销售的扩大成为必然。

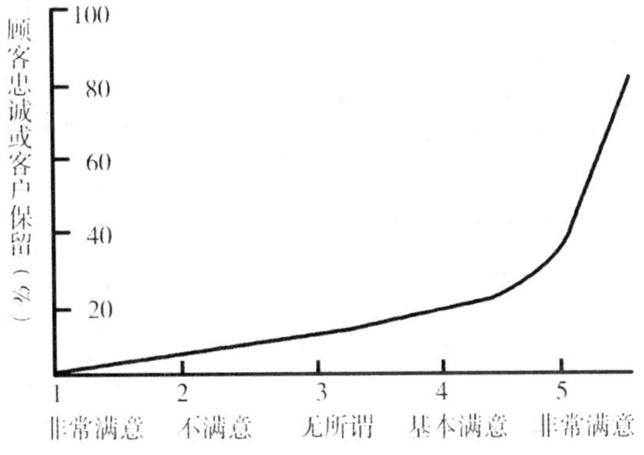

图5－1　客户满意与顾客忠诚之间的关系

（2）提高客户的忠诚度。

良好的 CRM 可以提高客户的忠诚度，改进信息的提交方式，加快信息的提交速度，并简化客户服务过程。在提高客户忠诚度方面，CRM 不仅可使企业更好地挽留现存的客户，而且还可以使企业找回已经失去的客户。

（3）有效地挖掘 ERP 的潜力。

就 ERP 的层面而言，CRM 的应用能够有效地挖掘 ERP 的潜力。ERP 与 CRM 的结合点很多，在一些主流软件厂商的产品当中，结合点有 200～300 个，对 ERP 的实施有体会的企业都会看到这一点。CRM 把以前 ERP 不管的事情都管起来了，且 CRM 为 ERP 系统与外部客户打交道提供了平台。当然，这并不是说有了 CRM 就万事大吉了，CRM 的应用本身就是一个不断完善的过程。

（4）改善员工的工作环境。

CRM 改善企业内部工作人员的工作环境，主要体现在效率的提高。信息技术使得业务处理流程的自动化程度大大提高，并能实现企业范围内的信息共享，提高企业员工的工作能力，有效地减少培训需求，使企业内部能更高效地运转，从而减少了重复性工作，增加了很多具有增值性和创造性的工作，提高了知识工作者的劳动生产率。

三、CRM 的系统功能

CRM 是一种以客户为中心的经营策略，它以信息技术为手段，对业务功能进行重新设计，并对工作流程进行重组，以达到留住老客户、吸引新客户的目的。当前，对 CRM 的内涵和外延尚未达成共识，很多时候人们看到和谈论的只是 CRM 的表面或者诱人的前景，甚至存在不少对 CRM 的误解（见补充材料）。

CRM 的功能可以归纳为三个方面：对销售、营销和客户服务三部分业务流程的信息化；与客户进行沟通所需手段（如电话、传真、网络、E-mail 等）的集成和自动化处理；对上面两部分功能产生的信息进行加工处理，产生客户智能，为企业战略决策获得支持（如图 5－2 所示）。

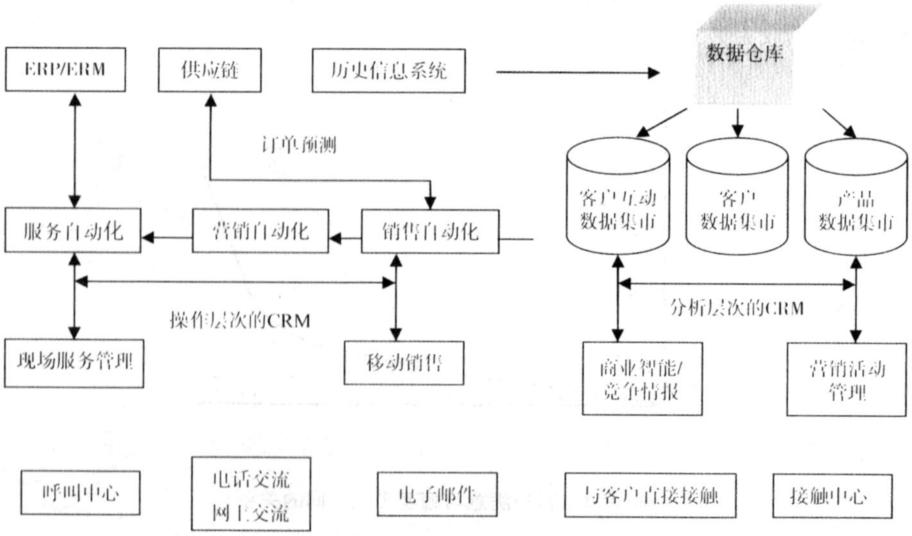

图 5－2　CRM 系统业务流程

1. 销售方面

在采用CRM解决方案时，销售力量自动化（Sales Force Automation，SFA）在国外已经有了十几年的发展，并将于近几年在国内获得长足发展。SFA是早期的针对客户的应用软件的出发点，但从20世纪90年代初开始，其范围已经大大扩展，以整体的视野提供集成性的方法来管理客户关系。就像SFA的字面意思所表明的，SFA主要是提高专业销售人员大部分活动的自动化程度。它包含一系列的功能，提高销售过程的自动化程度，并向销售人员提供工具，提高其工作效率。它的功能一般包括日历和日程安排、联系和客户管理、佣金管理、商业机会和传递渠道管理、销售预测、建议的产生和管理、定价、区域划分、费用报告等。举例来讲，有的CRM产品具有销售配置模块，允许系统用户（不论是客户还是销售代表）根据产品部件确定最终产品，而用户不需要晓得这些部件是怎么联在一起的，甚至不需要知道这些部件能否联结在一起。由于用户不需要技术背景即可配置复杂的产品，因此，这种销售配置工具特别适合在网上应用，如戴尔计算机公司允许其客户通过网络配置和订购个人电脑。自助的网络销售能力，使得客户可通过互联网选择、购买产品和服务，使得企业可直接与客户进行低成本的、以网络为基础的电子商务。

2. 营销方面

营销自动化模块是CRM的最新成果，作为对SFA的补充，它为营销提供了独特的能力，如营销活动（包括以网络为基础的营销活动或传统的营销活动）计划的编制和执行、计划结果的分析；清单的产生和管理；预算和预测；营销资料管理；“营销百科全书”（关于产品、定价、竞争信息等的知识库）；对有需求客户的跟踪、分销和管理。营销自动化模块与SFA模块的不同在于，它们提供的功能不同，这些功能的目标也不同。营销自动化模块不局限于提高销售人员活动的自动化程度，其目标是为营销及其相关活动的设计、执行和评估提供详细的框架。在很多情况下，营销自动化模块和SFA模块是补充性的。例如，成功的营销活动可能得知很多的有需求的客户，为了使得营销活动真正有效，应该及时地将销售机会提供给执行的人，如销售专业人员。在客户生命周期中，这两个应用具有不同的功能，但它们常常是互为补充的。

3. 客户服务与支持

在很多情况下，保持客户和提高客户利润贡献度依赖于提供优质的服务，客户只需轻点鼠标或打一个电话就可以转向企业的竞争者。因此，客户服务和支持对很多公司是极为重要的。在CRM中，客户服务与支持主要通过呼叫中心和互联网实现。在满足客户的个性化要求方面，它们的速度、准确性和效率都令人满意。CRM系统中强有力的客户数据使得通过多种渠道（如互联网、呼叫中心等）的纵向和横向销售变成可能，当把客户服务与支持功能同销售、营销功能比较好地结合起来时，就能为企业提供很多好机会，向已有的客户销售更多的产品。客户服务与支持的典型应用包括：客户关怀；纠纷、次货、订单跟踪；现场服务；问题及其解决方法的数据库；维修行为安排和调度；服务协议和合同；服务请求管理。

补充案例：

上海葡萄城携手某连锁酒店集团实施CRM

2008年12月，以“成为世界住宿业领先品牌集团”为愿景的某连锁酒店集团与上海葡萄城签约实施 Microsoft Dynamics CRM，通过使用先进的客户关系管理解决方案帮助企业实现商业目标。

该连锁酒店集团是中国高速成长的新兴酒店集团，自 2005 年创立以来已经完成了全国主要城市的布局，并重点在长三角、环渤海湾、珠三角和中西部发达城市形成了密布的酒店网络。作为国内首家多品牌有限服务酒店集团，旗下拥有多个系列品牌。

作为中国发展最快的酒店集团之一，集团创始人的梦想是“打造世界级的中国服务品牌”。在这个愿景下，该集团把提高住客满意度进而形成长期合作关系视为迈向这一目标的第一步，希望通过客户关系管理软件提高服务质量并对销售进行管理。

通过调研，集团管理层了解到上海葡萄城在 CRM 领域具有非常强的开发实施能力及完备的售后服务团队，遂欣然与葡萄城达成合作协议，共同实施 Microsoft Dynamics CRM 系统。

上海葡萄城信息技术有限公司拥有多年 CRM 实施经验，并且是微软 CRM 在中国最早的合作伙伴，至今已为西门子、中化国际、梅里亚动物保健、市北新区工业园、易初明通工程机械、希森美康医疗器械、施坦威钢琴、信天通信、北森咨询、上海浦发银行、翡翠航空等各行各业客户实施过 Microsoft Dynamics CRM 系统，帮助他们实现在业务领域的更高目标。三百六十行，无论企业从事其中哪一个行业，葡萄城的解决方案专家都会竭尽所能深入了解企业问题及需求，提供切实可行的解决方案。这是上海葡萄城对客户的承诺，也是客户选择葡萄城成为其合作伙伴的首要理由。

该连锁酒店集团计划使用 CRM 规范销售对企业客户的拜访计划并统计实际入住率，同时也利用 CRM 中的售后服务模块对现有客户进行定期回访，维护已有的客户群体。上海葡萄城凭借自身丰富的实施经验，有信心帮助企业实现其商业目标。

若不付诸切实行动，“成为中国的领先品牌”仅仅是一句口号。该连锁酒店借助 Microsoft Dynamics CRM 迈出实现梦想的第一步，而上海葡萄城也希望通过在服务业的这一成功案例打造属于自己的领先品牌。

（更多信息见 http：//finance. sina. com）

四、CRM 的管理目标

CRM 是一种以客户为中心的经营策略和商业模式，包括企业 CRM 经营战略理念和高度信息化、网络化的现代计算机企业管理技术两个方面。CRM 软件系统是在专业的 CRM 软件开发商提供的 CRM 软件平台的基础上，结合企业的 CRM 经营理念和资源特征进行设计和开发。

（一）CRM 的管理目标

CRM 是一种新型的企业运行机制，目的在于加强企业与客户的联系，完善企业与市场、销售、服务及技术之间的关系；提高业务处理流程的自动化程度，实现企业内部的高效运转；及时把握新的市场机会，占领更多的市场份额；客户可以通过选择自己喜欢的方式与企业进行交流，以获取最新服务信息，得到更好的服务；帮助企业充分利用客户资源。

CRM 有以下三个管理目标：

（1）建立、促进和拓展企业“一对一”客户服务网络。

（2）与客户建立快速、精确和可靠的沟通关系。

（3）通过电子商务智能分析系统，最大限度地实现客户价值。

（二）CRM 的经营理念

CRM 经营理念的核心是“客户”，CRM 经营理念的组成是围绕建立良好的企业与客户之间的关系为基础的，包括产品/服务开发与客户市场细分、客户信息沟通与产品配送、客户关系获得和客户关系维持、理解客户与区别客户四个主要的管理思想。

1. 产品/服务开发与客户市场细分

针对客户的需要开发产品和服务，将抽象的市场概念进一步细化，使产品和服务针对更加具体的客户群体，甚至是个体客户。

2. 客户信息沟通与产品配送

信息交流是联系企业与客户的重要枢纽。现代通信技术、计算机技术和网络技术使得企业获得客户信息的成本大幅度降低，同时使得企业有能力迅速处理海量的客户数据。通过呼叫中心，以及自动电话应答系统、在线自动服务系统、Web 网络服务系统等新技术的实施，使得企业有能力实时处理客户要求，同时发展企业与客户之间的良好关系，减少客户流失，维持现有的客户资源。

3. 客户关系获得和客户关系维持

开发新客户、维持已有客户资源是现代商业竞争日益激烈的必然要求。据统计，通常开发一个新客户的成本是维持一个老顾客成本的 5 倍。因此，CRM 的本质就是企业如何发展与客户之间的良好关系，并利用这种关系使得企业与客户在最大限度上满意。

4. 理解客户与区别客户

对所获得的客户信息进行分析，确定客户的需求和消费特征，以及客户对企业的贡献，区分普通客户和 VIP 客户，分级建立全面系统的客户档案。尽可能地提供针对性的服务，满足不同层次的客户需求。

CRM 经营理念的实现是企业的四个经营管理环节循环的过程。企业通过客户信息获得、分析、了解客户、划分客户重要度和贡献率、为客户提供个性化的商品和服务，完成一个商业循环。在为客户进行产品销售和服务过程中，可以充分利用各种信息渠道与客户进行沟通，如电话呼叫中心、电子邮件、客户服务卡等，获得的客户信息又反过来为其他三个环节服务，因此，CRM 也是一个螺旋式上升的过程。企业通过对四个环节的协同工作、互相驱动，使企业进入到一个良性的经济发展循环轨道。

五、CRM 的系统组成

CRM 的系统架构与企业的需求密不可分，因此，在选择和实施 CRM 系统之前，首先要弄清企业的需求，这就是通常所说的三层次 CRM 系统架构。这三个层次确定了企业 CRM 与企业中其他 IT 系统之间的关系及企业 CRM 项目的大小，从而使 CRM 充分满足不同规模企业的需求。

（一）企业需求的层次结构

在一个企业中，有三个主要部门与客户有密切的联系，这就是市场部、销售部和服务部。CRM 系统首先需要满足这三个部门的部门级需求，提高市场决策能力、加强统一的销售管理、提高客户服务质量。其次，客户关系管理将企业的市场、销售和服务协同起来，建立市场、销售和服务之间的沟通渠道，从而使企业能够在电子商务时代充分把握市场机会，也就是满足企业部门的协同级需求。最后，客户关系管理和企业的业务系统紧密结合，通过收集企业的经营信息，并以客户为中心优化生产过程，满足企业级的管理需求。

1. 部门级需求

在企业中，对CRM有着强烈需求的部门是市场、销售和服务三个部门。不同的部门对CRM的需求也不同。

市场部门主要关心以下问题：活动管理，对企业的所有市场活动进行管理；活动跟踪，对市场活动的情况进行跟踪；反馈管理，及时得到市场活动的反馈信息；活动评价，对市场活动的效果进行度量；客户分析，对客户构成、客户地理信息和客户行为进行分析；客户状态，将客户分类，从而管理客户风险、客户利润等，同时确定针对不同类别客户的市场活动等。

销售部门主要关心以下问题：销售信息，及时地掌握销售人员的销售情况；销售任务，将不同的销售任务，按销售经理制定的流程分配下去；销售评价，对各个地区、各个时期以及各个销售人员的业绩进行度量。

服务部门主要关心的主要问题：根据系统提供的准确信息为客户服务；一致性企业的服务中心以整体形象对待客户，使客户感觉是同一个人在为他服务；问题跟踪能够跟踪客户所有的问题并给出答案。

要满足部门级的需求，CRM系统至少应该包括数据仓库、OLAP、销售管理、活动管理、反馈管理和数据挖掘系统。

2. 协同级需求

市场、销售和服务是三个独立的部门，对CRM有着不同的需求。但是有一点是相同的：以客户为中心的运作机制。协同级将市场、销售和服务三个部门紧密地结合在一起，从而使CRM为企业发挥更大的作用。协同级主要解决企业在运作过程中遇到的以下问题：

（1）及时传递信息。

将市场分析的结果及时地传递给销售和服务部门，以便使它们能够更好地理解客户的行为，达到留住老客户的目的。同时，销售和服务部门收集的反馈信息也可以及时传递给市场部门，以便市场部门对销售、服务和投诉等信息进行及时分析，从而制定出更有效的竞争策略。

（2）渠道优化。

市场部门将销售信息传递给谁、由谁进行销售等对企业的运营非常重要。渠道优化是指在众多的销售渠道中选取效果最佳、成本最低的销售渠道。

总之，通过市场、销售和服务部门的协同工作，可以实现在恰当的时机拥有恰当的客户的目标。

3. 企业级需求

在大、中型企业中，IT系统比较复杂，如果这些IT系统之间相互孤立，就很难充分发挥各系统的功能，因此，不同系统之间的相互协调可以充分提高企业的运作效率，同时也能充分利用原有的系统，从而降低企业IT系统的成本。

CRM作为企业重要的IT系统，也需要与企业的其他IT系统紧密结合，这种结合主要表现在：信息来源、利用原有系统及生产系统对CRM的需求。

（1）信息来源。

市场分析需要有关客户的各种数据，销售和服务部门也需要在适当的时机掌握正确的数据。这些有关客户行为、客户基本资料的数据通常来源于其他IT系统，因此，CRM系统经常需要从企业已有的IT系统中获得这些数据。

（2）利用原有系统。

企业已有的 IT 系统中有很多模块可以直接集成到 CRM 系统中，通过对已有系统的利用，可以增强 IT 系统中数据的一致性，同时也降低了 CRM 系统的成本。

（3）生产系统对 CRM 的需求。

CRM 的分析结果可以被企业的其他 IT 系统所利用。例如，在移动通信企业中，对于客户群体的分析是信用度管理的基础。

（二）CRM 的系统架构

要满足企业三个层次的不同需求，CRM 系统就必须有良好的可扩展性。从而使企业在不同的时期根据企业的经营规模和 IT 系统状况，能够灵活地扩展 CRM 系统的功能。图 5－3 给出了一种可扩展的 CRM 体系架构。图中企业的其他系统如电子商务、ERP、OA 和财务等系统通过企业应用系统集成，为数据仓库和 CRM 系统提供数据。CRM 系统将系统的分析结果用于销售管理和呼叫中心管理；与此同时，销售管理、E-mail 等渠道将客户的反馈信息传递给数据仓库，为 CRM 系统所用。可以认为，呼叫中心只是 CRM 系统中的一个客户接触点。在图 5－3 所示的解决方案中，各部分的功能如图所示。

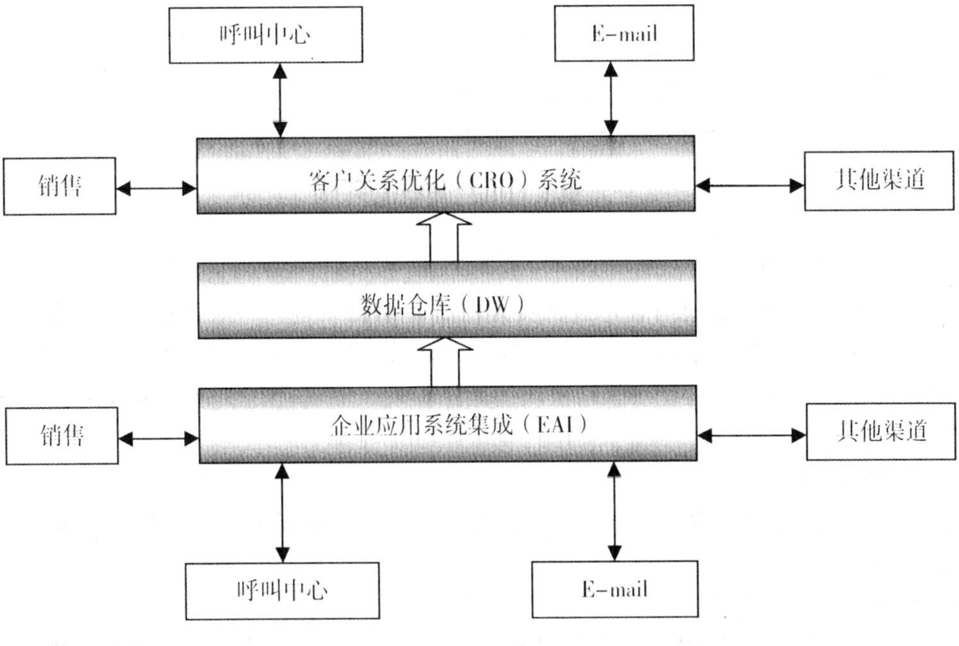

图 5－3　CRM 体系架构

（三）CRM 的系统组成

不同 CRM 软件生产厂家开发的 CRM 系统平台有较大的差异。通常，CRM 软件系统由统一联络模块、销售/服务模块、后台保障模块、客户数据库和电子商务智能模块组成。有的厂商开发的 CRM 软件还包括合作伙伴关系管理、商业智能、知识管理等模块。不同模块分别实现收集、整理、加工客户信息和智能辅助决策等功能（见图 5－4）。

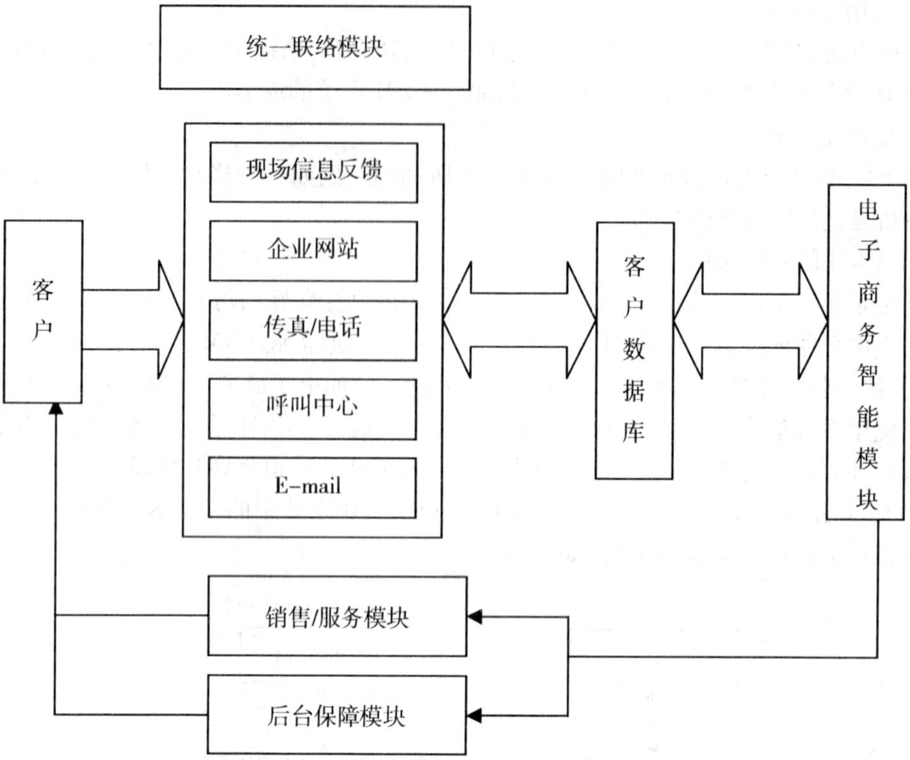

图 5-4 CRM 主要的软件组成

（1）统一联络模块。

统一联络模块包含了企业与客户进行交流的所有信息渠道，一般包括电话、企业信息网站、传真、E-mail、WAP 技术和现场信息反馈等。有的企业为了适应多客户实时信息服务的要求，呼叫中心模块也可以作为统一联络模块的辅助模块，其功能是实现 7 天 ×24 小时无间断语音服务。

（2）客户数据库。

由统一联络模块获得的客户信息，经过自动智能分类，储存于客户数据库，满足 CRM 所需要的各种历史数据。

（3）电子商务智能模块。

电子商务智能模块是 CRM 软件系统的核心，每一个 CRM 软件供应商都不会忽视电子商务，此模块可帮助企业把业务扩展到互联网上。其功能是对客户数据库中的数据进行分析，提出针对不同客户要求的解决方案和企业经营决策计划，预测客户市场的水平和发展趋势，监督企业 CRM 实施的效果，及时提出调整计划等。

（4）销售/服务模块。

电子商务智能模块提出的解决方案通过销售/服务模块得以实施，同时反馈客户对产品/服务的意见和要求，也就是完成统一联络模块中的现场信息反馈功能之一。

（5）后台保障模块。

后台保障模块包括供应链（SCM）、产品配送、企业资源计划（ERP）和一般性后勤系统。

其目的在于维持企业的正常运行。

（6）商业智能模块。

商业智能模块的主要功能包括：预定义查询和报告；用户电子查询和报告；可看到查询和报告的 SQL 代码；以报告或图表形式查看潜在客户和业务可能带来的收入；通过预定义的图表工具进行潜在客户和业务的传递途径分析；将数据转移到第三方的预测和计划工具；柱状图和饼图工具；系统运行状态显示器；能力预警。

（7）知识管理模块。

知识管理模块主要功能包括：在站点上显示个性化信息；把一些文件作为附件粘贴到联系人、客户、事件概况上；文档管理；对竞争对手的 Web 站点进行监测，如果发现变化，则向用户报告；根据用户定义的关键词对 Web 站点的变化进行监视。

第二节　CRM 的电子商务工具

从 CRM 概念的提出到发展至今，CRM 系统已经在各种行业中得到了广泛的应用。银行、保险、房地产、电信、家电、民航、运输、证券、医疗保健、旅游等众多行业都有一个庞大的、构成复杂的客户群体。根据 Gartner 的抽样统计，通过 CRM 采用主动式客户服务的企业，其销售收入增加了 15%～20%。这说明企业在采用 CRM 之后将会获得明显的回报，同时也预示着对于 CRM 系统提供商和 CRM 应用服务提供商来说，未来市场的潜力不可限量。

一、E-CRM 的起源

随着 CRM 的应用，人工服务渠道中出现了新的瓶颈，这源于传统交流方式的局限。与此同时，基于 Internet 的交流渠道已经形成，这一新的交流渠道和基于其上的应用程序有可能缓解个人服务瓶颈，并为客户及合作伙伴提供扩展 CRM 优势的方法。这种对 CRM 系统的电子扩展就是电子客户关系管理（E-CRM）。

E-CRM 的产生和发展完全归功于网络技术的发展。企业对 CRM 概念的关注集中在与客户的及时交互上，而 Internet 及在它之上运营的电子商务提供了最好的途径，企业可以充分利用基于 Internet 的销售和售后服务渠道进行实时的、个性化的营销。在电子商务环境中，企业要在争夺客户中取得竞争优势，其根本在于企业对客户的关怀程度和方式，而电子化客户关系管理（E-CRM）则无疑是企业通过高品质电子化服务实现对客户关怀的最重要手段。

尽管 CRM 应用系统的产生应归功于网络技术的发展，但在企业对 Internet 的应用，及在 Internet 上运营的电子商务方面，在对 CRM 的关注、理解方面，并不能认为 CRM 已经就基于 Internet 的销售和售后服务渠道进行实时的、个性化的营销做好了充分的部署。Internet 观念和技术必须处于 CRM 系统的中心，只有真正基于 Internet 平台的 CRM 产品，在构建其客户/服务应用的根本的技术上，才能够支持未来企业全面电子化运营的需要。

二、CRM 与电子商务的关系

在 Internet 和电子商务模式下，任何组织或个人都能以低廉的费用从网上获取所需要的信息。这为企业和客户双方都带来了莫大的好处，建立了人们积极收集信息、主动进行沟通的基础。在这一基础的支持下，CRM 系统不仅是企业的主动选择，同时也成为广大在线客户的一种必然要求。随着 CRM 的迅速发展，许多公司发现，当用户需求成为商业流程的中心时，传统的企业运营方式在很多地方产生了不协调，这些不协调妨碍了 CRM 发挥出完整的效力。因为 CRM 直接从“客户接触点”开始为企业管理换了一种思维方式，它也往往成为企业走向电子商务的第一次尝试。传统的企业面临着来自营销（新兴电子渠道）、竞争对手、企业内部流程、科技（互联网）等方面的挑战。

目前，CRM 和电子商务被认为是能够为企业带来更快、更高回报的两个手段。为了在激烈的市场竞争中获得优势，协调基于 CRM 和电子商务的购买流程越来越重要。企业应该把电子商务看作是 CRM 整体战略的一部分，并使客户关系回报最大化。在电子商务背景下，CRM 将真正成为企业的根本任务，这与传统企业有着本质的不同。良好的客户关系管理是企业把握顾客的真实需求、改善企业与顾客的相互关系、培植顾客忠诚的核心内容，也是整个企业系统高效运行的必要前提。

CRM 与电子商务的关系在于，电子商务是充分地利用信息技术特别是 Internet 来提高企业所有业务运作和管理活动的效率与效益，而 CRM 则是专注于与客户密切相关的业务领域，主要是呼叫中心、服务自动化、销售自动化、市场自动化、企业网站等，通过在这些领域内提高内部运作效率和方便客户来提高企业竞争力。而企业范围的电子商务平台，应该是跨越企业产品线、业务块（如生产、销售和服务）、管理层次（总部和各分支机构，业务运作和商业智能）及各种媒介（如专用网、Internet、电话、传真、电子邮件、直接接触）的立体化的管理系统，是企业的数字神经系统，应该职责明确、流程清晰、高效运作、反应灵敏、控制得力。对于很多企业来讲，这样的电子商务平台将包含以下部分：

（1）产品设计和生产系统。

如酒店安装 PDM 系统后，企业可获得全面、真实的动态用电数据和电能质量数据。

（2）分销系统。

分销系统主要是对库存进行管理、对订单进行管理、对与销售系统有关的财务进行管理。

（3）网站。

通过企业网站，企业可向客户进行营销活动，售出商品，提供服务。很多的 CRM 产品都提供这样的功能。因此，CRM 或与之名称不同但功能类似的系统是这样的电子商务平台的重要组成部分。也就是说，CRM 系统是电子商务平台的子集。

（4）物流平台。

把货物或部分货物的仓储、运输、库存合理调度方面的工作，主要交给一个或几个专门的物流服务商来做，企业可以专注于自己的核心竞争力，即客户、分销商、产品。这方面的信息化工作是由物流公司来完成的，企业要做的工作是从他们的信息平台中读取库存、运输及财务信息，与自己的 ERP、网站等系统进行信息交互。对于酒店行业来说，电子商务中涉及物流的部分是比较少的，因为酒店的主要服务产品客房、餐饮都是需要客人亲临现场才能实现购买与消费过程（宴会外面除外）。但酒店每天大量消耗的低值易耗品、长期供应的家具与设备等需要涉及物流。

（5）呼叫中心。

这是 CRM 系统所完成的工作，如客户档案、客户历史信息的管理，通过呼叫中心对与客户进行沟通的各种渠道（如电话、E-mail、传真、网上的服务请求、打印机）进行管理（见小案例）。

（6）其他组成部分。

如服务自动化部分，包括服务请求的记录、服务任务的分派、服务备件的管理、服务方面的财务管理；销售自动化部分，包括销售员、销售队伍、销售机会的管理；市场自动化部分，包括市场活动的组织、市场活动效果的管理。

小案例：

呼叫中心为旅游企业添上了翅膀——携程旅游实施 CRM 速描

携程公司是一家以高科技为手段的旅游服务公司，其主要通过“800”电话呼叫中心和互联网为客户提供快捷、优惠的订房和订票等旅行综合服务。

携程的呼叫中心有一个渐进的发展过程。刚开始主要是通过互联网为客户提供服务，后来根据客户要求开通了 800 国内免费热线电话，通过板卡式的语音处理设备和几个坐席人员为客户提供各种服务。由于电话的普及、方便等特点非常适合各种层面的客户使用，因而 800 电话的小呼叫中心一经推出就很快得到社会的普遍认可。2008 年 5 月 1 日，通过 800 电话接入的预订房和预订票的信息出现了高峰。7 月份又进行了较大规模的人员直销活动，进一步刺激了市场人气，呼叫中心预订业务又上了新的台阶。板卡式的设备成为瓶颈之后，又更换成交换机。随着业务的突飞猛进，呼叫中心不仅无法适应客户规模的要求，而且在性能方面也制约了业务的拓展。

经过充分的市场调研之后，携程对原有的呼叫中心进行了升级。交换机选择了朗讯 G3SI，由它提供呼叫中心服务。软件部分由于要考虑与原有系统的延续性，所以仍然选择由上海寰讯公司进行定制化的开发。目前的软件是在 NT 环境下运行，数据库采用微软 SQL7.0。现有的系统增加了许多 CRM 的功能。互联网与呼叫中心也是有机地结合在一起。通过互联网、传真、800 电话介入的信息都进入一个数据库，实现了信息的统一化。现在的呼叫中心是 50 个坐席。服务人员是每天三班工作制，为客户提供 24×365 的服务。为了提高工作效率，订房服务与订票服务是透过不同的坐席人员来完成。坐席人员也借助系统实现交叉销售，大约有 15% 的客户有这样的需求。

（资料来源：中国营销传播网）

作为软件商，为了使最多的企业购买自己的 CRM 产品和服务，应该极大地重视本企业电子商务这个工具，并提供网上商店、网上服务、网上营销和网上支付等方面的功能。目前，国内大部分企业的电子商务建设所处的阶段决定了 CRM 的应用与其业务流程的处理密切相关，如果 CRM 应用与企业的电子商务没有很好的集成、良好的互动，CRM 的应用就没有最大限度地利用 Internet 这个有力的工具与客户进行交流、建立关系，应用 CRM 的效果会大打折扣。

三、E-CRM 的效益

实施电子化客户管理不仅能够迅速提高客户管理的效率和质量，而且由于它大量采用当前先进的 IT 技术，因此能够高效、准确同时低成本地处理客户资料数据，大大方便和简化客户管理流程。电子化客户管理给企业带来的效益主要表现在：

1. 有效地降低经营成本

（1）提供高效工作平台。

电子化客户管理为企业内部的“经验共享、信息共用、关系共利”提供了一个高效顺畅的工作平台。在信息时代里，信息就意味着财富，尤其是关于客户的信息，更成为开展业务的“法宝”。但在传统中，员工收集到的客户信息、总结出的销售经验、建立起的业务关系，一般而言只有员工本人清楚。在深圳某家五星级酒店里，基本上每月都可以接到著名企业马士基来酒店培训、开会或宴席的单，消费额很可观。酒店销售部都在传，说某某员工真厉害，给酒店带来这么好的客户。但是，这种情景没有持续多久，这位员工跳槽之后，把她的马士基客户带到了下一家酒店。由于酒店没有关于这个客户的详尽资料，而且每次接待工作都是这位员工在做，所以，当这位员工离职的时候，酒店无从与客户挂钩，而客户由于在该酒店没有“熟人”，只好跟着自己的“熟人”一起离开了。

E-CRM 通过先进的技术，在企业内部构建起一个基于 Internet 局域网的信息自动化系统工作平台，每个员工所得到的客户资料、销售经验、业务关系都存储在数据库里，员工之间可以充分地、自由地交流和共享信息资源。这样一来，避免了上述例子所讲到的不良后果，也提高了员工的工作效率，节约了企业的经营成本和开发新客户的成本。

（2）节约边际费用开支。

传统上，企业由于缺乏一个高效的内部信息共享的工作平台，就不得不花大量的人力、财力和物力去聚合员工，让他们相互交流信息、传授经验，这无疑是一笔不菲的费用。E-CRM 的实施为企业搭建起了高效顺畅的内部信息共享的工作平台，因此就大大节约了企业在这方面的“边际费用开支”。根据通用公司的经验，E-CRM 能够为它每年节约 6 亿美元的开支。

（3）提供客户自助平台。

自助平台是指为客户提供不依赖企业工作人员的帮助而由自己独立地、直接地去进行有关操作的平台。E-CRM 的自助为企业减少了相当的人员工资开支、时间精力投入，同时也方便了客人。例如，住店客人想知道自己在酒店的消费情况，过去都要找酒店服务员才能实现，而且有时候碍于情面不好意思问，结账的时候可能会遇到资金不足的尴尬问题。在实施了 E-CRM 的酒店中，通过客房 VOD 系统或者前台自助查询系统，客人可以随心所欲地关注自己的消费状况。

2. 增加企业经营利润

在实施 E-CRM 之前，企业往往难以区分高价值客户和低价值客户（因为没有完善的客户信息数据库），有时候不知不觉就把大量的资金、人力、精力都枉投在低价值客户上，结果就造成低价值客户虽然满意了，但他们由于经济能力、消费习惯、地域限制等因素的制约，实际上对企业的贡献并不大；与此同时，却冷落了那些高价值客户，失去了他们的好感、信任和忠诚，最终也失去了丰厚的利润源。著名的 20/80 原则告诉我们，其实企业 80% 的利润来源于企业占客户数 20% 的忠诚顾客，对于企业来说，要会聚焦，要聚焦于忠诚客户。

而 E-CRM 可以帮助企业区分高价值客户和低价值客户，帮助企业找到那些只占客户总数 20% 的忠诚客户，这是因为 E-CRM 提供了强大的“客户信息数据库”功能，能建立起完善的客户档案，而且可以“智能”地对客户进行分析、归类，克服了人工操作的种种弊端，能够为企业区分出谁是高价值客户、谁是低价值客户。聚焦于忠诚客户，有利于企业利润的增加。

3. 提高客户满意度

如上所述，E-CRM 提供了强大的“客户信息数据库”功能，并且以无缝方式集成了各种沟通渠道，当客户来访时（不论是通过 Web 方式、电话方式、传真方式、信函方式还是面访方式），工作人员能够根据该客户的基本信息的提示（如姓名或名称、编号、地址等）迅速地从数据库中调出他的所有在存资料，这些资料出现在接待员的电脑界面上。这样，企业就能根据该客户的个人资料，准确地判断出该为他提供什么服务，客户想到的企业要做到，客户还没有想到的企业要想办法挖掘，把服务做到客户心坎上，能够显著地提高客户满意度。

4. 有力地扩大市场份额

除了通过提高客户满意度、形成口碑联动效应来扩大市场份额之外，E-CRM 还可以通过追加销售和顺带销售等方式来扩大市场份额。追加销售是指当发现客户有新的、更大的购买需求和经济能力时，企业就趁势抓住这一机会，说服客户续购本企业商品。在 E-CRM 中，企业能从客户信息数据库中分析出哪位客户近期可能会有新需求，并能知晓他的经济能力。于是，企业就可以在适当的时机抓住客户，实现追加销售，扩大市场份额。顺带销售是指发现客户已经购买甲商品但尚未购买与之相关的乙、丙等商品时，企业就为他提出适当的购买方案，建议他顺带购买本企业提供的其他有关商品。

在市场份额的扩展上，另外一个不容轻视的问题是市场先机和主控权的抢占。E-CRM 通过高效运作的企业 Internet 局域网的工作平台，使整个企业的信息资源都整合起来、流畅起来。因此，企业能较好地实现迅速调查、充分准备、及时决策、果断行动、快捷反馈、灵活调整，先人一步地抢占市场先机和主控权，巩固和扩大市场份额。

总的来说，E-CRM 给企业带来由内到外的效益和由外到内的效益。前者主要体现为自助服务系统，可以自助地处理服务要求，从而降低企业的运营成本。后者主要体现在除了具有由互联网带来的低成本优势，E-CRM 还具有满足客户的实质性需求的优势。互联网上的客户自助服务提高了服务的响应速度和服务的有效性。E-CRM 的这些优势提高了客户满足程度，进而帮助企业扩大市场份额、提高获利能力。

补充案例：

企业信息化也可从 CRM 起步

首都机场的直接服务对象是各家航空公司，围绕着这个服务对象，机场方面就有 140 多家的合作伙伴，其中有直接为航空公司提供服务的，如加油、机务维修、配餐等服务性公司；也有场道维护、保洁等提供间接服务的公司。如何协调、管理好这些公司，共同为航空公司和广大旅客服务等这些现实的问题就摆在了面前。但市场上还没有成熟的系统可供使用。

针对这些问题，首都机场的选择是低调起步，从最简单的地方入手，追求实用性。按照高层的思考，传统的作业模式已经运行了很多年，要改变业务人员的习惯，可不是一件轻而易举的事情。新的信息化的方法，只有得到业务部门发自心底的接受，才能够被真正使用起来。构建信息化系统的目的是为了更好地为航空公司服务，在这样的情况下，高层就想到了 CRM。

CRM 系统如何开始，企业领导最先做的就是把与客户服务相关的信息收集进来，从 2003 年底开始，高层和同事就不断地与业务部门接触，一起讨论需求，开始的时候，一天就要接收 200 多条的信息，现在减少到每天 30 条左右。其结果充分调动了业务部门的积极性，从开始的客户信息到后来的合同，越来越多的信息被放进 CRM 系统中，当各种工作日志也被收录进来之后，越来越多的工作中的问题就被摆到了桌面上。相应地，为解决这些问题的 CRM 功能就被开发了出来。

总结 CRM 系统的好处，首都机场认为 CRM 一是统计和查询很方便，使得信息不至于被遗忘和疏漏；再有就是可以提高工作效率，由于信息被充分共享，问题的监控和落实就得到了解决。以工作日志为例，最初这些信息都是记录在纸张上；后来好一些，采用 Word 文档进行保存，但是原有信息都是保留在各个部门的手里，不易调阅和查询。现在，利用局域网，通过 CRM 管理，相关信息一清二楚，问题很快就得到了反馈和解决。例如，有一家航空公司反映办公室总是有饭菜的味道，搁在以往，这样的问题最快也要一周的时间反馈，结果往往是不了了之。但现在第二天就有反馈，航空公司对于机场的满意度大大提高。

目前，首都国际机场 CRM 系统管理的信息和功能已经有十大项，包括客户信息、供应商信息、合作伙伴信息、合同管理、日志管理、日常工作管理、经营计划管理、安全与其他全年运营任务管理、员工管理、日程管理。系统的很多功能都是在应用的过程中被提炼出来的。

（更多信息见 http：//finance. sina. com）

四、实施 E-CRM 的关键因素及需要注意的问题

（一）实施 E-CRM 的条件

在电子商务时代，企业要想在竞争激烈的环境下获得竞争优势并保持竞争优势，必须实施 E-CRM。E-CRM 以客户为中心，包含销售、营销和客户服务支持等基本功能。它通过分析销售活动中产生的数据，挖掘出对企业有价值的信息，将其反馈到营销活动和企业的生产制造系统中，调动企业一切资源为客户服务，以提升客户满意度和忠诚度，增加企业效益。实施 E-CRM 的关键因素可归纳为三个条件：

（1）对销售、营销和客户服务与支持这三部分业务流程的信息化。销售管理在 E-CRM 中体现为销售能力自动化（SFA），它对销售业务给予战术、策略上的支持，同时给出多角度的业务分析报告。

（2）营销自动化模块与 SFA 模块互为补充，它致力于提高销售活动自动化程度的同时，更着重为营销及其相关活动的设计、执行和评估提供详细的框架。

（3）在 E-CRM 中，客户服务与支持主要是通过呼叫中心和互联网来实现，系统中提供了多角度、全方位的客户相关数据，通过互联网、呼叫中心把客户服务与支持功能同销售、营销功能较好地结合起来，为企业提供更多的销售机会。

E-CRM 的重点是管理客户，有助于使市场的需求信息、客户资料信息、企业内部人财物信息实现整合，使企业的内部运营过程和营销过程高效统一，有助于建立与实现真正以电子化客户关系管理为中心的企业。

（二）E-CRM 具备的功能

通过 E-CRM 可以将企业的客户集成到企业的服务组织、生产组织和销售组织中来；通过基于 Internet 的 CRM 解决方案，企业可以管理关于客户、潜在客户、合作伙伴、合同、通信、文档和需求的相关信息。通过客户门户，客户可以访问他们被允许访问的所有信息；通过分销商门户，分销商们可以被赋予权限，访问共有客户的信息；通过与其他模块的结合，可以大大提升客户管理的水平。一般企业实施 E-CRM 具备以下功能：

1. 支持企业的远程销售

每个授权用户可以通过 Internet 得到并更新客户信息。即使远离办公室，客户也能存储或找到报告、报价或需求。

2. 共享客户信息

同样的安全权限层次可以得到相同的客户信息，销售部门可以知道支持部门的下一步计划，而支持部门也能知道销售计划。

3. 通过客户门户联系客户

通过 Internet，客户可以浏览并处理自己的数据。企业通过电子工作流与客户直接联系，这将有效处理需求、文档和财务事务处理，也能增强与企业的客户的合作伙伴关系。企业通过分销商门户为他们提供潜在客户、客户信息和合同数据、产品新闻和公司新闻。

4. 提升客户管理

企业的客户、需求、联系人、任务和财务信息都将可以显示在同一个屏幕之中。消费者的问题将在需求工作流向导的指引下，明确地标明职责并确保合适的行动。用户可以跟踪任务或者将任务和需求分配给其他人。强大的浏览功能可以使得用户跟踪这些请求的状态。此外，当用户休假的时候，还可以将已经分配好的任务委托给其他人。

5. 浏览报告和统计表

E-CRM 有强大的报表功能，系统地记录了销售、营业、服务等信息，并分门别类、统计、分析，形成不同内容的报表。这些报表包括企业客户信息、销售业绩、销售预测、销售人员企业、客户需求、客户投诉及处理等。

6. 保证信息安全

通过客户和信息的角色与安全控制，企业可以授权客户访问的权限。每一次的修改都将被记录下来，没有人可以匿名操作。

（三）实施 E-CRM 需要注意的问题

E-CRM 把电子邮件、电话和在线交流系统地整合在一起，这样可确保企业不会对客户的情况一无所知。企业应该了解客户访问网站的时间，浏览了哪些网页。E-CRM 系统必须能适应市场转变，让企业迅速进行重新配置，迎合业务模式的改变，以避免传统 CRM 方案因安装时间过长而未能赶上业务发展的问题。另外，工作流程管理是 E-CRM 概念中不可或缺的一环，因为系统内各个部分必须有着紧密的联系，达到流程的顺畅，才能让企业通过 Internet 改善与客户、伙伴和供货商的关系，创造更大效益。具体地讲，在实施一个 E-CRM 系统时，需要关注以下三点：

1. 整合效果最重要

在设计和执行综合性客户交互软件或者创建企业广域 CRM 环境时，不同的技术和解决方案要结合到一起，要求企业详尽地了解商业过程和商业策略，确保整体优于分离的功能和效果。

2. 实时响应是要点

在网络时代，对 E-CRM 系统实时响应的要求更高。E-CRM 系统只有通过实质性的集成才能确保统一、可靠和及时的客户回应能力。

3. 围绕最终用户来设计

企业是选择由内到外还是由外到内开展 E-CRM 集成需要慎重考虑。由内到外的 E-CRM 集成是指解决方案是在传统的企业内部系统中加上了标准的浏览器界面，向客户提供网络交互渠道，这种系统更适用于公司内部的流程作业。由外到内的E-CRM集成是指一方面对客户治理工作开展的“任务替代”；另一方面关注使客户交互的工作流程自动化和简易化。

第三节 酒店CRM管理与实践

酒店行业作为服务业的典型，每天要接待来自四面八方的顾客，发现并留住具有消费能力的回头客，就能为酒店创造稳定收入。这种行业的固有特性决定了在酒店业实施CRM有别于其他行业，对顾客服务的关注比起市场营销更为重要。卓越的客户服务联系建立在对客户认知的基础上。作为酒店一线员工，通过CRM系统提供的资料可以使顾客觉得被厚待。作为酒店管理者，从宏观角度对顾客的认知可以使管理者对酒店经营方针作出更好的决策。因此，在酒店业的日常运作和管理中，客户关系管理是保证其实现更多利润、保持其永续经营和发展的重要法宝。

进入21世纪，我国的酒店企业虽然获得了长足的发展，但是当旅游产业和服务接待相关产业迅猛发展、市场竞争不断加剧的时候，酒店企业同样面临着诸多困境，尤其是如何给予酒店企业客户关系管理的有效实施显得更为迫切。

一、酒店CRM管理概述

（一）酒店CRM的发展历史

近几年来，一些跨国酒店集团通过实施客户关系管理，加强了自身获取和保留客户的能力，大大提升了核心竞争力。目前，国际上许多著名酒店企业都引入了CRM管理理念，如美国喜来登酒店集团、美国卡尔森旅游集团（Carlson Travel Group）、德国旅游集团（TUI）、英国汤姆森旅游集团等都在实施CRM方面取得了惊人的成绩。

在客户关系管理及产品研制开发方面，研究机构根据酒店行业特征开发出与行业相结合的产品。如美国忠实客户群项目领先解决方案提供商HMC（Hospitality Marketing Concepts，饭店营销概念公司）公司推出了全球酒店行业客户关系管理的最新产品——Club Central CRM4.0（中心俱乐部CRM4.0），Club Central CRM专门应用于酒店业，可为酒店经营者带来竞争优势。Club Central CRM是一个用户友好的应用，可使酒店收集并管理客户信息，确定核心客户，了解商业趋势，并有选择性地与专门目标客户群进行沟通，自动与其他客户群进行沟通。另外，Club Central CRM还可为酒店营销管理者提供评估每次营销活动情况及效果。

在我国，CRM已经在银行业、证券业、保险业、电信业、IT业、制造业等行业中应用，并不断涌现出成功的案例。目前，CRM系统在酒店业的应用尚处于发展阶段，尤其是E-CRM还处于试用阶段。在酒店业竞争加剧的大环境下，智能化管理与信息化管理成为酒店获得发展的优势力量。CRM在其他行业及少数高星级酒店的成功案例，将进一步推动酒店CRM的应用。而酒店分散和庞大的客户群体将为实施CRM系统提供一个良好的平台。

目前，广州黑马软件公司、杭州西湖软件科技公司、江苏资深软件公司、志杰信息技术公司等国内多家软件开发商发布了自己的酒店CRM系统，这些系统大致都有预订管理、销售管理、服务管理、客户关怀、分析决策、销售机会挖掘、会员管理等模块。可见，我国酒店

CRM 开发商已经由摸索初期进入到良性竞争和快速发展阶段。

在国内，许多酒店企业进行了大量关于 CRM 的有益尝试。据统计，国内四、五星级酒店已经开始实施 CRM，并取得了一些骄人的成绩。如业界著名的北京凯莱酒店与北京联成互动业已正式签约，由联成互动为其实施 My-CRM，其 CRM 系统具有非常强大的客户管理功能，不仅可以把客户信息基于业务动态发展反映出来，更重要的是能对业务的构成和变动进行统计。通过对客户的行业构成分析、客户的时间变动构成分析及客户不同阶段的构成分析帮助酒店更详细地了解客户，从而为客户提供更优质的服务。但与国外的 CRM 相比，在行业应用领域都显得不够成熟，主要表现在软件功能不完备、成功的应用案例不多等方面。

（二）在 Internet 环境下的酒店 CRM

随着信息技术飞速发展，先进的计算机网络和管理软件不仅仅改变了酒店企业的管理和运营模式，也直接影响了酒店的竞争能力。传统的管理模式不再适应激烈的竞争，面向外部世界的 CRM 才真正使酒店可全面掌握其外部的顾客，从而成为推动企业腾飞的真正动力。

进入 21 世纪，酒店面对的市场环境发生了根本性的变化，市场由原来的供方主导转变为顾客主导，消费者由原来的“需求满足者”转变为“价值追求者”，这对酒店而言既是挑战也是机遇。同时，酒店 CRM 也呈现出以下一些新的特征：

1. 数字化

在酒店顾客数量多、变化快的情况下，顾客的特征性将转化为数字，并且存于数据库之中。通过关联数字，酒店能够迅速了解顾客并作出反应。

2. 网络化

由于快速发展的电子商务要求酒店不断对数据进行访问，所以，顾客关系管理越来越多地建立在 Web 浏览上。顾客关系管理必须和酒店的 Internet 相连，由此形成一个酒店的反馈系统，系统根据顾客和酒店管理的需要进行动态管理。

3. 智能化

顾客关系管理系统能够对不同业务的顾客信息进行分析，发现顾客的心理和行为规律，评价酒店的经营活动，提高酒店管理的有效性。

4. 互动化

在顾客关系管理过程中，只有立足于顾客价值这一中心，真正了解和掌握顾客，帮助他们实现价值追求，极力鼓励顾客积极参与互动性活动，才有可能最大限度地满足顾客需求，在激烈的市场竞争中获得竞争优势，为酒店创造更多的商机。

二、酒店业实施 CRM 的必要性

酒店业是一个需要获得顾客广泛支持的行业，获得了稳定、可靠、忠诚而且有相当消费能力的顾客，酒店业也就取得了成功。因此，酒店业加强客户关系管理是非常必要的。

1. 市场竞争环境的需要

随着酒店业的飞速发展，以及外资酒店、超大型餐饮企业的大量出现，酒店餐饮企业的竞争日益激烈，酒店的竞争最终体现在客户的竞争上。

2. 保持客户忠诚度的需要

在酒店业竞争日益激烈的今天，除了必须有良好的住宿环境外，良好的客户服务和客户关系已成为企业在竞争中获胜的关键因素。在市场竞争环境中，客户拥有更多的选择空间，他们很难盲目地保持对某一企业的绝对忠诚，如有一点不满就可能转向其他酒店。因此，提高客户满意度和忠诚度必然使饭店获取更多的利润、赢得更大的市场。

3. 满足客户个性化需求的需要

目前，许多客户都在追求个性化消费，为了满足他们的个性化需求，客户关系管理系统可以对客户特征和历史消费进行量化分析，挖掘客户的消费潜力，充分地在有限的资源基础上提高销售额和销售利润。另外，客户关系管理还能从客户的消费行为进行各方面的分析，对客户流失、价值下降等情况能自动报警，给管理者提供决策依据。

在引入 CRM 之前，一般的酒店业也都有客户档案管理。但是，CRM 与传统的客户档案管理有着明显的区别，其功能是后者远远不能实现的，表 5－1 列出了两者的主要区别。

表 5－1　客户关系管理与传统客户档案管理的区别

项目	客户关系管理	传统客户档案管理
管理内容	预订管理、销售管理、服务管理、客户关怀、分析决策、销售机会挖掘、会员管理	客户档案管理
管理工具	客户关系管理系统	手工记录、电子记事本
分布式管理	建立共享信息平台、跨区域管理、移动办公	无法实现
工作流管理	随时了解和监控业务进程，实现协同工作	无法实现
价值客户的关注	价值客户的服务与关怀，满足个性化需求	无法实现
电子商务应用	电子促销、商业信函批量打印、电子文档传真	无法实现
提升核心竞争力	通过对客户、产品、员工的追踪及对市场、销售、服务等工作的统计分析，帮助企业科学、全面提升核心竞争力	无法实现

二、酒店业中 CRM 的主要功能

酒店业客户关系管理系统的主要功能表现在以下四个方面：

1. 个性化服务，满足客户个性化需求

当前，老客户对酒店的要求越来越高，客户不希望每次就餐总要重复一些相同的事情。这就需要服务人员去了解客户的喜好，如抽什么烟、吃什么菜、喝什么酒，对于一个新服务员来说可能要花几个月的时间。但对于酒店业来说，服务人员的流动性较大，服务员可能才刚刚熟悉了客户，就被其他酒店挖走或另谋职业，这对酒店的损失很大。CRM 可以很容易地在客户住店和就餐的全过程提供个性化服务，从而满足客户个性化需求的实现。例如，在客人预订阶段，通过使用 CRM 系统，预订人员可以随时了解客人入住喜欢的房间类型、个人偏好；在饭店餐厅里，CRM 系统能立刻查询出客人上次来店消费的时间、客人上次开的菜单、客人的忌讳菜肴，以及就餐时喜欢的包厢等信息，从而能迅速开出符合客人个性化需求的菜单，大大减少了手工错误，提高了效率和客人满意度；在菜肴制作环节，厨师可以及时、方便地了解客户的相关信息，如客人口味特征、喜好，以及更好地控制菜肴制作时间，大大提高了服务质量，为客人提供了个性化的服务。总之，通过使用 CRM 系统，能够详细记录每位客人的喜好，即使服务人员流失，也只要花很短的时间就能培训出了解客户的新服务员，保证个性化服务的水平。

2. 客户关怀

客户关怀的目的就是提高客户的忠诚度。能随时查询了解到今天哪位客人过生日或者其他纪念日，根据客人的价值排行进行相应关怀，如送鲜花、生日蛋糕、寿面等。总经理、经理坐在办公室里就能了解到今天哪些客人将要来就餐，以及就餐的具体时间、包厢，对于重要客人如政府领导、大客户等，可以事先迎接，提高客户忠诚度。

3. 主动营销

利用CRM系统，酒店可以进行主动营销，从而挖掘客户消费机会，增加酒店销售额。例如，特殊日子的促销：在个人客户的生日、结婚纪念日，公司客户的公司成立日，客户即将举办的活动等，可以通过各种方式（如电话、拜访、电子邮件等）关心客户、拜访客户。根据统计，通过主动营销这种方式可大大提高酒店促销的成功率，随着客户数据的积累，将能带来更多的销售机会。再如，美食节的促销：酒店为了吸引客户、保持客户的新鲜感，需要经常创新菜品，举办美食节活动，在报纸、电视上做广告，一方面成本太大，另一方面针对性不强；而利用客户关系管理系统，能根据美食节的特点，如“海鲜美食节”，自动搜索出喜欢海鲜的客户名称，发送邀请函、传真，这样成本既低又有针对性。

4. 客户行为分析

利用客户关系管理系统，可以对客户的行为进行深入分析，从而提供决策支持。对于大型酒店，如何识别新客户并将其发展成老客户，需要数据的支持。客户关系管理系统可自动分析、识别新客户，并根据其价值情况提供给管理者。如可通过预订电话分析来就餐五次以上但还未发展为会员的客户名单，在下次客户来就餐时可由餐厅经理主动关怀，索取客户资料，发展其成为会员。再如，在客户价值分析方面，利用客户关系管理系统，可以非常容易地分析客户的消费额、消费次数、人均消费、利润额，并可快速地找出价值上升客户与价值下降客户，还可对客户流失情况进行统计和分析，并能自动分析客户就餐频率变化，发出客户流失报警。

补充材料：

CRM，让酒店紧紧拉住消费者的手

如何才能增加、保持酒店良好的销售额？是不是只要有可口的菜肴、良好的就餐环境就可以了呢？根据国外酒店的成功经验，把握客户消费心理，重视培养忠实的客户，提供满足客户个性化需求的服务，已经成为酒店提高客户回头率、增加酒店销售额的法宝，这就是所谓的CRM。这一策略的执行涉及关系型营销、CRM信息技术的创新性使用以及经营运作上的卓越表现。下面就酒店比较关心的问题进行简单的阐述。

一、创建单一的客户观

酒店行业的固有特性决定了在酒店业实施CRM有别于其他行业，对顾客服务的关注比起市场营销更为重要。卓越的客户服务联系建立在对客户认知的基础上。作为酒店一线员工，通过CRM系统提供的资料，可以使顾客觉得被厚待；作为酒店管理者，从宏观角度对顾客的认知可以使管理者对酒店经营方针做出更好的决策。

国际知名的希尔顿酒店具有丰富的定制顾客体验，通过建立顾客档案、记录顾客偏好，使得饭店能够为顾客提供量身制作的服务。例如，考虑一个总是预订拥有双人床的无烟房间的顾客。这些信息会被存储在顾客记录里，当该顾客下次预订房间时，不管他身处何处，即使他不提出相关要求，他也能得到他想要的房间。用希尔顿的话说，只要每年有1/10的老顾客光顾，饭店就会永远客满。

为了建立完善的客户信息数据库，酒店需要对信息技术进行必要的投资。目的是要从不同的信息渠道中搜集客户数据资料，对数据进行综合，并存储起来留作以后分析之用。

二、多层次的客户智能分析

许多人都知晓“巧妇难为无米之炊”的道理，却又可能忽视了即使有米，也未必人人都能煮出好吃的饭。CRM也是如此，酒店在收集顾客的消费习惯时，不能只限于简单的资料堆积，而忽视了对已有的顾客信息进行细分及客户生命周期管理。

酒店需要关注客户，根据对客户特征、购买行为和价值取向实现对客户的分层管理，就是要分离出那些对于酒店具有高价值贡献率的客户，使酒店能集中精力于大客户和有潜力的客户，提高客户价值贡献率和公司收益，为酒店增加潜在的效益。根据“精细营销”的策略和方法，分析已有的客户资源，制定相应措施对CRM系统存储的客户信息进行分析。这要遵循帕列托80/20规律，把精力放在对酒店贡献最大的20%的客户身上。根据客户在酒店的消费金额用“客户金字塔”法来分类，将客户群分为VIP客户、主要客户、普通客户与小客户。

CRM系统充分考虑到了酒店营销的需求及特点，为酒店销售人员，特别是酒店营销管理人员的管理及决策提供了强有力的工具。通过系统自动生成的经营统计分析、趋势预测、客源结构分析、竞争对手分析、销售费用分析、客户及销售人员业绩分析等各种数据，为管理者进行市场定位、制定销售预算及营销策略、掌控核心客户并进行内部管理等诸多方面提供了有利的依据。

三、一对一的营销与服务

酒店业是与“情感”有密切联系的行业，实施CRM的意义更加深远。被誉为“美国酒店大王”的斯坦特就说过，“酒店业就是凭借酒店来出售服务的行业”，这是颇有见地的见解。优质服务是酒店生存的基础，CRM系统就是提供这种服务的有力竞争武器。通俗地说，CRM系统让企业知道目标顾客最主要的需求是什么，然后针对顾客差异制定出和顾客需求相一致的营销与服务计划。客人感到自己不再是千人一面的无名氏，而是有价值的顾客。顾客的满意和忠诚，带来了消费额和消费次数的增长，酒店是最终最大的得益者。

用上述的客户智能分析方法掌握了客户层级的分布之后，酒店营销部门就可认真规划，根据客户不同的价值制定相应的关怀和优惠措施，一方面可留住有价值的老客户；另一方面可提高这些客户对酒店的满意度和忠诚度，吸引他们多来消费，保持或升级成为金字塔的上层客户。

（更多信息见http：//finance. sina. com）

三、建立酒店CRM系统

建立酒店CRM系统的途径有以下三种：

1. 顾客态度管理

通过健全顾客投诉和建议制度及定期组织顾客调查，将顾客的书面、口头投诉和建议进行记录、整理，对调查结果进行统计、分析，可及早发现顾客态度的变化倾向，为酒店较早采取行动消除顾客的不满，巩固市场份额，提供早期预警。

2. 客户数据库管理

运用电子计算机技术，将所有客户的有关信息储存起来，建立详细的顾客档案，并经常对信息进行整理、分析。既可加深对客户的了解，便于彼此沟通，又能为未来营销决策提供依据，如果再辅之营销模型和决策支持系统（DSS），更可为酒店决策者提供多种营销方案。

3. 客户关系管理

对酒店所有的客户，要通过计算机技术进行分类专人管理。可以考虑设立客户关系经理，为相应的客户提供专门服务。客户关系经理负责集中酒店内部的各种优势，为其所负责的客户提供对口服务，通过提升服务价值来培养忠诚顾客。

四、CRM 在酒店中的应用实例

酒店 CRM 软件是现代酒店经营的必备软件，本节主要通过黑马软件餐饮 CRM 介绍及希尔顿饭店集团 CRM 应用实例，进一步掌握 CRM 的理解与实际操作。

（一）黑马软件餐饮 CRM 介绍

客户关系管理是以服务客户理念为基础，支持企业实现以客户为中心的营销模式。黑马软件 CRM 是黑马软件食为天科技公司积累了十多年的餐饮行业开发经验，结合众多餐饮企业的客户管理，历经两年研究，开发出客户关系管理系统，为餐饮企业对客户进行个性化服务和全方位管理提供支持。其主要的功能模块有（见图 5－5）：

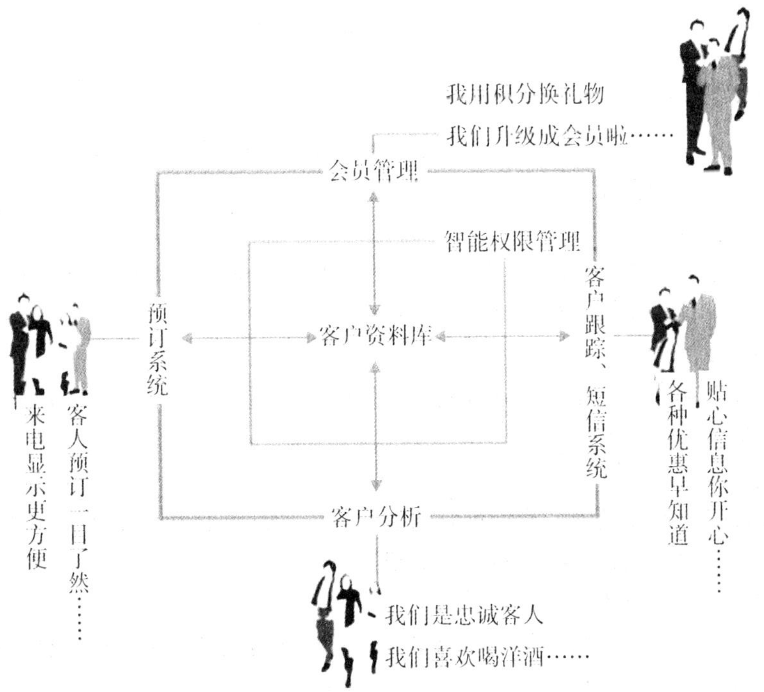

图 5－5 客户关系管理系统解析图

1. 客户忠诚度分析

按累计金额及消费次数分析客户在一定时间段的消费频率，通过此功能分析可以发现企业管理在客户关系处理方面的状况（见图5－6）。

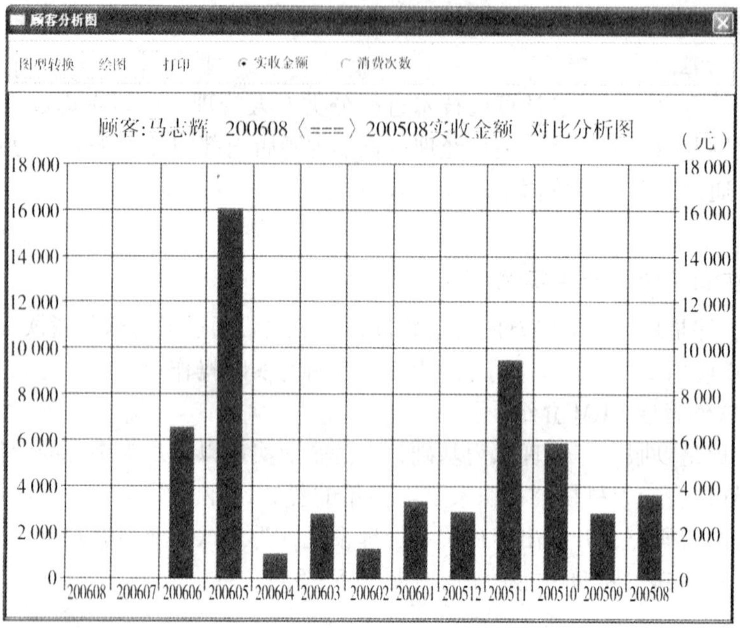

图5－6　顾客忠诚度分析图

2. 会员等级处理

餐饮企业经营一段时间后，会员及老客户会越来越多，在数据有了一定的基础后，可以分不同重要程度进行客户关系处理。

3. 20/80 法则分析

80%的业绩来源于20%的老客户，分析餐厅当前生意是否正常，更多的业绩是否来源于老客户，只有客户回头率高，生意才更平稳向上。

4. 客户群分析

餐饮企业在开业前会有定位，在经营一段时间后，通过数据来反应客户群体主要来源于哪些，针对不同群体可做针对性的宣传。

5. 创造更多商机点

餐饮企业什么时候是营业的高峰期是所有管理人员都关心的，在软件中可以通过相关功能提示管理人员发现更多商机，把握每一个商机。

6. 来电显示客户关系把握

对有申办过VIP卡的会员，系统在会员预订时，即时反映相关会员信息，有助于对会员的尊敬，更使会员的回头率更高。

7. 潜在客户的挖掘

对陌生客户的来电，系统有存储数据功能，可以记录当前客户相关信息，以助于餐饮企业做好客户关系的跟踪服务。

8. 客户服务跟踪处理

通过短信及相关方式，方便、快捷地做好客户的服务工作，如节假日、客户生日等，做好关心客户及客户跟踪服务的相关工作。

9. 客户回头率积分管理

有了一定的会员信息，为促进会员积极消费，可设定层次标准，累计会员积分换优惠的方式，可提高会员的忠诚度及会员的消费额度。

10. 会员储值一卡通

未来餐饮企业一定是连锁化品牌餐饮店，不同分店同一卡享受储值、积分等各种服务，也是提高会员忠诚度及消费额的最好的一种方式。

（二）希尔顿饭店集团CRM应用的实例

下面通过希尔顿饭店集团CRM应用的实例，说明酒店业应如何正确实施CRM系统。

希尔顿饭店集团是美国一家超大型的饭店集团，至2008年为止，在世界上80多个国家经营着超过3 000家连锁饭店，从2000年以来，曾经多次步入美国电子商务应用100强前列。希尔顿饭店集团具有强烈的客户关系管理意识。集团常常在内部培训中强调以下事实：获得一个新客户比维持一个老客户的成本要高出5倍；满意的客户买得很多并愿意支付更高的价格，使饭店获得更高的利润。而谈到客户关系管理时，他们认为，20%客户的离开是因为价格；而80%客户的离开是因为服务质量低下、缺乏购买后的关系维持。

为此，希尔顿饭店集团开发了一套名为“H honor”的客户关系管理系统。这套客户管理系统的运营目标是：借助信息技术手段，与世界范围内的客户，包括旅游者、旅行社、会议组织者和旅游业协会保持联系。目前，希尔顿饭店集团通过“H honor”客户关系管理系统实现的客户接触总数约为500万人次/月，6 000万人次/年。

客户关系管理的基本步骤为：客户资料收集；客户细分；个性化客户服务。这四个步骤是“H honor”的客户关系管理系统的设计基础。

“H honor”的客户关系管理系统的功能包括：

1. 客户资料收集

为了方便客户资料的收集，“H honor”采取了以下措施：

（1）鼓励浏览者在电子商务网站上注册，提供个人信息。

（2）为注册的潜在客户提供个性化服务，包括发送符合顾客兴趣的新闻、每月活动信息和特色服务信息。

（3）记录个人或企业客户在网站上的累计预订量。

（4）发现有价值的客户，区分其类型和价值程度。

2. 客户细分

希尔顿饭店集团认为，对于不同类型的客户，必须进行细分，以便采取“一对一”的营销策略。为此，他们借助CRM进行了以下客户细分：

（1）按客户类型细分为：旅游者、常客、旅游批发商、代理商、会议组织者等。

（2）按客户所在的区域细分为：中国内地客人、港澳台地区客人、美国客人、日本客人等。

（3）按人口、职业、收入特征细分，与特殊身份客人维持特殊关系等。

3. 与客户接触

在饭店CRM运用中，必须采用多种方式加强与客户的接触。为此，采取了以下方案：

（1）在网上建立“全体代理商交流中心”，进行知识交流。

（2）通过经常沟通增加代理商的主动性。

（3）“H honor”客户服务中心：通过电话、电子邮件、信件等多种途径与客户联系等。

4. 个性化客户服务

针对不同的客户特点，提供个性化的服务，是 CRM 应用的最终目的。希尔顿饭店集团的“H honor”客户关系管理系统在这方面采取了以下措施：

（1）确认饭店的回头客，对于回头客，从客户数据库中直接调出客户基本资料，提高入住登记速度。

（2）对于重要客户免去其订金。

（3）记录重要顾客的偏好和行为习惯，为他们提供更好的服务。

（4）为饭店集团“豪华度假（HGVC）”会员提供相互交流的机会。

（5）为预订饭店客房的会议组织者提供“会议策划津贴”。

（6）为长期合作的旅行商提供免费的“逍遥旅游”等。

经典案例研究

酒店 CRM：挖潜连锁服务与营销

随着互联网热潮的降温，制造业纷纷埋头于企业资源计划（ERP），而服务业则把视角焦点落在了客户关系管理（CRM）上。CRM 是一种旨在改善企业与客户之间关系的新型管理机制，它应用于企业的市场营销、销售、服务与技术支持等跟客户相关的领域。CRM 的目标是通过提供快速和周到的优质服务吸引和保持更多的客户，提高客户忠诚度，最终为企业带来利润增长。

酒店行业作为服务业的典型，在此项新技术面前却又一次落伍。世界范围内的酒店管理集团，可以谈得上成功运用 CRM 者寥寥无几，诸多 CRM 厂商也没有能够及时拿出一套切实可行的针对酒店行业的全面解决方案，为什么？难道客户关系管理技术对于酒店不适用吗？

答案显然不是。酒店每天要接待来自四方八面的顾客，发现并留住具有消费能力的回头客，就能为酒店创造稳定的收入来源。这种行业的固有特性决定了在酒店业实施 CRM 有异于其他行业，对服务的关注比起市场营销更为重要。通过顾客资料的不断积累，酒店对顾客越来越熟悉，并能够预知顾客的期望。作为一线员工，通过系统提供的资料可以使顾客觉得被厚待；作为酒店管理者，从宏观角度对顾客的认知可以使管理者对酒店经营方针作出更好的决策。例如，您可能会发现换一下枕头的款式，就能使顾客有宾至如归的感觉。对于连锁酒店集团来说，CRM 的意义尤为重大。同一品牌意味着一致的服务品质，顾客在集团内任何一家酒店的消费经验，如果不能为其他成员酒店分享，连锁品牌的形象就会大打折扣，甚至造成顾客的流失。常客由于受到酒店的长期礼待，对于服务的期望值会越来越高，在异地的分店一旦被冷遇，过往累积下来的对于品牌的好感会烟消云散，掉头而去。在酒店业处于买方市场激烈竞争的态势下，常客的流失往往是致命的。

CRM，酒店落伍为哪般？

可见，CRM 对于酒店业是适用的，甚至可以说是必须的。只是一些客观因素，延缓了 CRM 技术在连锁酒店业的全面推广使用。

瓶颈一：技术含量、运作成本。首先，连锁酒店 CRM 的核心，是一个可以为成员酒店授权使用的中央客户关系信息数据库，它必须具有巨额的存储容量和极速的运算及吞吐能力，同时要通过安全的网络体系为各成员酒店访问。其中，部分的数据来源可以来自中央预订系统和酒店信息管理系统，但更多的要依靠酒店员工关注顾客的需求而获得。数据库里面的资料包括顾客的基本资料、联络途径、过往的消费记录、每次入住及离店的日期时间、酒店名称、房间类型、订房途径、特别服务、个人喜好、No-Show 和取消预订的记录、投诉和处理记录、累积消费积分、奖励记录、忠诚度评估等。由于部分内容涉及客人和酒店的隐私，CRM 数据的创建和使用须经过系统认证，严格限制在连锁酒店内部授权使用。这个数据库的建立和管理，需要高度的 IT 知识和经验，以及不可低估的运作成本。

瓶颈二：商业流程。市面上 CRM 解决方案的供应厂商鳞次栉比，但并没有哪一家的产品可以直接运用于酒店。其中的根本原因在于大多数的酒店都没有一个一致的商业流程去获知和运用客人信息。因此，要在酒店运用 CRM，首先必须经过酒店服务流程再造，建立一个客人信息收集和使用的标准体系。例如：①由管家部/客房员工记录收集到的顾客的特殊喜好和相应的房号。②按照对应房间顾客的姓名，每晚把这些信息更新到中心数据库中。③在预订和排房的标准流程中，从数据库中调用这些信息。传统作业流程的改变，需要结合行业专家的智慧进行设计论证和现场试验，形成连锁酒店的服务规范，同时需要有效的培训督导及高素质的员工。

瓶颈三：软件设计。而连锁酒店庞大的顾客数量，也从技术实现上给 CRM 系统的软件设计提出了更高的要求。第一个要考虑的因素是要解决匹配准确性的问题，由于在顾客到来以前，难以从个人证件等途径确定其唯一身份，往往需要由人工通过姓名、联系地址及电话号码、信用卡号码等辅助信息把客人和数据库里的 ID 对应起来，从而保证调出的资料确实来自将要服务的对象。一种折中的解决方式是为顾客发一个印有其 ID 的识别卡，但一则成本高，二则“周身卡”也给顾客带来不便。第二个要考虑的因素是系统数据结构的灵活性，顾客提出的要求和个人喜好多种多样，诸如枕头、毛毯的数量，报纸、小吃、是否吸烟、是否看付费频道等。有些可以预测、可以归类，有些不能，有些甚至是匪夷所思的。因此，系统既要保持处理自由格式数据的能力，又要能够进行快速的数据挖掘和查询，传统的关系数据库技术显然对此无能为力。

瓶颈四：信息系统另一个阻碍酒店运用 CRM 的因素是现有的酒店信息管理系统在当初设计时没有考虑到 CRM 的因素，无法与 CRM 数据库连通，更新和调用其中的数据。因此，酒店必须更换或改造原有的系统，追加的投资及可能对日常运营造成的影响，给酒店决策层带来一定的压力。

面对上述难题，在连锁酒店实施 CRM，实际上无异于缔造一个全新的行业经营模式，需要具备巨额投资能力的酒店管理集团，由业内资深人士和流程改造专家引领，运用先进的商业智能和数据挖掘技术、宽带网络和安全认证技术、面向对象的数据库和 XML 技术进行开发，与全球预订系统、酒店信息管理系统及其他系统配套实施，并通过周密的培训计划贯穿和渗透到酒店运营的各个基本环节，如此才能取得成功。

连锁 CRM，成就酒店诱人前景

在酒店连锁范围内成功实施 CRM 以后，成员酒店的服务素质和营销能力将会如虎添翼。

试想，通过与全球预订系统的信息交换，一个新客人进行第一次预订时，它的个人喜好可以被记录下来，进入客户关系数据库。酒店在为客人安排房间时，运用这些资料可以使得顾客称心满意之余获得意外的惊喜。酒店可以改变销售习惯，和顾客主动进行沟通，如果发现一个顾客好几个月没有光顾您的酒店，可以发送电子邮件给他一个特别的优惠政策，鼓励他下次出差时选择入住。集团总部如果发现某个重点顾客经常光顾旗下的商务酒店，可以邀请他下次度假时光顾您的度假村。经过与顾客的几次这样的互动，便可以从顾客的回复里面收集到更多的个性化信息，从而增强与顾客的联系。

连锁酒店实现全面的客户关系管理，客人感到自己不再是千人一面的无名氏，而是有价值的顾客。顾客的满意和忠诚，带来了消费额和消费次数的增长，成员酒店是最大的得益者。

（资料来源：慧聪酒店网 http：//info. hotel. hc360. com）

案例思考题

1. 在酒店连锁范围内如何成功实施 CRM？
2. 在进行 CRM 管理过程中，如何处理好涉及客人隐私的问题？
3. 你认为现有的酒店信息管理系统如何与 CRM 数据库互联？

思考题

1. 简述 CRM 的概念和作用。
2. CRM 的系统功能有哪些？
3. 简述 CRM 软件系统的组成。
4. 简述 E-CRM 的效益。
5. 实施 E-CRM 需要哪些关键因素？
6. 简述酒店实施 CRM 的必要性。
7. 简述酒店业中 CRM 的主要功能。

实操训练

1. 调查学校周边的酒店，看其是否有利用 CRM 软件进行客户关系管理，效果如何？
2. 请登录黑马餐饮 CRM 软件，进行实际操作。
3. 调查某家连锁酒店使用的 CRM 软件，并对其作出评价。

补充阅读：对 CRM 常见的误解

对 CRM 经常存在下列误解：

误解 1：“CRM 是能够处理所有客户问题的解决方案；它是一种软件工具，可以使客户更方便地和企业进行交易。”

事实绝非如此。实施 CRM 需要有愿景、规划、投资和耐心。软件确实是必要的条件，但并不是全部的解决方案。这种关于有魔力软件的神奇说法使企业经理认为 CRM 仅仅是一个信息技术问题。应用软件提供商宣扬这一观点并不令人惊讶，但是如果 CRM 真的如此简单，那么所有企业都应该已经开始实行它了。

误解 2：“CRM 就是互联网。”

互联网大幅度提高了机遇，以及对更好的信息、工具和能够利用这些信息和工具的流程的需求。但是关系建立在理解和信任的基础上，理解客户想法的企业一定已经开始规划在线服务了。

误解 3："CRM 是直接销售的最新叫法。"

直接销售多年来一直使用信息和自动控制去理解和改善客户关系。而 CRM 是将注意力从营销（即"给"客户）转为关系管理（即"和"客户）。

误解 4："CRM 意味着认识所有和企业发生交互作用的客户，是对客户的全面了解。"

这是重要的第一步，但是仅仅认识是不够的。我们必须学习和利用以前收集到的信息，以便在未来进行更高效的交互活动。客户的信息对于增进理解和提高服务至关重要。企业也需要工具和培训使员工了解应该如何去做。

误解 5："CRM 就是评价和衡量客户价值。"

CRM 信息的一个重要应用就是识别谁是最好的客户。我们必须利用这些知识去提高忠诚客户的数量和每一个忠诚客户的价值。

误解 6："CRM 就是销售代表的自动化工具。"

一些企业仍然相信建立关系的唯一方式是通过销售人员，因此，CRM 必须包括销售自动化。但是，销售职能只是那些直接和客户发生接触的职能之一，它只是 CRM 的一个要素。

第六章　酒店客房、前厅信息化管理

信息革命在推动世界经济的格局发生新变化的同时，也推动着中国经济的高速发展。广州市黑马软件科技有限公司（以下简称“黑马公司”）从1993年创立以来，就专注于餐饮、酒店、娱乐行业信息技术的应用，致力于推动中国旅游产业信息化的发展，最终成为一个根植于中国并具备国际视野和宏伟远景的高科技企业。从2006年底起，黑马公司与全国各地高校进行餐饮、酒店、娱乐管理软件合作，目前全国已有80多所高校将黑马产品列入教学工作中，并建立了旅游管理实践基地，旨在与高校共同推进餐饮旅游行业信息化的进程。

黑马公司的靓客栈酒店管理软件荣获“2007年第十一届中国国际软件博览会创新奖”。食为天也凭借其简易的操作、严密的流程设计和专业的管理成为了中国餐饮信息化供应商的佼佼者，并多次在国内获奖。黑马公司已经被国家劳动部、广东省劳动厅核准授权，负责《中国餐饮软件系统管理员（助理师管理师）》培训教材的编写和软件开发的工作。

在现代酒店管理中，计算机酒店管理系统已经成为现代酒店科学管理的重要内容，是酒店经营运作中不可缺少的现代管理工具。靓客栈2008是黑马公司开发出来的酒店管理信息系统，其教学版软件涵盖了营运版软件的全部功能，同时又充分考虑了教学中终端用户（学生）多、数据上传困难等问题，利用技术并结合多所学校的教学建议，将所有功能全部开放，数据全部预设。学校可根据自己的需求再重新修改数据，教师在教学的过程中控制学生的操作，并可查看学生的操作情况。以下章节我们将通过靓客栈系统的介绍来学习酒店客房、前厅信息化的相关内容。

第一节　“靓客栈”酒店管理软件概述

一、“靓客栈”简介

靓客栈2008是一款为各酒店定制的专业管理系统，黑马公司采用先进的设计工具将十多年来在酒店管理软件方面的优良成果相结合，并在此基础上引入人性化的设计和管理流程，把原产品升级为更加简易、方便、稳定和功能强大的管理体系。靓客栈适用范围为各类星级酒店和酒店集团，目前黑马公司又开发出金钥匙酒店管理软件，面向更高星级的酒店。

（一）靓客栈系统流程及功能

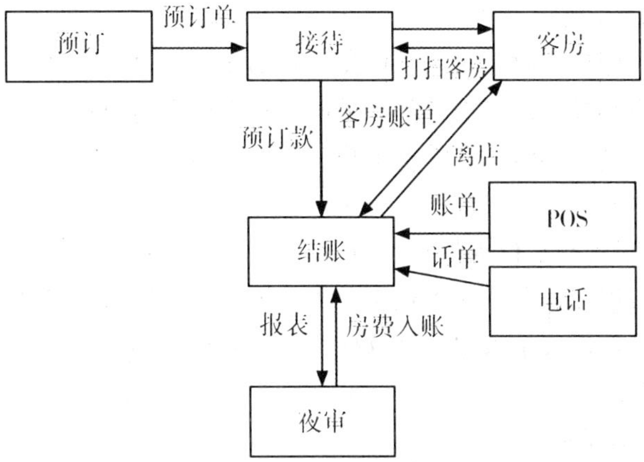

图6－1　靓客栈系统主流程

从图6－1我们可以看出，靓客栈系统的基本功能包括：客房管理、客房预订、接待管理、前台收银（POS）、应收账系统、夜间稽核等。

靓客栈的其他功能模块我们将在后面的章节进行详细的介绍，此处只介绍接口部分。

1. 外围接口部分

（1）电话：可识别国内外几乎所有品牌的交换机吐出格式的话单数据（TCP/IP、COM、文件）。

（2）门锁：已为十多家知名客户定制过，让酒店用户尽享便利服务。

（3）公安：与全国通用的户籍管理系统相连接（可识别一代和二代身份证），身份识别尽在掌握中。

（4）床头控制器：顾客不再需要移动步伐来控制客房的电器用品了，只需要操作床头控制器便可随心所欲地设置灯光及其他效果，真正实现自动化操作。

2. 内部接口部分

（1）可与食为天餐饮管理系统、乐逍遥娱乐管理系统无缝连接。

（2）可与餐饮CRM客户关系管理系统无缝连接，让酒店用户轻松管理会员信息，随时给顾客发送节日或生日短信等。

（二）靓客栈的特点

1. 友好的用户界面

统一、友好的用户界面既能让酒店用户快速学会如何操作系统，又能让其不容易疲劳。无论是在界面的颜色和设计上，还是在软件的操作上，人性化都展现得淋漓尽致。

2. 完整的客人历史及档案

系统能收集每个客户（如个人、公司、旅行社、团队等）的完整资料。这些数据可用来对客户进行跟踪和个性化服务，帮助酒店用户改善服务质量和客户关系，酒店高级管理人员可根据资料分析业务利润来源并制定具有竞争力的销售策略。

3. 快速准确的前台入住管理和收银系统

前台操作是整个酒店运作的焦点，因为这是酒店将留给客人的最初和最后的印象。靓客栈

2008 的前台模块功能极其强大，能帮助酒店用户大大缩短办理入住和收银时间，提高员工的工作效率，提升客户对酒店和服务的满意度。

4. 灵活的客房管理功能

客房管理能让酒店用户实时了解房态信息，包括净房、脏房、维修房和已分配客房等。这些信息能帮助酒店把房态冲突的可能性降到最低，有效地提高出租率、收入和客户满意度，并能随时查看和有效安排员工的清洁和维修工作。

5. 人性化的夜审系统

靓客栈 2008 的夜审流程不仅人性化而且简单易操作。它可以自动处理未到预订，检查应离未离、调整房价、房租入账等，还可提供各类报表和统计数据，保证酒店用户能够实时了解酒店的收益。酒店高级管理人员可以通过这些数据来分析市场和利润来源，以适时地通过调整一些市场策略达到利益最大化。

（三）靓客栈的基本设置

基本设置是系统运行前必须准备的数据资料，包括酒店的物业（楼层、房类、房间）、房价策略（房价代码、房价定义）、记账项目、货币汇率及各类常用编码。

1. 建筑楼层

定义酒店用于营业的楼层信息。

2. 常用编码

接待及预订常用的备选项定义，如证件种类、国家地区、客人来源等。

3. 货币汇率

有些酒店可以直接以港币、美元等外币结账，但在统计时均以人民币为标准。

此处定义各种货币的代码、名称、汇率，以人民币为本位币。“人民币”为系统项，不可修改或删除。

4. 记账项目

类似会计科目，记账项目用于分类记录和核算酒店前台和客房的各种收入。记账项目分为消费（借方）和结算（贷方）两大类，以下再分为各级小类，明细项目。对于客房消费的项目，可以细分到具体的品种。记账项目的编码由系统自动生成。

记账项目一经确定和使用，一般不能随便更改和删除。当然可以随时添加新的项目。当需要停用某项目时，可以将启用标志去掉。

增加记录时，需要录入项目名称，最底层的项目要将“明细标志”打上钩。如未钩上“明细标志”，系统会认为此记录是类别记录。

系统中默认存在一些项目，这些项目影响到系统的部分功能能否正常使用，所以被定义为系统项目。系统项目不可修改或删除，初始系统时也不会被清除。

5. 房间类别

酒店通常根据房间大小、床数、豪华程度、景观等标准来划分不同的客房类型，对应不同的房价。房间类别就是定义酒店的房类代码，包括房类编码、房间名称及排序。

6. 房间信息

定义酒店的房间信息，包括房号、所属房类、楼层、分机号码及房间特征。如需取消某房间，可以将启用标志的“√”去掉，该房间在房态盘上将不可见。

7. 房价编码

对于酒店来说，同一种客房在不同时期、对不同客人有不同的定价。如散客价、团体价、公司价、免费价、自用价、淡季价、旺季价等。我们只需要在系统中定义多个房价编码，然后定义好每个房价编码下每一种房类的价格，前台接待时只需要选择相应的房价编码，系统就可以自动取到房价编码所对应的房价。

固定附加/比例附加费：在此设定附加费的收取方式。固定附加费是指按固定的金额收取，如50元；而比例附加费是指按房价的百分比收取，如20%。设置了附加费的值后，夜核时会自己生成附加费消费记录。如果酒店不收取附加费用，则清空此处所设置的附加费值即可。

8. 钟点房价

定义钟点房的计价方式。靓客栈V4.0采用的是穷举法。例如，标准单人房的钟点价定义。钟点设置的最小单位是一个小时，超过一个小时将以下一个钟点数计算。未设置到的钟点数将以一日房租计算。

二、靓客栈教学版软件的安装

靓客栈V4.0酒店管理系统的安装分为三步：软件安装、账套建立、软件狗安装。

（一）安装与卸载

（1）插入安装光盘，点击安装文件夹，双击安装文件“Setup.exe”。

安装包括：Microsoft.NET Framework 1.1、Microsoft.NET Framework 中文套件、报表控件、Microsoft Data Access Components 2.7、靓客栈V4.0酒店管理系统。不同的操作系统，安装提示有所不同，提示“是否重启系统”时，选择“以后手动重启”；如果出现安装失败的情况，再次安装即可。

（2）确认安装 Microsoft.NET Framework 1.1 软件包。

（3）认可协议。

（4）Framework 安装开始，请等待，不要点击“取消”。

（5）确定 Framework 安装完成。

（6）安装 Microsoft.NET Framework 中文套件。

（7）接受认可协议。

（8）点击“确定”，中文套件安装完成。

（9）开始安装靓客栈V4.0酒店管理系统。

（10）根据您当前电脑的用途，选择“服务器端”或“客户端”。

（11）选择安装文件夹。

（12）确认安装靓客栈V4.0酒店管理系统。

（13）安装 Microsoft Data Access Components 2.7 协议认可。

（14）关闭正在使用的任务。

（15）安装 Microsoft Data Access Components 2.7。

（16）Microsoft Data Access Components 2.7 安装完成。

（17）当系统提示“正在准备安装…”，等待数秒后，显示安装界面，开始进入靓客栈V4.0酒店管理系统的安装。

（18）关闭其他正在运行的应用程序，点击“下一步”，继续运行安装程序。如果需要退出安装，点击“取消”按钮。

（19）选择安装“靓客栈 V4.0 服务器端”或“靓客栈 V4.0 客户端”。正常情况下，在数据库服务器上安装服务器端，其他用于操作的电脑上安装客户端。

（20）确定安装目录。

系统默认安装目录为“C:\Program Files\靓客栈 V4.0 酒店管理系统”，用户可点击“浏览”选择新安装目录，路径后面用蓝色标志的部分是用户自己手工录入的安装文件夹名称。点击“确定”，回到上一界面，单击“下一步”。

（21）点击“下一步”。

系统给出安装信息，确认信息无误，点击“下一步”开始安装。系统出现“安装完成”，表示软件安装成功。

（22）如果要卸载此程序，请到“控制面板/添加删除程序”中进行卸载。

（二）手工建账

初次运行“靓客栈 V4.0 酒店管理系统”时，先进行建账工作，导入试用数据。操作如下：

（1）双击桌面的“账套管理工具”图标，出现如下图的界面。

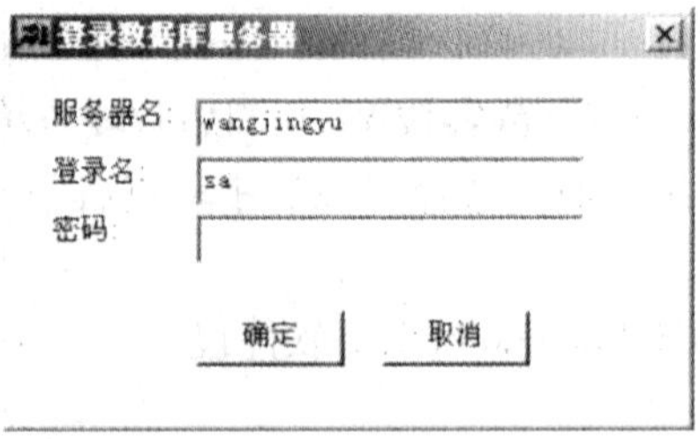

（2）录入数据库服务器信息，包括“数据库名”、“登录名”、“密码”，点击“确定”。

（3）几秒钟后，会进入管理工具界面。此时，账套列表中没有记录，点击“账套维护”菜单下的“新建账套”。

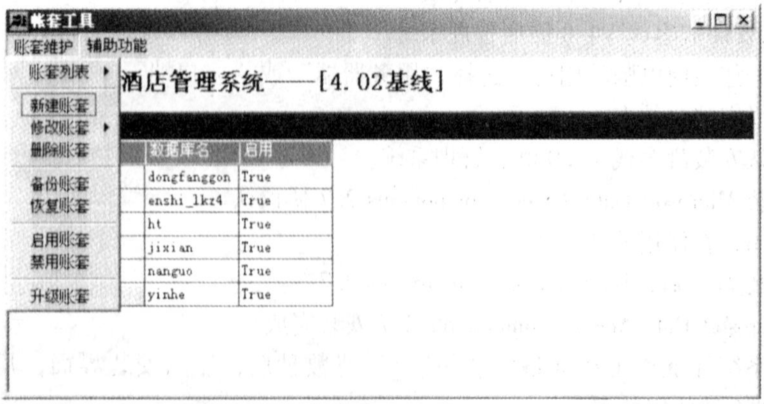

（4）出现“账套信息”窗体。录入您将要建立的账套的数据库名（请录入英文），以及账

套的名称（登录界面显示此名称）。

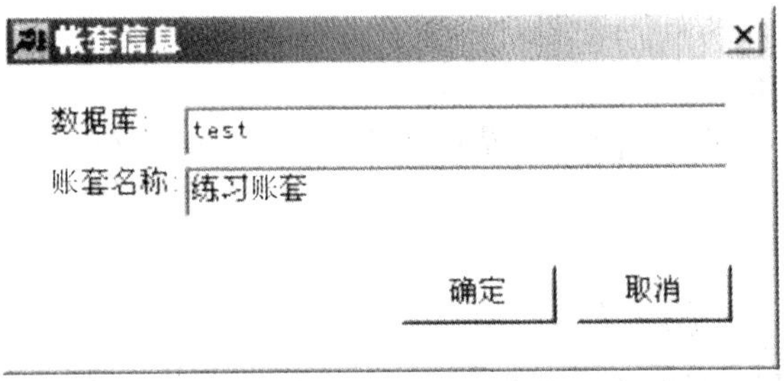

（5）确定后，在出现的界面中录入酒店的相关信息，也可以直接点击“确定”跳过。

（6）选择是否将此账套设置为默认。若设置为默认，当有多个账套存在时，登录时会默认选择此账套。

（7）等待直至建账完成。

（三）数据升级

用于老用户升级。操作如下：

（1）靓客栈 V4.01 升级到 V4.02，需要卸载原版本，安装 V4.02 版本，并在账套管理工具中选择“升级账套”，等待升级完成即可。

（2）靓客栈 V4.02 升级到 V4.03，也需要卸载原版本，安装 V4.03 版本，然后在账套管理工具中检测旧账套，进行升级直至完成。

（四）安装加密狗

安装加密狗分为两步：安放加密狗、安装加密狗的服务程式及驱动程式。

加密狗的服务程式及驱动程式分为网络版和单机版两种。

1. 安放加密狗

加密狗插入服务器（单机版为本机）的 LPT1 口。如需连接打印机，接口插入加密狗后再连接。

2. 安装服务程式及驱动程式

（1）单机版安装。

不同的操作系统安装不同的驱程，分为 Win9X 及 Win_nt 两种。食为天要求的操作系统为 Win98 或 Win2000 Porfessional。

Win98：打开安装光盘“单机加密狗驱程”中的 WIN_9x 目录，点击“sentw9x. exe”；在弹出的窗口中依次选择 Functions→Install Sentinel Driver→OK；完成安装。

Win2000 Porfessional：打开安装光盘“单机加密狗驱程”中的 Win_nt 目录，点击 setupx86. exe；在弹出窗口中依次选择 Functions→Install Sentinel Driver→OK；完成安装。

（2）网络版安装。

①打开安装光盘的“网络加密狗驱程”，点击“Sentinel SuperPro 6. 2. 0. exe”。

②在安装向导界面中点击“Next”，继续安装。

③在许可证协议界面选择“I accept the terms in the license agreement”，表明同意此协议，点击“Next”继续安装。

④在客户信息界面录入用户名称及公司名称。

⑤确定安装路径，如果不选择默认路径，点击“Change...”，更改安装路径。

⑥选择安装类型，分为完全安装（Complete）及用户自定义安装（Custom）两种。推荐选用“Complete”，并点击“Next”继续安装。

⑦在准备安装中选择。

“Back”：安装设置有误，返回上一界面重设。

“Cancel”：退出安装。

“Install”：开始安装。

⑧系统安装服务程式及驱动程式。

⑨出现“Installshield Wizard Completed”界面，安装结束，点击“Finish”。

⑩必须重新启动计算机后，安装的服务程式才可生效。点击“Yes”，立刻重启电脑；点击“No”，过后再手动重启电脑。

3. 卸载服务程式及驱动程式

当服务程式及驱动程式不再需要，或出现问题，必须重新安装时，将其卸载。步骤如下：

（1）点击“控制面板\添加/删除程序”，选择“安装/卸载”页面。

（2）在软件列表中选择“Sentinel SuperPro 6.2.0”，点击“添加/删除”。

（3）点击“Next”继续安装。

（4）选择执行何种操作。点击“Remove”，即删除当前软件。

“Back”：返回上一界面，重新设置。

“Next”：开始删除软件。

“Cancel”：退出删除操作。

（5）点击“Next”，为安全保障，系统要求确认删除操作。

“Back、Cancel”意义同上。

“Remove”：确认删除。

（6）点击“Remove”，开始删除当前软件并显示进度。

（7）删除操作结束，在结束标志页面中点击“Finsih”。

（8）必须重新启动计算机后，删除才可生效。系统弹出选择界面后，点击“Yes”，立刻重启电脑；点击“No”，过后再手动重启电脑。

三、系统管理

（一）参数设置

根据不同酒店在管理上的差异，靓客栈 V4.0 内置了一组可供调整的参数。在软件投入运行前，应先根据酒店情况设置这些系统参数。

1. 房态盘设置

（1）停用房解除后的管家房态：用于设置解除停用状态后，房态盘上的房间图标恢复为何种状态，可选 C（净）或 D（脏乱）。

（2）维修房修复后的管家房态：用于设置解除维修状态后，房态盘上的房间图标恢复为何种状态，可选 C（净）或 D（脏乱）。

（3）自动刷新房态盘秒数：设置在不对房态盘操作时，房态盘做自动刷新处理的间隔时间，以秒为单位。

2. 会员业务

（1）会员取值方式：用于设置在进行散客或团体接待时，录入会员卡号，按哪种方式收取会员价，可选按折扣比例或实际价格收取。此项必须设置，会员积分的相关报表才有统计数据。

（2）会员积分返现：积分返现所对应的记账项目，系统已经给定默认值，一般情况下不更改此项设置。

（3）会员积分免费房：积分免费房所对应的记账项目，系统已经给定默认值，一般情况下不更改此项设置。

3. 接待房价

用于设置标准房价、免费房价、钟点房价、自用房价分别对应的房价编码，主要用于报表的统计。

4. 接待默认

用于设置在录入散客或团体接待单时，部分录入项的默认值，如默认国籍、默认证件种类、默认房价编码、默认房类等。

5. 接待选择

（1）登记时黑名单检测：用于控制在录入接待单时，如果资料与客历档案中的某黑名单记录相符，保存时是否弹出提示对话框。

（2）凌晨入住提示加收日租：用于控制客人在凌晨时段（夜核之扣）登记入住时，保存接待单时是否弹出加收日租的提示对话框。

（3）退房后房态为脏房：用于控制进行退房操作后，房态图的房态图标是设置为脏房状态还是设置为净房状态。

6. 接待业务

（1）加收半日租：用于设置开始加收半日租的时间，如中午12：00，设置后，除了当天入住的客人外，其他客人超过此时间退房，系统均自动提示加收半天房租。

（2）半日租延时：在“加收半日租”的基础上设置延时时间，单位为分钟。例如，加收半日租时间为12：00，半日租延时时间设置为30分钟，即客人在12：30前退房，系统不会提示加收半天房租；超过12：30则开始提示加收半天房租。

（3）加收全日租：同“加收半日租”，用于设置开始加收全日租的时间。

（4）全日租延时：同“半日租延时”，在“加收全日租”的基础上设置延时时间。

7. 收银选择

（1）冲减其他操作员的记录：用于控制当前操作员能否对其他操作员录入的消费或结算项目进行冲账操作。

（2）冲减其他营业日的记录：用于控制是否能对非当前营业日发生的消费或结算项进行冲账操作。

（3）冲账时须输入备注：用于控制在对消费或结算项进行冲账操作时，是否要求录入备注信息。

（4）记账时登记单据号：用于控制在记账消费或结算项时，是否要求录入手工单据号，当设置为“是”时，不录入手工单据号，则不允许保存此入账操作。

（5）结账客人转入客历档案：用于控制夜核时是否将当天已结账退房的客人转入客历档

案中。

(6) 提示打印押金单：用于控制在录入押金时是否提示打印押金单。当设置为“否”时，保存押金记录时直接打印押金单，不由用户确认是否打印。

8. 收银业务

(1) 附加费：设置附加费的收取形式是按一定的比例收取，还是按一个固定值收取。

(2) 附加费基础：设置以何种房价为基础收取一定比例的附加费，可选标准房价或实际房价（如折后）。

(3) 结账单样式：设置打印账单时默认打印汇总结账单（即按项目汇总）或明细结账单。

(4) 默认结账方式：设置结账退房时的默认平账方式。

(5) 账户零数处理方式：设置在客人账户余额出现小数位时如何处理。可选择如下方式：四舍五入到元；进位取整到元；进位取整到五元；舍尾到元；实际价格（即不处理）。

9. 系统项目

(1) 开业日期：系统初始化后会将当前日期记录为开业日期，此处只做显示之用。

(2) 数据库备份保存的天数：设置备份的数据文件保留天数，如设置为“7”，则每次夜核备份时，都会以当前系统日期为标准，自动删除磁盘上7日以前的数据文件，以节省磁盘空间。

(3) 数据库备份路径：设置夜核备份时，数据文件在数据库（SQL Server）服务器的保存路径。例如，设置为“D:\”，则会将数据文件备份到服务器的D盘根目录下。如果要备份至盘符下的某个文件夹，需在服务器的相应盘符下建立此文件夹。

10. 协议单位

协议单位到期提醒天数：设置此参数后，即将到期的协议单位将会自动转入到“合同到期”单位类别中。

11. 夜核

(1) 加收日租提示的结束时间：此处是用于控制此提示的截止时间，如设置为06：00，则06：00以后再做接待单，保存时不再提示“凌晨入住，请注意加收一天房租”。

(2) 结转标志：显示当前夜核的结转状态，不建议用户手工更改此处设置。

(3) 结转营业日期标志：显示夜核过程中营业日期的结转情况，1表示已经结转营业日期，0表示还没结转营业日期。此处只做显示之用，建议用户不要手工更改此处设置。

(4) 夜核起始时间、夜核结束时间：设置只能在哪个时间段内进行夜核操作，开始时间必须为00：00以后。

(5) 夜核状态：显示当次夜核是否成功。1为成功，0为未成功。此处同“结转营业日期标志”一样，建议用户不要手工更改此处设置。

12. 本地参数

(1) 打印机设置：设置当前客户端打印结账单及押金单的默认打印机，每个客户端可设置不同的打印机。

(2) 结账单设置：选择结账单所使用的纸张。打印模式分为“连续走纸”和“固定纸张”，如果使用网络打印机，应选择“固定纸张”；使用本地打印机，则选择“连续走纸”。如果要使用“固定纸张”，必须要在操作系统的打印机设置中添加一个名为“LKZ4”的格式，具体操作如下：

进入“开始→设置→打印机”，在空白处点击右键，进入“服务器属性”；在“创建新格式”前打钩，然后在“格式描述”处录入“LKZ4”，然后定义好纸张的高度和宽度，保存格式就可以了。

（3）电话计费系统监控：当使用带电话计费系统的版本时，此处可控制在电话计费系统停止计费时，在靓客栈系统中是否弹出提示信息。

13. 设置快捷键

用于针对某个功能设置快捷键。操作方法为：在右边的功能列表中选中所要定义快捷键的功能名称，点击中间的“设置快捷键”按钮，在弹出的界面上，在键盘上按下你所要定义的快捷键，点击“确定”就完成了。

（二）权限管理

1. 职务定义

系统的使用者包括预订员、接待员、收银员、夜核员、管家部、各部门经理和主管、总经理等多种角色，每种岗位有其明显的职责范围。所以，需要按照实际情况先定义好酒店里的各种职务。然后针对每种职务，点击“设置权限”，选择“角色”标签，设置相应的界面权限及功能权限。

2. 人员定义

定义好角色后，我们需要增加所有使用系统的操作人员，然后为每个操作人员指定角色。这样，操作员就拥有了他所属角色的权限。我们也可以单独地针对操作员设置权限，使其具有与同角色人员不同的权限。

增加操作员，并设为启用。然后选中操作员，点击“分配角色”，选择其所对应的职务，这样，此操作员就拥有了职务定义中所定义的该职位的所有权限，如果此操作员另有其他不同于该职务的权限，可以点击“设置权限”另作设置。

3. 初始权限

点击此功能，将会把所有设置的职务、操作员及相关权限设置全部清除，所以请慎用。

（三）更改密码

系统管理员定义了每个操作员后，操作员需要修改自己的密码，以后也应该定期修改密码以提高安全性。修改密码时，先以操作员自己的编号登录系统，需要先输入旧密码，然后再输入两遍新密码以作确认。

（四）系统初始

清除系统中的营业数据及基本信息，使系统回到营业初始状态，分“简洁清除”和“完全清除”两种方式。简洁清除只清除营业数据，如报表数据、在住记录、账务等，当前有在住记录时，做简洁清除不会清除当前在住记录。完全清除则会清除掉所有数据，包括基本资料、营业数据，参数也会恢复为默认设置。

在营业日期处显示的日期，代表初始后营业开始时间，一般默认为当前系统时间，可以不作更改。勾选“指定日期范围”，录入开始日期和结束日期，只会清除掉这个时间段内的营业数据和日志记录。

（五）导入数据

主要是常用编码中的一些资料，如国籍、入境口岸等，在客户作了完全清除操作后，这些资料也会被清除，要重新录入的话，量过大。这个时候就可以通过导入默认数据，选择要导入的项目，就会将系统预设的资料导入。勾选要导入的项目，点击“确定”，就完成了导入。

第二节　酒店客房信息化管理

客房信息管理系统主要用于对客房的房态进行管理，如客房打扫干净后的放房、客人结账退房时的查询、在住客人信息的查询、客房维修状态的设置与接触等。此外，客房信息管理系统还可以处理客人在客房内发生的某些消费，如迷你吧消费、洗衣费用、客房物品损坏时的赔偿费用等。靓客栈客房信息管理系统对查房的操作状态，可通过计算机网络以图标的形式直接反映到前台接待组、前台收银组及前台预定处，以免当着客人的面用电话交流查房的信息。

一、客房管理

管家部主要功能是管理客房的状态（清洁、维修、停用及其他特殊房态）、处理房间消费（如迷你吧、洗衣、租借、赔偿等）的记账等。客房管理模块主要包括房态修改和房态查询两个子模块。

（一）房态修改

该子模块功能集中了房间状态的修改（如脏房设置为洁房）、设置自用房、设置维修房、设置免费房、设置停用房的操作。

点击菜单“客房管理/房态修改”，进入到房态修改界面（见图6-2），界面的左侧为功能区，右侧显示所有房间。可按组合房态、房类、建筑、楼层、房间特点、房号及客人的某些信息等条件过滤出一批房间，以进行批量操作。例如，将组合房态为VD的房间过滤出来，批量设置为洁房。操作如下：

点击“组合房态”列中的任一单元格，在界面底部的过滤条件中选择“包含”，条件值处输入“VD”，点击查询按钮，系统会过滤出相应的记录，按CTRL+A全选，在功能区点击“设为洁房”，在弹出的界面中点击“设定洁房”按钮即可（见图6-3）。

1. 设为洁房、设为脏房、设检查房

（1）客房的清洁状态分为清洁、脏房和已检查房三种。

（2）常用的操作有：VD（未清洁的空房）→VC（清洁的空房）→VI（已检查空房）；OD（未清洁的占用房）→OC（清洁的占用房）。

（3）在房态修改界面中，选中一间或多间客房，点击左侧功能区的“设为洁房”、“设为脏房”或“设检查房”，就可以成批地将选中的房间设置为某种状态（见图6-3）。

图 6-2　客房管理

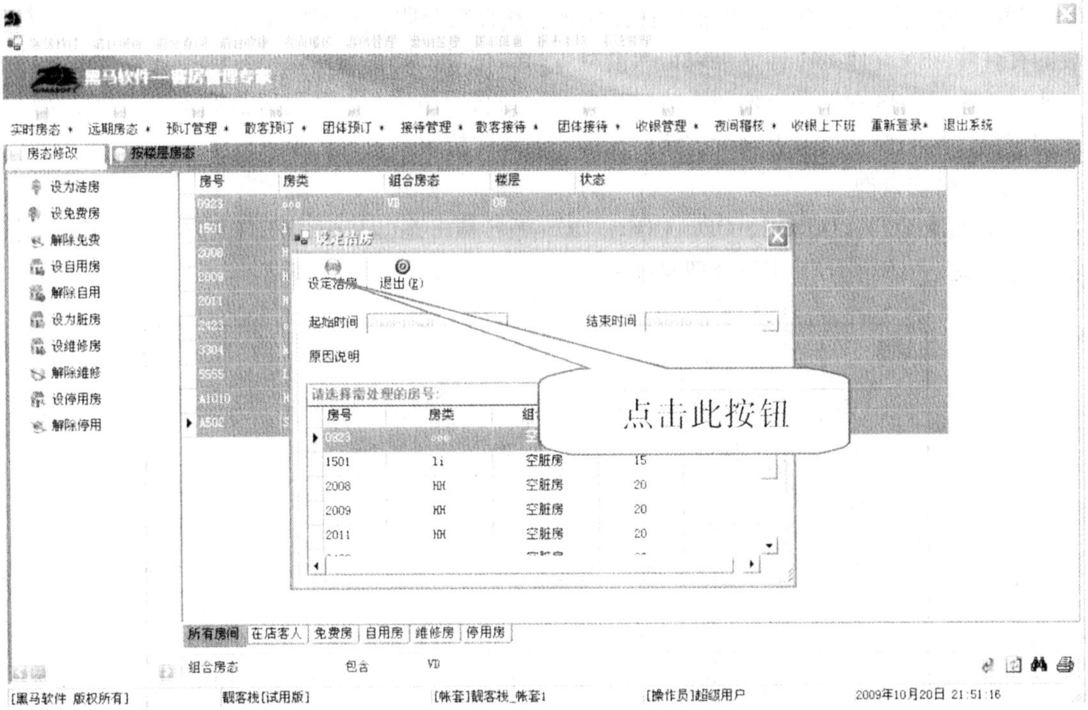

图 6-3　房态修改

2. 设维修房、解除维修

在房态修改界面中，选中一间或多间空的客房，点击左侧功能区的“设维修房”，可以成批地设置为维修房（OOO），要求输入开始时间、结束时间和维修原因（见图6－4）。

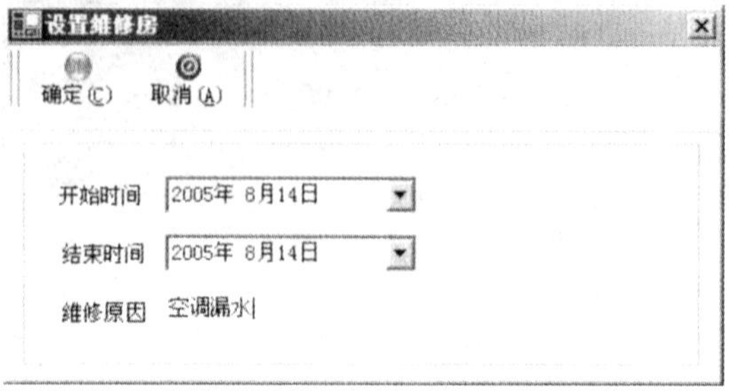

图6－4　设置维修房

在房态修改界面中，选中一间或多间维修状态的客房，点击左侧功能区的“解除维修”，可以成批地将它们恢复为可售房。修复后的房态可以在系统参数中定义为VC、VD或VI。

3. 设停用房、解除停用

在房态修改界面中，选中一间或多间空的客房，点击左侧功能区的“设停用房”，可以成批地设置为停用房（OOS），要求输入开始日期、结束日期和停用原因。

在房态修改界面中，选中一间或多间停用状态的客房，点击左侧功能区的“解除停用”，可以成批地将它们恢复为可售房。解除停用后的房态可以在系统参数中定义为VC、VD或VI。

4. 设免费房、解除免费、设自用房、解除自用

“免费房”和“自用房”显示为在住状态，在接待与收银管理中也会有相应的记录，与一般的在住账户没有什么不同，可以记入消费或付款记录，同样也需要结账退房。与一般在住账户相比，它们的区别只在于夜间稽核时，免费房与自用房不会有任何房租生成。在开免费房或自用房时，只需要在房态上设置，然后在接待管理中更改客人姓名就可以了。

（二）房态查询

楼层统计VC、VD、OC、OD、OOO、OOS等各种房态的实时房态（见图6－5），可用于安排楼层服务员做清洁工作，合理安排工作量。

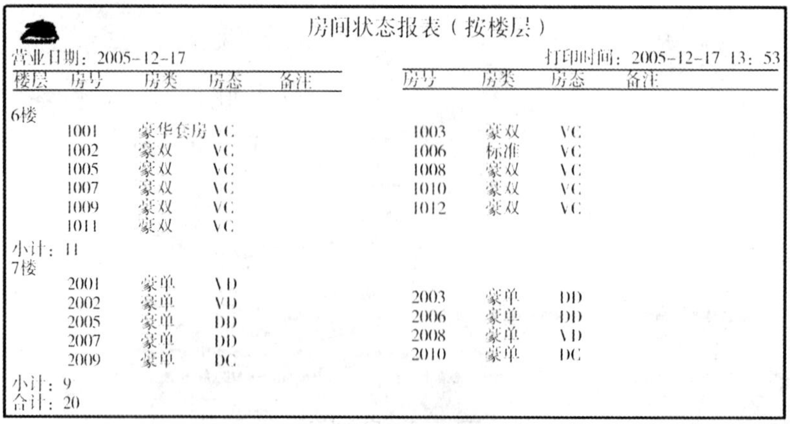

房间状态报表（按楼层）

营业日期：2005-12-17　　打印时间：2005-12-17 13：53

楼层	房号	房类	房态	备注	房号	房类	房态	备注
6楼								
	1001	豪华套房	VC		1003	豪双	VC	
	1002	豪双	VC		1006	标准	VC	
	1005	豪双	VC		1008	豪双	VC	
	1007	豪双	VC		1010	豪双	VC	
	1009	豪双	VC		1012	豪双	VC	
	1011	豪双	VC					
小计：11								
7楼								
	2001	豪单	VD		2003	豪单	DD	
	2002	豪单	VD		2006	豪单	DD	
	2005	豪单	DD		2008	豪单	VD	
	2007	豪单	DD		2010	豪单	DC	
	2009	豪单	DC					
小计：9								
合计：20								

图6－5　房态查询

二、实时房态

建立合适的客房显示系统并保持实时、准确的客房状态控制，是做好客房销售工作、提高预订和接待服务水平的前提和基础。酒店的客房状态随着客人的入住和离店等事件而处于不断变化之中。通常酒店的客房状态管理分为远期房态控制系统和当前房态控制系统两种，前者主要反映未来一个时期客人的预订情况，后者主要反映即时的客房占用情况。

1. 房态图

（1）如图 6 -6 所示，每个方块图标对应表示一间客房，图中显示的是系统默认的模板，用户也可以根据自己的喜好，进入“房态盘→房态设置”中自己定义偏好的颜色及想要在房间图标上显示的信息。

（2）房态图最底部的查询区可以用建筑、楼层、房类、房态来筛选要显示的客房，也可以分类排列房间。

（3）在选定的空房图标上点击鼠标右键，可进行散客步入和团体步入操作；在选定的在住房图标上点击鼠标右键，则可以进行账务明细、快速入账、结账退房、散客步入、团体步入、更换房间操作。

（4）点击“ ”按钮，在弹出的界面中双击标志图标，可以过滤出相应的房间（见图 6 -6）。

（5）点击“房类信息”按钮，可以查看当前所有房类的可用及相关情况，也可隐藏。

（6）在“房号查询”框录入所要查询的房间号，点击“查询”按钮或回车键，可定位到该房间，被查询的房间会闪烁显示。

（7）在管家房态图的空净房上点击右键，可设置“免费房”及“自用房”。

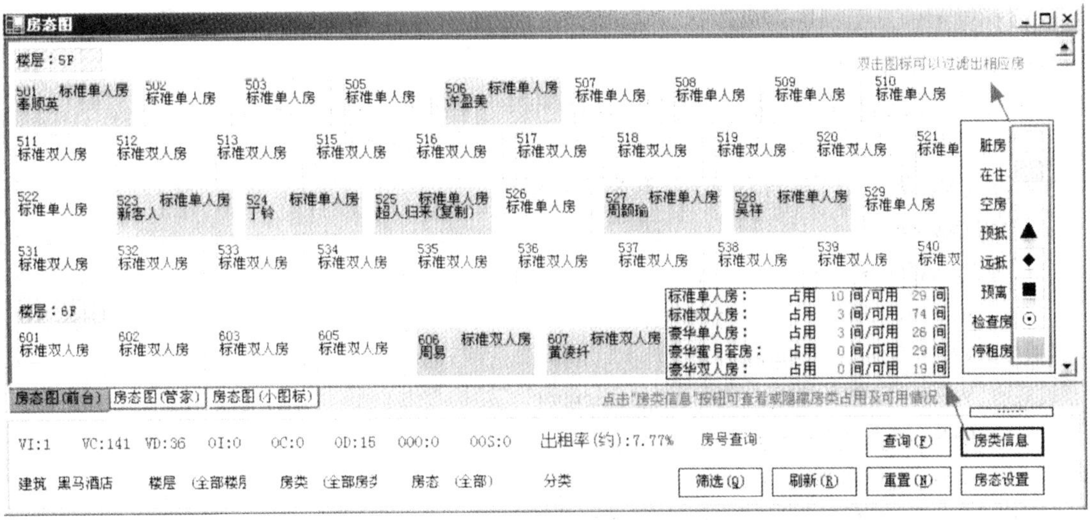

图 6 -6　房态图

2. 房态设置

（1）显示效果 \ 缩放比例：用于设置右上方的房态图标预览的比例。

显示效果\拆分W×H：用于设置按纵向和横向将一个房态图标拆分成几个区域，拆分后可在每个区域定义显示什么信息。

（2）房态设置\房态：选择将要对哪一种房态进行自定义设置。

房态设置\宽度、高度：设置在当前房态下房间图标的大小，单位为“像素”。

房态设置\视图：选择当前是在对哪一个房盘图进行设置，所以在进入设置界面时，首先就要选择视图。

房态设置\背景图案、背景颜色：设置当前房态下房间图标的颜色和图案。如图6－7的系统默认模板的VD房，背景图案为斜线，背影颜色为白色；而OC房未定义背景图案，背景颜色则定义为蓝色。

（3）组合信息设置\前缀：用于设置某区域的显示内容前是否固定显示前缀信息。如图6－7的楼层图标中，“楼层”就是设置时手工录入的前缀信息，前缀可添加也可不添加。

组合信息设置\内容：在右上方的房态图标上选择一个或几个区域块，然后下拉选择某个内容项，则会在相应的区域显示此内容，如房号、客人姓名等。

组合信息设置\字体：点击可进入字体选择界面，用于定义当前内容在房态图标上的显示字体。

组合信息设置\提交：定义好组合信息设置的各项后，点击“提交”按钮，使该设置生效。

（4）鼠标提示信息，即当鼠标在房态图上的某个房间图标上停留片刻所显示的信息提示框。

鼠标提示信息\前缀、内容：与“组合信息设置”的前缀项与内容项用处相同，不同的是该处是针对鼠标提示信息的设置。

鼠标提示信息\换行：勾选了“换行”，则每个内容项在鼠标提示信息框中都单独一行显示。

鼠标提示信息\添加：每选择一个内容项，点击“添加”按钮，才能将信息确认添加到鼠标提示信息框中。

鼠标提示信息\清空：清空鼠标提示信息框中所添加的全部内容项。

（5）还原默认：将当前所作的设置清除，还原到系统默认模板。

（6）清除设置：清除所有设置，包括默认模板。

3. 词语解释

关于房态的解释：

（1）VC—空净房（Vacant Clean）。

（2）VD—空脏房（Vacant Dirty）。

（3）VI—已检查的空房（Vacant Inspected）。

（4）OC—被占用的净房（Occupied Clean）。

（5）OD—占用的脏房（Occupied Dirty）。

（6）OI—已检查的占用房（Occupied Inspected）。

（7）OOO—维修房（Out Of Order）。

（8）OOS—停用房（Out Of Service）。

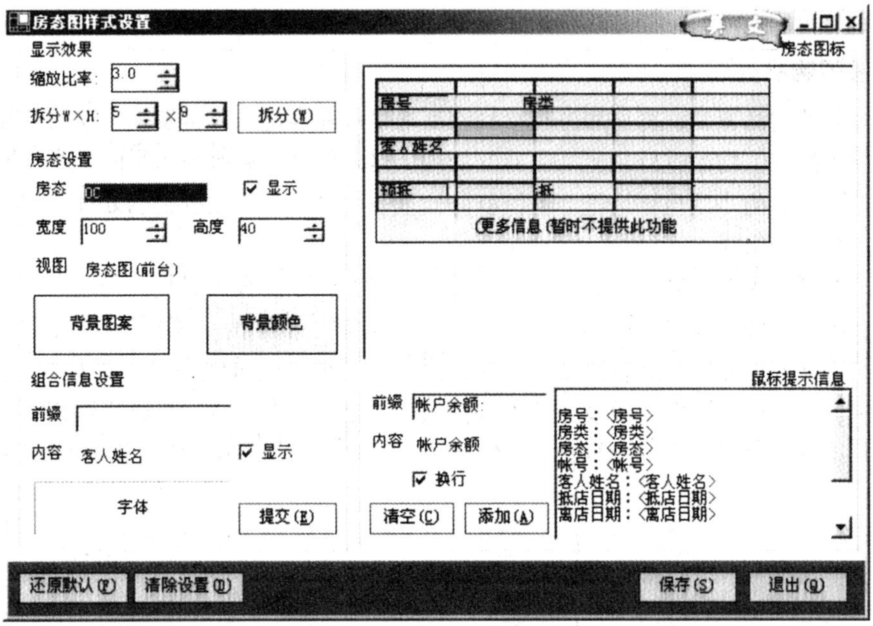

图6－7　房态设置

三、客房账务处理

一般客人的消费都是由在各场所的收银点出入或由前台账务组处理。为方便管理，客房管理中心系统也设置了与客房管理有关的账务处理功能，如客人的洗衣费用、迷你吧消费及客房物品赔偿费用等。对于这类费用，要求客房管理中心的操作人员及时、准确地输入和处理。

靓客栈系统收银管理模块中有客房部入账子模块，一般为客房部人员所操作，将属于客房部的一些消费计入相应账户中。首先需要在"参数设置→账务参数"中设置客房部入账所对应的类，这样，在客房部入账界面就只能选择这一类的项目。客房部消费一般都是酒水、食品、洗衣、赔偿等类似这些的项目，都有固定的单价，在记账项目中定义好这些项目的单价后，入账时只需要录入数量就可以了，金额会根据单价和数量自动得出（见图6－8）。

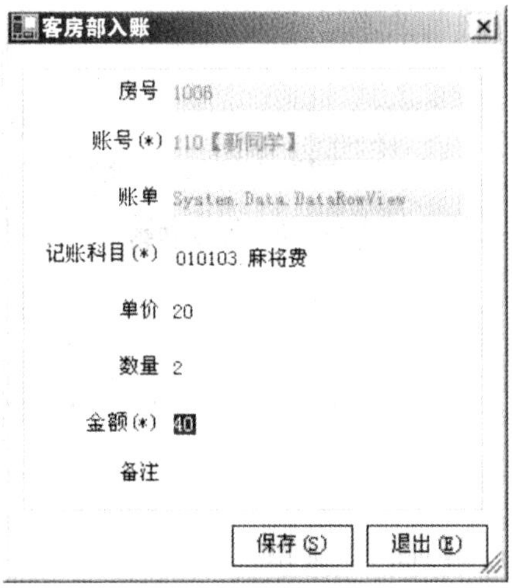

图6－8　客房部入账

四、遗留物品处理

住店客人的物品遗留，客房服务员拾到物品等事件在客房内时常发生，遗留物品处理是对客房中遗留或拾到的物品进行规范、妥善的处理。这是体现酒店服务水平的一个方面，也是防止客房服务员舞弊的一项重要措施。遗留物品处理一般由拾获物品登记、处理登记和遗留物品认领登记三个部分组成。

对于客房服务人员或客人拾到的物品都要进行登记，以便客人寻找，归还失主。拾获物品登记可选择前台查询/失物招领（见图6－9），点击左侧功能区的"增加"，弹出如图6－10的对话框，在对话框中完成拾获物品登记。在相同的对话框中还可以完成"处理登记"，详细记录保管地点、保管人、处理情况及处理人等信息。如果找到了失主，可以通过相同的路径进入失物招领，点击左侧功能区的"修改"，在如图6－10的对话框中完成失物领取登记。

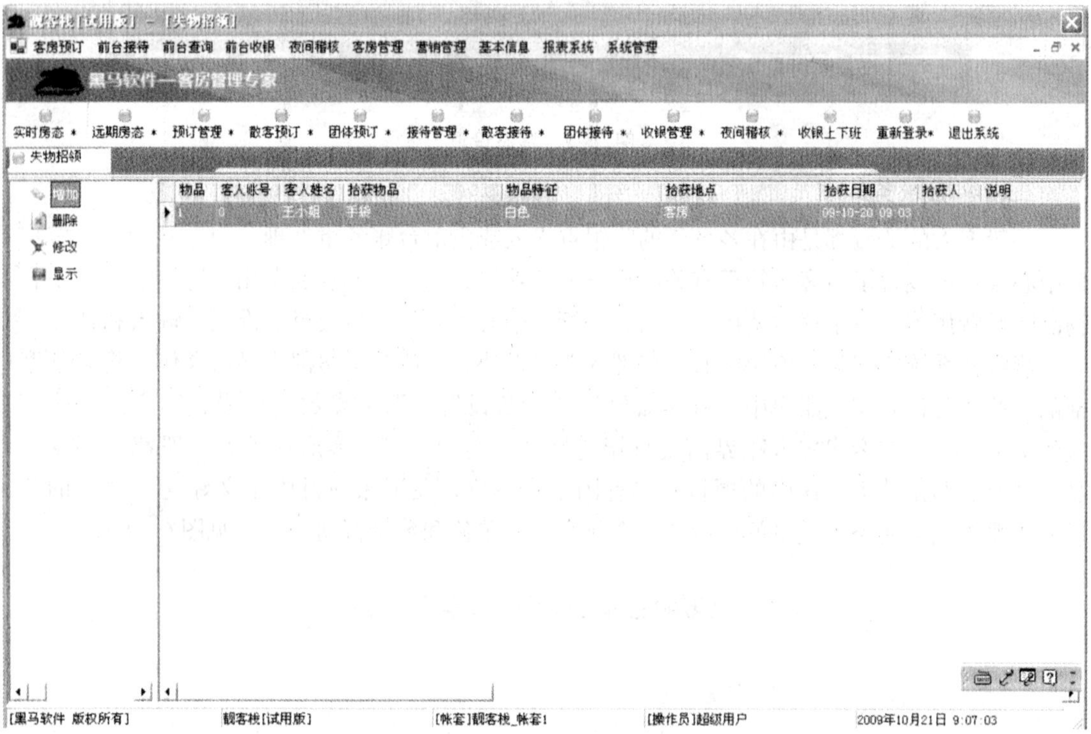

图6－9 失物招领

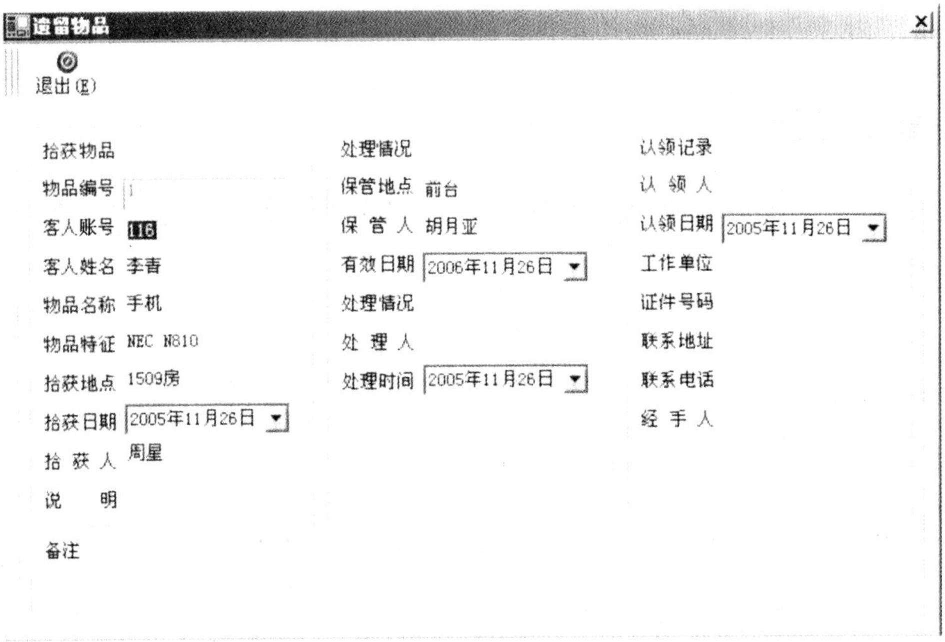

图 6－10 遗留物品处理

第三节 酒店前厅信息化管理

一、客房预订

（一）预订管理

预订管理的主要功能是对散客、团体的客房预订的受理、确认、变更、取消，完成客人抵店前的准备工作，处理预订未到、预订取消后的恢复、预订等候特殊业务。

预订视图包括“全部预订”、“取消预订”、“未到预订”、“等候预订”、“预计今天抵达的预订”，均可按账号、姓名、房号、抵店日期等项目快速定位查找预订单及进行排序（见图 6－11）。

客单状态：I—在住、O—离店、N—未到预订、R—正常预订、X—取消预订、W—等待预订。

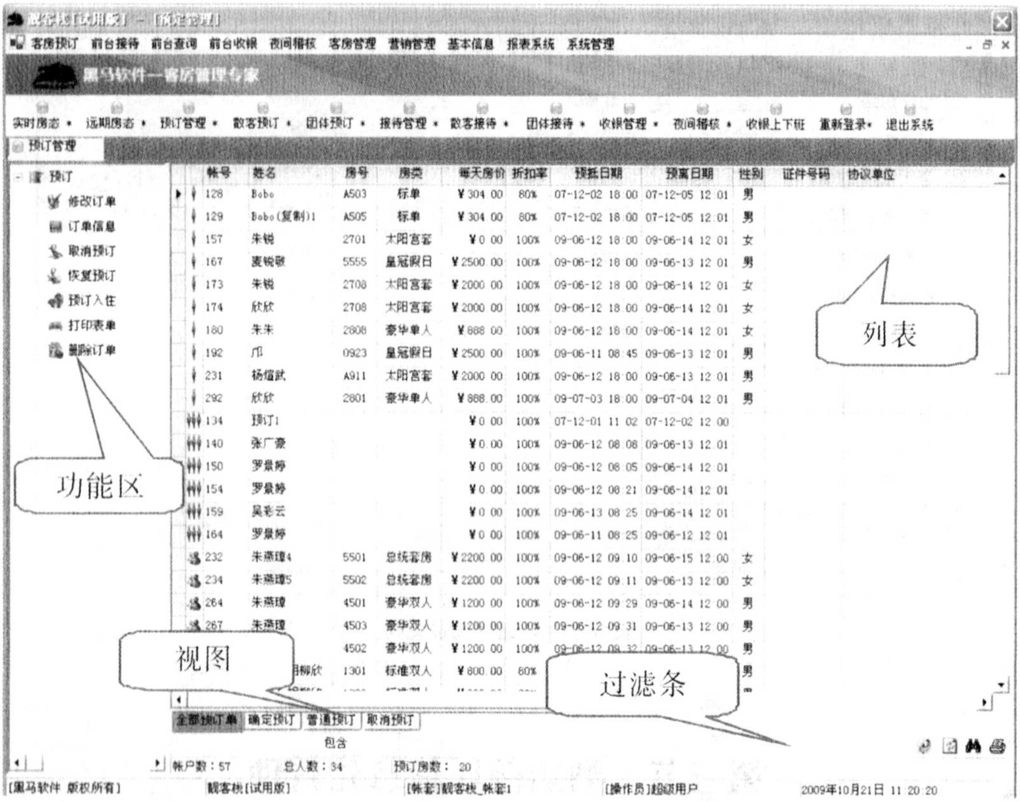

图6－11　预订管理

1. 修改订单、订单信息

预订单变更是酒店很常见的业务。通过点击左侧功能区中的“修改预订”，可以打开右边列表中的散客或团体记录，进行修改客人资料、进行预排房、修改已排房等操作。进入修改界面后，所有灰色显示的内容表示保存不可修改。如果要对团体预订单进行修改，选择主账点击“修改订单”即可。如果列表中记录过多，可用过滤条进行查询，找到相应的预订单便可以进行修改操作。订单信息用于打开查看团体预订单，不可以编辑。

2. 取消预订、恢复预订

如果接到客人要取消预订的要求，或者客房较紧张时的非确定性预订客人又没有如期抵店，则需要取消这些预订设置为未到预订。对于操作失误的取消和未到预订，可以用恢复预订来将预订单还原到正常的预订。取消预订有单独的视图，方便管理及查看（见图6－11）。

3. 确定预订、未到预订、等候预订

确认预订是客人已经通过口头或书面形式对预订进行了确认，但也规定客人必须在约定时间前抵店，否则预抵当日夜核时会将订单自动转为未到预订。

在酒店预计客满或者由于超额预订时，不能马上满足客人的订房要求，但仍可将客人的订房要求记录到电脑中，并且归入等候预订。一旦有客房空出（如其他客人取消预订或提前离店），可以立即通知客人，并将此等候预订恢复为正常的预订。系统中确定预订有单独的视图，方便管理及查看（见图6－11）。

4. 预订入住

为有预订的客人或团体办理入住登记是非常快速、方便的。通过预订入住就可以完成，免去了重新登记的烦琐。

（1）可以通过姓名或团号在预订列表中查找将要入住的客人的预订单，点击左侧功能区中的“预订入住”。图6－12是一个团体预订单转入住，勾选“团体主账”，则所有团员默认选中，也可只选择部分团员先转为入住状态。

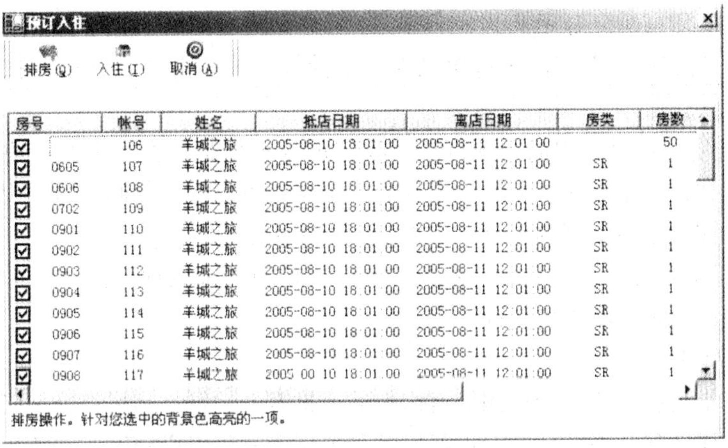

房号	帐号	姓名	抵店日期	离店日期	房类	房数
☑	106	羊城之旅	2005-08-10 18:01:00	2005-08-11 12:01:00		50
☑ 0605	107	羊城之旅	2005-08-10 18:01:00	2005-08-11 12:01:00	SR	1
☑ 0606	108	羊城之旅	2005-08-10 18:01:00	2005-08-11 12:01:00	SR	1
☑ 0702	109	羊城之旅	2005-08-10 18:01:00	2005-08-11 12:01:00	SR	1
☑ 0901	110	羊城之旅	2005-08-10 18:01:00	2005-08-11 12:01:00	SR	1
☑ 0902	111	羊城之旅	2005-08-10 18:01:00	2005-08-11 12:01:00	SR	1
☑ 0903	112	羊城之旅	2005-08-10 18:01:00	2005-08-11 12:01:00	SR	1
☑ 0904	113	羊城之旅	2005-08-10 18:01:00	2005-08-11 12:01:00	SR	1
☑ 0905	114	羊城之旅	2005-08-10 18:01:00	2005-08-11 12:01:00	SR	1
☑ 0906	115	羊城之旅	2005-08-10 18:01:00	2005-08-11 12:01:00	SR	1
☑ 0907	116	羊城之旅	2005-08-10 18:01:00	2005-08-11 12:01:00	SR	1
☑ 0908	117	羊城之旅	2005 00 10 18:01:00	2005-08-11 12:01:00	SR	1

图6－12 预订入住

（2）如果客人仍未排房，则可以点击图中左上角的“排房”按钮来分配房间。排房后再转为入住状态。

（3）当预订单的预抵时间已经小于当前系统日期时，预订入住时会提示预订单已经超期。这时需要通过“修改订单”功能修改“预抵日期”和“预离日期”，保存后才可正常将预订单转入住。

（二）散客预订

散客预订是指个别的零散客人、长住客人及成批的零散客人来酒店预订。

（1）预订单分为客房资料和客人资料两个页面录入，加粗显示的为必录项，其他项可视酒店的需求录入。

（2）预订单里的部分特别项说明如下：

①预订种类：必须按照预订单的实际情况选择“普通”或“确定”，确定类预订将影响远期房态，普通类预订则不影响远期房态。

②关于房价：一般选取确定的房价代码（房价代码在基本设置中增加），对应此房类的实际房价就会自动填入。如果需要打折，则直接录入折扣，或录入折后房价。如果客人是已签协议的协议单位的客人，则在“协议编号”一栏录入相应的协议编号，或在“协议单位”一栏录入相应的协议单位名称，协议规定的房价代码和房价就会自动带入此预订单。同样，如果此客人为会员，在“会员编号”处录入会员编号，则会调出会员相关资料及会员房价。

③实际房价包括房价和附加费，其中，附加费可以在系统参数—账务参数—客房附加费中

定义默认值，然后在接待参数—附加费处设置收取附加费的方式（按比例或按固定金额、比例是以实际房价还是标准房价为基准计算）。

④定价原因：默认是“无折扣”，当要录入折扣时，需要选择一种定价原因（有操作员折扣、经理折扣、会员折扣和协议折扣四种原因可以选择），才能进行录入。

⑤加床：勾选“加床”后，可针对房间设置加床，手工录入加床单价，夜核时会自动记入加床费用。

3. 功能按钮

（1）Button_隐藏、显示：预订单左侧的列表显示与当前预订单有关联的客单，单击隐藏、显示按钮，可以关闭或重新显示此列表。

（2）Button_新客单：在当前预订单已保存的前提下，点击“新客单”按钮，可以开始下一个预订单的录入。

（3）Button_复制：对于相似的预订单，我们可以用复制的方法来快速建立，然后再修改不同的项目。例如，对于同住客人，可以新建一个预订单，然后复制一份，视情况修改不同的项目就可以了。前提是被复制的预订单预抵时间不能小于当前时间。

（4）Button_押金录入：用于录入客人入住时交付的押金款项，保存时提示是否打印押金单，押金单可以作为客人的支付凭证。

（三）团体预订

团体预订是指为旅行团、会议团等有组织的成批客人预订不同房类、不同抵店或离店日期的一批客房。团体业务是一个巨大的市场，各种团体为酒店提供稳定的业务量，而且一般团体客人在酒店的花费也较大，从而为酒店带来较大的利益。当然，团体订房通常有较大的房价折扣。一般团体种类有会议团、旅行团、博览会或展览会团、政府团等。

点击菜单“客房预订/团体预订”进入到团体预订界面（见图6－13）。团体预订的项目较多，如抵店或离店时间、房数、人数、折扣、协议单位、领队信息等。这些信息保存后才可继续录入其他信息，如排房、押金录入等。预订时填入尽量多的信息，对客人抵店时的快速入住将有很大的帮助。

另外，需要说明的是，协议单位因为与房价、销售员业绩及协议单位佣金有关，所以如果是协议单位客人，必须录入协议单位，在“协议单位”录入框中录入单位编号，或单位名称的关键字，按回车键即可调出协议单位。

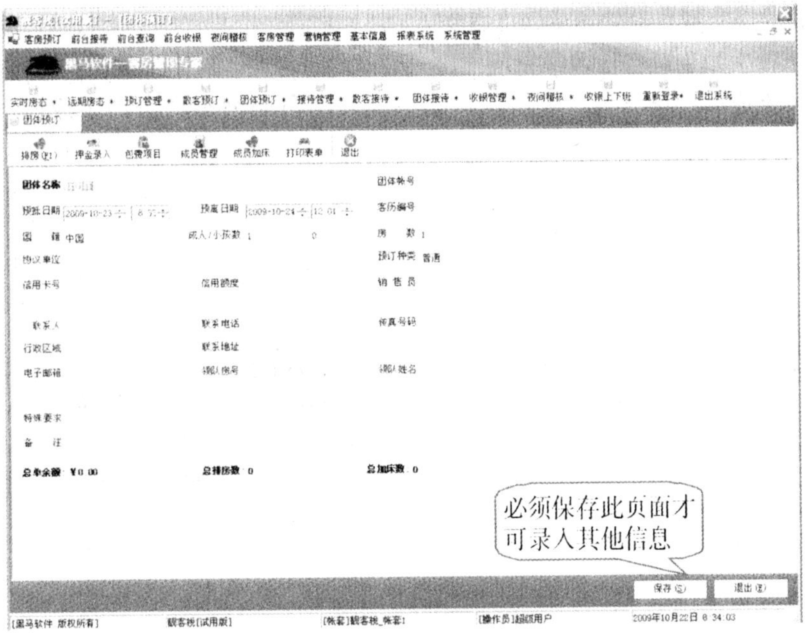

图 6－13　团体预订

1. 排房

（1）团体客不同于散客，由于存在多种房类、分批抵店或离店的情况，需要对团体进行排房操作。依据不同房类、不同抵店时间、不同离店时间，需要把一个团体分成几个批次（见图 6－14）。

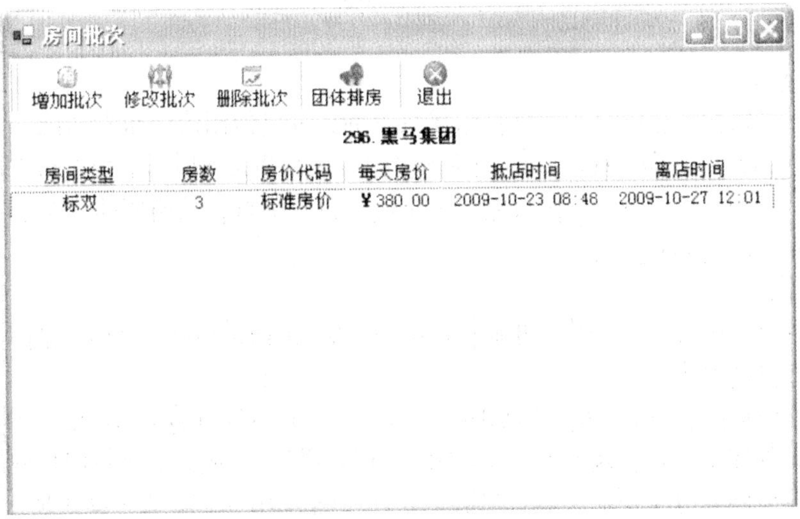

图 6－14　团体批次

（2）针对一个批次，我们需要对它进行排房，也就是根据批次的条件，过滤出酒店在这个条件下可供预订的房间，然后进行选择。可手动选择房间，也可点击"自动排房"按钮，系统会按录入的房间数自动勾选房间（见图6－15）。

（3）一个批次如果已经按数量完成排房，则不允许再次针对这个批次进行排房。

（4）排房完成后，根据批次中的房间数量，在团员明细中会自动生成同等数量的团员记录。

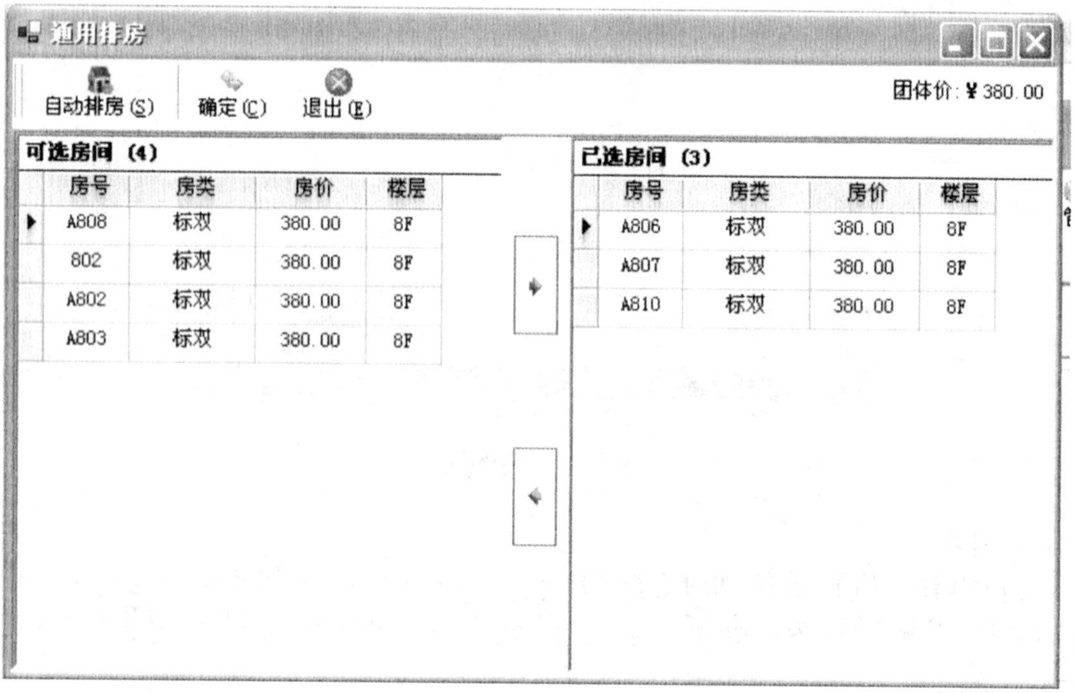

图6－15　团体排房

2. 包费项目

团体成员的消费，如果有些项目是团体负责的，可以使用团体包费功能（见图6－16）。点击“增加”，选择包费的项目，开始日期和结束日期是指这个时段的包费指令才有效。保存后，夜核时会自动执行指令，将团员账户上生成的包费项目转到团体的主账上。也可以点击“执行”按钮，手工执行包费指令。

3. 成员管理

在团体排房完成后，会在团员明细中生成对应房号的团员记录，这些记录的主要作用是用来记录团员各自的消费。

如果需要增加团员记录，进入增加团员界面后，选择所针对的房间批次，录入要增加的数量，点击“增加团员”按钮就可以了（见图6－17、18）。完成后需进行团员分房，才能将团员分配到各个房间。对于团体酒店，只需要保证一间房有一个账号（也就是一个团员记录）用做记录各自费用就可以了。所以增加团员记录是不常用的。

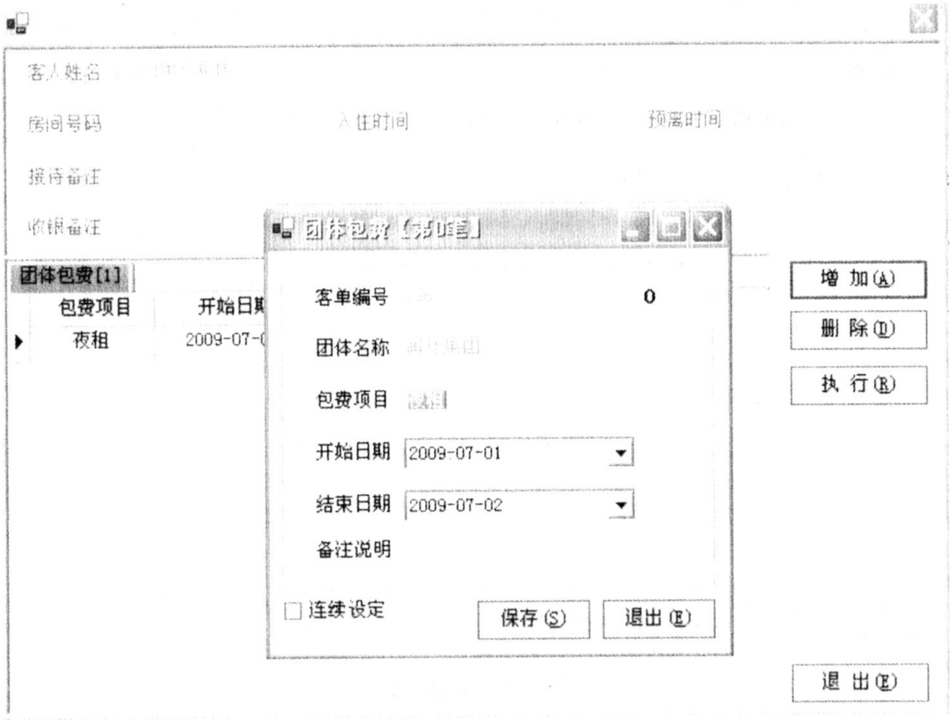

图 6－16　包费项目

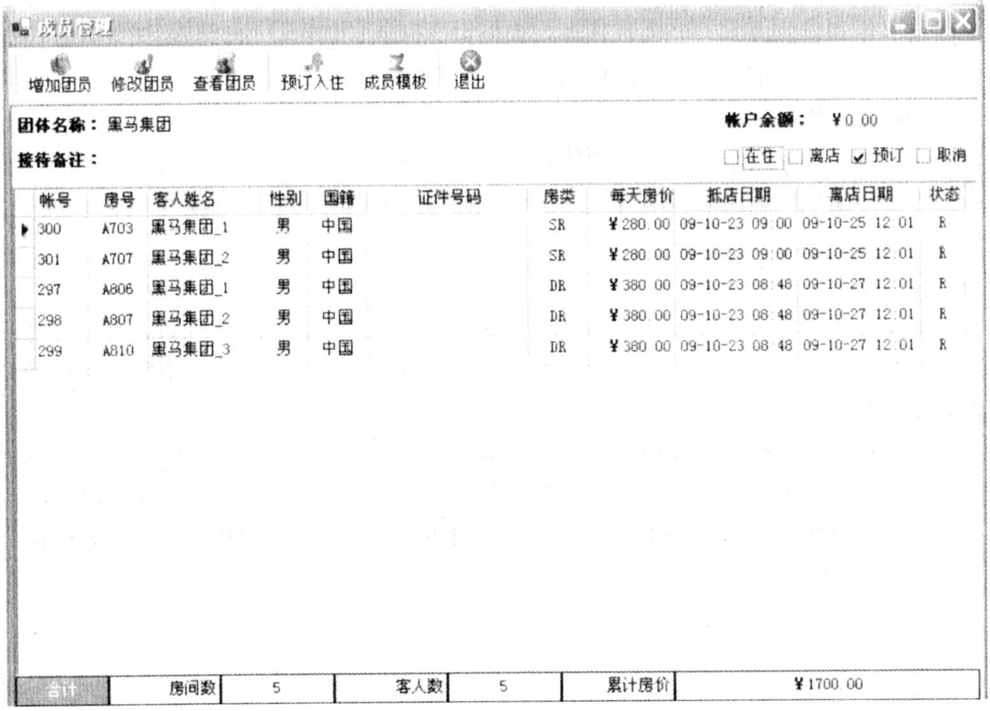

图 6－17　成员管理

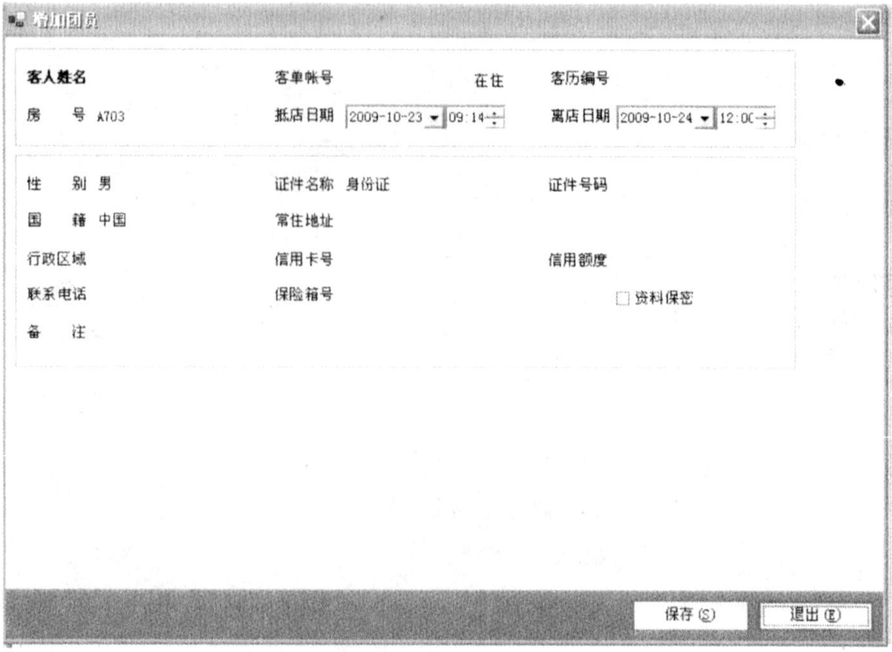

图 6-18 增加成员

二、前台接待

接待系统的主要功能是完成直接到店入住散客、团体的登记，包括填写入住登记表、分配房间、确定房价和付款方式，并为在住客人提供设置同住、加床、换房、续住等日常服务。前台接待包括接待管理、散客接待和团体接待。

（一）接待管理

在接待管理模块中有散客步入、团体步入、修改客单、显示客单、更换房间、调整房价及取消入住等业务子模块，还有设置关联和解除关联两个事务子模块（见图 6-19）。

1. 修改客单、显示客单

（1）修改客单。

为了加速办理步入客人登记手续的过程，通常在当时只填写客人的姓名、房号等基本的必需资料。待客人入住后，再回头补充输入客人的完整资料。此时，需要利用修改客单的功能填入其他补充资料。

具体操作和项目填写与新建散客或团体客单基本相同。进入修改界面后，所有灰色显示的内容表示保存不可修改。如果要对团体接待单进行修改，选择主账，点击“修改订单”即可。如果列表中记录过多，可用过滤条进行查询，找到相应的接待单后便可以进行修改操作。

（2）显示客单。

用于打开查看某一个客单，不可保存修改结果。

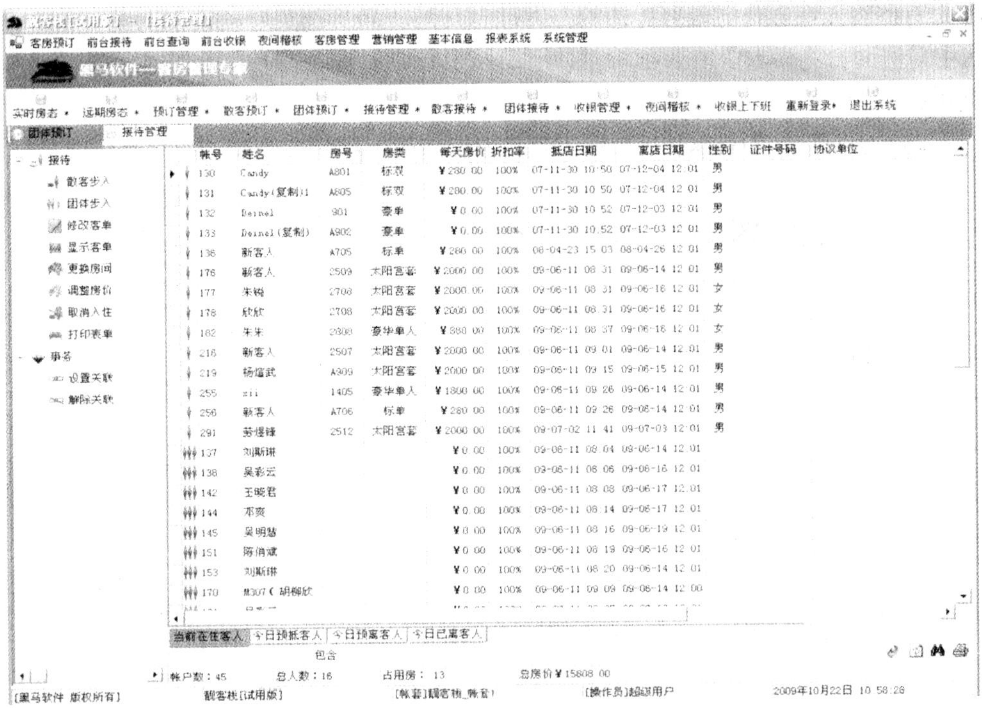

图6－19 接待管理

2．更换房间、调整房价

客人可能由于个人喜好（如偏好某房间）或酒店原因（如客房需要维修）要求换房。换房调价功能实现为客人办理换房并/或调整房价的手续。换房间有换入一个新房间和加入一个已经有客人在住的房间两种情况。后者换房后会自动与原在住客人设置为同住关联关系。

（1）进入换房界面后（如图6－20），在右边的列表中选中要换房的客单，然后在新房间处选择要更换到的房间，点击左上角的“换房”按钮即可完成换房操作。

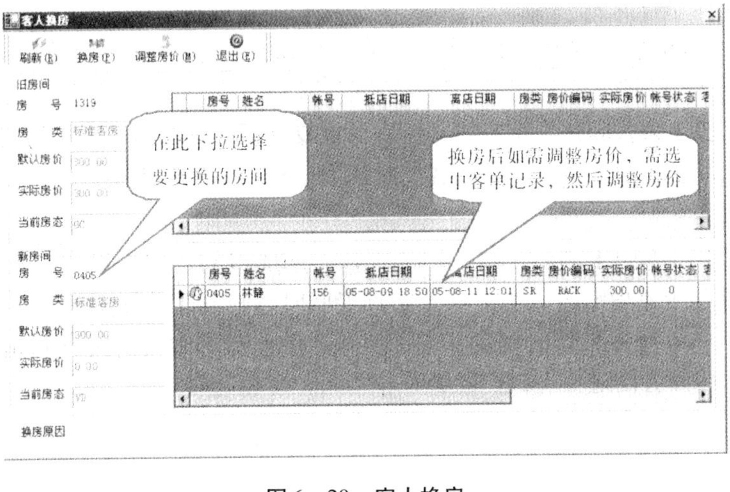

图6－20 客人换房

（2）有些客人在入住时是有折扣的，因此换房后，新房间也可能需要打折。在换房完成后，选中新房间右侧列表中的客单记录，点击左上角的“调整房价”按钮就可以进入调价界面（见图6－21）。

（3）调整房价后，当日夜核时，将以调整后的新房价过夜租。

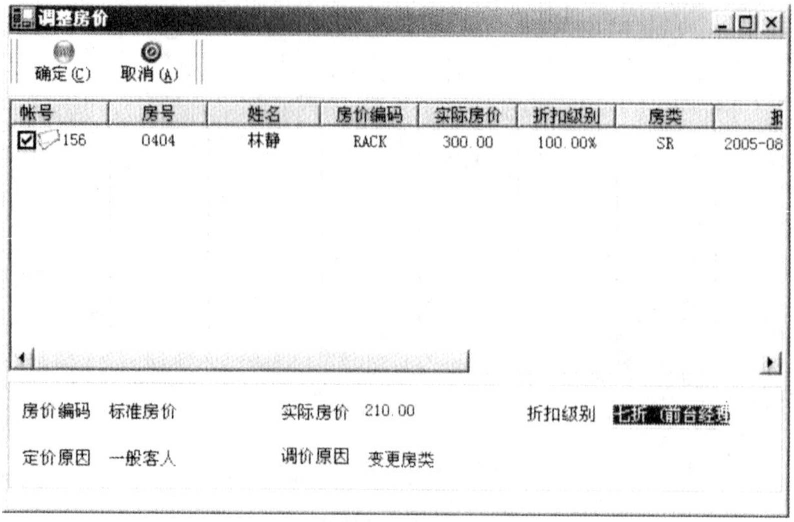

图6－21 调整房价

3. 取消入住

对于因误操作而将预订客人转为在住客人的情形，可以用“取消入住”功能将此客单从在住还原为预订状态，并释放房间的占用，操作时要求录入取消入住的原因。如果客单已有消费记录，则不允许取消入住，以防错漏。入住后过了夜核也不允许再入住。

在接待管理列表中选择一个接待单，点击左侧功能区的“取消入住”则完成操作。取消入住后，该接待单转为预订单。

4. 设置关联、解除关联

在靓客栈V4.0酒店管理系统中，有三种在客单和客单之前产生关联的情况：

（1）同住客人的关联。

如果两个或多个客人同住一个房间，可以通过复制客单、在房态盘上的同一个房间上登记入住来实现。被复制的客单或先登记的客单默认为主账，另一个为副账。

（2）手工设置关联。

如果两个以上客人同来酒店住宿，但分别住不同的房间，则可以手工将这些客人标志为“关联”。关联关系主要指账务上的关联，设置关联时选择其中一个为主账，其他为副账（见图6－22）。这样，在账务处理时调出其中任何一人的账户明细时均可看到相关的其他几个客人的账户情况，从而方便地处理他们的账务和结账，避免遗漏。

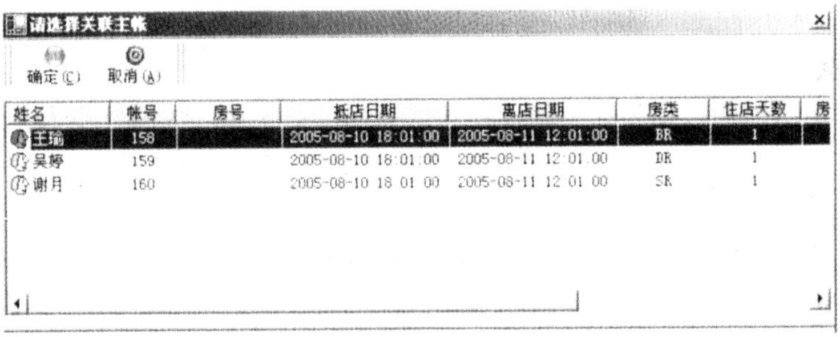

图 6－22　设置关联

(3) 一个团体里面客单的关联。在建立团体预订单或接待单时，系统自动建立关联关系。团员出团后，自动解除与团体的关联系统。

只有对手工设置关联的客单，才可以用“解除关联”来打破关联关系。

(二) 散客接待

散客接待主要是指对于没有提前预订的客人进行登记。点击菜单“前台接待/散客接待”进入散客步入界面（见图 6－23），并根据客人填写的住宿登记表的内容，在系统里填入客人的姓名、抵离日期、房类、房号、房价等基本资料，加粗显示的为必须填写，其他项可以视酒店的需求录入。保存后即可完成客人的快速登记。

关于散客接待单里的部分说明与散客预订单的说明是一致的，详见客房预订中的散客预订。

功能按钮除了 Button_转会员（表示可将此接待单的客人转为会员），其他功能按钮与散客预订单的说明是一致的，详见客房预订中的散客预订。

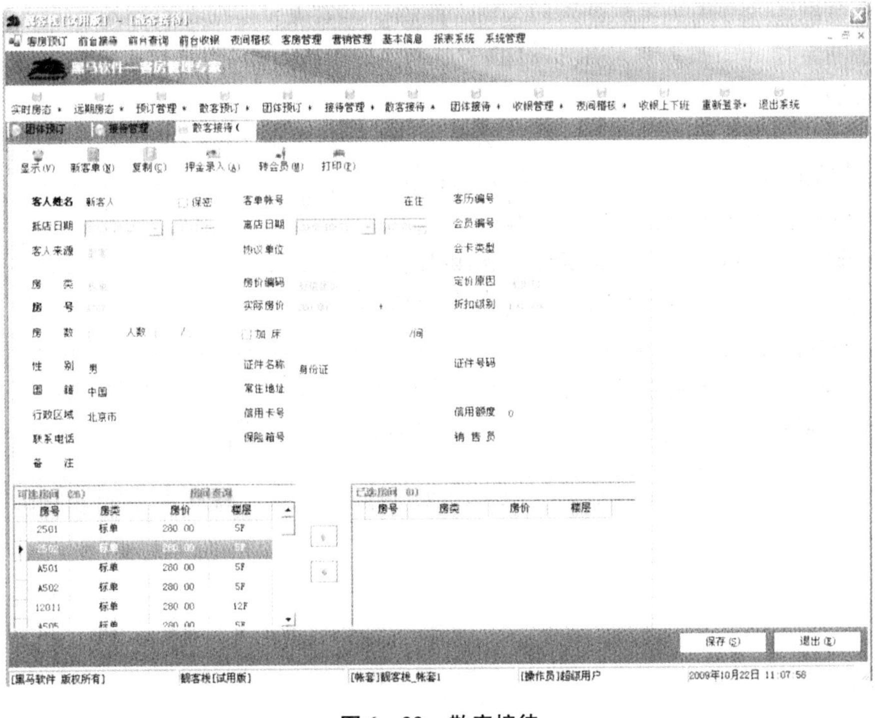

图 6－23　散客接待

（三）团体接待

一般团体都是通过预订来入住，很少在前台直接登记入住。故团体步入相对使用较少。点击菜单“前台接待/团体接待”进入团体步入界面，在团体接待的主界面上，提供了一些与团体相关的信息以供录入，可视情况录入。

关于团体接待的操作步骤及操作内容与团体预订中的步骤及内容是一致的，详见客房预订中的团体预订。

三、前台收银

（一）收银管理

收银系统的主要功能是为客人、团体建立账户、收取押金、日常消费的记账、收款、结账等账务处理，也包括收银换班、收银审核等，处理所有客人从预订、入住、在店、离店等各个期间与账务相关的工作。

位于前台的收银处，每天负责核算和整理各业务部门收银员送来的客人消费账单，为离店客人办理结账退房手续，编制各种收银报表，及时反映酒店营业情况。从业务性质来看，前台收银一般由财务部直管，但由于它又在接待客人的第一线，因此也需接受前台部的指挥和协调。

1. 账务明细

对于客人和团体，一旦建立了预订单或客单，相应的账户便自动开立。酒店客人的各项消费通常都不是立即付款结算的，客人应付酒店的欠款便记录累计在客人的账单中。

客账在会计概念上是资产类的“应收账款”性质，借方记录客人的消费金额，贷方记录客人的付款金额，余额为负表示客人尚欠酒店的款项，余额为正则表示客人预付金额减去所有消费后多余的金额（即酒店暂欠客人的金额）。

（1）软件操作。

账务明细窗分为账户基本情况、账单明细、关联账户三个区域，窗口下方是与账户和账单相关的操作按钮。点击相应按钮，就可以执行操作。

右上方区域的相关账户区中显示了与当前账户有关联的其他账户，点击为当前账户。前面讲过，关联账户包括同住账户、关联账户和团体账户。

左上方区域的账户基本情况区显示的是当前账户的概要资料，如客人姓名、账号、房号、房价、抵离日期、结算方式等。

右下方的账单明细区域显示的是账单的交易明细（见图6－24），账单交易明细记录了交易发生时间、所属房号、记账项目、消费金额、付款金额等内容。

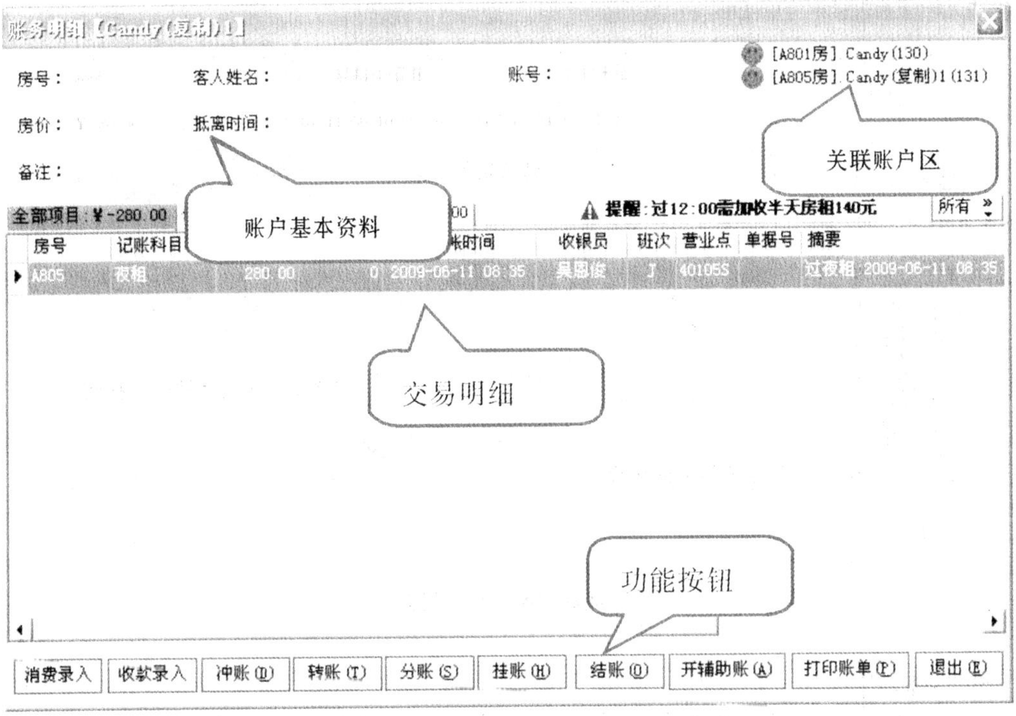

图6-24 账务明细

（2）消费录入、收款录入。

用于输入消费、结算的账目到账单中。入账通常分为电脑自动入账和手工入账两大类。房租、电话费、附加费用等由电脑自动记入前台客账。未联网的收银点的客人消费（如洗衣等）、客人押金、结算付款的记录，一般由前台收银员手工录入。

收款录入：入账点击记账科目栏，从项目分类中选取，输入正确的金额，项目属于消费还是结算，在基本信息中已定义。当要连续向同一账户输入多笔项目时，可以勾上"连续记账"标记，每输入完一个项目就点击"保存"。

消费录入：直接在项目列表中选择记录，点击"新增"按钮即可添加记录，也支持在"记账项目"栏下拉选择或录入编码。消费项的"单价"和"数量"能否手动录入，由基本信息中该项目"是否启用单位"来设置。

还可以直接在房态图上选定房间，进行收款录入和消费录入。

（3）冲账。

冲减以正或负的记录来抵消错误的账目，并记录冲减的过程。窗口下方的"状态"按钮显示或隐藏冲减的记录，以备核查，原交易记录和冲减的负数记录以桃红色标志。

（4）转账。

转账窗口（见图6-25）上半部分为源账户的账目情况，下半部分为转入账户的账目情况。在源账户区勾选将要转入的账目记录，在下方转入账户区选择要转入的账户，点击"转账"按钮，就能完成转账过程。被转账和对冲的转账记录用橘红色标志，可点击"状态"按钮显示或隐藏。

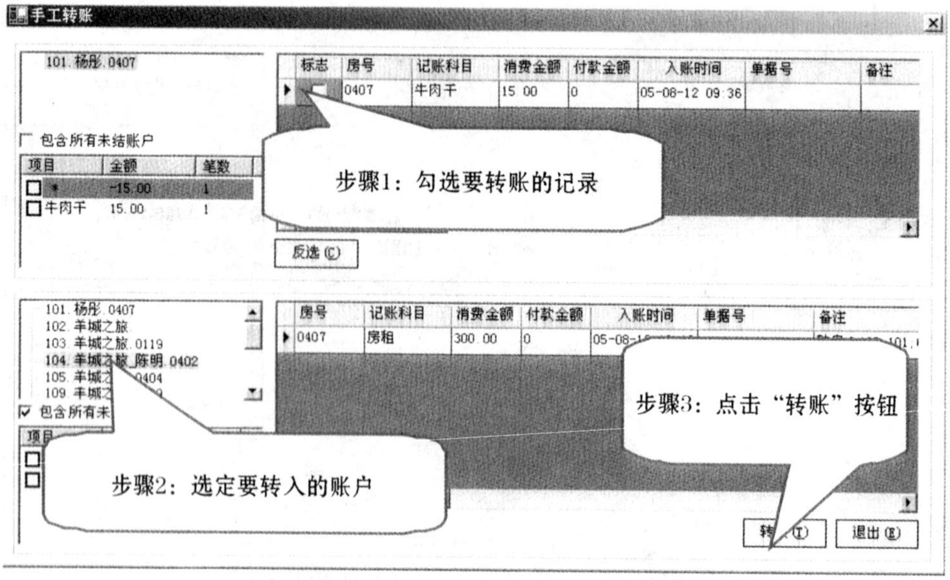

图6－25　手工转账

（5）分账。

分账是用于将一笔账目按指定比例或金额拆分为两笔记录。可用于同住客人分担房费或部分结账。

（6）挂账。

除了现金、信用卡、支票等即付方式，酒店还可以为签订合约的公司/旅行社（协议单位）提供挂账，再按协议周期性结清。点击“挂账”按钮，系统自动调出协议单位列表以供选择（见图6－26）。录入挂账金额，点击“挂账”按钮就完成了。这里的挂账并不是指把某一条消费记录挂到协议单位上，而是指用“挂账”这种付款方式付了一笔钱，同人民币等是一样的意义，它其实相当于是从协议单位上预借了一定数目的金额，而协议单位会根据与酒店定下的条约每隔一段时间同酒店结算一次。

（7）结账。

通常，前台收银处负责办理客人结账离店的手续。酒店可以根据自身的需求定义结账离店的过程。未勾选的步骤在结账过程中将不被执行。如图6－27所示。

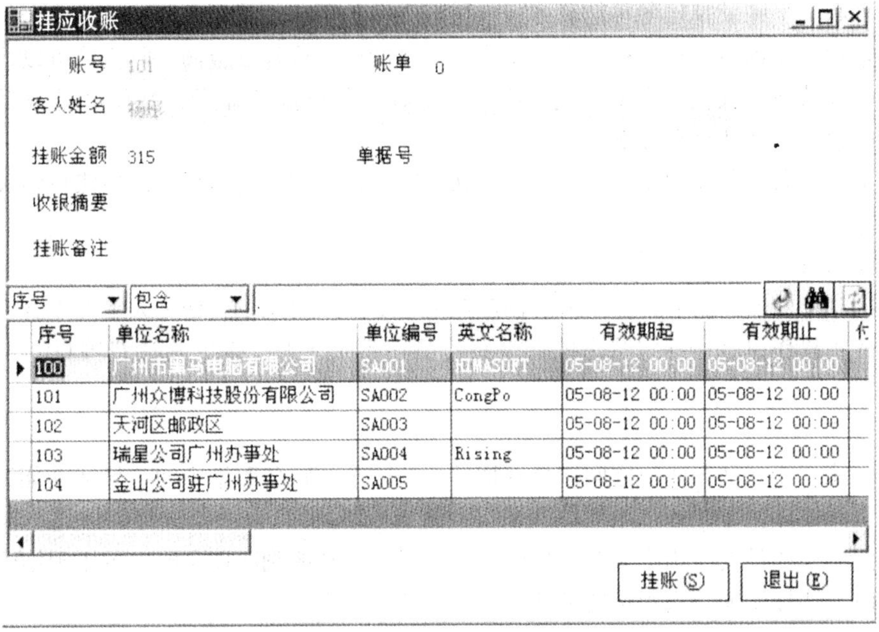

图 6－26 挂账

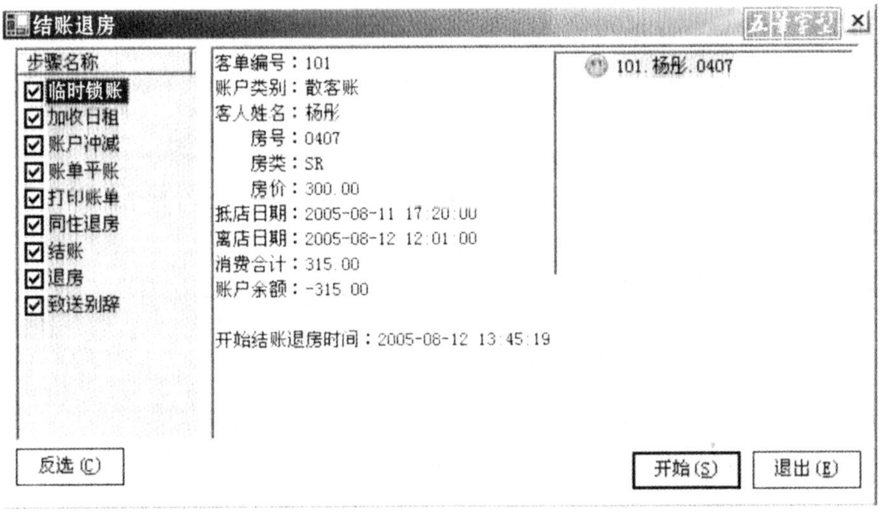

图 6－27 结账退房

临时锁账：临时冻结指定账户，并禁止录入、修改此账户资料，处于锁定状态的账户只是禁止手工入账，像电话计费等自动入账则不受此限。

加收日租：如果客人超过酒店规定的时间退房（一般为 12：00 和 18：00），结账时系统会弹出加收半天或一天日租的界面，加收的额度系统已经自动给出，在不需要调整金额的情况下，操作员只需点击“保存”就可以确定加收日租了。

账户冲减：以正或负的记录来抵消错误的账目。如在此窗口核对账目时发现误操作录入的记录，可选中此记录，点击“冲账”按钮。

账单平账：平账就是以各种结算方式支付客人尚欠酒店的款项余额，或将多余的钱找赎给客人。在账户平账窗口，标题栏上会显示当前账户的应收或找赎金额。收银员可以快速地知道应收客人多少钱或应找赎客人多少钱。应收及找赎金额已默认显示，操作员只需要点击“保存”按钮，就完成了平账的步骤。

同住退房：若同住账户余额为零，将默认此账户已退房，退房后该同住账户转入“已退未结”视图中。

2. 账户锁定、账户解锁

临时冻结指定账户，并禁止录入、修改此账户资料。可用于欠费客人、疑点客人、结账退房。支持成批操作。处于锁定状态的账户只是禁止手工入账，像电话计费等自动入账将不受此限。

3. 手工转账

手工转账用于在两个账户之间选择性地转账。同本章账务明细中的“转账功能”。

如果选择团体主账，则进入团体转账（见图6－28）。可以手工选择团体属下在指定时段内的、指定某些团员的、指定某些项目的交易账目，并转账到团体主账。可用于结账团体集体结账退房时，团体主账负责团员的部分或全部消费。

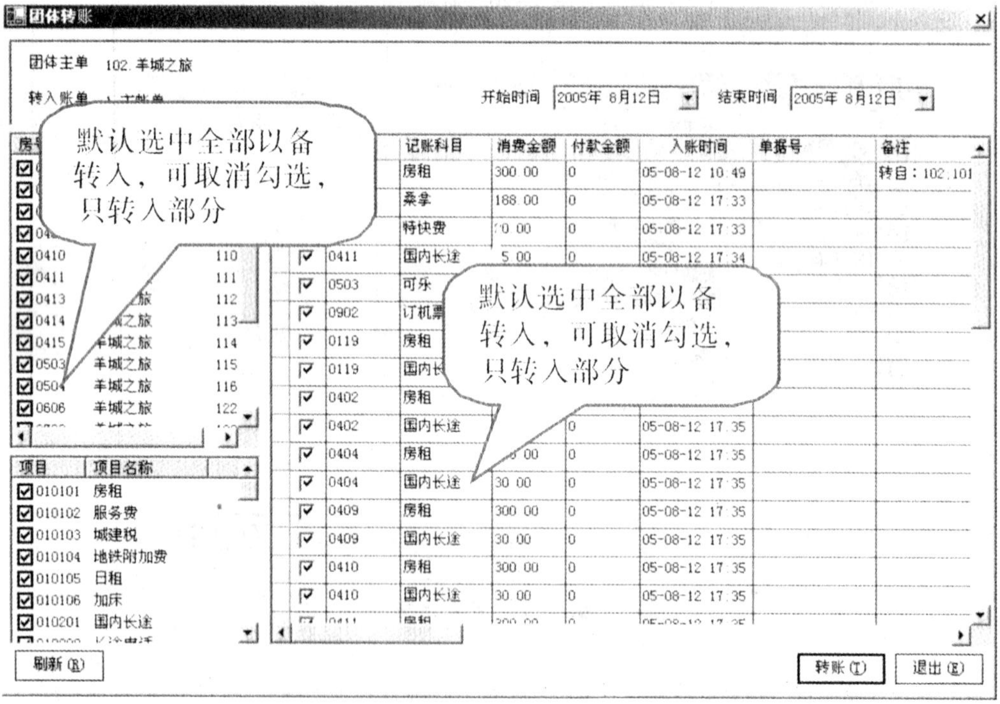

图6－28　团体手工转账

（二）收银上下班

操作员登录系统以后，如果不在收银上下班进行收银上班，则无法在系统中进行与收银相关的任何操作，如记账、结账退房等。

靓客栈V4.0系统中预设了A－J这些班次，每当营业日结后，新的营业日期开始时，系统会自动将从前一日开始当班的操作员班次更改为当前营业日期的 A 班。操作员登录后，点击“收银交接班”，就完成了班次转换。对于多客户端，一个客户端做了收银交接班，所有客户端的当班人员不变，但班次自动统一更改为该班次。

第四节　其他功能模块

一、夜间稽核

夜间稽核是指在一个营业日结束后，对所有发生的交易进行审核、调整、对账，计算并过入房租，统计汇总，编制夜核报表，备份数据，并结转营业日期到第二天的一个过程。夜核的流程中包含很多步骤，同结账流程一样，它也可以由用户自定义取消某些步骤。

点击菜单“夜间稽核/开始夜核”进入夜核界面。界面左侧显示了夜核的各个步骤，由上至下逐一点击进入后操作即可。界面右侧显示执行各个步骤的结果，“√”显示正常执行，“×”表示执行不成功。

1. 开始夜核

开始夜核前，系统设置进入夜核状态的标志，此时禁止其他操作员进行入账等操作，但可以做所有查看性质的操作。

2. 设置未到预订

将抵店日期为当前营业日期但未转入住的预订单设置为“未到预订”。如果不需要程序自动处理，可在夜核界面将此选项的“√”去掉。

3. 检查应离未离

对于预计当天离店但仍在住的客人，系统会生成一张应离未离客人报表。夜核人员需要逐个核查客人是否已离店但未在前台电脑办理退房手续，还是客人要求续住。

4. 自动续住

对于上述逾期离店的客人，除了补办退房手续外，其他需要续住的客人可以自动续住一天（此项一般不选择）。

5. 解除差异房态

核对前台电脑的房态与客房部实查的房态，会发现可能出现不一致的情况，一般应该手工核对处理，并解除房态差异。夜核时，为了不将可能的房态差异带入下一个营业日，可以通过选择此步骤自动解除。

6. 到期维修房变脏房、到期停用房变脏房

维修房在预计修复日期到来后仍未修复、需要继续修理时，在夜核时可以设定为自动转为 VD 房。停用房在预计启用日期到来后仍需要继续停用时，在夜核时可以设定为自动转为 VD 房。

7. 维修单自动延期、停用单自动延期

维修房在预计修复日期到来后仍未修复、需要继续修理时，在系统中设置自动延期一天。停用房在预计启用日期到来后仍需要继续停用时，在系统中设置自动延期一天。

8. 客历导入

对当日已经结账离店的客人，夜核时将客单记录导入客历档案中，方便管理酒店的常住客人。客单记录转入客历后，下一次该客人抵店，在前台登记时，录入姓名即可自动调入客历档案，省却了登记的烦琐。

9. 过夜租

靓客栈 V4.0 是由抵店日期、房类、房价代码来决定具体的房价。如果客人入住酒店期间跨越两个以上的日期（如 8 月 11 日抵店、8 月 14 日离店），中途更改了房价代码或做了对房价的其他调整抑或是更换房间，调整当日夜核时将以调整后的价格过夜租。

10. 营业分析

夜核时汇总当天的消费、收入、房数、人数等数据，生成报表。

11. 结转日期

酒店的营业日期是从上一个夜核结束时间开始，直至本次夜核时间结束。对于超过夜晚 12 点而在夜核前发生的账目，仍将其归入上一个营业日中。结转日期的功能就是将酒店的营业日期推进到下一天。转日期以后，系统会自动记录转日期标志，禁止操作员在夜核时间段内做了转营业日期以后，再做一次夜核。在转日期之前，无论执行多少次夜核程序，只要不转换日期，同一个操作是不会执行两次的，这样，在执行第二次的夜核程序时，系统也不会再次收取房租。

12. 结束夜核

解除夜核标志。所有客户端工作恢复正常。

二、应收账系统

应收账系统用于记录和处理所有的应收账目，包括协议单位的信息管理及协议单位房价定义。

1. 房价条款

协议单位是酒店一项稳定的收入来源。一般根据不同的协议性质，酒店会有不同的房价。在房价条款中就可针对每一个协议单位设定每一种房类在合同有效期内的价格，分“散客价”和“团体价”，分别针对散客接待和团体接待会取到不同的价格。“散客价”或“团体价”任何一项都不能缺省或为零，否则在录入接待时，房价会取不到任何价格。一旦超过合同有效期，系统将会不再启用协议单位房价。这个时候，酒店需要和协议单位客人续签合同，同时在系统中更改合同有效期。如图 6－29 所示。

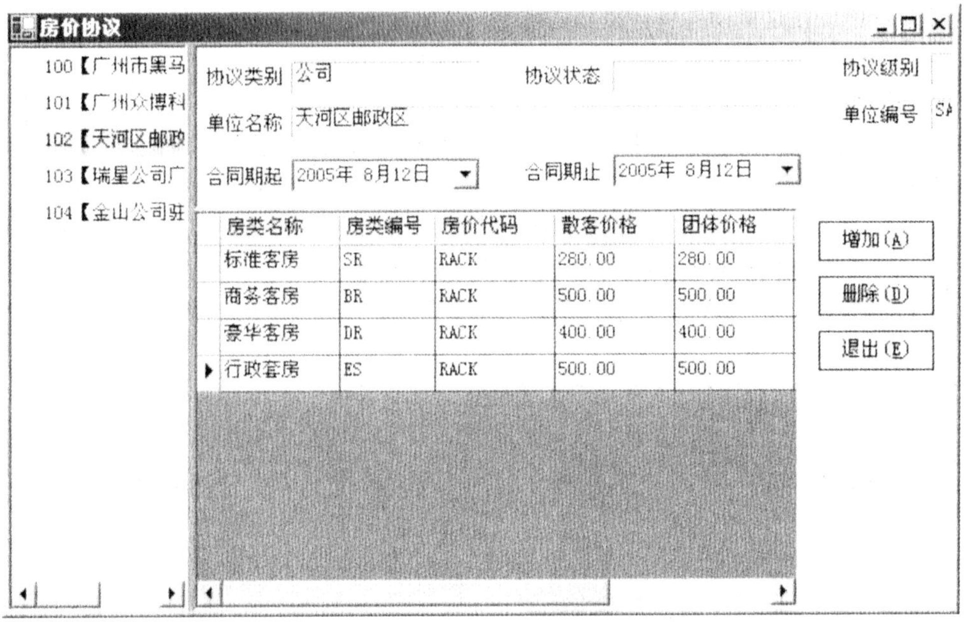

图 6－29　房价条款

2. 价码编辑

与前面分别对每一个协议单位设置价格不同的是，价码编辑是用于批量的设置协议价格。例如，所有的协议单位中，可能有一批都是同一种价格，如果一个个来设置，会非常麻烦。这时，我们可以将所有相同的协议价定义一个价码，这样就可以成批的设置了。如图 6－30 所示。

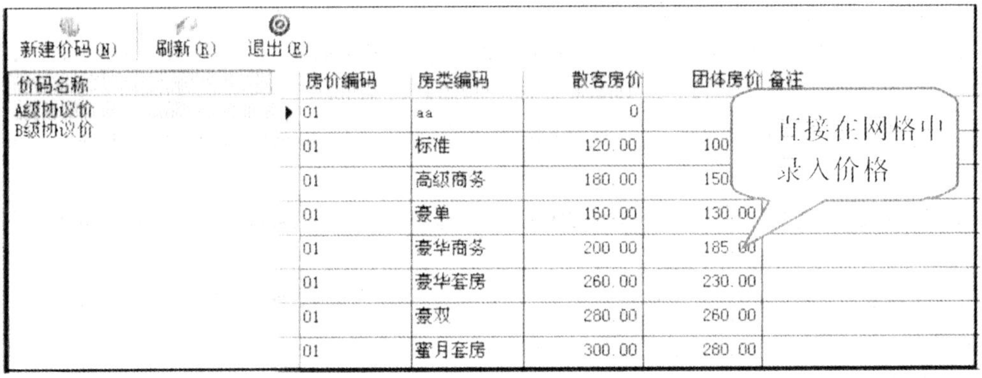

图 6－30　价码编辑

3. 批量定价

在价码编辑中设置好价格后，就可以在批量定价中定义哪些协议单位启用哪种价格。在“价码编辑”中定义好价码后，批量定价中会显示定义好的价码，只需要选择一种价码，然后勾选下面启用此价码的协议单位，点击“批量设定”按钮就可以了。如果之前已经在协议单位中定义了价格，在这里设置后会覆盖之前的价格。

实操练习题

1. 完全初始系统，做一套完整的基本信息。运行从接待到结账的流程，看看基本信息设置是否完整及正确。

2. 初始权限后，以 dbo 登录，为自己建立操作员账号，设定自己的职务为“前台接待员”。

3. 批量将所有 VD 和 OD 房一次性设置为 VC 和 OC 房。

4. (1) 将房态图上的 OC 房的显示颜色设置为黄色，高度设置为 60，增加“账户余额”的显示。

(2) 完成整个夜核过程，使系统正常过夜租、生成客历、生成报表。

5. 练习录入一批散客预订单及团体预订单，并操作预订管理中所提供的所有功能。

6. 做散客接待，调入会员，录入消费，结账后查看会员积分情况，并对该会员做积分返还。

7. 将两个一同来酒店入住，但是又分别住在不同房间的客人设置为关联账户。

8. 做一个散客接待单，设置同住客人。

9. 做一个 5 间房的团体接待单，要求分两批入住、三批离店、3 个双人间、2 个套房，并分别排房，设置“夜租、罐装啤酒”为包费项目。

10. 做一个 6 间房的团体预订单，其中 3 间标准双人间、1 间豪华套房、2 间商务套房，每个房间要求有两个成员；对每个房间进行加床，其中前 3 间的加床费为 80 元/间，后 3 间的加床费为 100 元/间；并将该团体的前 6 个成员转入住。

11. 建立四个协议单位，增加一个批量价码，对这批协议单位进行批量定价。将所有协议单位定义佣金，一部分协议单位按房晚定义，其余部分按比例定义。

12. 设置免费房和自用房，过夜核，看看与普通客单有什么不同。

13. 设置自己拥有所有的权限，并以自己的账号登录，验证设置的权限是否生效。

14. 使用酒店信息管理系统靓客栈 2008 完成散客的 Reservation、Check out、Check in 三项工作。

15. 使用酒店信息管理系统靓客栈 2008 完成会议团队的 Reservation、Check out、Check in 三项工作。

16. 使用酒店信息管理系统靓客栈 2008 完成旅游团队的 Reservation、Check out、Check in 三项工作。

17. 处理客人要求更改客房预订、住店客人要求换房、住店客人延期离店、贵重物品保管等问题。

18. 做团队转账，按日期查询一段时间的团员账务，并转到团体主账上。

19. 做一个 5 间房的团体预订单，每个房间要求有两个成员，并将该团体前 4 个成员转入住。

20. 用同一客人账户在不同日期入住两次，结账并转入客历，在客历档案中查看该客历信息。

21. 做散客入住，分别记入四项消费项目和付款项目，冲减部分账目，并挂账到协议单位中，然后为客人办理结账退房手续。

22. 做接待单，分别调入协议单位价、会员价、折扣价，看看系统最后能取到什么房价。

第七章　酒店餐饮信息化管理

21 世纪是知识经济时代，以计算机的广泛应用为标志的电子信息技术已经融入了社会生活的每一个方面。为实现国内与国际同行业的接轨，餐饮企业（包括社会餐饮和酒店餐饮）有必要建立信息化管理系统。餐饮管理的信息化就是把传统的餐饮管理和高科技技术结合起来，从而大幅度提高餐饮管理的运作能力，使餐饮客户个性化的服务管理得以实现，并且大大提高工作效率，同时提供企业所需要的各种数据，帮助决策者进行科学高效的决策，这对提升餐饮企业的竞争力将有着积极的推动作用。

在餐饮企业应用信息化技术方面，我们经常听到：本企业的管理模式还在建立和完善过程中，启动信息化的条件尚不成熟；餐饮企业属于传统行业，手工作业多、管理规范性差，不适宜或还用不上先进的信息化手段；信息化建设需要大的投资和专门的人才，等资金和人才到位后再考虑。总而言之，大部分的餐饮对于餐饮信息化是持“等一等”的态度。由于缺乏对信息化在促进餐饮企业发展上的必要性、重要性的认识，导致这些企业行动上的裹足不前。餐饮企业管理模式的建立和完善，应与信息技术的利用同步进行，才有可能建立现代化的、科学的、高效的管理模式。信息化建设的资金投入是渐进式的，是可以调节的，相对于其他设备的投资，其比例并不高，但其带来的管理效益是很大的。

餐饮行业在日常营业与运转的过程中，需要处理大量的数据，如原材料管理、菜单管理、账单管理及经营报告等，这些数据的处理构成了餐饮管理的主要内容，餐饮管理系统就是为了实现餐饮信息管理的计算机化。对餐饮服务的过程实现信息化管理，可以使餐厅的管理更加规范化；耗用计量及成本核算更准确、快捷；可以改善员工的工作环境和工作条件；提高工作效率、改善经济效益、提升服务品位等。同时，通过电脑网络系统实现餐饮各部门管理和运转的有机结合，形成整个餐厅的计算机网络信息管理系统化，将餐饮管理带入崭新的时代。

第一节　食为天信息化系统概述

餐饮信息化管理软件是餐饮企业管理的一条“高速公路”，是餐饮企业各个部门的直通车，它可以让餐饮企业的管理更加流畅、高效地运作，促使餐饮企业向标准化的管理方向迈进。餐饮信息化管理软件是未来餐饮企业发展的一种必不可少的管理工具，一个好的餐饮信息化管理软件能够为餐饮企业创造更多的财富，减少和控制更多的弊端，更能为餐饮企业管理人员带来更多的便捷与效益。

一、食为天系统模块及流程

餐饮企业最高决策人员对餐饮企业的发展离不开开源节流。开源是指生意的来源、客户群的来源；节流是指成本控制，即餐饮企业怎样通过最少的成本创造最大的利润。

黑马软件·食为天餐饮信息化管理软件在餐饮信息化管理历经十多年的时间，研发出一套信息化管理软件可以为众多餐饮企业管理人员的工作带来便捷与效益，同时针对开源及节流更有其超群的价值。食为天 V3.0 是广州黑马软件公司在 V1.0 及 V2.0 之后，继续开发的专业餐饮管理软件高端版本。此版本适用于管理独家酒店及多家分店的集团化酒店，提供独立的总店管理系统。软件包括前台及后台管理，可支持遥控点菜设备、触摸屏、磁卡阅读器等。

（一）食为天“前台”管理系统

1. 食为天前台管理系统功能模块（见表 7－1）

表 7－1　前台功能模块

功能	说明
系统维护	账号管理：为操作员设置账号、密码用于验证身份。 权限设置：对账号分配权限，决定此操作员的功能使用权力，以保证软件使用的安全。 密码更改：更改操作员的登录密码。 改服务器：可以登录不同的服务器进行操作切换。
前台系统	开台：设置客人就餐的客位及宴席。 开单：录入客人已选的品项。 跟单：移台、改人数、退品、赠送、作废等操作。 结账：对客单进行结账处理。 出品沽清：对已经沽清的菜品停售。 临时品项：顾客临时加菜输入。 收银交班：收银员上下班需要登记，打印交班报表，统计上班时段的营业数据，核对上交的本班次的收款。
基本资料	部门信息：设置企业各部门的信息。 营业场所：设定酒店的餐台及包房。 出品类别：将出品分类，归属于各出品类别，出品类别分两级：第一级为大类，下设第二级小类员工信息（录入、编辑酒店员工的基本信息）。 出品定义：酒店直接销售的商品或菜品。 定义备选集：建立退单原因、赠送、打折、品注等信息。 市别定义：定义酒店的营业市别。市别定义包括市别码、市别名称及开市时间。 套餐定义：定义套餐以及套餐的组成出品。 结算方式：定义付款方式，包括定义付款方式的收款类别。
营业管理	服务设置：定义服务费收费方式。 最低消费设置：定义最低消费收费方式。 茶芥：部分地区的酒楼会对每一个进餐客人收取茶位费。 特价出品：在非特价生效时段时，出品价格取出品定义的价格。 时价出品：对于不是固定价格的出品，可以方便更改时价。 地喱划菜打印：用户可以控制厨房出菜情况，及时了解情况，及时上菜。

(续上表)

功能	说明
营业分析	单据核查：提供"当日单据核查"和"历史单据核查"，用于查询和核对当前营业日的消费单情况。 营业日报：用于查询指定日期全天、各市别及当月、上月的综合营业情况。 销售统计报表：查询任一时段的出品销售情况，报表提供14种统计方式。 营业分析报表：查询任一时段的营业收入情况，报表提供5种统计方式。 时段营业分析：将每日营业时间分为一定的时间间隔，分析不同的时期内进餐人数、消费时间、人均消费、消费金额等营业情况。 出品销售明细：已销售出品的售出明细查询清单，按每张销售单列出各出品的下单记录。 经手人出品表：酒店的促销出品会按照销售量给售出人奖励，需要计算服务人员的销售计奖出品的销售业绩。 收银记账报表：用于核对收款额及统计收入明细，按付款方式统计每日或每月的收款数据。 退送原因分析：退品、赠送及作废影响了酒店的正常收入，除对操作人员的授权外，需要监控操作人员的退送情况，分析退送原因，改进服务及出品制作方式，避免损失。 折扣统计报表：酒楼对客人的优惠，包括酒楼公布优惠政策，以及有折扣权力的管理人员根据实际情况打折。企业需要对打折人、折扣金额进行监控分析。
前台系统维护工具	建立账套：初次使用系统时，需要使用此功能，用系统自带的数据文件建立账套。 数据备份：备份整个账套。 数据恢复：使用备份文件恢复备份账套，在最必要的时候做数据恢复以保证数据完整。 数据转数：将源账套的数据转到另一账套（目标账套），转数后两账套数据一致。 数据升级：软件升级时，账套的结构有时会变更，用户可使用新版本的升级文件对账套进行升级。 账套删除：删除不再需要的账套。

图7-1 食为天前台系统主界面

2. 前台系统流程图

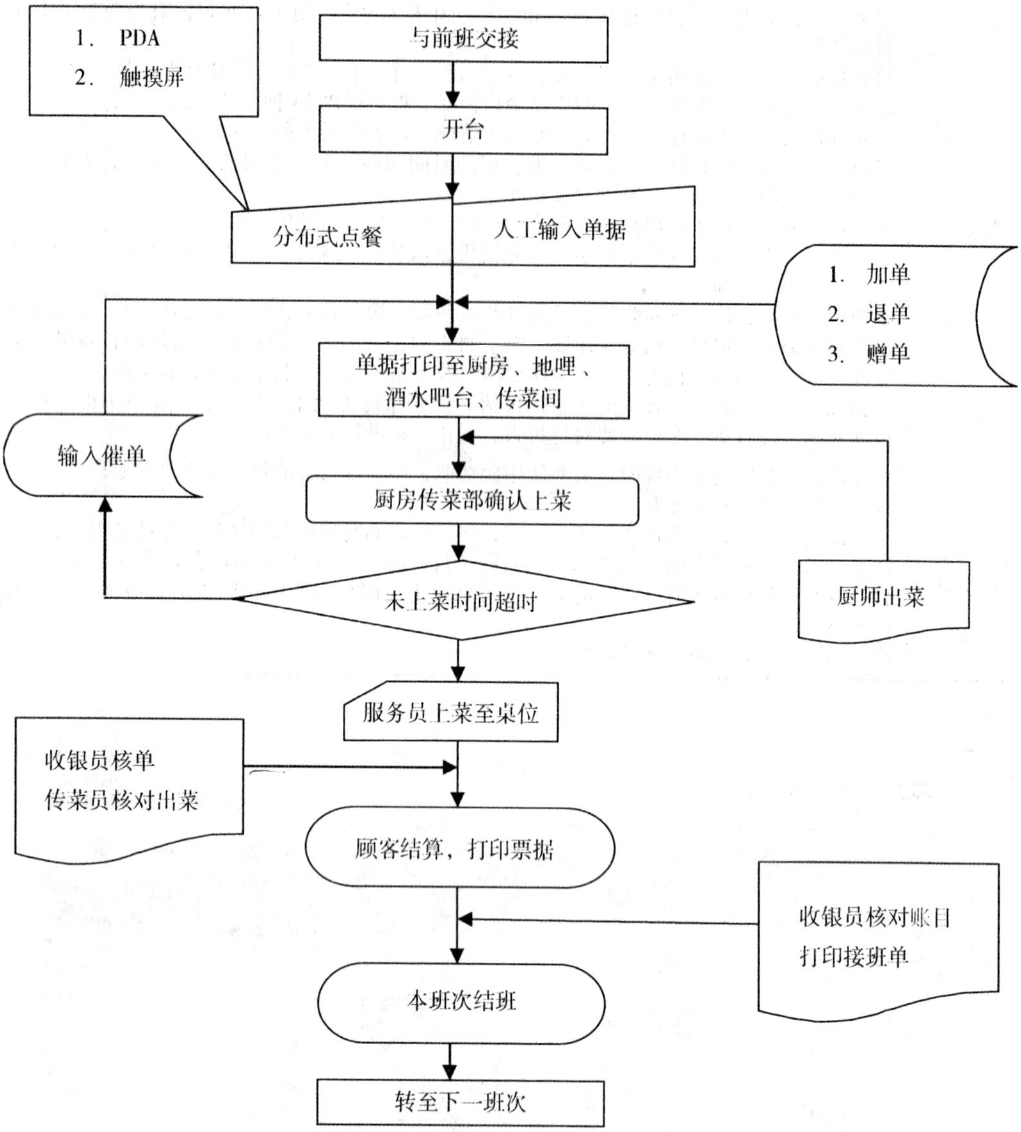

图7-2 前台系统流程图

（二）食为天“后台”管理系统

1. 食为天后台管理系统功能模块（见表7－2）

表7－2　后台功能模块

功能	说明
系统维护	通过“食为天后台维护工具”可进行建账操作，对账套的有关参数进行设置和修改；为了防止数据丢失，提供了数据备份的功能，以便在账套损坏的情况下，恢复到最近的历史状态，通过我们软件的升级功能可对软件功能及版本进行升级，可按操作员设定使用权限。
资料制作	部门仓库信息。 物品信息（按大类、小类、物品三级结构录入）。 收货员、采购员资料。 供应商资料。
后台单据	申购单：用于部门申请采购，申购物料必须先定义为“需申购物料”，否则不可录入。 采购订单：根据各部门及仓库的需求，向供应商或采购人员发出订单。 收货单：采购的物料入库，包括根据采购订单购回的物料及零星购回的物料。 退货单：已入库物料，按指定价格退回供应商。 直拨单：采购的物料直接进入部门，不需入仓库。 直拨退货单：直拨入部门的物料，退回供应商。 领料单：部门由仓库领进原料，计算领料成本。 退料单：部门将领回的物料退回仓库，计算退料成本。 内部调拨单：单店内部仓库之间、部门之间以成本价调拨物料。 外部调拨单：分店的仓库与仓库之间、仓库与部门之间、部门与部门之间以成本价调拨物料。 损益单：包括报损、报溢。 仓库盘点表：仓库盘点后，根据实际存量同账存量，生成损溢单，修正当前账面存量。 部门盘点表：部门盘点后，根据实际存量同账存量，生成损溢单，修正当前账面存量。
资金管理	建立了与供应商、客户的资金管理体系，对采购的每次付款、退款。 销售每次付款、退款进行登记入账，使资金账目一目了然。
账目查询	仓库汇总账：说明某仓库某一会计期间内的库存情况，可以详细查看到某一类别内某一物品的现存量与期初、发出数量。 仓库明细账：说明某一会计期间内，某物品在某仓库内的进出情况，包括存入、发出与结存数量。期内的单据按审核时间排序。 分仓库存账：说明某一个物品在各个仓库内的存货情况。 进仓日核账：统计分析一个月内每天已审核各种单据进货物品的数量及金额。 出仓日核账：统计分析一个月内每天已审核各和单据出仓物品的数量及金额，提供采购、销售账目查询。 采购应收、应付款：查询某会计期间我方与供应商之间的应收应付款项。 销售应收、应付款：查询某会计期间我方加工中心与销售客户之间的应收应付款项。 采购应收、应付汇总：汇总统计我方与供应商之间的资金账目。

（续上表）

功能	说明
报表系统	采购报表：统计某会计期间各个供应商之间供货详细情况，统计直拨单中各供应商的供货情况。 库存报表：统计某仓库内设有库存限量预警物品的汇总。 成本核算报表：统计每日每部门前台营业收入及入厨房物品的收入，每部门每天每类物品的进货详情，各分店间互相调拨累计数量，内原料的进、销、存的累计。
配方管理	菜品配方管理：成本核算/利润核算。

2. 后台仓库单点流程图

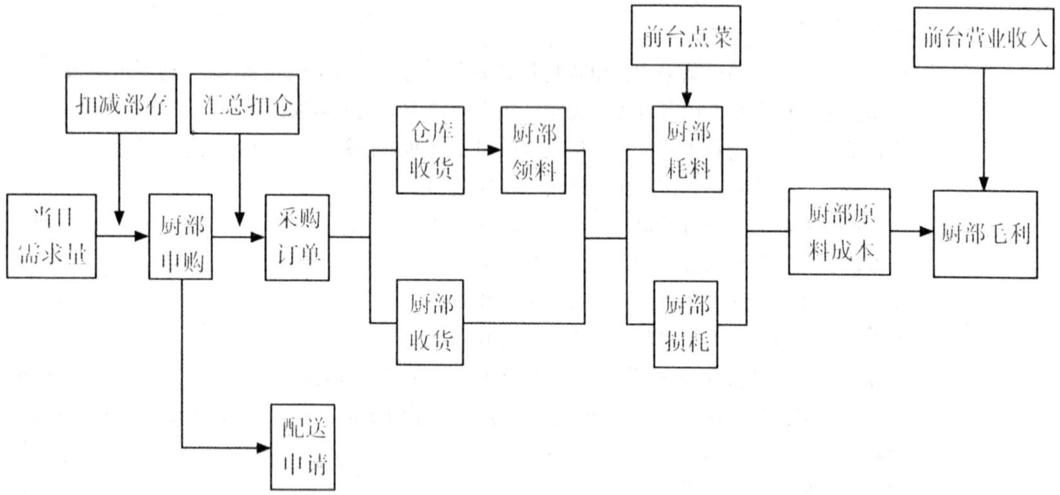

图7－3　后台仓库单点流程图

二、食为天系统的特点

（1）多种出品录入方式：触摸屏选择方式，不需要录入代码，简单易学；小键盘录入方式，出品按钮显示代码，逐字符确定出品，录入字符量少，操作速度快；代码录入方式，操作者记忆代码，模糊提示，速度快。

（2）适用于不同的用户：单机模式适用于西餐厅，收银员录单；标准模式适用于大、中型中餐酒楼，特别是海鲜酒楼，楼面人员录单，收银员结账；汇总版适用于多店经营的餐饮集团。

（3）三种分单格式可选，分别对制作厨点、地喱下单。

（4）提供直观、易用的查询操作。

（5）提供酒店各类管理人员需要的报表，全面适用，即时查询当前营业状况。

（6）各种分析报表、图示，帮助酒店领导层作决策。

（7）权限管理严格，操作人员责权明确。

（8）会员管理及会员账目统计。

(9) 灵活的单注品注功能，标明客人的需求及处理临时出品。

(10) 提供自动上茶、服务费设置、最低消费设置等功能。

(11) 不同的POS机可限定服务范围。

(12) 简单的外卖章号操作。

(13) 灵活的茶市领退点统计。

三、食为天教学版软件的安装

食为天V3.0的安装分为三步：软件安装、账套建立、软件狗安装。

(一) 安装食为天V3.0

(1) 点击"Setup. exe"，系统提示"正在初始化安装程序"。初始结束后，点击"下一步"。

(2) 关闭其他正在运行的应用程序，点击"下一步"，继续运行安装程序。如果需要退出安装，点击"取消"按钮。

(3) 选择"同意许可协议"，点击"下一步"；录入用户信息后，点击"下一步"；阅读安装信息后，点击"下一步"。

(4) 确定安装目录。系统默认安装目录为"D:\Program Files\食为天V3.0前台"，用户可点击"更改"，在"浏览文件夹"中选择安装路径，点击"确定"，回到上一界面，单击"下一步"。

(5) 选择或录入快捷方式文件夹，点击"下一步"；系统给出安装信息，确认信息无误后，点击"下一步"开始安装。

(6) 系统出现"安装完成"的提示，表示软件安装成功。

(二) 建立账套

初次安装食为天系统时，需要使用系统自带的数据文件建立新账套。系统自带的数据文件在安装光盘的data目录中，数据文件名为"swtpro. dat"。操作如下：

(1) 点击"建账\新建账套"，在选择建账文件界面中选择路径及文件名，即安装光盘data目录中的swtpro. dat。选择确定后，点击"打开"。

(2) 选择账套的保存路径，在"文件名"中录入账套名称。点击"保存"，开始建立账套。

(3) 系统提示"账套已建立"，建账完成。

(三) 安装加密狗

安装加密狗分为两步：安放加密狗、安装加密狗的服务程式及驱动程式。加密狗的服务程式及驱动程式分为网络版及单机版。

1. 安放加密狗

加密狗插入服务器（单机版为本机）的LPT1口。如需连接打印机，接口插入加密狗后再连接。

2. 安装服务程式及驱动程式

(1) 单机版安装。

不同的操作系统安装不同的驱程，分为Win9X及Win_nt两种。食为天要求的操作系统为Win98或Win2000 Porfessional。

Win98：

①打开安装光盘“单机加密狗驱程”中的 WIN_9x 目录，点击“sentw9x. exe”；

②在弹出窗口中依次选择 Functions→Install Sentinel Driver→OK；

③完成安装。

Win2000 Porfessional：

①打开光盘“单机加密狗驱程”中的 Win_nt 目录，点击“setupx86. exe”；

②在弹出窗口中依次选择 Functions→Install Sentinel Driver→OK；

③完成安装。

（2）网络版安装。

①打开安装光盘的“网络加密狗驱程”，点击“Sentinel SuperPro 6. 2. 0. exe”；

② 在安装向导界面中点击“Next”，继续安装；

③在许可证协议界面选择“I accept the terms in the license agreement”，表明同意此协议，点击“Next”继续安装；

④在客户信息界面录入用户名称及公司名称；

⑤确定安装路径，如果不选择默认路径，点击“Change...”，更改安装路径；

⑥选择安装类型，分为完全安装（Complete）及用户自定义（Custom）安装，推荐选用“Complete”，并点击“Next”继续安装；

⑦在准备安装中选择：“ Back”安装设置有误，返回上一界面重设，“Cancel”退出安装，“Install”开始安装；

⑧系统安装服务程式及驱动程式；

⑨出现“Installshield Wizard Completed”界面，安装结束，点击“Finish”；

⑩必须重新启动计算机后，安装的服务程式才可生效。点击“Yes”，立刻重启电脑；点击“No”，过后再重启电脑。

3. 卸载服务程式及驱动程式

当服务程式及驱动程式不再需要，或出现问题，必须重新安装时，将其卸载。步骤如下：

（1）点击“控制面板/添加/删除程序”，选择“安装/卸载”页面。

（2）在软件列表中选择“Sentinel SuperPro 6. 2. 0”，点击“添加/删除”。

（3）点击“Next”继续执行。

（4）选择执行何种操作。点击“Remove”，即删除当前软件；“Back”返回上一界面，重新设置；“Next”开始删除软件；“Cancel”退出删除操作。

（5）点击“Next”，为安全保障，系统要求确认删除操作。“Back、Cancel”意义同上；“Remove”确认删除。

（6）点击“Remove”，开始删除当前软件并显示进度。

（7）删除操作结束，在结束标志页面中点击“Finsih”。

（8）必须重新启动计算机后，删除才可生效。系统弹出选择界面，点击“Yes”，立刻重启电脑；点击“No”，过后再重启电脑。

四、系统维护

系统维护是指对整个食为天系统进行管理，以及为方便用户而提供的用户设置功能。

（一）本机设置

本机设置仅对当前客户端生效。设置项包括：

（1）POS_ID、POS登录账套、账单打印机。

POS_ID：设定本机的POS编号，用于确定当前POS机的服务范围，包括可选厨点及营业场所。如果本机不进行前台营业操作，即不登录前台系统，POS_ID为空。

POS登录账套：本POS机登录“食为天前台系统”时默认的账套名。

启用5.8cm打印机：提供5.8cm纸宽打印结账单。

账单打印机：本POS机打印结账单（客单）及结账单（银单）的打印机。

台单打印机：选择台单打印机的型号。

（2）外卖台位、外卖结单方式、外卖账单格式、外卖选品方式。

外卖台位：设定本机对应的外卖台位。外卖台位可在基本资料中定义。

外卖结单方式：提供两种结单格式的选择，格式包括堂食结单和外卖结单。

外卖账单格式：提供四种账单格式的选择，格式包括标准格式、出品格式、免打、自定义。

外卖选品方式：设定外卖出品的选择方式，提供正常、代码、数值三种选择出品的方式。

（3）加单选品方式、导航选台方式。

加单选品方式：设定前台系统加单时的出品选择方式，包括自动、代码方式。

导航选台方式：设定前台系统导航界面中的台位导航功能，包括正常、自动方式。

（4）是否快速结账、出品是否按拼音排序设置功能。

是否快速结账：设置前台系统的结单方式不需要经过付款而直接结账。

出品是否按拼音排序：设置出品按照拼音排序供使用者选择。

具体操作如下：点击“系统维护＼本机设置”，打开“本机设置”界面（见图7－4）。录入POS_ID及POS登录账套，录入的POS_ID必须在“营业管理＼POS设定”中已有定义。启用5.8cm打印机：用来启用结账单打印的纸型宽度。账单打印机必须在列表中选择，不可自行录入本机未添加的打印机。外卖台位、外卖结单方式、外卖账单格式、外卖选品方式、加单选品方式、导航选台方式等可根据需要选择下拉框的对应选项。是否快速结账、出品是否按拼音排序操作熟练状况选择。单击“确认”，保存退出。

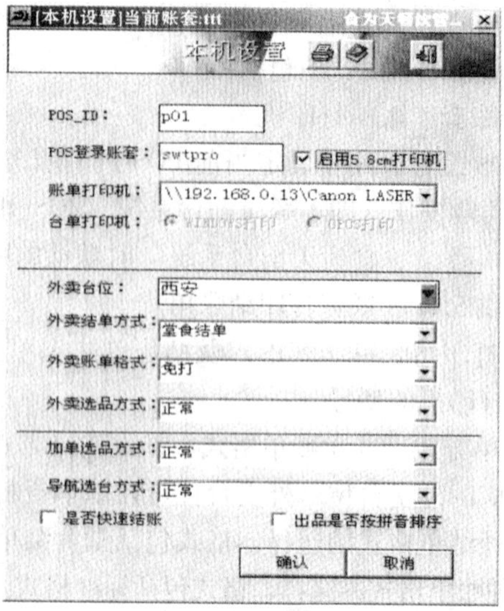

图 7－4　本机设置

（二）账号管理

账号管理功能，完成为操作员设置账号、密码和授权。系统为账套定义了 dbo（账套管理员）用户，作为账套的管理员，拥有所有的管理权力。dbo 用户不可删除，权限不可修改，只可修改密码，且 dbo 不显示在账号列表中。SA 为整个食为天 V3.0 系统的管理员，不直接管理单个账套，只有 SA 可登录“食为天 V3.0 系统维护”。

1. 账号列表

账号列表具有定义、修改、删除用户，以及查看所有用户记录的功能。具体操作如下：单击“系统维护\账号管理”，在“账号管理”窗口中点击“账号列表”页标（见图 7－5），并在列表中列出所有用户及启用状况。

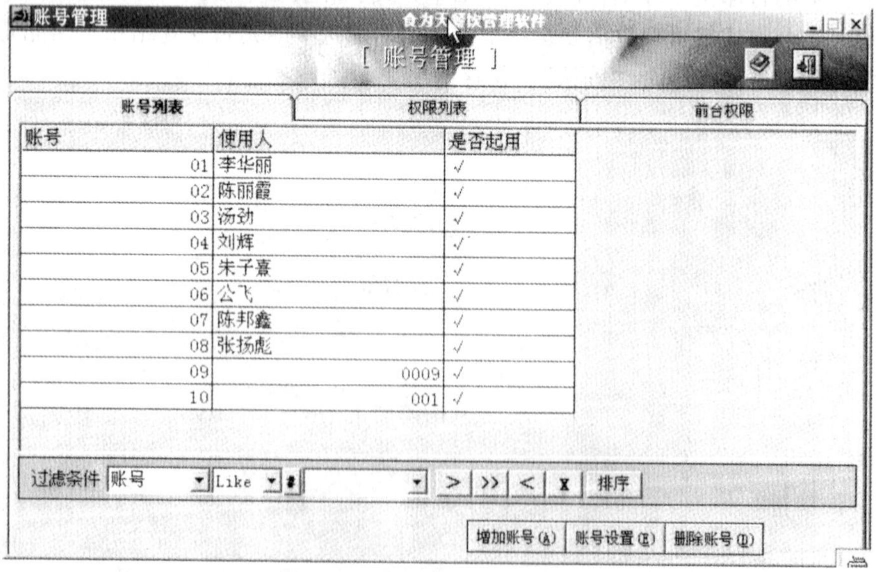

图 7－5　账号列表

(1) 增加账号。

单击"增加账号"按钮，在"增设账号"(见图7-6)界面中录入(刷卡或键盘录入)用户账号、用户名称、登录口令，选择是否启用此账号。"是否启用"为"×"，此账号暂不生效；为"√"则账号生效。点击"确认"，保存此操作。

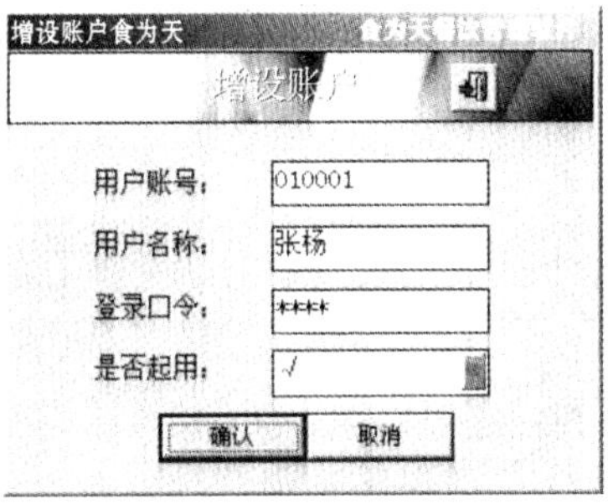

图7-6 增设账号

(2) 修改账号。

在用户列表中选择修改的账号记录，单击"账号设置"，编辑用户账号、用户名称、登录口令、是否启用。点击"确认"，保存此修改。

(3) 删除账号。

在用户列表中选定不再需要的账号记录，单击"删除账号"，点击"确认"后删除当前账号。

2. 权限设置

权限设置是指为用户授权。用户权限分总体权限及前台权限。由于"前台系统"功能较多，各权限划分较细，系统将前台权限从整体中分出，专门对前台授权。

(1) 总体权限授权。

单击"系统维护\账号管理"，首先在"账号列表"中选择用户，点击"权限列表"页标，在"权限列表"页面(见图7-7)中为当前用户设置权限。

界面说明：页面中列出系统所有功能项及对应的具体操作权限。操作项网格为红色，表明用户有此权限；操作项网格为白色，表明用户无此权限。

授权：双击功能列的某具体权限网格，对此功能的当前操作授权，网格变为红色；双击"功能名称"，对当前功能的所有操作授权，当前行的所有操作网格变为红色。

解除授权：单击已授权的功能名称或功能中的某操作项网格，解除授权。

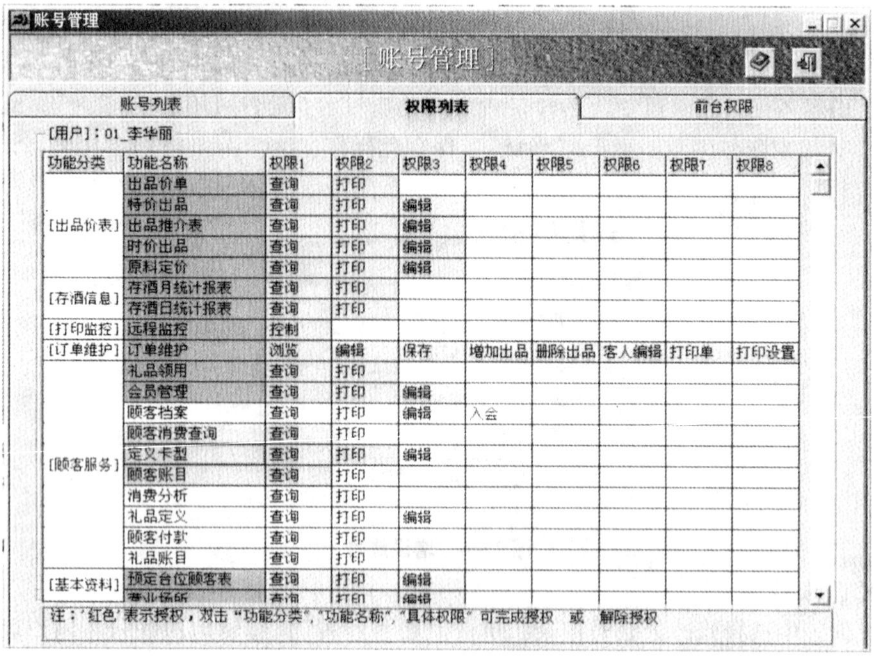

图 7-7　总体权限设置

（2）权限授权。

单击"系统维护\账号管理"，首先在"账号列表"中选择用户，点击"前台权限"页标，在"前台权限"页面（见图 7-8）中为当前用户设置权限。界面中列出前台各功能项，功能项前为"√"表示有此权限，功能项前为空表示无此权限。单击各功能项可授权或解除授权。

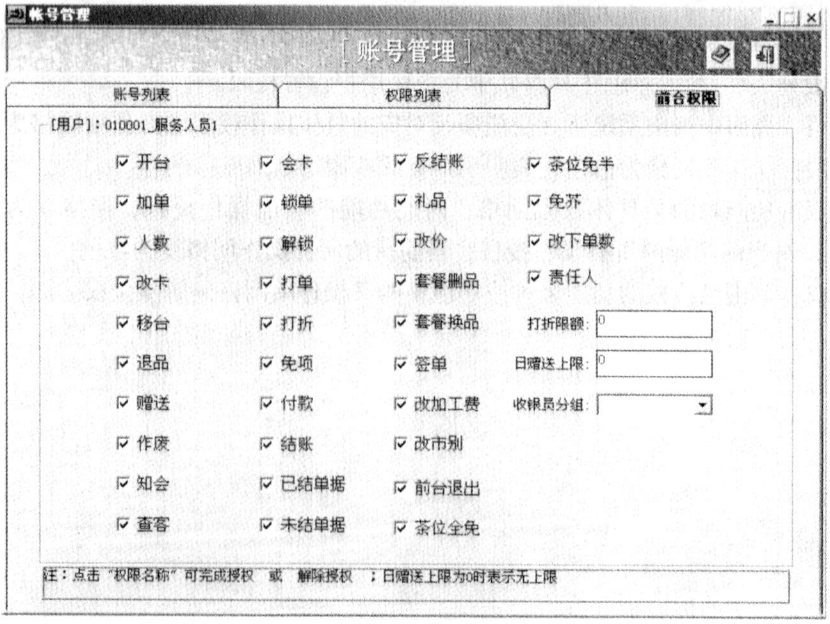

图 7-8　权限授权

（3）设置限额。

打折限额："0"表示无折扣限制。其他任何数据均表示系统设定的每日最低比例折扣限额。

日赠送上限："0"表示无赠送金额限制。其他任何数据均表示每日赠送的最高金额不超过设置的数值。

（4）分组。

收银员分组：设置收银员归属的组别。

（三）密码更改

当前登录用户更改密码，dbo 用户可在此更改密码。具体操作如下：

单击"系统维护\密码更改"，在弹出的窗口中录入当前登录用户的账号、原密码、新密码、确认新密码、使用 PDA 点菜选项。密码不得超过 12 个字符。

单击"密码更改"，系统核对当前用户的账号、原密码是否存在，新密码及确认新密码是否一致，录入列误，更改生效。

（四）改服务器

指定本机的服务器。单击"系统维护\改服务器"，打开"用户端配置"界面，录入服务器的机器名称、SQLServer 系统管理员（SA）密码。

（五）系统登录

操作人员进入食为天 V3.0 系统。单击"系统维护\系统登录"，在"系统登录"界面选择账套，录入当前用户的编号及密码。单击"确定"，如果用户编号及密码正确，进入食为天系统。

第二节　餐饮前台信息化管理

一、前台系统

楼面点菜 POS 可单独运行前台系统。在此完成整个前台营业的全过程，包括台位预订、开台、加单、跟单、结账、地喱管理、出品沽清及知会厨部。

（一）登录、注销

登录，即用户进入前台系统进行操作。登录时，系统识别其账号是否存在，密码是否正确。用户通过检验，可进入前台系统，系统记录当前操作用户，赋予权限；用户未通过检验，不可进入前台系统。注销，即用户退出前台系统，系统取消当前操作用户及操作权限。登录用户操作结束后，如在短时间内不再进行操作，或离开 POS 机，应先注销，以免其他人以当前用户身份进行操作。

1. 登录

点击"登录"按钮，在前台登录界面中录入登录号或刷卡，录入密码；点击"登录"按钮，登录号及密码通过系统检验，进入前台系统。

2. 注销

当前操作员点击"注销"按钮，退出前台系统。

（二）楼面导航

前台主界面显示楼面状况（见图7－9）。右区域列出各厅、楼的图标，选择厅楼，界面显示此厅、楼各餐台或包房的当前状况。

1. 台房状态标志

空闲：台房为白色，表示此台闲置。

进餐：红色表示已开台，未点菜；蓝色表示已点菜，菜未上齐；灰色表示菜已上齐。

预订：当有预订时，台房图标第一行显示预订时间及预订客人名称。当预订时间所属市别开市时，预订标注生效；当此市别结束或将预订单“订单状态”改为“完成”时，预订标注取消。

搭台：两组及以上客人共用一个台房为搭台，即一张台上开了两张以上消费单。台房图标左上方以“搭－n”表示此台搭台，搭台数为n。

宴席：以黄色标注宴席台房，宴席各台房图标注有“［席］台房名”，“台房名”为宴席的主台，主台用于下单及结账。

2. 其他状态标志

客人姓名：开台时录入客人姓氏，台房图标第一行以红色显示正在进餐客人姓名。搭台时不显示客人姓名。

人数及上菜：“N：N1/N2/N3”，N 表示餐位数；N1 表示当前进餐人数；N2 表示未上菜数；N3 表示已上菜数。

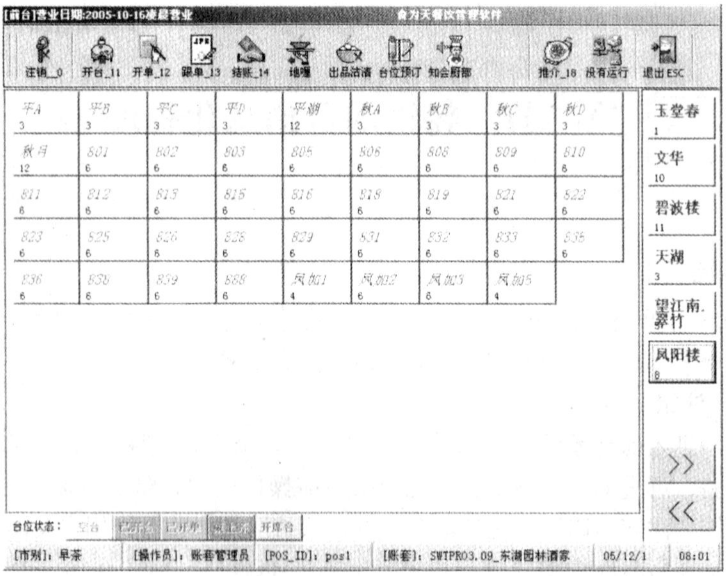

图7－9 楼面导航

（三）开台

客人入座后，咨客或其他人员“开台”操作，录入台卡及客人的相关信息。一张台可开多张卡。开台分“开席”和“开台”，开台是指一张卡对应一张台；开席是指一张卡对应多张台。

1. 开台

选择客人落座的台房，点击“开台”按钮，打开“开台”界面。当所选台房不正确时，录入台号；咨客不为当前操作人员时，点咨客录入框，选择咨客；录入台号、进餐人数；需要标注顾客姓名时，选择顾客姓氏或录入顾客姓名。所需信息录入完成后，点击“开台”按钮，确定开台操作。搭台操作时，给出搭台提示。

2. 开席

选择主席，点击“开台”按钮，显示“开台”界面。点击“开席”按钮，弹出“选择宴席台号”窗口，选出宴席单所开的所有台（包括主席），点击“确认”开席。只可以在“主席”上加单、结账，如果选择宴席的非主席加单，系统会认为另开一张单。

（四）开单

录入客人所点的出品。客人在进餐过程中可能多次加点菜品，加菜后，服务人员使用“开单”功能将所点出品录入，下单到出品制作点，并将出品增加到客人的消费单中。加单操作是前台系统的主要功能，使用频率最高。

为保障前台运作的速度，适应各种操作人员的需求，加单功能提供触摸屏、鼠标及键盘等多种操作方式。使用键盘操作，分为数字录入方式及标准方式。两种方式需要将小键盘设为“数字录入”状态，操作中只需要使用小键盘。数字录入方式，界面底色为深灰色，小键盘录入为数字，且系统不识别快捷键；正常录入方式，界面底色为浅灰色，不需要在“数字”、“方向”状态转换，系统可自动识别键入是数字键或是功能键，并识别快捷键。

选择需要加菜的台位，如有搭台情况，选择加菜的消费单，点击“开单”按钮，进入“加单”界面（见图7-10）。“加单”界面分为五个区域：主选区、次选区、信息区、出品列表区、功能键区。

主选区显示各选择界面的首选项。

次选区显示主选区的选择结果项。

信息区列出当前出品单所在台房号、出品单单注、当前出品名称、当前出品价格、当前出品数量、当前出品品注。

出品列表区列出已选定的出品信息。

功能键区列出“加单”界面的所有功能。

1. 出品录入

出品录入是加单功能中使用频率最高的功能，为适应用户的不同需求，系统提供数字录入选择方式、标准选择方式、出品代码录入方式。在“数字录入选品方式”、“标准选品方式”中，针对不同的用户，系统提供多种选品模式：厨点\小类\出品（三级备选）；大类\小类\出品（三级备选）；厨点\小类\出品；大类\小类\出品；厨点\出品；大类\出品；小类\出品。

2. 套餐录入

点击“套餐”按钮，主选区显示套餐品种。在主选区选择套餐，次选区显示套餐组成。套餐组成分为固定出品及可选出品。固定出品用黄色显示；可选出品用白色显示。套餐组成出品单价之和等于套餐价格的整数倍时，倍数自动默认为套餐的份数，并且可任意选择组成出品（必须保证倍数条件）。倍数为1，弹出数量录入框，录入套餐数量；倍数不为1，系统将此倍数认定为套餐数量，用户不可更改套餐数量。当套餐组成中有某出品可由两个及以上厨点制作时，系统弹出“选择制作厨点”窗口，操作人员选择制作厨点。

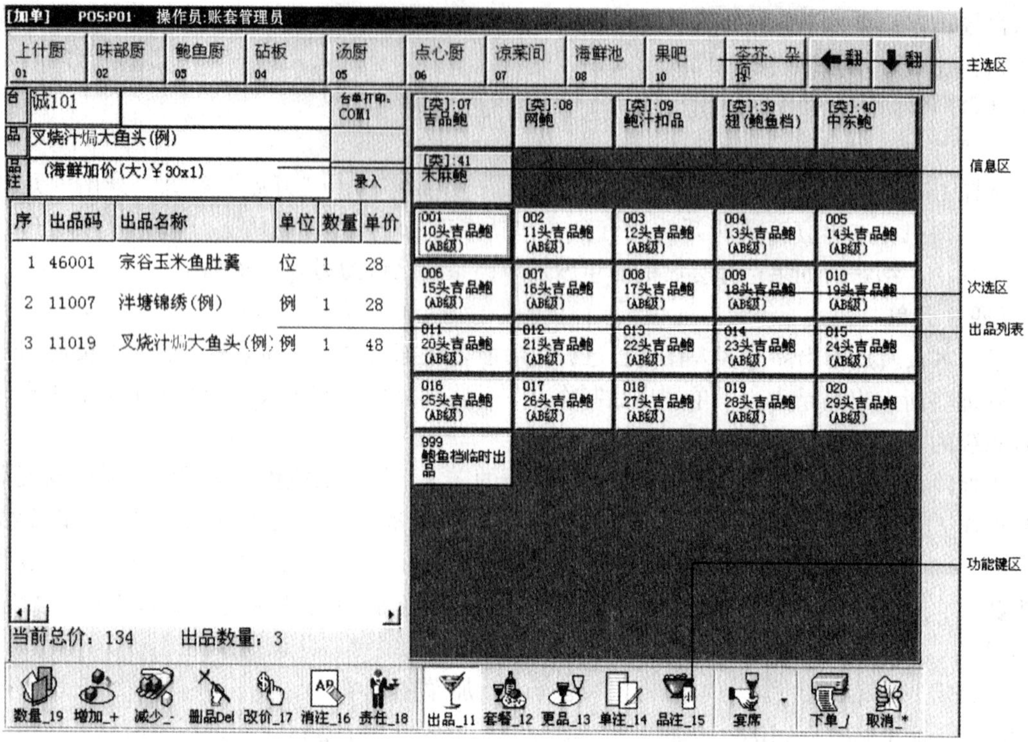

图 7－10 开单

3. 数量录入

系统默认所点出品数量为 1，当数量不为 1 时，提供三种方式录入当前出品的数量。

（1）整数增加：点击“增加”按钮，数量加 1；

（2）整数减少：点击“减少”按钮，数量减 1；

（3）直接录入数量：点击“数量”按钮，弹出“数值录入”窗口，录入出品数量。

4. 删除出品

选定出品，点击“删品”按钮或键入“Del”，删除此出品。

5. 修改出品单价

选定出品，点击“改价”按钮，弹出“数值录入”窗口，录入出品价格。

6. 注明加单的服务员或责任人

当前操作人员不是加单的服务员，或另有其他人员为当前加单的出品负责，使用“服务”功能录入人员。

7. 套餐出品更换

客人需要更换套餐中的某组成出品时，选定此出品，点击“更品”按钮，使用“出品”选择功能选出出品，更换当前套餐组成。若更换的出品单价为原组成出品的单价，套餐价格不变。

8. 出品品注

给出品增加备注，告知厨部及地喱。品注多为客人对出品的制作方法、上菜顺序、上菜方式、配料等提出的要求。出品可增加多项备注。选择需加备注的出品，点击“品注”按钮或键入“15”，主选区显示品注类别。

点击所需的品注项或使用标准选择方式，信息区的“品注”栏中显示所选品注，此出品已增加品注。如品注选项中无所需的选项，可在信息区的“品注”栏中定位光标，录入品注信息。品注涉及加价时，选择具有加价制作的品注即可实现出品列表的加价功能。

如果需要取消品注，点击需要取消品注的出品，点击“消注”按钮或键入“16”。

9. 加单单注

为出品单增加备注，告知厨部及地喱。单注是客人对整张点单或所有出品提出的需求，如整单叫起、叫停、催菜等。出品单增加多项单注。

（1）点击“单注”按钮或键入“14”，主选区显示单注项目。

（2）点击“单注”按钮或使用标准录入方式（键盘功能图四－6）选择某单注，“单注”按钮变为红色，信息区的单注框显示所选单注，表示单注已选定。

（3）再次选中“单注”按钮（红色），删除此单注。

（4）如果单注项目无客人的需求，可在信息区“单注”框中定位光标，录入单注。

10. 宴席

宴席的主要特点是一张点菜单对应多个台房。本系统提供订席单直接转加单、台房单点出品、宴席加台等功能。点击“宴席”按钮，在“宴席功能选择”中选择各功能。

（1）宴席设置。

选择宴席所包括的餐台、包房。一般用于加台或减台。

（2）订席下单。

将订席预订单所点出品转入加单。点击“宴席\ 订席下单”，在“选择订席席单”中选择订席单，点击“选出”按钮，系统将所选订席单的出品转入加单出品列表，转入出品的数量由订席单的“数量×席数”计算出。订席下单同样适用于单台（开台）加单。

（3）席单复制。

席单复制功能将宴席单第一次下单的出品转入当前加单，出品数量全部为1。本功能用于加宴席加台后，复制宴席出品下单。

（4）单品上席。

用于部分台房单独加点出品。录入单点出品，或选择已录入的单点出品，点击“宴席\ 单品上席”，次选区显示宴席包括的台房，选择上菜的台房，品注项标注台房号。

11. 出品改名

提供系统设定参数：前台出品改名。满足随意变更出品名称的需求。不启用前台出品改名时，出品定义中定义为T＊＊（出品名称）的出品可以在“出品名称”栏修改名称，或者双击修改出品名称。启用前台出品改名时，所有出品均可以在“前台加单”界面的“出品名称”栏改名，或者双击出品记录改名。

12. 取消当前加单

点击“取消”按钮，当前加单操作无效，被取消。

13. 下单

当前加单出品打印到厨点及地喱部，并保存加单操作。

下单地点：“营业管理\ 厨点设置”指定的厨点打印机，以及“营业管理\ 地喱设置”指定的地喱打印机。

每一厨点及地喱可设定一台下单打印机的下单单据格式，提供出品单、厨单、整单三种格式。出品单：每个出品打印一张单；厨单：一个厨点的出品打印一张单；总单：一个地喱部所服务的所有厨点加工的出品打印一张单。一个厨点、地喱部可选择一种或多种下单格式。

（五）地喱

标注上菜，查看当前未结账单的上菜情况。上菜单颜色意义：红色表示菜未上齐；灰色表示菜已上齐。当一张点菜单出品全部标注上菜后，前台对应台房变为灰色。点击“地喱”按钮，打开“地喱传菜”窗口。

1. 选择地喱部

点击“地喱转换”按钮，当此按钮显示某地喱部名称时，界面显示此地喱部的上菜单；当此按钮显示“总厨”时，界面列出所有上的菜单及出品。

2. 选择显示格式

系统提供三种上菜单显示格式：

（1）格式一：标注台号、下单时间、截至目前已下单时间、下单菜数、未上菜数。一屏显示 49 张上菜单。

（2）格式二：除“格式一”的标注内容外，并列出下单出品，出品前标“√”表示菜已上，出品前为空表示菜未上。一屏显示 18 张上菜单。

（3）格式三：内容同格式二，一屏显示 8 张菜单。

3. 标注上菜

标注上菜，可使用以下三种方式：

方式一：适用于上菜单格式一及格式二，点击“出品记录”，在出品已上或待出之间转换。

方式二：适用所有上菜单格式。具体操作如下：

（1）点击上菜单的单头区域，弹出“标单”窗口。

（2）上菜标注。在“待出出品”列表中点击某出品，点击“选出”，此出品列入“已出出品”列表，标注为已出；或点击“全部选出”，所有“待出出品”列表中的出品标注为已出。

（3）标注错误处理。出品已出标注错误，点击“已出出品”列表中该出品，点击“取消”按钮，此出品列入“待出出品”列表中；或点击“全部取消”，取消所有已出出品的标注，列入“待出出品”列表中。

方式三：录入入厨号。在“入厨号”录入框中录入出品的入厨号，回车确认，标注上菜；已标注上菜，再次录入入厨号，取消上菜标注。地喱入厨号由点菜单流水号非“0”尾数 + 入厨号组成。如流水号为“200205010010”，入厨号为“102”的出品记录，地喱入厨号为“10102”。

（六）订单修改

根据当前市别预订客人已到店或取消、更改预订的情况，更改预订单的“订单状态”、“订单日期、时间”等项。在“前台系统”主界面中选择已预订台，点击“台位预订”，在“修改订单”中更改订单项目。

（七）跟单

对已下单出品及单据信息处理。点击“跟单”按钮，打开“跟单”界面（见图 7－11）。

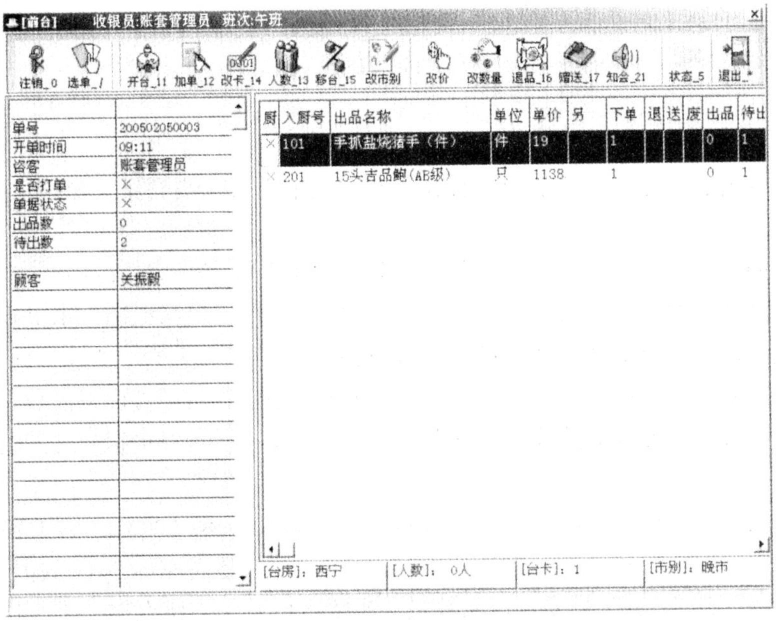

图 7－11　跟单

1. 界面说明

（1）界面左部列出出品单单据信息。

（2）右部为出品列表，列出已点出品及出品信息。其中，“厨”列表示出品是否下单，“√”为下单，“×”为未下单。“入厨号”为下单的序号，第一位是加单次数，即表示是第几次加单所点出品；后两位是加菜单中的出品序号，即加菜单的第几个记录，每次加单从“01”排起。如“203”表示第2次加单所录入的第三个出品。“另”为加价，即从客户处收取的加工费。“下单”为加菜单中下单时确定的出品数量。“退”、“送”、“废”为退品、赠送、作废的数量。“出品”为“地喱”标注的上菜数。“待出”为当前出品仍未上的数量。“责任人”为“加单”中以“服务”指定的服务人员。“操作人”为“加单”录入的操作人员。“厨点”为出品的制作厨点。

（3）界面下部显示台房名称、进餐人数、台卡号及单据所属市别等信息。

2. 移台

移台包括整单移台和单品移台。整单移台将整个单据号下的所有出品转移到目标台位。单品移台将一个单据号下的某一出品单独转移到另一张台位对应的单据中。点击“移台”按钮（或键入“15”），弹出“移台”选择界面。选择“整单移台”，则显示所有台房，点击移入的台号，确定则实现整单移台；选择“单品移台”，则弹出已开台的所有台房，点击移入的台号，确定则实现单品移台。

3. 改市别

点击“市别”按钮，显示所有市别；点击“市别”按钮，将出品单当前市别改为所选市别。

4. 改价

选择需改价的出品，点击“改价”按钮，在“数值录入”窗口录入价格，更改原价格。不可更改套餐的总价，只可更改套餐组成出品的价格，总价随之改变。

5. 改加价

出品金额 =单价×数量+加价

选择改加价出品，点击“改加价”按钮，在“数值录入”窗口录入加价，更改原加价。

6. 退品

选择要退的出品，点击“退品”按钮（或键入“16”），在“数值录入”窗口录入退品的数量，如数量合理，弹出“请录入［退品原因］”窗口，选择退品原因。退品操作完成后，相关的厨点及地喱部打印出退品“知会单”，当前行底色更改为淡红色，“退”列显示退品数量。当退品数量录入错误时，可再次退品，退品数量录入负值，即可冲减已退品数量。退品数量不可大于当前出品数量；冲减退品数量不可大于已退品数量。套餐只可退套餐的组成出品。

7. 赠送

选择赠送的出品，点击“赠送”按钮（或键入“17”），在“数值录入”窗口录入赠送数量，如数量合理，弹出“请录入［赠送原因］”窗口，选择赠送原因。赠送操作完成后，当前行底色更改为淡红色，“赠”列显示退品数量。当赠送数量录入错误时，可再次赠送，赠送数量录入负值，即可冲减已赠送数量。赠送数量不可大于当前出品数量；冲减赠送数量不可大于已赠送数量。套餐只可赠送套餐组成出品。

8. 作废

选择作废的出品，点击“作废”按钮（或键入“18”），在“数值录入”窗口录入作废数量，如数量合理，弹出“请录入［作废原因］”窗口，选择作废原因。作废操作完成后，当前行底色更改为淡红色，“废”列显示作废数量。当作废数量录入错误时，可再次作废，作废数量录入负值，即可冲减已作废数量。作废数量不可大于当前出品数量；冲减作废数量不可大于已作废数量。套餐只可作废套餐组成出品。

（八）知会

知会的功能是将出品单的新备注及已下单出品的新备注通知厨点及地喱（品注只打印厨单）。点击“知会厨部”按钮，打开“知会厨部”窗口（见图7－12）。

界面“单注”左边框体显示已有单注，右边框体显示当前的新单注；界面中部为出品列表，显示已选择加新品注的出品。其中，“原单信息”为已有品注，“当前知会”为本次知会新增的品注。

1. 增加品注

（1）点击“出品”按钮，界面左下部列出当前单据所点出品，点击需要增加的出品，出品列表中列出此出品。

（2）点击“品注”按钮，界面右下部列出品注类别。选择需增加品注的所属类别，界面左下部列出品注选项，点击所选的品注项。出品列表的“当前知会”显示选定的品注项，品注项可选多个。

（3）出品品注录入错误。选定该出品，单击“消注”按钮，将品注从后录入到先录入的顺序删除。

（4）选择出品错误。选择出品，单击“删品”按钮，将出品记录及品注从出品列表中删除。

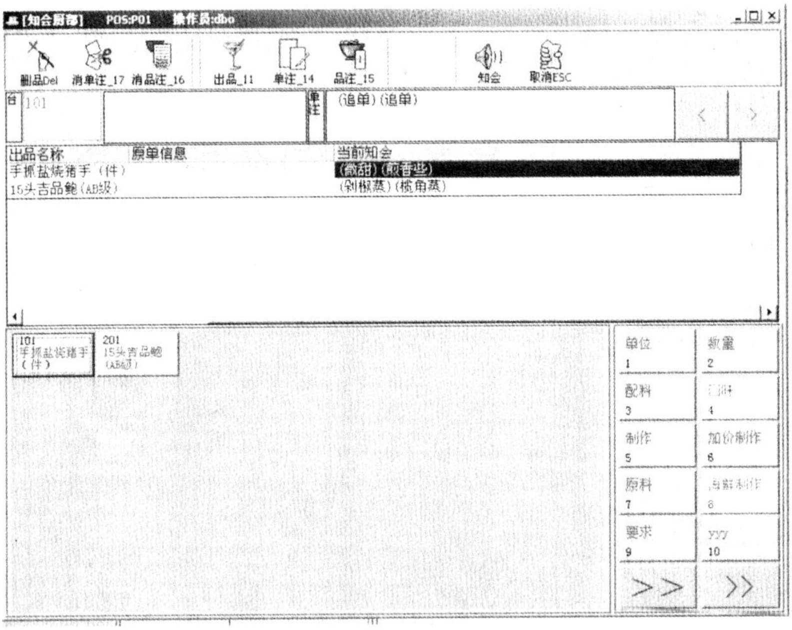

图 7－12　知会

2. 增加单注

（1）点击“单注”按钮，界面右下部列出单注项，点击所需增加的单注项。所选单注显示在“单注”框中。

（2）单注选择错误，点击“消注”按钮，将单注从最后录入到最先录入的顺序删除。

3. 知会确认

单注及品注录入完成后，点击“知会”按钮，打印知会单。

（九）结账

当班收银员结账及收银结账的相关操作，包括打折、免项、收款、结账。为保证应收款的正确，结账操作前必须先“锁单”，“锁单”后操作员才可进行结账相关操作。“锁单”后，其他 POS 机不允许进行“加单”、“跟单”操作。“锁单”后，还需要“加单”或“跟单”，或非“锁单”操作员需要作结账操作，可对单据“解锁”。点击“结账”按钮，进入结账操作界面（见图 7－13）。

1. 界面功能说明

界面左部显示单据信息及应收款、收款情况；界面右部显示出品同应收款、收款情况相关的信息列表，其中：

“数量”为最终结账时的出品数量，即不包括退、送、废的计算收款额的出品数量。

“金额”＝数量 ×单价 ＋另

“结单金额”是将单据的“应收金额”按出品的折后金额比例分配到各出品金额，各出品结单金额之和为单据的应收金额。

“实收金额”是将以收款方式为“实付”的结算方式所收的收款额按出品的“结单金额”

比例分配到各出品的金额。

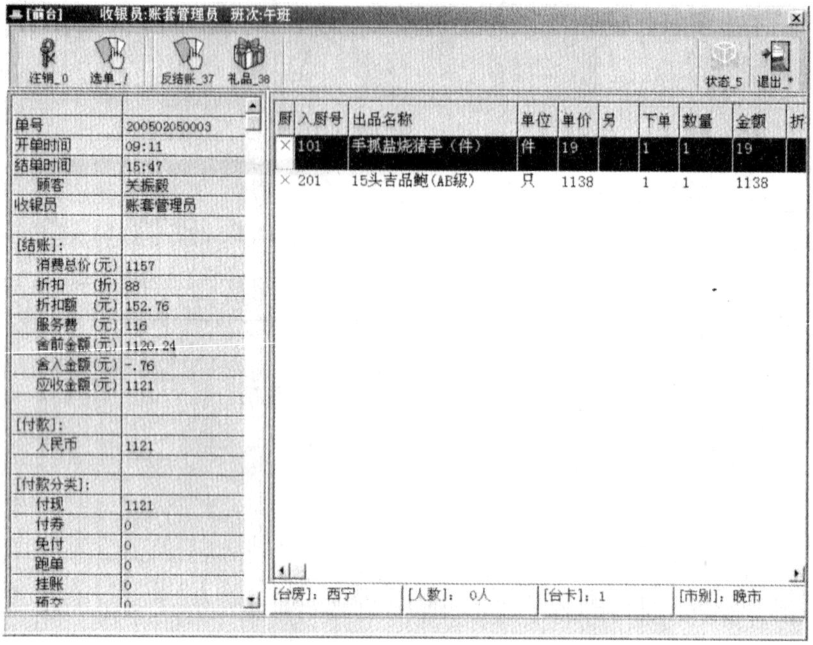

图 7－13　结账

2. 锁单

结账前，先点击“锁单”按钮，将单据上锁后，才可进行结账操作（见图 7－14)。其他 POS 机不能再进行“加单”、“跟单”操作。锁单时，系统根据进餐人数及当前市别、厅楼的茶位商品定义，自动增加茶、巾、芥记录。

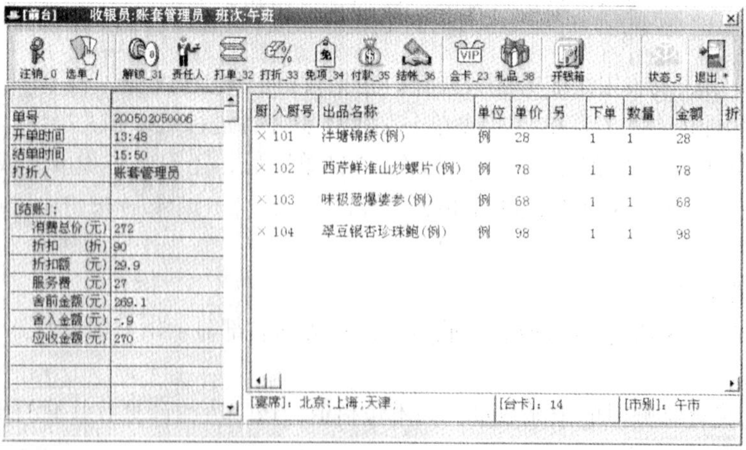

图 7－14　锁单

3. 折扣

点击“折扣”按钮，在“折扣设置”中处理折扣（见图 7－15）。系统提供四种折扣方式：比例折扣、全单比例折、金额折扣及类别比例折扣。每张单只可选择一种折扣方式。

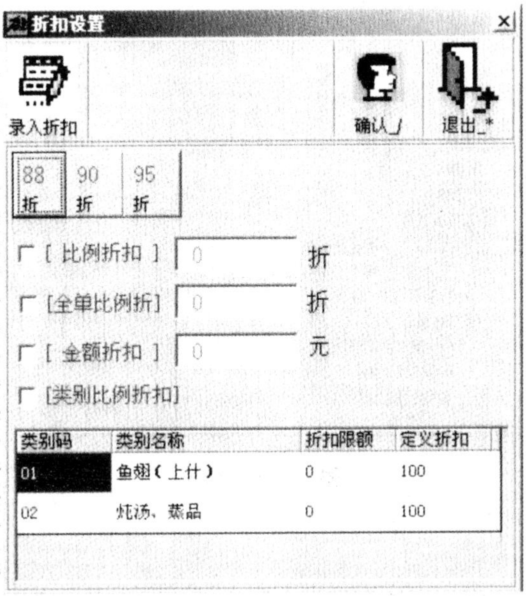

图 7－15　折扣

（1）比例折扣：整单折，所有允许打折的出品，按比例打折。

（2）全单比例折：整单折，所有允许打折、定义了折扣限额的出品均按比例打折。

（3）金额折扣：直接录入折扣金额数。

（4）类别比例折扣：录入比例折扣的类别中所有出品按比例打折，可同时选择多个类别进行打折。

点击“打折”按钮，在“折扣设置”界面点击所选折扣方式记录（选择类别比例折扣，再点击需要打折的类别），录入折扣比例值或折扣额。点击“确认”，折扣生效。

4. 免项

免收某些项目的费用，包括茶位全免、茶位免半、免芥、免最低消费、免服务费。点击“免项”按钮，在“免项”界面（见图 7－16）点击所需的免项记录，可选多项。点击“确认”后，免项生效。在“免项”界面可查询单据所属市别及厅台的最低消费、服务费定义情况。

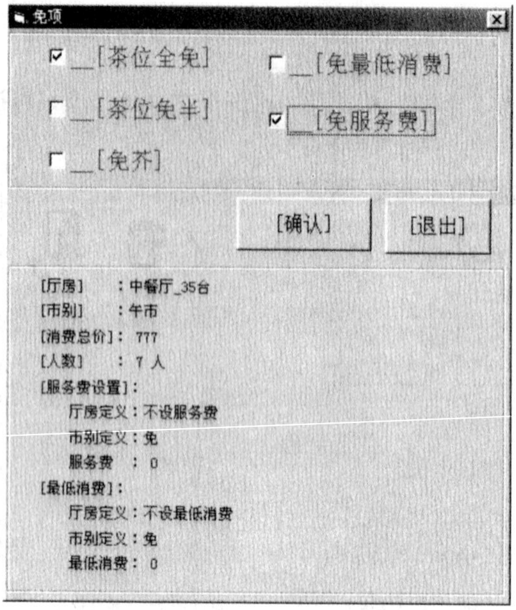

图 7 – 16 免项

5. 会员刷卡

点击“会卡”按钮，弹出“客人会卡录入”窗口（见图 7 – 17），刷会员卡或在“请刷会卡”录入框中录入会员编码并点击“确认”，单据按会卡定义的消费折扣率整单比例折，即“折扣”的“比例折扣”。

刷卡后，再次打开“客人会卡录入”窗口，可查询当前会员的挂账限额及预付、挂账情况。

会员折扣不可同“打折”同时生效，即不允许折上折。两种折扣功能，以最后操作的生效。

图 7 – 17 会员卡录入

6. 收款

（1）客人付款后，收银员点击“收款”按钮。

（2）在“付款”界面点击“结算方式”，并录入当前结算方式所付款数，可选择多种结算方式。

（3）再次点击已选择的结算方式，即可取消此种结算方式的付款数。

（4）当“付款”同“应收”不相等时，系统提供三种处理方式，可选择其中一种。

找赎：当“付款”大于“应收”时，计算找还客人的余款。

收差转折：当“付款”小于“应收”时，有关人员批准将此差额算入折扣。收差转折的折扣额同已有的折扣额相加后计入金额折。当需要取消收差转折时，点击“打折”按钮，在“折扣设置”中修改金额折。

溢额小费：当“付款”大于“应收”时，客人不需要找赎，将余额归为“小费”项。

（5）录入完成后，点击“收款”按钮，系统计算“应收”同“收款”相符后，确认收款。

7. 结账

对单据处理完毕后，确定不需要再进行其他操作，可将单据结账。结账只可由当班收银员操作。点击“结账”，系统判断“应收金额”同“收款总额”相符后，允许当前单据结账。当单据付款有“免付”的结算方式时，弹出“［签单］授权操作”窗口，“免付”批准人员刷卡确认。结账完成时，打印客人付款方式及付款数量的“收款单”。

8. 反结账

单据结账后，有时需要再次对单据进行加单、跟单或结账等操作。对应此需求，系统提供反结账功能。反结账后，此单据回到未结账状态。系统会记录反结账的操作次数及最后操作的用户，以保证数据的安全性。

（1）已结账单，在“楼面导航”中对应的台已无显示，在“加单”或“结账”界面点击“选单”按钮。

（2）在弹出的单据列表界面点击“已结单据”，界面列出当天所有已结单据。

（3）选择需要反结账的单据，单击“选出”按钮。

（4）退出当前界面，转换到“结账”界面，单击“反结账”按钮，回到未结账状态。

二、前台营业

（一）收银交班

收银员上下班登记，记录收银员上下班时间及收银员的结账收银情况，统计收银班次及当天的汇总数据。

1. 收银上班

收银员在此“上班登记”。只有进行“收银上班”的操作，即有上班记录后，才可在前台系统中“结账”。同一收银员未交班，不可再次上班；同一班次，同一收银员不可两次上班。

收银员登录“食为天 V3.0”，点击“前台营业＼收银交班”，在“收银交班”界面（见图 7－18）点击“收银上班”按钮，选择班次，录入备用金。“交班”项为“×”，表明此收银员正在上班。

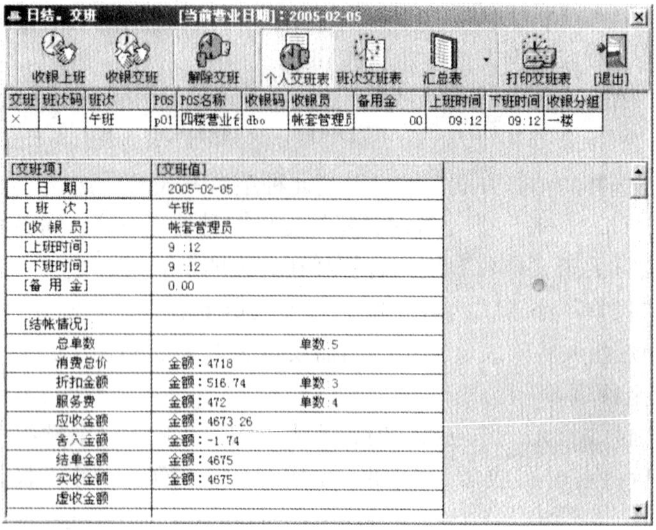

图 7－18 收银交班

2. 收银下班

收银员结账当前班次的收银工作后，在此“收银交班”，表明收银员已下班，不可再进行结账操作。

交班的收银员必须是当前操作员，点击“前台营业\收银交班”，在“收银交班”界面中点击“收银交班”按钮，确认交班后，收银员已下班。

当前操作员不是当班收银员，点击“收银交班”后，系统提示“你不是当班收银员，不能进行收银交班!”。当班收银员登录系统后，再进行“收银交班”操作。

交班项为“√”，表示当前收银员已下班。

3. 解除交班

收银员交班后，未再次上班，不可进行结账工作；如果已交班收银员操作的结账单需要修改，或有未结账单需已交班收银员结账，点击“解除交班”按钮，使下班收银员变更为当班收银员。

解除交班的收银员必须是当前操作员，点击“前台营业\收银交班”，在“收银交班”界面中选择已交班收银员，点击“解除交班”按钮，确认后，收银员已返回上班状态。

4. 交班报表

系统提供“个人交班表”、“班次交班表”、“当日交班表”及“分组汇总表”。

（1）个人交班表反映收银员当班期间的收银、营业情况。

（2）班次交班表反映各收银班次的收银、营业情况。

（3）当日交班表反映当前营业日所有收银交班的收银、营业汇总情况。

（4）分组汇总表统计当前营业日所有属于所选择记录中“收银组别”的收银员，结账单据的收款及营业情况。

（二）预订管理

预订管理提供订台、订席及查询预订情况的功能。订台是预订台位或包房；订席包括订台及预订出品。酒店可根据客人订席所点的出品，生成厨部备料单，作为原料采购的依据；客人到店进餐时可将订席单的出品直接转入加菜单。“预订单”界面列出订单记录，可按过滤条件或日期限制查询满足条件的记录。

1. 预订单

在预订单列表中可以增、删、改订单。点击“前台营业\预订管理”，打开“预订单”页面（见图7－19）。页面中列出所有预订记录，包括“完成”或“取消”的记录。

图7－19　预订管理

（1）增加订单。

点击“增加”按钮，在“增加订单记录”中录入订台及订席单信息。

订台：

①客户仅需要订台时，在“单型”框中选择“订台”，此订单为订台单。

②订单信息录入。包括顾客名称、订单期、订位时间、联系电话、顾客地址、客人人数等。

③选择台房。点击“台房”按钮，打开［选取台位］窗口（见图7－20）。“预订状态”显示所订日期及市别的预订情况，其中，浅绿色代表此台已订，单型为订台；深绿色代表此台已订，单型为订席；黄色表示当前订单的台房选择。

双击“台房记录”，记录变为黄色，表明选择此台房；双击已为黄色的记录，此记录变为白色，表明取消选择。

选定台房后，点击“确认”，保存退出。

④订台单录入无误，在“订单状态”中选择“落定”，表明此单已确定。点击“确认”，保存订单退出。

图 7－20　订台

订席：

①当客人需要订台及预订出品时，在“单型”中选择“订席”（见图 7－21），此订单为订席单。

②订单信息录入，同“订台”。

③选择台房，同“订台”。

④录入出品。点击“出品”列表，按 INSERT 键，弹出“出品确定”界面，录入出品编码，按回车键确定出品。在“数量”列录入所点出品的数量。系统计算出所订出品的合计价格，即席价。

⑤录入席的数量，计算订单的总价，根据单价录入客人应付的订金。

⑥席单录入完成后，在“订单状态”中选择“落订”，表明此单已确定。

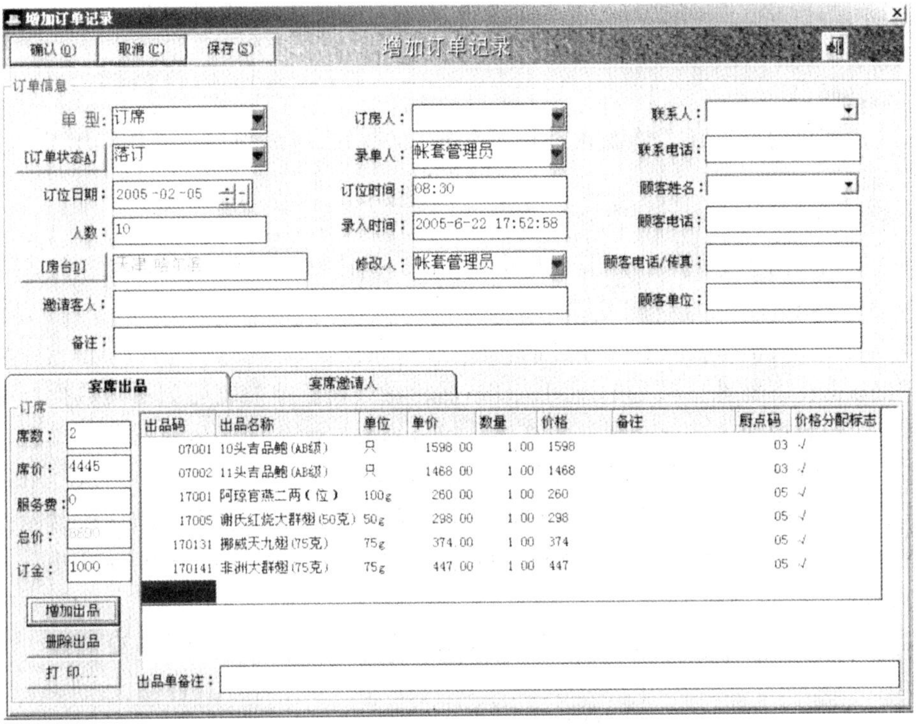

图 7－21　订席

（2）修改订单。

选择需要修改的订单，点击“修改”按钮，对各项数据进行修改。订单的客人已如约进餐后，点击“订单状态”，将“订单状态”改为“完成”；客人要求取消订单，将“订单状态”改为“取消”。修改完成后，点击“确认”按钮，保存修改操作；若要取消所作修改，点击“取消”按钮。

（3）删除订单。

订单录入错误时，可删除此订单。选定需要删除的订单，点击“删除”按钮。确定删除当前订单，在“请确认删除”界面点击“确认”按钮，删除订单。

2. 预订

预订操作人员使用此页面可查询某日某市别的台房状态，方便进行预订操作录入。

（1）选择日期及市别进行查询。

在“日期”录入框中录入需要查询的日期；或点击“日期限制”各功能项录入日期。在“市别”下拉框中选择需要查询的市别。点击“刷新”按钮，台房记录显示占用、预订或空闲的状态。

（2）预订。

双击空闲的台房，打开“增加预订记录”窗口，录入订台或订席预订单。操作同本节“预订单”的“增加预订”。

（3）修改预订。

双击已预订台房，打开“修改预订记录”窗口，修改当前预订。操作同本节“预订单”的“修改预订”。

（4）删除预订。

选定需要删除的预订记录，点击“删除”按钮，确认删除此预订。

（三）当日结数

当日结数即每日清机，表示当日营业结束，下一营业日开始。日结前，当前营业日单据可增改，营业数据在“营业情况”中查询；日结后，将当前营业数据转为历史数据，不可增改历史单据，营业数据在“营业分析”中查询。如需修改本期间的某历史营业日单据，可将此营业日作为下一营业日，历史单据转为当前单据进行增改。

日结条件：当前营业日的所有单据已结账，对营业情况进行核查，确认数据无误的情况下，当班收银员交班后，相关操作员才可运行当日结数。将当前营业数据转为历史数据，清空前台营业数据。

点击“前台营业\当日结数”，打开“当日结数”操作窗口（见图7－22）。

图7－22　当日结数

当前营业日期：指日结前的营业日期；当前日期：指服务器的系统日期；转入营业日期：指日结后下一营业日的日期。“转入营业日期”由用户录入，正常情况下，营业日期应为“当前营业日期”的下一日。“转入营业日期”的其他情况：

（1）“当前营业日期”前的某一天（必须属于当前期间）。为了修改历史数据，转入营业日期设置为历史某日，将历史某日结到当前进行修改。

（2）是“当前营业日期”下一日之后的日期。

①某营业日结束后，操作人员未日结，又继续录入营业单据，将多天的营业数据录入某一营业日。日结时，需要将“转入营业日期”录为正常营业日期。

②日结到某历史营业日后，再将营业日转到正常营业日期。

（四）出品沽清

出品沽清包括出品沽清表、原料沽清表及出品停售表。沽清，指因为某种原因，当天不可制作出售；停售，指在长时间内不再出售。出品限售需要点击右键增加限售出品，并且需要录入出品数量。前台下单该出品后数量依次减少，当数量为零时提示客户此出品已经售完是否继续出售，类似于出品沽清。出品停售后，“加单”出品提示将不再出现此出品。

1. 出品沽清的方式

出品沽清有两种方式：直接沽清出品和沽清原料。通过沽清原料，将此原料影响的出品全部沽清。

2. 沽清的作用

服务人员可通过查询及时得知不再出售的出品，告知客人；“加单”时，系统提示该出品不可出售。

3. 停售的作用

由于出品长时间不出售，在“加单”的出品列表中不显示此出品。用户可将出于某些原因，不希望在出品列表中显示的出品录入到“出品停售表”中。

4. 具体操作

点击“前台营业\出品沽清”，或在“前台系统”主界面中点击“出品沽清”按钮。

（1）点击“出品沽清单”页标，界面右区域上部显示小类。

（2）点击沽清出品所属的小类，当前界面中无所需的小类按钮，点击“>>”翻屏。

（3）小类下方显示出品，点击“沽清出品”，当前出品列入沽清单中。当前界面中无所需的出品，点击“>>”翻屏。

（4）沽清单的出品可以出售时，选定可售出品，点击“可售/来料”按钮，在沽清表中删除此出品记录。

（5）需要清空沽清单，点击“清沽清表”按钮。

三、营业管理

营业管理用于定义同前台营业相关的资料信息，包括收银班次、地喱、厨点、厅楼市别的消费设定、出品价表、茶位商品（自动上茶）等。

（一）班次设定

定义收银班次，班次的上班次序以班次码的字符大小排序。

点击“营业管理\班次设定”，在“班次设定”界面中完成新增、修改、删除班次的操作（见图7－23）。

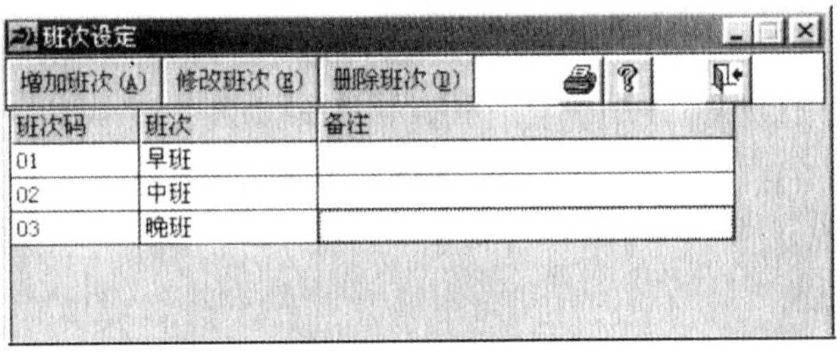

图7－23　班次设定

1. 增加班次

点击“增加班次”按钮，录入班次码、班次名称及备注信息。录入完成后，点击“确认”，保存新增班次。

2. 修改班次

点击“修改班次”按钮，可修改班次名称及备注信息，不可修改班次码。修改完成后，点击“确认”按钮，保存修改。如需要修改班次码，可以先删除此班次，再增加新班次。

3. 删除班次

点击“删除班次”按钮，并确认删除。

（二）地喱设置

地喱设置用于定义酒店的地喱部，即服务于厨点的传菜部。定义地喱部编码及名称，设置地喱部的打印机，定义下单单据格式等。

地喱打印机：前台下单时，根据设置将本地喱部的单据发送到设定的打印机。

下单单据格式：提供出品单、厨单、整单三种格式。可选择一种或多种下单格式，各单据格式打印一份。其中，出品单：每个出品打印一张单；厨单：同一厨点的出品打印在一张单中；总单：某地喱部所服务的所有厨点制作的出品打印在一张单中。

点击“营业管理\地喱设置”，打开“地喱设置”操作界面（见图7－24）。

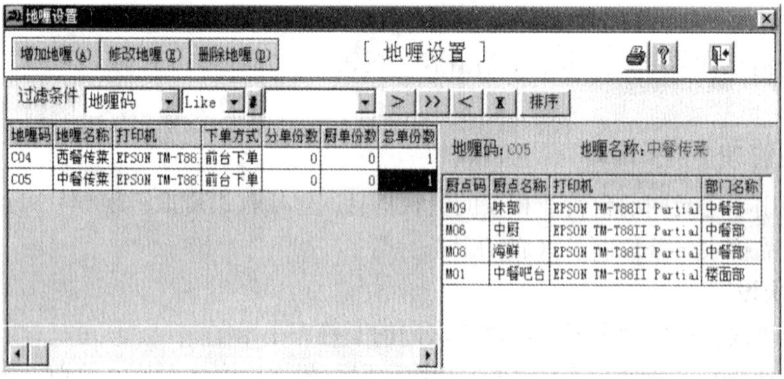

图7－24　地喱设置

1. 界面说明

界面中左区域为地喱列表，右区域为地喱所服务的厨点列表。点击左区域地喱记录，查看当前地喱服务的厨点信息。

2. 新增地喱

（1）点击“增加地喱”按钮，在“增加地喱”（见图7－25）中录入地喱编码、地喱名称。

（2）选择下单单据格式，在需要打印的单据格式中录入“1”。

（3）选择地喱打印机，在打印机列表中列出本机已添加的打印机，在列表中选择一个打印机记录。

（4）录入结束后，单击“确认”按钮，保存新增地喱。

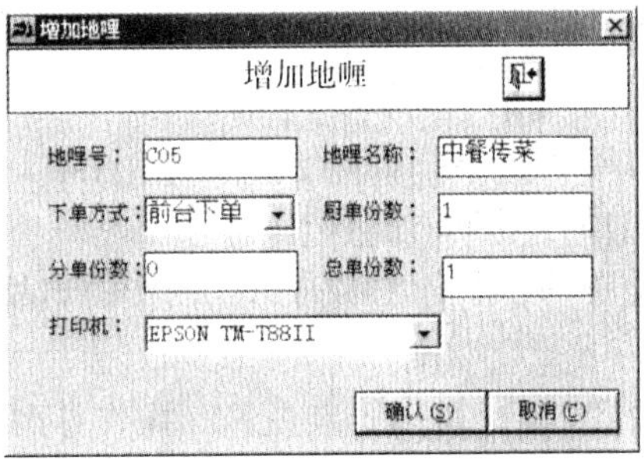

图 7－25　**增加地喱**

3. 修改地喱

选定需要修改的地喱记录，单击“修改地喱”按钮，在“更改地喱信息”中修改各项数据，地喱编码不可修改。

4. 删除地喱

选定地喱记录，单击“删除地喱”按钮，点击“确认”后操作生效。

（三）厨点设置

厨点即相对独立的出品加工点，出品部门下设厨点，一个厨点一般制作某几类有共性的出品。厨点设置操作界面如下（见图 7－26）：

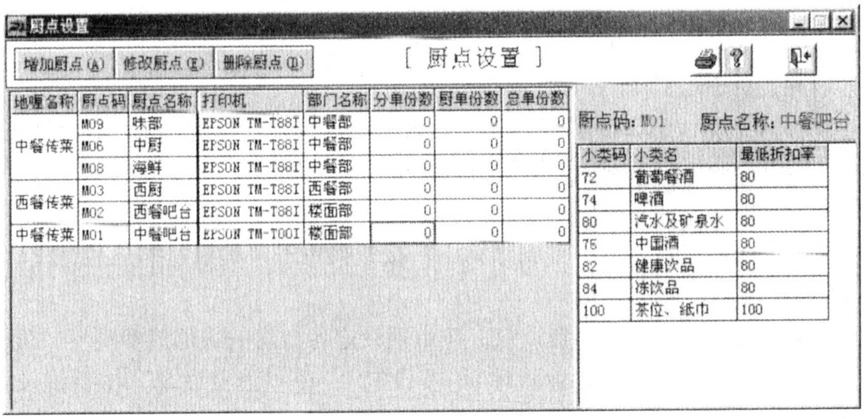

图 7－26　**厨点设置**

1. 厨点打印机

各厨点定义打印机，将由本厨点制作的出品，由前台发送到厨点打印机，工作人员根据打印出的单据制作出品。

2. 厨点出品类别

属于本厨点制作的出品类别，即类别中所有出品可由本厨点加工。不同厨点可以制作同一类别的出品。

3. 下单单据格式

提供出品单、厨单、整单三种格式。可选择一种或多种下单格式，各单据格式打印一份。其中：

（1）出品单：每个出品打印一张单。

（2）厨单：同一厨点的出品打印在一张单中。

（3）总单：厨点对应的地喱部，服务的所有厨点制作的出品打印在一张单中。

4. 具体操作

点击“营业管理\ 厨点设置”，打开“厨点设置”操作界面（见图7－26）。

（1）界面说明。

界面左区域为厨点列表，显示厨点的基本信息；右区域显示当前选定的厨点及当前厨点加工的出品类别，出品类别为黄色，表示两个及以上的厨点都可以制作此类别出品。

（2）增加厨点。

①点击“增加厨点”按钮，在“增加厨点”中录入厨点码、厨点名称，选择服务的地喱传菜部，选择厨点所属的部门。在打印机下拉列表中选择当前厨点所用的打印机。需要哪种分单单据，在相应的分单、厨单、总单录入框中录入“1”。

②厨点加工的出品类别设定。

增加厨点加工类别：点击“增加类别”，在“出品确定”中选择出品类别，单击“确认”后，在厨点出品类别列表中增加选定的类别。

删除已有的加工类别：在厨点出品类别列表中选择某类别，点击“删除类别”按钮，并单击“确认”删除。

③厨点信息录入完成后，单击“确认”保存。

（3）修改厨点。

点击“修改厨点”按钮，在“修改厨点”中对厨点信息进行修改。不允许更改厨点码，其他各项都可修改，并可以增加或删除厨点加工的出品类别。

（4）删除厨点。

在厨点列表中选定厨点，点击“删除厨点”按钮，单击“确认”删除后，此厨点已删除。

（四）消费设定

消费设定是指最低消费及服务费设定。按市别设定各台房的最低消费类型、最低消费额及服务费类型、服务费额。点击“营业管理\消费设定”，在“消费设定”中查询及定义服务费及最低消费（见图7－27）。

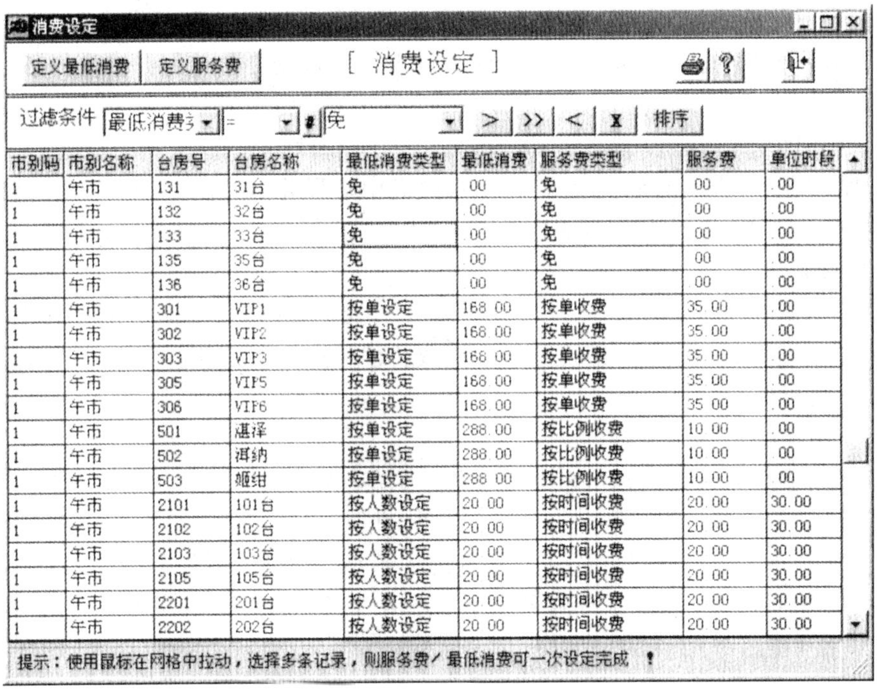

市别码	市别名称	台房号	台房名称	最低消费类型	最低消费	服务费类型	服务费	单位时段
1	午市	131	31台	免	.00	免	.00	.00
1	午市	132	32台	免	.00	免	.00	.00
1	午市	133	33台	免	.00	免	.00	.00
1	午市	135	35台	免	.00	免	.00	.00
1	午市	136	36台	免	.00	免	.00	.00
1	午市	301	VIP1	按单设定	168.00	按单收费	35.00	.00
1	午市	302	VIP2	按单设定	168.00	按单收费	35.00	.00
1	午市	303	VIP3	按单设定	168.00	按单收费	35.00	.00
1	午市	305	VIP5	按单设定	168.00	按单收费	35.00	.00
1	午市	306	VIP6	按单设定	168.00	按单收费	35.00	.00
1	午市	501	璀泽	按单设定	288.00	按比例收费	10.00	.00
1	午市	502	洱纳	按单设定	288.00	按比例收费	10.00	.00
1	午市	503	姬绀	按单设定	288.00	按比例收费	10.00	.00
1	午市	2101	101台	按人数设定	20.00	按时间收费	20.00	30.00
1	午市	2102	102台	按人数设定	20.00	按时间收费	20.00	30.00
1	午市	2103	103台	按人数设定	20.00	按时间收费	20.00	30.00
1	午市	2105	105台	按人数设定	20.00	按时间收费	20.00	30.00
1	午市	2201	201台	按人数设定	20.00	按时间收费	20.00	30.00
1	午市	2202	202台	按人数设定	20.00	按时间收费	20.00	30.00

图 7－27　消费设定

1. 选择台房

定义某一个台房，点击此台房的记录。多个连续排列的台房服务费或最低消费相同，可一次定义多个台房。用鼠标从第一条台房记录拖动到最后一条台房记录，即可选择多个台房。

2. 设定最低消费

系统提供三种最低消费类型：按单设定、按人数设定、免最低消费。选定台房后，点击“定义最低消费”图标，选择最低消费类型，录入所选最低消费类型的最低消费额。

3. 设定服务费

系统提供四种服务费类型：按比例收费、按单收费、按时间收费、免服务费。选定台房后，点击“定义服务费”图标，选择服务费类型，录入所选服务费的服务费额。

（五）出品价表

出品价表用于处理出品的特殊情况，包括推介出品、时价出品、特价出品、原料定价。

1. 推介出品

设定推介出品。推介出品可在本功能及前台系统中显示出品图片，为客人介绍出品。点击“营业管理\出品价表\推介出品”，显示“推介出品表”。

2. 时价出品

时价，即按不同的季节、日期出品的价格有波动，一般是受原料价的影响。“时价出品”用于设定时价出品，并在此修改时价出品的价格。具体操作如下：

（1）点击“营业管理\出品价表\时价出品”，显示“时价出品表”。

（2）增加时价出品。

点击“增加时价”按钮，在“出品确定”中录入出品代码，确定增加的时价出品。

（3）更改时价。

在时价出品列表中选择需要改价的记录，点击“时价变更”按钮，修改价格，点击“确定”后生效。

（4）取消时价。

当某出品不再为时价出品时，在时价出品列表中选择此出品，点击“取消时价”按钮后此出品不再出现在“时价出品”列表中。

3. 特价出品

按星期定义特价出品，选择特价在一星期中哪一天生效；一天中特价生效的时间段；支持出品一天中多特价段设置；设置特价记录启用或暂停。点击“营业管理\出品价表\特价出品”，打开“特价出品”界面。

（六）茶位商品

茶位商品是指酒店规定的每位客人或每张点菜单必须消费的出品。一般是茶位、纸巾、餐前小食等。茶位商品定义后，系统自动在点菜单上增加出品记录。茶位商品按市别及厅楼设定，即每个厅楼可设定不同市别的茶位商品记录；每个厅楼可设定多条茶位商品记录。

茶位商品分为茶位及餐前小食两种类型。点击“营业管理\茶位商品”，打开“茶位商品”操作界面（见图7－28）。

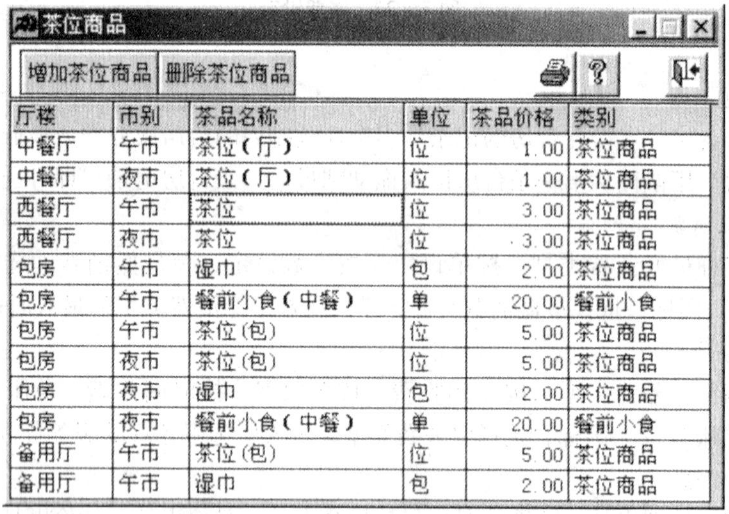

厅楼	市别	茶品名称	单位	茶品价格	类别
中餐厅	午市	茶位（厅）	位	1.00	茶位商品
中餐厅	夜市	茶位（厅）	位	1.00	茶位商品
西餐厅	午市	茶位	位	3.00	茶位商品
西餐厅	夜市	茶位	位	3.00	茶位商品
包房	午市	湿巾	包	2.00	茶位商品
包房	午市	餐前小食（中餐）	单	20.00	餐前小食
包房	午市	茶位(包)	位	5.00	茶位商品
包房	夜市	茶位(包)	位	5.00	茶位商品
包房	夜市	湿巾	包	2.00	茶位商品
包房	夜市	餐前小食（中餐）	单	20.00	餐前小食
备用厅	午市	茶位(包)	位	5.00	茶位商品
备用厅	午市	湿巾	包	2.00	茶位商品

图7－28　茶位商品

四、主要报表查询

（一）打印功能

打印报表需要根据纸张、查看报表的人需要的项目、企业对格式的要求等自定义，还有可能需要自己将数据传入其他软件编辑。

报表转入Execl；选择打印机、定义纸型及打印方式；预览打印设置结果；选择打印页；选择打印列、定义各列排列顺序；表格框设置；选择报表对齐方式；并列打印；选择表格各列对齐方式；设定打印字体大小；行高设置；列宽调整等。

在各界面点击“”，进入“黑马打印”界面，界面上方为功能按钮，下面为预览区域（见图7-29）。

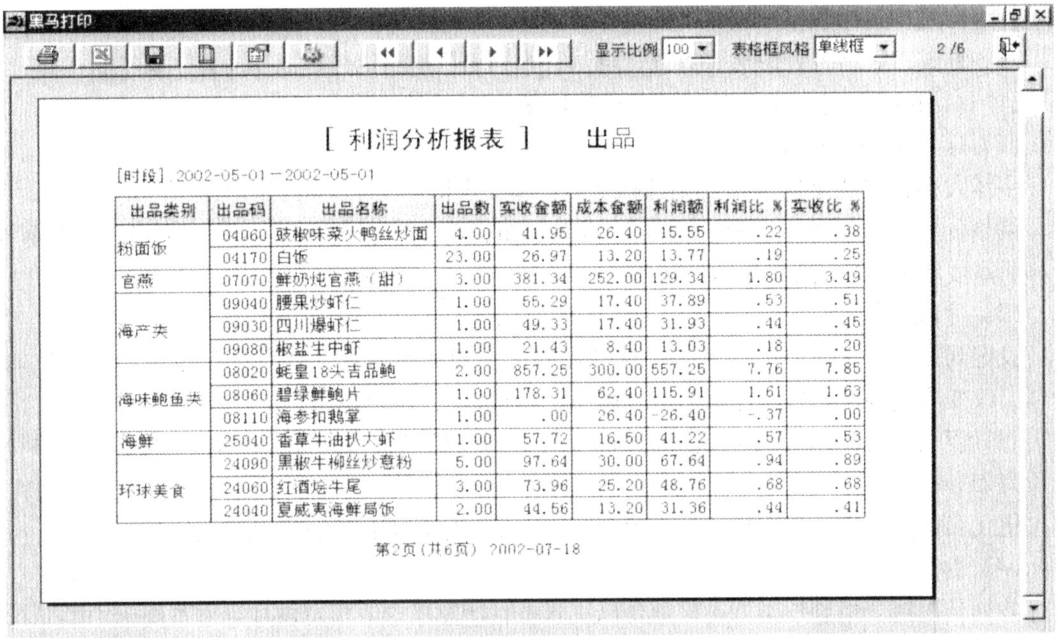

［利润分析报表］　出品

[时段] 2002-05-01—2002-05-01

出品类别	出品码	出品名称	出品数	实收金额	成本金额	利润额	利润比 %	实收比 %
粉面饭	04060	豉椒味菜火鸭丝炒面	4.00	41.95	26.40	15.55	.22	.38
	04170	白饭	23.00	26.97	13.20	13.77	.19	.25
官燕	07070	鲜奶炖官燕（甜）	3.00	381.34	252.00	129.34	1.80	3.49
海产类	09040	腰果炒虾仁	1.00	55.29	17.40	37.89	.53	.51
	09030	四川爆虾仁	1.00	49.33	17.40	31.93	.44	.45
	09080	椒盐生中虾	1.00	21.43	8.40	13.03	.18	.20
海味鲍鱼类	08020	蚝皇18头吉品鲍	2.00	857.25	300.00	557.25	7.76	7.85
	08060	碧绿鲜鲍片	1.00	178.31	62.40	115.91	1.61	1.63
	08110	海参扣鹅掌	1.00	.00	26.40	-26.40	-.37	.00
海鲜	25040	香草牛油扒大虾	1.00	57.72	16.50	41.22	.57	.53
环球美食	24090	黑椒牛柳丝炒意粉	5.00	97.64	30.00	67.64	.94	.89
	24060	红酒烩牛尾	3.00	73.96	25.20	48.76	.68	.68
	24040	夏威夷海鲜局饭	2.00	44.56	13.20	31.36	.44	.41

第2页（共6页）2002-07-18

图7-29　打印

1. 转入Excel

将报表转成指定文件名的Excel文件。点击“”，选择文件存放路径，在“文件名”中录入文件名称。系统默认文件名为“yy_mm_dd.xls”。

2. 选择打印机及其纸型、打印方式

点击“”，打开“打印设置”窗口，选择报表输出打印机，定义打印纸大小及打印方向。

选择打印机：在“打印机”的名称下拉框中列出本机已添加的打印机，点击某记录，选定打印机。

纸张定义：在“纸张大小”中选择纸张；或点击“属性”按钮，在弹出窗口的“纸张”页面选择纸张规格。

自定义纸张：在“打印设置”中点击“属性”按钮，打开“属性”界面，在“纸张”页面选择“自定义”，弹出纸张“自定义大小”窗口。在“宽度”及“长度”录入框中录入纸张长宽值，不可超出［　］的范围，长宽数值的单位在“单位”中选择。

3. 选择打印字段

选择字段：选择打印的报表需要包含的项目，排列各项的打印顺序。点击“”，打开“选择打印字段”窗口。窗口中列出报表的所有列名，点击“列名”，列名前的方框在“√”或空白之间转换。“√”表示打印此列；空白则表示不打印此列。

字段打印顺序排列：选定列名，点击“向前移动”或“向后移动”，对各列排序。

4. 更多设置

点击“”，打开“更多设置”窗口。

（1）表格设置。

打印位置：选择表格在纸张上的打印位置是“居中”或“左对齐”。

对齐方式：表格各列的对齐方式，可选“左对齐”、“右对齐”、“居中”或“自动选择”。其中，“自动选择”是数字右对齐、字符左对齐。

（2）字体大小与行高。

字体大小：在“字体大小”中选择字号，改变表格中文字及数字的大小。

调整行高：左右移动“调整行高”的拖动钮，改变表格各列的高度。左移，高度减小；右移，高度增大。“行高”显示当前的行高值。

（3）字段设置。

设定列宽：首先在“字段名”中选择需要调整列宽的列名，然后左右移动“长度”的拖动钮，改变当前列的宽度。左移，列宽减小；右移，则列宽增大。

“长度”轨所代表的长度值由“比例”决定，“1∶1”轨长为62mm，等同实际长度；“1∶4”轨长为251mm。

优化表格：选定优化表格，表格各列宽度由本列中数据最长行的宽度确定。

（4）并列打印。

并列是指将表格分栏排列，栏数是以纸张可打印宽度及表格宽度计算确定的。当纸张可打印宽度小于两栏表格的宽度时，“并列打印”为灰色，不可选。

（5）预览翻页。

点击“”、“”、“”、“”，分别显示表格的“第一页”、“上一页”、“下一页”、“最后一页”。

（6）显示比例。

选择一个比例值，按比例扩大或缩小表格的显示。

（7）边框风格。

系统提供三种边框：单线框、粗线框、无边框。用户可根据需求选择。

（8）保存设置。

单击“”将当前的设置保存，下次打印此报表，以保存的设置打印。

（9）预览。

显示表格的打印结果，打印设置变更，预览随之变更，用户可根据预览调整报表打印格式。

（10）打印。

单击“”将表格发送打印机。当表格为多页时，可选择打印其中连续几页或全部打印；当需要打印不连续页时，可多次发送打印机，多次设定打印页。

（二）通用查询

已有的报表是按固定的查询条件输出的结果，用户可能需要在已有结果中，根据自己的需要，按一定的条件进行再次选出、排序等。软件提供综合（通用）查询控件，同时结合使用，可方便地录入条件，完成多条件的“过滤”或“取数”查询，并提供任一列的排序功能。

在报表显示界面中，都有查询操作板（见图7－30）。

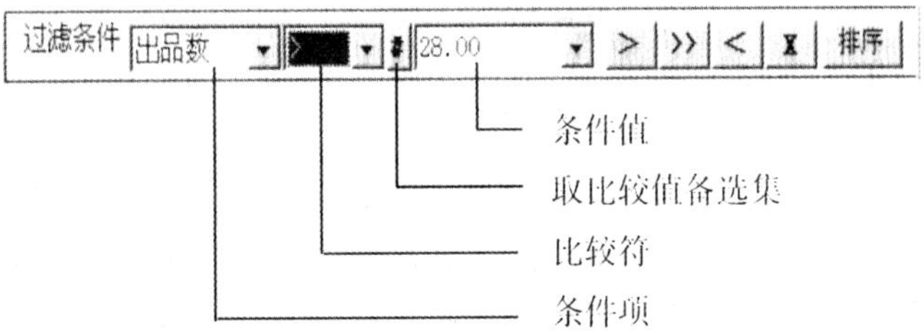

图7－30 报表查询操作板

1. 条件项及条件值录入

方式一：点击列表的单元格，单元格的列名即作为条件项，单元格的值即作为条件值。

例如，需要查询“出品数大于28.00”的出品记录，操作员点击“出品数”为“28”的单元格，查询控件的条件项为单元格的列名，即“出品数”；条件项为单元格值，即“28.00”。

方式二：“条件项”的下拉框中列出列表的所有列名，选择需要查询的条件项。

单击“#”系统将当前条件项的可选值列入“条件值”，单击“条件值”下拉按钮，选择条件项应满足的条件值。

2. 比较符选择

系统提供以下比较符：“like”、“＝”、“＜＞”、“＞”、“≥”、“＜”、“≤”。其中，“like”查询“条件项”列中满足“左起字符等于‘条件值’”的记录。点击“比较符”下拉按钮，在列表中选择所需要的比较符。

3. 单条件查询

点击“＞”执行单条件查询，列表中显示满足查询条件的记录。查询条件为当前控件所列出的条件。

4. 多条件查询

在已执行单条件查询后，再次录入查询条件，点击“>>”执行多条件查询。可多次录入条件，多次执行查询。

5. 各条件的“过滤”或“取数”关系

“过滤”即各条件之间的逻辑关系为“与”，即“并且”。“取数”即各条件之间的逻辑关系为“或”，即“或者”。点击“过滤条件”，转换到“取数条件”；点击“取数条件”，转换为“过滤条件”。一次多条件查询，各条件之间只可以有一种逻辑关系。

6. 撤销当前查询

在多条件查询中，点击“＜”取消最后执行的查询操作，列表返加到最后录入条件执行前的状态。

7. 返加列表所有记录

点击“X”返加列表所有记录。

8. 排序

对列表按指定列升序或降序排列。点击某列的任一单元格，选定排序列；点击“排序”按钮，执行排序操作，多次点击，在“升序”和“降序”之间转换。

（三）主要报表说明

1. 单据核查

单据核查提供“当日单据核查”和“历史单据核查”。当日单据核查用于查询、核对当前营业日的消费单情况。历史单据查询核查、核对可查询某一时段的结账单据情况。单据核查包括单据基本情况、折扣应收情况、结账付款情况三类报表。现在以“当日单据核查”为例说明。

点击“营业情况\ 当日单据核查”（见图 7－31），报表显示当天所有的消费单，点击“消费单记录”，下方显示此单所点出品、付款情况、赠退情况及发放礼品情况。

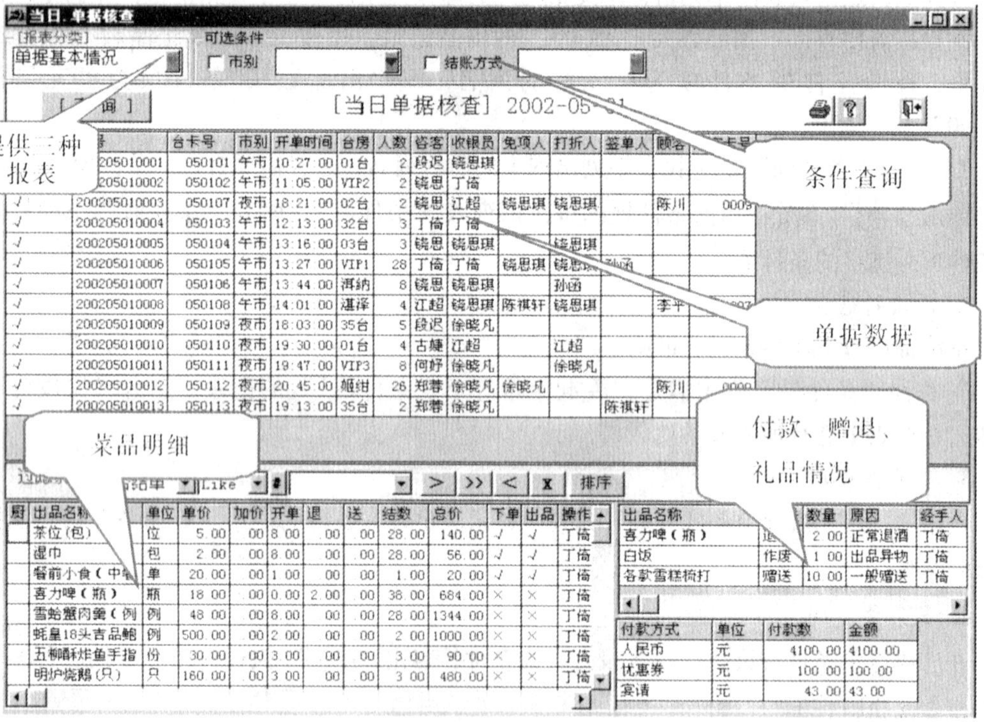

图 7－31　当日单据核查

点击“报表分类”可选择三种报表，各报表以不同的方式显示单据的各类数据。

单据基本情况报表：提供当前营业日各点菜单的单号、台卡号、开单时间、所属市别、台房、进餐人数、咨客、收银员、免项人、打折人、签单人、顾客名称、会员卡号等信息。

折扣应收情况报表：提供当前营业日各点菜单的单号、台卡号、收银班次、收银员、是否免服务费、是否免最低消费、出品消费总价、折扣金额、舍入金额、最低消费额、服务费、应收金额、结单金额、结单时间、是否打单等数据。

结账付款情况报表：提供当前营业日各点菜单的单号、台卡号、班次、收银员、签单人、改单人、改单次数、市别、人数、消费总价、折扣金额、舍入金额、结单金额、付现、付券、免付、跑单、挂账、扣预付、实收金额、虚收金额、小费等数据。

2. 营业日报表

当日营业情况综合汇总报表，包括单据的结账情况、结账汇总、付款明细、部门收入等部分汇总数据。

结账情况：包括单据总数、消费总价、折扣金额、服务费、应收金额、舍入金额、结单金额。

结账汇总：结算方式所付金额按付款类别汇总。

付款明细：各结算方式所付金额汇总。

部门收入：统计各部门以实收类别的结算方式所付金额数，并已进行厨点加工费的核算。

3. 销售统计报表

打开“营业分析\ 销售统计情况”，查询任一时段的销售情况（见图 7－32），提供开单数、退、送、废、结账数、总价、结单金额、实收金额、数量比、总价比、结单比、实收比等数据。销售统计报表可按以下十四种方式统计：出品、出品（异价）、出品小类、出品大类、市别、部门、POS 点、厨点、地喱、厅房、台位、班次、咨客、咨客出品。

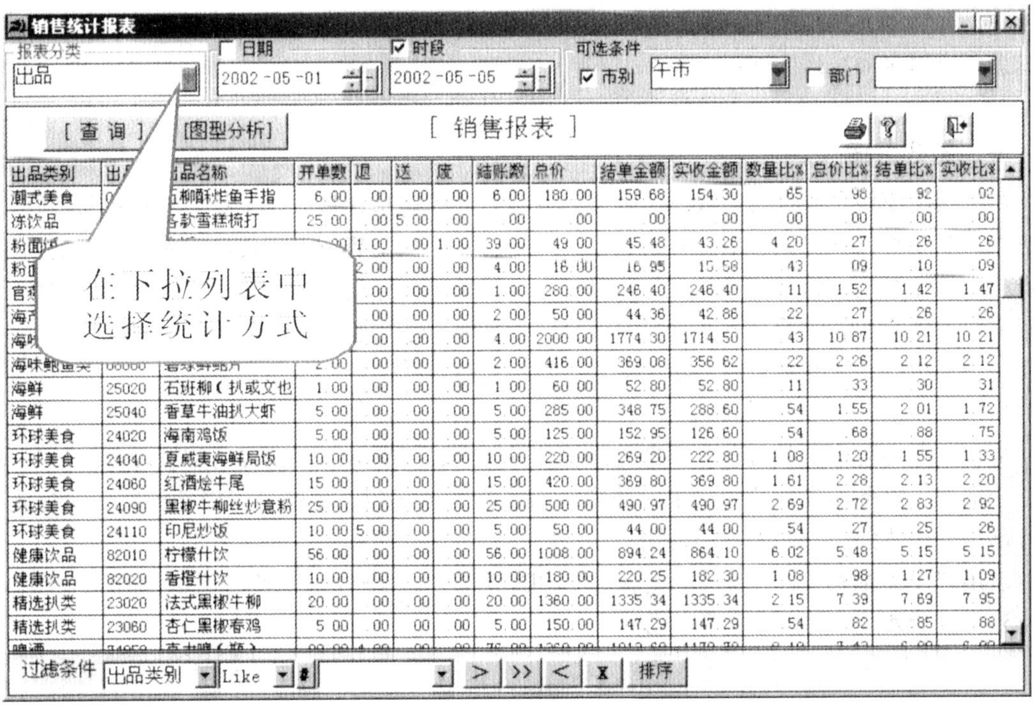

出品类别	出品	出品名称	开单数	退	送	废	結账数	总价	结单金额	实收金额	数量比%	总价比%	结单比%	实收比%
潮式美食		五柳酥炸鱼手指	6.00	.00	.00	.00	6.00	180.00	159.68	154.30	.65	.98	.92	.02
冻饮品		各款雪糕梳打	25.00	.00	5.00	.00	.00	.00	.00	.00	.00	.00	.00	.00
粉面				1.00	.00	1.00	39.00	49.00	45.48	43.26	4.20	.27	.26	.26
粉				2.00	.00	.00	4.00	16.00	16.95	15.58	.43	.09	.10	.09
官				.00	.00	.00	1.00	280.00	246.40	246.40	.11	1.52	1.42	1.47
海				.00	.00	.00	2.00	50.00	44.36	42.86	.22	.27	.26	.26
海				.00	.00	.00	4.00	2000.00	1774.30	1714.50	.43	10.87	10.21	10.21
海味鲍鱼类			2.00	.00	.00	.00	2.00	416.00	369.08	356.62	.22	2.26	2.12	2.12
海鲜	25020	石斑柳（扒或文也	1.00	.00	.00	.00	1.00	60.00	52.80	52.80	.11	.33	.30	.31
海鲜	25040	香草牛油扒大虾	5.00	.00	.00	.00	5.00	285.00	348.75	288.60	.54	1.55	2.01	1.72
环球美食	24020	海南鸡饭	5.00	.00	.00	.00	5.00	125.00	152.95	126.60	.54	.68	.88	.75
环球美食	24040	夏威夷海鲜局饭	10.00	.00	.00	.00	10.00	220.00	269.20	222.80	1.08	1.20	1.55	1.33
环球美食	24060	红酒烩牛尾	15.00	.00	.00	.00	15.00	420.00	369.80	369.80	1.61	2.28	2.13	2.20
环球美食	24090	黑椒牛柳丝炒意粉	25.00	.00	.00	.00	25.00	500.00	490.97	490.97	2.69	2.72	2.83	2.92
环球美食	24110	印尼炒饭	10.00	5.00	.00	.00	5.00	50.00	44.00	44.00	.54	.27	.25	.26
健康饮品	82010	柠檬什饮	56.00	.00	.00	.00	56.00	1008.00	894.24	864.10	6.02	5.48	5.15	5.15
健康饮品	82020	香橙什饮	10.00	.00	.00	.00	10.00	180.00	220.25	182.30	1.08	.98	1.27	1.09
精选扒类	23020	法式黑椒牛柳	20.00	.00	.00	.00	20.00	1360.00	1335.34	1335.34	2.15	7.39	7.69	7.95
精选扒类	23060	杏仁黑椒春鸡	5.00	.00	.00	.00	5.00	150.00	147.29	147.29	.54	.82	.85	.88

图 7－32　销售统计报表

4. 营业分析报表

打开“营业分析\ 营业分析报表”，查询任一时段的营业收款情况，包括进餐人数、消费总价、折扣金额、舍入金额、结单金额、各付款方式收款额、收款方式收款额、小费金额。营业分析报表可分为日报、月报、市别、厅楼、班次等类报表。

5. 出品销售明细表

出品销售明细是已销售出品的售出明细查询清单，按每张销售单列出各出品的下单记录。打开“营业分析\出品销售明细表”，选择查询日期或时段，指定部门、市别，“查询”显示结果记录。

统计项包括出品的加单号，加单责任人，点菜单开单人，出品单价，下单数，退菜数、赠送数、结账数，出品总价，出品加工费、折扣金额、结单金额、实收金额、套餐标识、品注等数据。

在食为天的前台系统中，还有大量的关于营业情况和营业分析的报表，例如，关于营业情况的有销售情况、收银记账、时段客流、销售统计、赠送报表等，关于营业分析的有营业汇总表、经理查询分析、结账单据核查、出品利润分析等，在此不再一一列举。

第三节　餐饮后台信息化管理

食为天后台系统是专门针对餐饮企业的高度可管理、低成本、易操作的库存管理软件，是现代餐饮企业降低成本、提升客户满意度的最佳选择。食为天后台系统采用简单、明了、友好的人机交互界面，模拟操作人员实际操作模式，易学易用，只要输入日常经营中的物流和资金流数据就可以全面掌握实际经营情况。

一、基础数据

基础数据模块主要定义系统所需的基本资料，具体包括计量单位资料、交付银行资料、付款方式、企业类型备选集、供应商资料、客户资料、采购交货地点、人员资料、部门资料、仓库资料、物品类别、物品信息、配送物品日存量、加工配方集、物品备选集、出品配方集。各资料记录中的“是否在用”标志此资料记录可否在其他功能中被调用。在此，我们主要介绍部门基本资料、仓库基本资料、物品类别、物品信息。

（一）部门基本资料

部门主要是对应企业与仓库管理运作相关的部门，一般分为生产部门和管理部门，如中厨部、楼面部、财务部等。其中，中厨部和楼面部为生产部门，生产部门消耗原料，产生收入；财务部为管理性部门，产生部门费用。

点击“基础数据\部门资料”，在“部门基本资料”中列出已经定义的部门记录（见图7－33），完成新增、修改、删除操作。

部门代码	部门名称	是否出品部门	出品部门名称	所属账套	是否在用
01	中厨	×		3.02测试	√
02	楼面部	×		3.02测试	√
03	酒楼筹备办公室	×		3.02测试	√
04	后勤部	×		3.02测试	√
05	人事部	×		3.02测试	√
06	营运部	×		3.02测试	√
07	采购部	×		3.02测试	√
08	财务部	×		3.02测试	√
09	总办	×		3.02测试	√
10	保安部	×		3.02测试	√
11	海鲜池	×		3.02测试	√
12	酒吧部	×		3.02测试	√
13	行政部	×		3.02测试	√
14	工程部	×		3.02测试	√
15	中基DJ部	×		3.02测试	√
16	味部	×		3.02测试	√

图 7－33 部门基本资料

1. 增加

点击“编辑”，选择“增加”按钮，录入“部门代码”、“部门名称”、部门所属分店对应的账套。如果此部门为当前分店的出品部门，选择此部门对应“前台系统”中的部门代码，用于计算前台出售出品，后台原料耗料单。

在“是否在用”处打“√”，即表示启动此部门资料；空白即表示屏蔽掉此部门资料。最后按“保存”完成增加项目。

所属账套：指此部门所属某分店中的某一账套。

是否出品部门：指后台此部门是否有相对应的前台出品部门，如果有前台出品部门，那么前后台的部门联系起来后，后台会根据所配方，生成物料耗料单。

2. 修改

选定所要修改的部门资料，选择“编辑”下面的“修改”，录入正确的“部门代码”、“部门名称”、“所属账套”及相关正确数值，点击“保存”完成修改操作。

（二）仓库基本资料

餐饮企业的仓库一般分为两种：一种专用于存货，供生产部门领用，称为“总仓库”；另一种是部门内设仓库，方便部门内原材料的使用及盘点，称为“部门仓库”。部门仓库多为生产部门建仓。

点击“基本数据＼仓库资料”，打开“仓库基本资料”界面（见图 7－34），完成新增、修改、删除操作。

1. 增加

点击“编辑”，选择“增加”按钮，录入“仓库代码”、“仓库名称”、“所属账套（某分店）"，如果此仓库为部门建仓，请在"部门仓"处打"√"。

在"是否在用"处打"√"，即表示启动此部门资料；空白即表示屏蔽掉此部门资料。最后按"保存"完成增加项目。

所属账套：即此仓库所属分店对应账套。

是否部门仓：仓库为部门建仓。

2. 修改

选定所要修改的部门资料，选择"编辑"下面的"修改"，录入正确的"仓库代码"、"仓库名称"、"所属账套"及相关正确数值，点击"保存"完成修改操作。

仓库代码	仓库名称	是否部门仓库	部门名称	仓库位置	所属账套	成本核算方式	备注	是否在用
01	总仓	×			3.02测试	先进先出		√
02	中厨	√	中厨		3.02测试	先进先出		√
03	楼面部	√	楼面部		3.02测试	先进先出		√
04	酒楼筹备	√	酒楼筹备		3.02测试	先进先出		√
05	后勤部	√	后勤部		3.02测试	先进先出		√
06	人事部	√	人事部		3.02测试	先进先出		√
07	营运部	√	营运部		3.02测试	先进先出		√
08	财务部	√	财务部		3.02测试	先进先出		√
09	采购部	√	采购部		3.02测试	先进先出		√
10	总办	×			3.02测试	先进先出		√
11	（总办）	√	总办		3.02测试	先进先出		√
12	保安部	√	保安部		3.02测试	先进先出		√
13	海鲜池	√	海鲜池		3.02测试	先进先出		√
14	酒吧部	√	酒吧部		EEE	先进先出		√
15	工程部	√	工程部		3.02测试	先进先出		√
16	中基DJ部	√	中基DJ部		3.02测试	先进先出		√

图 7－34　仓库基本资料

（三）物品类别

物品包括特加工原料、购进后直接销售的商品、直接使用与销售无关的物料等。物品分类，方便管理，系统支持二级归类。企业本身特加工销售或可支持销售的物品，与企业使用或参与销售，但不是一次性消耗的物品，在作用与核算方面都有很大不同。前者称为原料，后者称为物料。

点击"基础数据\物品类别"，打开"物品类别"界面，界面中以数型结构列出已经定义的大类和小类。点击大类前面的"＋"，可展开显示所属的小类。小类归属于大类，物品归属于小类，在大类中定义是否"原料"。

1. 大类增加

点击"编辑"，选择"增加"按钮，录入"大类类别代码"及"大类类别名称"，如此类物品属原料类，请在"部门仓"处打"√"；非原料类请空白。最后点击"保存"完成增加项日。另外，如在“是否在用”处打“√”，即表示此大类物品启用生效；如空白，即表示此物品类别无效。

2. 大类修改

选定所要修改的大类资料，选择“编辑”下面的“修改”，录入“大类类别代码”、“大类类别名称”及相关正确数值，点击“保存”完成修改操作。

3. 小类增加

点击“编辑”，选择“增加”按钮，录入“小类类别代码”及“小类类别名称”，以及所属大类码，最后按“保存”完成小类增加项目。另外，如在“是否在用”处打“√”，即表示启用此小类物品；如空白，即表示未启用此物品类别。

4. 小类修改

选定所要修改的小类资料，选择“编辑”下面的“修改”，录入正确的“小类类别代码”、“小类类别名称”及相关正确数值，点击“保存”完成小类资料修改操作。

（四）物品信息

物品信息是指企业需要加工的原料、直接出售的商品、不参与销售或服务的物品的各种属性定义，如名称、规格、参考价、保质期等。物品归属小类。

点击“基础数据\物品资料”，打开“物品资料”界面（见图7－35），界面中左区域为类别，右区域列出已经定义的物品。

物品编号	物品名称	物品规格	物品类别	计量单位	单位重量（斤）	参考价格	保质期提前量	保质天数	是
01101	猪肉		猪	斤	0000	10 00	0	0	×
01102	猪肚		猪	斤	0000	10 00	0	0	×
01103	猪排骨		猪	斤	0000	10 00	0	0	×
01104	猪肝		猪	斤	0000	10 00	0	0	×
011042	肋骨		猪	斤	0000	10 00	0	0	×
01105	猪竹肠		猪	斤	0000	10 00	0	0	×
01106	猪颈肉		猪	斤	0000	10 00	0	0	×
01107	猪手		猪	斤	0000	10 00	0	0	×
01108	猪尾		猪	斤	1 0000	10 00	0	0	×
01109	猪生肠		猪	斤	0000	10 00	0	0	×
01110	猪骨		猪	斤	0000	10 00	0	0	×
01111	猪瘦肉		猪	斤	0000	10 00	0	0	×
01112	五花肉		猪	斤	0000	10 00	0	0	×
01113	方腩		猪	斤	0000	10 00	0	0	×
01114	赤肉		猪	斤	22 0000	10 00	0	0	×
01115	乳猪		猪	斤	0000	10 00	0	0	×
01116	猪皮		猪	斤	0000	10 00	0	0	×
01117	寸骨		猪	斤	0000	10 00	0	0	×
01118	圆蹄		猪	斤	0000	10 00	0	0	×
01119	有皮花腩		猪	斤	0000	10 00	0	0	×

图7－35　物品基本资料

1. 增加物品

点击“编辑”，选择“增加”按钮，进入物品资料录入界面。录入“物品代码”、“物品名称”及其他相关必须项目后，点击“保存”完成增加项目。

物品规格：存在同种物品规格不同，系统要求作为两种物品处理。如珠江啤酒500ml与珠江啤酒350ml，就可以在规格处录入其500ml与350ml的规格区别。

物品类别：指此物品所归属的小类名称。

计量单位：指此物品的单位名称。

参考单价：指采购的一个参考价或同供应商的协议价。通过市场调查，近期本物品的最佳单价，可与近期采购价作一定的对比，从而在各种报表中体现出结果。

助记码：可作为一种录入方式，一般采取此物品名称的每一个中文拼音字母。

保质期提前量：指某种新鲜货品保质期的预警。即保质期前某时段×××天可录入，在×××天时电脑会自动提示某种货品即将过期，请予以处理。

保质天数：指某物品保质天数的录入。

库存下限数量：指某物品的最小存货量，即保证此物品最少不能低于此数量。

库存上限数量：指某物品的最大存货量，即保证此物品最多不能高于此数量。

需要申购：是否需要填申请单，才可进行申购，如果需要申请请打“√”，如果不需申请可直接购时请保持空白即可。

低值物料：是否将此物品作为低值物料来处理，如果是请打“√”，如果不是则保持空白即可。

需要成本核算：一般原料类的物品都需成本核算，即需要打“√”，因为根据后台所做的配方，系统将自动生成耗料单；如果不打“√”，那么此原料就不会按配方生成耗料单。

销售价定义：本物品出售给外部的不同价格，一般出售给其他的酒家。

2. 修改物品

选定所要修改的物品，选择“编辑”下面的“修改”，录入正确的相关数值，按“保存”完成物品资料修改操作。

二、业务单据

后台是使用单据来实现业务的。单据分为两种状态：未审核、已审核。未审核的单据称为草稿，在系统中不生效，即不能影响仓存账目，可删可改；已审核的单据不能再删改，以免影响仓存账目，只能冲红。

单据包括以下类型：

（1）采购单据。如申购单、采购订单、配送申请单、收货单、直拨单、退货单、直拨退货单、领料单等。

（2）仓存单据。如部门耗料单、部门补差单、仓库损益单、部门损益单、仓库盘点单、部门盘点单等。

（3）加工中心单据。如加工单、配送单、销售单、销售退货单等。

（一）采购订单

根据各个部门或者仓库的需求，经过有关人员批准，将需要采购的物品录入采购订单，向供应商或者采购人员发出订单，以购回物料。采购回的物品一般先入到仓库，然后各个部门从仓库领料；也可以将采购回的物品直拨到部门。采购订单需要指定要求采购的部门或仓库，要求录入采购物料、采购数量、采购价格。采购订单不计入流水账，不影响仓库及部门存量。

（1）录入原始单号、交货地点、选择交货日期、确定订购部门以及供应商。

（2）如果针对申购单做采购，点击“选申购单”，取申购单中的物料；或点击“选择物品”录入。

（3）针对供应商下订单时，选择供应商，点击“自动生成”。在弹出的界面上选择一个时间段，会将这个时间段的申购单的物品汇总列出，在物品前打“√”，确定向此供应商采购的物料。

自动生成：这是另一种下采购订单的方法。将申购单中的物料按供应商汇总，各个部门需采购的相同物料累加，方便采购。

（4）录入采购数量及订购单价。

采购单价：已确定供应商，并持有物料报价，一般以此价格购回物料。

收货数量：所下采购订单上的物料购回仓库后，会显示收货数量，以查看所下订单上的物料是否全部购回。

（5）确认单据录入无误，经有关人员批准，可审核。

（二）收货单

库收到采购的物料入库，包括根据采购订单购回的物料及零星购回的物料。收货单需要指定收货仓库，录入物料、入库数量、实付金额；也可指定对应的采购订单。收货单计入流水账（＋），增加仓库存量。

（1）如果是依采购订单购回，点击“选择订单”；或点击“选择物品”。

（2）“取备选集”，备选集在“基础数据→物品备选集”中定义。

（3）关于“赠送品”。如果收货单中有供应商赠送的物料（即赠送品），录入正确的数量，“实收金额”处录入“0”，将收货单右上角的“赠送品”标志打上“√”，会默认“实收金额”为“0”的物料记录是赠送品。

（4）确认单据录入无误，经有关人员批准，可审核。

（三）直拨单

直拨单是指采购的物料直接进入部门，不入到仓库。单据需要指定收货仓库，录入物料、采购单价、实付金额。可指定对应的采购订单。直拨单计入流水账（＋），增加部门存量。

（1）确定拨入部门、收货人、供应商及采购员。

（2）对应采购订单直拨，点击“选择订单”；或点击“选择物品”录入物料。

（3）录入收货数量、实收金额及生产日期、保质天数。

①直拨单中的单价同收货单中的单价一样，非录入项。其取值方式有两种：取基本资料→物品信息中定义的参考单价；取最近一次的采购单价。

在食为天 V3.0 后台账套管理→建账→账套参数可以选择一种取值方式。

②生产日期及保质天数。入库时录入生产日期及保质天数，从生产日期开始，即将到达保质天数时，会生成“保质期限控制表”，以便及时对将要过保质期的物料作出处理。

（4）同收货单一样，直接单也可以取备选集。

（5）确认单据录入无误，经有关人员批准，可审核。

（四）领料单

部门从仓库领进原料。单据需指定领出仓库、领料部门，录入物料、数量。领料单计入流水账（＋）（－），增加部门存量、减少仓库存量。

（1）选择领出仓库，录入经手人，选择领料部门。

（2）点击“选择物品”，录入要领的物料。

领料单只需录入领料数量，单价同金额不可录入。领料单审核后，物料单价自动取领出仓库中此些物料的均价。

（3）确认单据录入无误，经有关人员批准，可审核。

（五）内部调拨单

单店内部仓库之间、部门之间调拨物料。单据需指定调出仓库（部门），录入物料、调拨数量。调拨单计入流水账（+）（-），增加调入仓库（部门）存量、减少调出仓库（部门）存量。

（1）首先确定是“库间调拨”还是“部间调拨”。点击内部调拨单左上方的“库间调拨”和“部间调拨”作选择。

（2）选择调出部门（或仓库）及调入部门（或仓库）。

（3）录入要调拨的物料及调拨数量。单价和金额不需要录入，物料单价取其在领出部门（或仓库）中的均价。

（4）确认单据录入无误，经有关人员批准，可审核。

（六）损益单

损益单包括报损、报益两种类型。部门及仓库的物料，因未知原因或未用于加工出品的异常损耗，可使用报损单；部门及仓库的物料实际存量超过当前存仓数量，可使用报益单。损益单需指定发生部门或仓库，录入物料、损益数量、单价。报损单计入流水账（-），减少仓库（部门）存量；报益单计入流水账（+），增加仓库（部门）存量。

（1）选择损益状态“报益”或“报损”，选择报益或报损的仓库。

（2）录入损益的数量和单价，可以录入报益原因以便查看。

（3）确定后审核。审核后，仓库、部门会增加或扣减损益单中的数量和金额。

（七）仓库盘点表

仓库盘点后，将盘点物料及实际盘点数量录入，修正当前账面库存量，差额生成损益单。盘点表需指定仓库，录入物料、盘存量。盘点前，请将当前所有已发生的单据录入并审核。根据盘点表中账存同实存的差额，差额为（+），生成报益记录，计入流水账（+）；差额为（-），生成报损记录，计入流水账（-）。

（1）打印“盘点准备表”。点击“打印准备表”，录入盘点仓库。

（2）如需选择类别盘点，在盘点大类前打上“√”，按下拉框选择要盘点的大类。

（3）录入增加空白行的行数。打印出的盘点单会多出所录入数目的空白行数。当盘点时，若仓库存在盘点单上没有的物料，可以手工添加。

（4）拿打印出的准备表去盘点。

（5）新增盘点单，选择仓库后在右下角点击“取现存仓”。该仓库的物料期初量、期初金额、收入数量、收入金额、发出数量、发出金额及应存数量和应存金额会取到盘点表中。

（6）按照准备表上已盘点完的实际盘点数量和金额的录入盘点表，生成差额和差额金额。

（7）保存盘点单并审核后，差额会自动生成已审核的损益单，增加或减少仓库存量。

（八）部门耗料单

根据前台系统的各个出品部门制作的出品数量，以及在后台所定义出品的出品配方，计算物料的耗用量。计算结果可调整，以弥补配方的误差。耗料单审核后，扣减部门的物料存量。耗料单需指定部门，选择计算耗料的时段。部门耗料单计入流水账（－），减少部门存量。

（1）前台已日结的营业日才可以在后台成生耗料单，否则会提示“计算的终止日期前台还未结数”。

（2）点击“部门耗料单”界面左下角的“生成耗料单”按钮，弹出“计算部门耗料”界面，选择要计算耗料的部门仓库。

（3）可选择一天计算耗料，也可以选择时段计算耗料。点击“计算”开始计算耗料，完成后提示“部门耗料计算完毕”，点击“取消”退出。

（4）如果发现耗料数量有误差，可以点击“部门耗料单”下方的“调整耗料量”修改（在调整数量栏录入正确的耗料数量）。

（5）选择生成的耗料单右边的“打印”，打印出耗料单。

（6）确定后审核耗料单，相应仓库扣减物料库存。

（九）其他说明

1. 冲红

已经审核的单据，不可以再作更改；如果数据错误，将单据中物料的发生数以负数全部冲减。冲红分整单冲红及部分冲红：

（1）整单冲红：选择要冲红的已审核单据，点击“冲红”按钮。冲红成功后，在单据界面上切换到显示红单界面，找到要操作的红单，审核。

（2）部分冲红：同整单冲红一样，先找到要冲红的单。冲红成功后，在红单界面中找到冲红的单据打开，将不需要冲红的物料记录删除，保留要冲红的物料记录，保存后审核红单。

2. 审核

确认单据录入无误，经有关人员批准，在系统中正式生效。单据一经审核，不能删除或修改；如果有误，以冲红来处理。

3. 冲单

部分单据界面右上方有“对冲单”下拉框。在此可以查看此张单被冲红后的红单（一张单可能对应多张红单）；或查看此张红单是对哪张单据进行冲红。

4. 查原始号

收货单、退货单、直拨退货单均有“查原始号”按钮。其作用是用于单据未审核前按原始号检测有无漏录的单据。在起始单号前打上“√”，录入要查询的一批原始号的起始单号和终止单号，点击“搜索”按钮，会将这段连续单号中缺省的单号罗列出来。“查原始号”只支持数字型原始单号的检索。

三、资金管理

资金管理主要是管理餐饮企业的应收、应付款项，主业外的其他收入、货品采购外的其他费用支出、配送中心对外销售款项等。主要包括收支类别、采购付款、采购退款、销售收款、销售退款、其他收入与其他支出七大模块。

（一）收支类别

主要录入收付款的类别，主要针对其他收入与其他支出相关的大类与小类的内容。

1. 增加核算收入或核算支出大类

进入“收支类别”，选择“编辑/增加”，在大类处打“√”（即表示增加大类内容），录入正确的“类别代码”、“类别名称”，选择正确的“收支类型”（核算收入或核算支出），在“是否在用”处打“√”，按“确定”保存录入数据。

类别代码：由酒家管理人员所制定的大类代码，如1、2或01、02……，作为大类中各类间的一个标识。

类别名称：各收支类型的大类名称，如差旅费、维修费等。

收支类型：是否核算收入还是核算支出，收入与支出都是与营业、采购无关的收支款类。

2. 修改核算收入或核算支出大类

选定要修改的大类，点击“编辑/修改”，录入正确的“类别代码”、“类别名称”，并选择正确的“收支类型”（核算收入或核算支出），在“是否在用”处打“√”，按“确定”保存修改后的值。

3. 删除核算收入与核算支出大类

选定要删除的大类，点击“编辑/删除”，系统会提示“是否确定删除×××〔核算收入/支出〕”。点击“确定”即删除历史记录，点击“取消”则恢复到原来状态。

4. 增加收入与支出的小类

进入“收支类别”，选择“编辑”，点击“增加”，在小类处打“√”（即表示增加小类内容），录入正确的“类别代码”、“类别名称”，选择正确的“所属小类”，在“是否在用”处打“√”，按“确定”保存录入数据。

类别代码：由酒家管理人员所制定的小类代码，一般小类代码会跟在大类代码后面，如大类代码是1，那么小类代码一般设为101、102……，当然也可以有自定义代码，都可以作为小类中各类间的一个标志。

类别名称：各大类下面明细小类名称，如房租费、电费、废报纸等。

所属大类：上面小类所归属的大类名称，点击下拉框可以选择正确的大类。

5. 修改小类

选定要修改的小类，点击“编辑/修改”，录入正确的“类别代码”、“类别名称”，并选择正确的“所属大类”，在“是否在用”处打“√”，按“确定”保存修改后的值。

6. 删除小类

选定要删除的小类，点击“编辑/删除”，系统会提示“是否确定删除×××〔核算收入/支出〕”。点击“确定”即删除小类记录；点击“取消”则恢复到原来状态。

（二）采购付款

用于录入查询企业付供应商的欠款及预付款情况。单击“资金管理/采购付款单”，打开“采购付款单”窗口，列出本会计期间内所有采购付款单据明细，包括未审核、已审核、冲红单等。

1. 增加采购付款单

录入“原始单号”，选择此付款单据的“供应商”，手工录入“付款人”姓名；选择“收货单”或者“直拨单”调用数据或手工选择物品录入，录入本次付款金额。在右下角“收款金额”处录入最终付款金额，按“保存”完成付款单据的录入。

2. 修改采购付款单

选定要修改的单据，点击“编辑/修改”，进入修改界面状态。

3. 删除采购付款单

选定要删除的单据，点击“编辑/删除”。删除的单据均为未审核的状态，所有已审核的单据都不可以作删除处理。

4. 审核采购付款单

选定要审核的单据，点击“审核”。系统会提示“您选择了1张单据，是否真的确定审核”。

（三）采购退款

采购退款用于录入查询供应商退回酒店的已收款项情况。点击“资金管理\采购退款”，打开“采购退款”，增加采购退款单。

录入“原始单号”，选择此付款单据的“供应商”，选择正确的“付款方式”，手工录入“收款人”姓名；选择“选退货单”或者“选退拨单”调用数据，然后录入本次应收款金额。在右下角“收款金额”处录入最终收款金额，按“保存”完成付款单据的录入。

（四）销售收款\销售退款

销售收款用于录入和查询客户与酒店之间挂账应收金额情况，即客户应付给酒店的款项。销售退款用于录入和查询客户与酒店之间挂账应收金额情况，即酒店应付给客户的款项。这两个模块的基本操作与“增加采购付款”和“增加采购退款”的操作基本一致，在此不再赘述。

（五）其他收入

录入及查询酒店某会计期间内其他收入的收款明细。单击“资金管理\其他收入”，打开“其他收入收款清单”窗口，列出本会计期间的所有收款记录。

1. 增加其他收入

单击“资金管理”，进入其他收入费用界面，单击“编辑/增加”，进入增加其他收入费用编辑界面。

2. 修改其他收入

单击“其他收入费用”单，单击“编辑/修改”，系统会弹出“修改其他收入费用”对话框，在当前对话框内录入其正确的数值，点击“确定”保存修改后的数值。

（六）其他支出

用于录入及查询酒店某会计期间内其他费用支出的款项明细。单击“资金管理\其他支出”，打开“其他支出收款清单”窗口，列出本会计期间的所有支出款项的记录。

1. 增加其他支出费用单

单击“资金管理”，进入“其他支出费用”界面；单击“编辑/增加”，进入增加其他支出费用编辑界面。

2. 修改其他支出

单击“其他支出费用”单，单击“编辑/修改”，系统会弹出“修改其他支出费用”对话框，在当前对话框内录入其正确的数值，按“确定”保存修改后的数值。

四、报表查询

食为天后台版提供多种查询分析报表，用于账目核对、采购统计、库存统计、耗用统计、成本计算、采购监控等，为企业即时生成报表，节约人力，为管理人员对采购和成本的控制、仓库管理提供依据。

（一）仓库汇总账

用于说明某仓库某一会计期间内的库存情况，可以详细查看到某一类别内某一物品的现存量与期初、发出数量。点击“账目查询\仓库汇总账”，打开“仓库汇总账”界面。

期间：指需查看库存的会计期间。点击“小三角”下拉符号，在列出会计期间内选择需查看的日期，双击“选择”即可。

仓库：指需查看现存量的仓库。点击“小三角”下拉符号，在列出仓库内选择需查看的仓库名称，双击“选择”即可。

类别：指明细到物品归属的类别，选择步骤同上，最后点击“查询”即可查看到理想效果。

（二）仓库明细账

主要用于说明某一会计期间内某物品在某仓库内的进出情况，包括存入、发出与结存数量。期内的单据按审核时间排序。选择“登账起止日期”与“终止日期”，选择所查“仓库”与“物品”，按“刷新”查看明细情况表。点击“账目查询\仓库明细账”，打开“仓库明细账”界面。

（三）单据历程

单据历程列出某会计期间内某仓库某类单据的所有记录。单据记录是按照审核顺序显示的，单据历程用于核对单据。报表提供单据类型、单号、单据日期、原单单号、仓库名称、经手人、录单人、审核人、单据金额等信息。点击“账目查询\单据历程”，打开“单据历程”界面。点击“期间”，选择所需会计期间，适当地选择仓库和单据类型，点击“查询”，查看各单据情况。

（四）采购报表

采购报表主要包括供应商供货通知、供应商供货汇总表、赠送物品汇总表、采购价格监控表、采购价格异动表、采购价量分析表、采购与销售价差表、采购员采购汇总表、申购状态跟踪表、申购订单跟踪表、直拨汇总表、入库汇总表。下面选择四种进行说明。

1. 采购价格监控表

主要说明近期采购物品的最高、最低价及最新采购价格说明，用于监控采购价格。进入“采购价格监控表”，选择“最近天数”及“物品类别”，按“查询”查看近期物品采购的情况。

2. 采购价格异动表

主要说明当前月份每天采购价格变动记录，即统计出当天每物品采购最高价。进入“采购价格异动表”，按“查询”查看当前月份每天物品采购价格异动情况。

3. 采购价量分析表

主要分析某一对比会计期间内各物品数量与价格之间的一个对比值的统计。选择正确的“分析时段”与“对比时段”，按“查询”统计各物品在此期间内数量与价格之间的对比比例。

4. 申购状态跟踪表

主要用于分析某时间段内各个部门申购物品数量金额的统计。选择所需查询时间，按“查询”查看当前各个申购部门的申购物品的统计。

（五）库存报表

库存报表主要包括库存限量预警表、保质期限控制表、仓库进销存报表、部门实时存量表、部门领用分类表、仓库部门领用表、部门盘点明细表、盘点损益汇总表、低值物料耗用表、物料耗用明细表。下面选择五种进行说明。

1. 库存限量预警表

主要用于统计某个仓库内设有库存限量预警物品的汇总，包括上限与下限。打开库存限量预警表，在仓库前打“√”，可以选择详细的某个仓库，再点击“查询”，即可查看当前仓库的限量预警情况。

2. 仓库进销存报表

主要用于统计某时间内各个仓库所有物品及某件物品的进、销、存的情况。打开仓库进销存报表，选定某正确时间，选定所查仓库，按“查询”查看该仓库内所有物品的进、销、存情况。

3. 部门盘点明细表

主要统计每部门（仓）内所有物品的领用及现存量。打开部门盘点明细表，选定某仓库，按“查询”查看该仓库内所有物品的领用及现存量。

4. 盘点损益汇总表

主要统计某会计期间内各仓库的库存量及盘点后所生成的报损、报益汇总表。打开盘点损益汇总表，按“查询”查看该日期内各个仓库的库存量及报损、报益汇总。

5. 物料耗用明细表

主要统计各部门各类别的出品耗用明细情况。打开物料耗用明细表，选择正确的日期，选择所查部门，按“查询”查看各物料耗用明细情况。

（六）销售报表

销售报表主要包括部门销售汇总表、部门销售明细表及客户销售日核表。

1. 部门销售汇总表

主要用于统计加工中心销售给客户（其他酒家）的物品汇总。打开部门销售汇总表，选择正确的时段，再点击“查询”，即可查询当前时段部门销售汇总情况。

2. 部门销售明细表

主要用于统计某时段内加工中心销售给客户的具体物品的明细。打开部门销售明细表，选择正确的时段，按“查询”查看当前时段内部门销售明细情况。

3. 客户销售日核表

主要用于统计加工中心每天销售的客户日核表。打开客户销售日核表，选择所需“年”、“月”，按“查询”查看当前月份内每日销售情况。

（七）加工配送报表

加工配送报表主要包括加工耗料单、加工产品单、加工起率单、配送申请汇总表、配送状态跟踪表、加工配送分类表、加工配送明细表。

1. 加工耗料单

主要统计加工部门加工物料的耗用量及金额。打开加工耗料单，选择所查日期，按“查询”查看当前时段内加工部门的物料耗用情况。

2. 加工配送分类表

主要按类别来统计各仓库内需加工配送的物品的合计数量。打开加工配送分类表，选择正确的日期，按“查询”查看当前日期内各类别产品的配送合计数目。

3. 加工配送明细表

主要统计加工配送物品的明细数量及价格。打开加工配送明细表，选择正确的日期，按“查询”查看当前日期内需加工配送的产品的明细数量及价格。

（八）成本核算报表

成本核算报表主要包括部门毛利表、部门月毛利表、部门原料成本核算表、售价成本差异表、部门进货状态表、部门进货状态表（物料表）、部门其他费用统计表、部门利润表、采购收入控制表、部门调拨状态表、仓库进出平衡表、出品原料耗用表、原料耗用统计表。

1. 部门毛利表

主要用于统计每日每部门前台营业收入及入厨房物品的收入。打开部门毛利表，选择所查看日期，按“查询”查看当前期间各部门毛利率。

2. 部门原料成本核算表

主要统计某期间内各部门消耗原料的情况。打开部门原料成本核算表，选择正确的期间，按“查询”查看当前期间内各部门的原料消耗情况。

3. 出品原料耗用表

主要统计某时间段内前台出品销售数量、金额和后台原料耗用的数量、金额的合计。打开出品原料耗用表，选择正确的时间段，按“查询”查看该时间段内的出品信息。

实操练习题

1. 以 dbo 登录食为天前台系统，为自己建立账号，设置权限，并验证权限。

2. 开一张宴席单，共三张台，客人到店后点菜，共三十人消费；后期又到了八位客人，增加一桌。

3. 开一张单，第一次开单增加两个出品下单；第二次加单增加五个出品，并加“品注”和“单注”及“下单”；观察入厨号；做催单知会；对某个出品做“退单”操作，对另一个出品做“赠送”操作；整台转台到另一张未开单的台位上。

4. 用第 3 题的单据增加出品，并加有“加价”的品注，查询加价对单价及金额的影响。

5. 用第 3 题的单据结账，并进行打折、收款。

6. （1）六位客人到店，咨客“晓敏”引桌到“二楼贵宾楼 206 房”，开台，台卡号是 016。（2）客人首次点菜共 8 个，其中饮料可口可乐要求冰冻，由“晓敏”录入。（3）点菜后客人要求换菜，“荷兰豆炒双脆”换“西芹鲜淮山炒螺片”，“荷兰豆炒双脆”还没有制作可以退品。（4）进餐结束，客人要求结算。客人可以享受 88% 折扣。

7. 比较同一模式的出品单、厨单、总单在打印内容上有什么主要区别。

8. 根据餐馆行业楼面及厨部运作的实际情况，思考一下打印“退品单”的作用是什么？

9. 你工作的餐厅有多个厨部，根据你对厨房及厨师工作的了解，想一想设置备用打印机的要点及注意事项。

10. 使用已有的预订多张台位的预订单及订席单，开席，操作“开单”中的“宴席”功能，比较订台和订席在功能运用上有什么不同及相同之处。

11. 收银员的工作时间已到，请完成收银员下班及下班前的操作。

12. 新增出品为出品定义两个例牌出品，操作出品的可折扣、收服务费的设置值，验证例牌出品的相应设置值是否与出品相同。

13. 对某市别厅楼收取服务费，任选一种计费方式。

14. 某厅楼所有市别的最低消费都“按人数设置”，每人88元。录入一张单，以最低消费为结单金额结账。

15. 为新增顾客入会，当此顾客无消费记录时，试一试卡型的选择有无限制。

16. 增加支持挂账的付款方式。

17. 定义礼品和积分规则，录入会员消费单。

18. 新增顾客群，将顾客分群。

19. 自定义一个短信类别，并为此类别增加两到三个短信信息。

20. 增加一个喜欢变换菜式的顾客群，加入顾客。酒楼新试制出一道菜品，为顾客群发送一个介绍并邀请品尝此菜式的短信。

21. 新增加一个新的部门，是出品部门，并设置其与前台部门相关联。

22. 以dbo登录食为天后台系统，为自己建立账号，设置权限，并验证权限。

23. 增加一个仓库，录入期初库存，并审核。

24. 增加一条非低值易耗物料的物品，尽量将所有的属性都定义。

25. 由仓库向某供货商发出采购订单，采购三种物品，并审核。

26. 对某个部门进行盘点，用取现存仓的功能，最少录入一个物品实际量大于应存数。

参考文献

1. ［美］周宗庆．旅游电子商务．李山主译．北京：高等教育出版社，2005
2. 杜文才．旅游电子商务．北京：清华大学出版社，2006
3. 黄晓涛等．电子商务导论．北京：清华大学出版社，2005
4. 吴应良．电子商务原理与应用．广州：华南理工大学出版社，2002
5. 巫宁，杨路明．现代旅游电子商务教程．北京：电子工业出版社，2004
6. 苏日娜．旅游市场营销．北京：机械工业出版社，2008
7. 陈俊宁，白琳等．客户管理．广州：暨南大学出版社，2009
8. ［英］Dimitrios Buhalis．旅游电子商务．马晓秋，张凌云译．北京：旅游教育出版社，2004
9. 罗捷斯，游梦良．餐饮信息化系统管理．汕头：汕头大学出版社，2006
10. 姜红，罗捷斯．客房信息化操作实训．上海：复旦大学出版社，2008
11. 姜红，罗捷斯．餐饮信息化操作实训．上海：复旦大学出版社，2008
12. ［美］戴尔·尼夫．电子采购——从构想到实施．北京：中信出版社，2002
13. 彭欣．电子商务实用教程．北京：人民邮电出版社，2005
14. 丁薇，彭欣．网络营销实用教程．北京：人民邮电出版社，2006
15. 贾鸿雁．旅游信息管理与信息系统．北京：化工工业出版社，2007
16. 王雪芳等．计算机现代饭店管理．重庆：重庆大学出版社，2007
17. 吴清，刘嘉．客户关系管理．上海：复旦大学出版社，2008
18. 杨路明．客户关系管理理论与实务．北京：电子工业出版社，2009
19. 牛越胜．现代酒店管理信息系统．广州：广东旅游出版社，2005
20. 周贺来．饭店计算机信息管理．北京：中国水利水电出版社，2006
21. 查良松．旅游酒店计算机应用系统．北京：高等教育出版社，2001
22. 巫宁．旅游信息化与电子商务经典案例．北京：旅游教育出版社，2006
23. 肖江南．旅游信息管理．福州：福建人民出版社，2007
24. 拉菲·穆罕默德，罗伯特·菲谢尔，伯纳德·杰沃斯基，戈登·帕蒂森．网络营销（第二版）．王刊良译．北京：中国财政经济出版社，2004
25. 孔伟成，陈水芬．网络营销（第二版）．北京：高等教育出版社，2006
26. 宋文官．网络营销实务．北京：高等教育出版社，2008
27. 张宝明，文燕平，陈梅梅．电子商务技术基础．北京：清华大学出版社，2008
28. 郑向敏，韩林，韩军．旅游电子商务．重庆：重庆大学出版社，2008

29. 菲利普·科特勒，约翰·T. 保文，詹姆斯·C. 迈肯斯. 旅游市场营销（第四版）. 谢彦君主译. 大连：东北财经大学出版社，2006

30. 罗时龙. 信息化饭店管理. 北京：中国财政经济出版社，2003